THE CONTINUATIONS OF THE
OLD FRENCH *PERCEVAL*

THE CONTINUATIONS OF THE OLD FRENCH *PERCEVAL* OF CHRETIEN DE TROYES

Volume I

THE FIRST CONTINUATION

Redaction of Mss *T V D*

Edited by

WILLIAM ROACH
Professor of Romance Languages
University of Pennsylvania

AMERICAN PHILOSOPHICAL SOCIETY
Independence Square
Philadelphia

Copyright 1949 by University of Pennsylvania Press:
assigned to The American Philosophical Society 1952.

This volume reprinted 1965

The original publication of this volume
was aided by a grant from
the American Council of Learned Societies
and a gift from Colonel Edwin M. Chance

UXORI

CARISSIMÆ

PREFACE

THE edition of which the present volume is the first part is an attempt to make available in convenient form all the significant elements in the text tradition of the Continuations of Chrétien's *Perceval*, as they have survived in the French manuscripts of the thirteenth and fourteenth centuries. Each of the first three volumes will give one of the three main redactions of the First Continuation, frequently called the "Pseudo-Wauchier" or Anonymous Continuation. Later volumes will contain the Second Continuation, sometimes attributed to Wauchier de Denain, and the Continuation by Manessier. The work of Gerbert de Montreuil will not be included, because a satisfactory edition of almost the whole text, by Mary Williams, already exists.

In the introduction (p. xxvi) to his edition of Chrétien's *Perceval*, published in 1932, Alfons Hilka announced that he had prepared a complete edition of the Continuations. His work has unfortunately never been published, and as Hilka has been dead since 1939, there seems to be little hope that it will ever be printed. Efforts made by the present editor in 1939 and 1940 to obtain access to Hilka's materials were of no avail, and it is not known whether they are still in existence. A modern edition of the Continuations remains a primary desideratum of Arthurian studies, and it is in the hope of meeting a need often expressed that this work has been undertaken.

In this first volume the introductory remarks have been reduced to a minimum, and no discussion of the relationship of the various Continuations to each other, or of the manner in which each of them evolved into its several redactions, is offered. Questions of the sources and the influence, the methods of composition or revision of the various authors and redactors of the Continuations are also deferred to a later volume. These are, of course, matters of importance to students of Old French literature, and particularly to specialists in Arthurian romance; but they cannot be treated accurately, thoroughly, or with any hope of definitive results until all the texts are accessible in such a form that precise statements can be made and the exact grounds for every assertion can be readily controlled. The editor believes that his first duty is to set forth the materials upon which any thorough study of the Continuations must be based; but it is also his hope to offer eventually an explanation of the evolution of the extant versions, and to express his views on the value of the Continuations as works of literature.

The years of work which I have spent on the preparation of the first two volumes of this edition have brought to me many obligations which it is a genuine pleasure to acknowledge. In a broad sense it is the University of Pennsylvania which has the largest claim upon my gratitude. The continued support of its Committee on the Advancement of Research, which has made successive grants of funds for the obtaining of photographic reproductions of manuscripts and for the payment of assistants; the friendly help and guidance of the Dean of the Graduate School, Dr. Edwin B. Williams; and the generosity of Colonel Edwin M. Chance, chairman of the University's Board of Graduate Education and Research, who has made a liberal personal gift toward the cost of printing this volume, are the outstanding instances of the cooperation which the University has given. But also to be valued for having contributed much is the spirit of harmony and friendship which prevails among my colleagues and which has made them always willing to answer a question or to discuss a problem which troubled me. To Professors Albert C. Baugh and Otto Springer I owe many a word of help which has either given me information that I might never have discovered by myself or has spared me hours of tedious searching.

The American Philosophical Society, by two generous grants-in-aid from its Penrose Fund, provided me with research assistants who have assumed a large share of the burden of time-consuming and fatiguing detail-work that is inevitable in the preparation of any edition. Without this assistance the completion of this volume would have been delayed for several years.

Upon the recommendation of the Committee on Research Activities of the Modern Language Association of America, the American Council of Learned Societies has awarded a substantial grant toward the expense of printing the present volume. The Association has also been most liberal in according permission for the extended and uninterrupted use of its rotographs of those MSS which are not available in photographic copies in the University of Pennsylvania Library. To the Council, to the officers of the Association, and to Professors Edward B. Ham and Alfred Foulet, who examined the manuscript of Volume I for the Committee on Research Activities, I express my most sincere thanks. Both Professors Ham and Foulet made suggestions for improvements in the text and notes which have been very gratefully received.

Professor William A. Nitze, to whom I shall always be indebted for his generous and whole-hearted support and encouragement, kindly consented to certify to the Council that a new edition of the Continuations is needed. In similar fashion Dr. Ernst Brugger and Professors Bossuat, Fourquet, Frappier, Micha, Vinaver, and von Wartburg have earned my gratitude by writing letters to the Council in support of my application.

Personal assistance has been given by Mr. Maurice A. Arnould of Mons, who conducted for me the complicated business of obtaining a photograph of MS *P*, and by Miss M. Dominica Legge of the University of Edinburgh, who examined MS *E* and settled several questions for which my sources of information in Philadelphia were inadequate. Professor Bernard Weinberg of Washington University gave similar assistance with MS *T* in the Bibliothèque Nationale.

To all who have helped with this first volume, and particularly to my two loyal and conscientious assistants, Mr. Robert H. Ivy, Jr., and Miss Amelia C. Murdoch, I am greatly indebted for the aid that has never been stinted, but has always been given in generous measure.

W. R.

CONTENTS

PREFACE vii

INTRODUCTION xiii
    Manuscripts and editions xvi
    Redactions of the First Continuation xxxiv
    Plan of this volume xli
    Outline of the First Continuation xlvi

TEXT OF MANUSCRIPT T 1

TEXTUAL NOTES 417

INDEX OF PROPER NAMES 443

INTRODUCTION

THE first Continuator of Chrétien's *Perceval* took up the final unfinished scene of Chrétien's story in an effort to account for the subsequent action of the characters who had been left upon the stage. This anonymous author may, as Gaston Paris says, have been working from "des notes laissées par Chrétien,"[1] but it is apparent that he was interested chiefly in telling a story for its own sake, and that he cared so little for the basic plan of the original story that he felt free to disregard Perceval as the knight destined to find the Grail and effect the cure of the Fisher King's father. He made Gauvain the principal character of his story and the only visitor to the Grail Castle, he ignored many of the details which Chrétien had used in describing the apparition of the Grail, and he omitted Chrétien's Grail hero from his story entirely. The disregard or lack of comprehension of the *données* of his predecessor which is evident in the work of the First Continuator permitted him to insert even a whole romance (the Carados story) into his tale: a group of episodes so extraneous that they have always been recognized as unrelated to the Grail theme. In fact, the First Continuation continues only the Gauvain episodes of Chrétien's romance, and Perceval appears nowhere except as an incidental figure in certain MSS of the Carados story. Except for the one or two scenes in the Grail Castle, the First Continuation is merely a Gauvain romance which is in no significant way to be distinguished from the *Hunbaut*, the *Vengeance Raguidel*, *Gawain and the Green Knight*, or half a dozen others. Nevertheless, every MS which contains the First Continuation places it immediately after Chrétien's *Perceval*. It seems certain therefore that, to the men who rewrote and who copied the First Continuation, it was a Grail poem, and that it carried forward the story of Chrétien's characters.

In the Second Continuation Perceval returns as the central figure and the story of his adventures continues, though with hardly more explicit relationship to the persons and incidents of

---

[1] *Littérature française au moyen âge*, 2d ed. (Paris, 1890), p. 98. Heinzel, *Gralromane*, pp. 28-29, however, disagrees.

the original account. Just as Chrétien had not hesitated to relate at length the knightly and amorous adventures of Perceval and had given comparatively little space to the central theme of the Grail, so the Second Continuator was content to allow Perceval only one visit to the Grail Castle, while he used thousands of lines to relate such adventures as the hunting of the White Stag, which in no way advances the quest for the Grail and wins for the hero no more than the passing favor of the lady of the Chessboard Castle. When he finally brings Perceval to the Grail Castle, the author of the Second Continuation does not manage to finish his account of the episode, but breaks off in the middle of a sentence. This is at least the case in all but one of the MSS. In the only one which omits both Chrétien's *Perceval* and the First Continuation a hasty conclusion of the single Grail scene appears, but here the author has departed so much from the sense and the implications of Chrétien's story that almost all critics have regarded the special conclusion of the Bern MS as no more than the work of a casual redactor.[1]

The Third Continuation, written by an author who calls himself Manessier, was compiled many years after the others. Even without the author's statement of the time at which he wrote, it would be clear to any reader that the spirit and tone of the Manessier Continuation are no longer the same as in the works of Chrétien and the first two Continuators. New characters and motifs are introduced which are completely foreign to the original work and its first two Continuations. Manessier wrote after the voluminous prose romances of the first quarter of the thirteenth century had come into existence, and he borrowed extensively from them.[2]

A fourth Continuation, which now appears as an interpolation in two MSS between the work of the Second Continuator and that of Manessier, was composed between 1226 and 1230 by Gerbert de Montreuil, the author of the *Roman de la Violette*.[3] However,

[1] For discussion of the sources known to the redactor of the conclusion in the Bern MS (the Rochat conclusion), see Brugger, ZFSL 53 (1930) 435-436; and Roach, *Didot-Perceval*, p. 90.
[2] Cf. Heinzel, *Gralromane*, pp. 72-73; and Bruce, *Evolution of Arthurian Romance*, I, 304-305.
[3] The most comprehensive treatment of the date of Gerbert is by Amida Stanton, *Gerbert de Montreuil as a writer of Grail romance* (Chicago, 1942), pp. 19-41.

Gerbert does not seem to have known the work of Manessier, and the latter did not know Gerbert's continuation. In spite of the fact that they both appear in the same two MSS, there is nothing impossible in the theory first advanced by Gaston Paris that the continuations of Manessier and Gerbert were first written as independent conclusions of the work of Chrétien and the first two Continuators, and that they were later incorporated into MSS T and V by a redactor who suppressed the original ending of Gerbert's work in order to add Manessier's continuation after it.[1]

Various names have been applied to the first two Continuations. In the case of Manessier and Gerbert no difficulty has arisen, because the authors mention their own names, and scholars have seen no reason to dispute the evidence of the MSS. Until recent years it was thought that the author of the Second Continuation was a certain Wauchier de Denain, who wrote a number of saints' lives in the early years of the thirteenth century.[2] The Second Continuation has therefore long been known as the Wauchier Continuation, and the First (since Wauchier did not write it and since no author is known for it) has frequently been called the Pseudo-Wauchier Continuation. However, as a result of the arguments of Maurice Wilmotte,[3] the attribution of the Second Continuation to Wauchier seems doubtful and it is more prudent to use the simple numerical title Second Continuation. If the Second Continuation is not by Wauchier, the name Pseudo-Wauchier for the author of the First Continuation becomes meaningless, and in the present edition the terms Pseudo-Wauchier and Wauchier Continuations have been discarded. No confusion is possible with the names First and Second Continuations because the works appear in the same order in all the MSS which contain both of them. Furthermore, it seems certain that the names First and Second correspond to the chronology of their composition, for, while there is evidence to show that the Second

[1] *Histoire littéraire*, xxx, 28 and 42. Golther, *Parzival und der Gral*, p. 58, also expresses this view of the relationship of Manessier and Gerbert; but Heinzel, *Gralromane*, p. 78, believes that Gerbert knew the work of Manessier.

[2] Cf. the article by Paul Meyer, *Histoire littéraire*, xxxiii, 258-292, and the discussion by Brugger, ZFSL 36^2 (1910) 45-53.

[3] *Le Poème du Gral et ses auteurs* (Paris, 1930), pp. 58-73; cf. F. Lot, *Romania* 57 (1931) 123-124, who agrees with Wilmotte on this point.

Continuator knew the First Continuation, no proof exists that the author of the First could have known the work of the Second.[1]

MANUSCRIPTS AND EDITIONS

The Continuations of Chrétien's *Perceval* or *Conte del graal* are extant in whole or in part in twelve Old French manuscripts, a Middle High German translation made between 1331 and 1336, and a French prose version printed in a black letter edition in 1530. All except one of the French MSS also contain Chrétien's own poem, and in most of them the handwriting of the Chrétien section is identical with that of the Continuations.[2]

A. Paris, Bibliothèque Nationale, *fonds français* 794 (formerly 7191^2, later *Cangé* 73), middle of the thirteenth century, 433 folios, vellum, 317 x 237 mm., three columns to the page, 44 lines per column, Champenois dialect.[3] This MS contains eight other works, mostly romances, in addition to the *Perceval* and Continuations; it was copied in entire by a single scribe, Guiot, who mentions his name on folio 105*f*. There are no miniatures or rubrics throughout the text of the Continuations, but large capitals, varying in size from two to six lines in height, occur two or

[1] Cf. Heinzel, *Gralromane*, pp. 35 and 52-53.

[2] Since I have not seen any of the originals, my descriptions of the MSS are based on the rotographs in the collection of the Modern Language Association of America deposited in the Library of Congress and on such information as I have been able to assemble from printed descriptions of the MSS in the various library catalogues and in the introductions of editions of texts. In general, where there has been conflict among the sources of information, as particularly in the matter of the dimensions of the volumes, I have followed Alexandre Micha's *Tradition manuscrite des romans de Chrétien de Troyes* (Paris, 1939). However, most of the information regarding the organization of the quaternions of the volumes and the question of missing folios is based on my own examination of the photographs, since none of the scholars who have described the MSS has given much attention to these matters. As a rule I have attempted to describe more fully the organization of those volumes in which the *Perceval* and Continuations form the main bulk of the material, and have given less attention to the collective MSS *A*, *K*, and *R*, in which the Continuations form a less important part of the codices.

[3] Modern Language Association Rotograph, No. 161. The sigla used for the various MSS in this edition are those chosen by Hilka in his edition of Chrétien's *Perceval*, except for *G*, *D*, and *K*. Hilka used no symbol for *G*, which he merely calls "Prosa" or "Prosadruck", and *D* and *K* do not contain Chrétien's poem.

three times on almost every folio.[1] No leaves have been lost or disarranged, but there are errors in the numbering of the folios. An older foliation in Roman numerals, which appears in the center of the top margin of the rectos, is correct through folio iii^{c}lxxj. The next folio is numbered iii^{c}lxiij (i.e. 363, instead of 372); and this error continues to the end of the MS, with the addition of a new error in the skipping of one folio between those numbered iiij^{c}xv and iiij^{c}xvj. This leaf is numbered 415bis in Arabic numerals in the center of the top margin of the recto. Other Arabic numbers occur sporadically in the upper right corner of the rectos toward the end of the MS, but in all cases they merely repeat the number given by the foliation in Roman numerals where the latter has been partially cut off by the knife of the binder. The correct number of each folio from 371 through iiij^{c}xv is the Roman numeral plus 9. Beginning with iiij^{c}xvj the correct number is the Roman numeral plus 10. A new and correct Arabic numbering in the lower right corner of each recto begins on folio 371 and continues to the end of the MS. This new foliation is used in all references to MS *A* in the present edition.

Chrétien's *Perceval* begins on folio 361*a* and ends in line 30 of 394*f*. Then, preceded and followed by a blank line, occur the words "Explycyt perceuax le uiel." The First Continuation, introduced by a 9-line capital, follows immediately in the same hand and continues to line 30 of folio 430*e*, where it is followed without a break or gap of any kind by a fragment of the Second Continuation, which ends in line 6 of 433*f* with the words "Ice Percevax desconforte" (Potvin 22696). The rest of 433*f* is blank, except for two lines of illegible scribbling in a different and later hand.

[1] For further description of the MS, with a list of its contents, copy of the annotations on the fly-leaves, transcript of the paragraph in which the scribe mentions his name, description of the binding, etc., see Micha, *Tradition manuscrite*, pp. 32-34. Le Roux de Lincy, *Roman de Brut*, I, xxxv-lv, gives, in addition to a lengthy description, a transcript of the old table of contents on the fourth fly-leaf; cf. also Constans, *Roman de Troie*, VI, 7-9. The dialect was identified by Foerster, *Cligés*, pp. xxvii-xxviii, L-LI, and *Charrette*, pp. I-II, as eastern Francian or western Champenois; and this localization has been accepted by both Hilka, *Perceval*, p. II, and Micha, *op. cit.*, p. 34. G. Baist printed Chrétien's *Perceval* from this MS under the title *Crestien's von Troyes Contes del Graal* [Freiburg i.B., 1909]. Cf. his note, p. 123: "Eine genaue Wiedergabe der Hs. franç. 794 ist der Abdruck erst von V. 6175 an, bis dahin der Auszug einer Collation," which was deleted in the corrected reprint issued in 1912.

E. Edinburgh, National Library of Scotland, *19.1.5* (formerly Advocates' Library, *Jac. 5.6.18*), first half of the thirteenth century, 262 folios, vellum, 277 x 190 mm., two columns to the page, 40 lines per column, eastern dialect.[1] This MS was written by a single scribe, and has no miniatures or rubrics. Nineteen large ornamented capitals, varying in height from four to ten lines, are placed at irregular intervals, and smaller capitals, usually two lines high, occur in almost every column.[2] About thirty-five folios are missing at the beginning of the volume,[3] and not less than twelve or thirteen at the end. There are also several gaps in the course of the text: one folio is missing between folios 102 and 103 (= *T* 8805-8964; *E* 12577-12736), and two whole gatherings have been lost between folios 126 and 127 (= *T* 12453-14768; *E* 16579-19006; *P* 19402-21446).[4] Two passages of 64 lines each (according to MS *U*) are missing between lines 39 and 40 of folio 29*b* (= *E* 695-758) and between lines 1 and 2 of folio 31*c* (= *E* 1081-1144). These losses are attributable either to defects in the exemplar or to the skipping of whole columns by the scribe of MS *E*. A considerable amount of text has also been lost by the tearing away of parts of the following folios: 5, 96, 144, 153, 156, 186, 224, 257, 258. The verso of the last sheet is so faded that it is practically illegible. There are no signatures, and only three catchwords remain: on the verso of folios 79, 182, 214. The MS is foliated in Arabic numerals in a modern hand, in the center of

[1] Modern Language Association Rotograph, No. 54. Francisque Michel, *Rapports au ministre* (Paris, 1839: Collection de documents inédits sur l'histoire de France), pp. 212 and 242, gives the old number of this MS as *Jac. 5.6.19;* and so do Hilka, *Perceval*, p. III, and Micha, *Tradition manuscrite*, p. 63; but the number as given above is clear in the lower margin of folio 1 recto. Potvin, *Bibliographie de Chrestien de Troyes* (Brussels, 1863), pp. 36-37; J. O. Halliwell, *The Thornton Romances* (London, 1844: Camden Society), p. ix; and Miss Weston, *Legend of Sir Perceval*, I, 41-43, who also describe this MS, give no numbers at all. Miss M. Dominica Legge of the University of Edinburgh kindly informs me that "Jac. 5.6.18 is the first press-mark under which the MS was entered in the Library. This is clearly written beneath Foucault's book-plate [folio 1], but on the preceding paper fly-leaf 18 has been struck through and the number 19 substituted."

[2] For further description see Micha, Hilka, and Weston, *ut supra*.

[3] The first line of folio 36*a* of MS *M*, which also has uniformly 40 lines per column and of which the text is closely related to that of *E*, is the same as the first line of MS *E*.

[4] Verse numbers preceded by the letter *T* refer to the lines of this volume; those preceded by *E* to Volume II of the present edition; and those preceded by *P* to Potvin's edition of the Mons MS.

the lower margin of the rectos, beginning with the first fly-leaf.[1] The first folio of the text is thus no. 2.

MS *E* begins with vs. 5493 of Chrétien's *Perceval*, which ends in line 26 of folio 25*a*. The First Continuation runs from line 27 of 25*a* to line 40 of 130*c*. The Second Continuation begins at the head of the next column (130*d*) and runs to folio 211*d*, line 29. Manessier's Continuation begins immediately in line 30 of 211*d* and extends to the end of the MS, 262*d*, line 40. The last line of MS *E* is "Que ne peüst peistre un oisel" (Potvin 43318). About 2050 lines of Manessier have been lost at the end.

K. Bern, Stadtbibliothek, *113* (formerly Bibliotheca Bongarsiana), late thirteenth century, 291 folios, vellum, 350 x 240 mm., three columns to the page, 60 lines per column, Picard dialect.[2] This MS contains, in addition to the Second Continuation, a variety of romances, chansons de geste, fabliaux, and chronicles.[3] The folios which contain the Second Continuation were all written by one scribe, and have no miniatures or rubrics.[4] However, every column except 108*f* has a large ornamented capital, usually six lines in height and occupying about half the width of the column. The gatherings of the MS have uniformly eight leaves, and the Continuation runs from the seventh folio of the eleventh gathering to the third folio of the fifteenth (originally sixteenth). A whole quaternion is missing between folios 112 and 113. The text thus lost corresponds to Potvin 31259-34162. Folio numbers in Arabic numerals in a modern hand appear in the upper right corner of the rectos. The foliation gives no indication of the lacuna between folios 112 and 113.

MS *K* contains only the Second Continuation and a special conclusion which occurs in no other MS.[5] The Continuation begins in line 1 of folio 87*a* and runs to line 33 of folio 115*a*: "Et Perchevaus se reconforte" (Potvin 34934). The special conclusion begins in the next line and ends in line 34 of 115*b*.

[1] MS *E* had no foliation when Francisque Michel examined it about 1835; cf. *op. cit.*, p. 242. Micha, *op. cit.*, p. 63, says the MS was acquired by the Advocates' Library in 1808.
[2] Modern Language Association Rotograph, No. 149.
[3] For a list of the contents of this MS see Hermannus Hagen, *Catalogus codicum Bernensium* (Bern, 1874), pp. 159-167.
[4] For further description see Stengel, *Durmart le Galois*, pp. 448-467.
[5] The conclusion has been printed in full by Rochat, *Percheval li Galois*, pp. 90-92; and by Potvin, *Bibliographie*, pp. 40-42.

L. London, British Museum, *Additional 36614* (formerly Ashburnham Library, *Barrois 1*), second half of the thirteenth century, 279 folios, vellum, 310 x 220 mm., two columns to the page, 30 lines per column, Picard dialect.[1] Several hands are involved: Chrétien's *Perceval* was copied by a scribe who wrote in Francian with a Picard immixture; the Continuations show at least two hands, the first of which is more definitely Picard; the intercalated *Bliocadran* is by a northeastern scribe;[2] and finally a fourteenth-century hand has added in the last twelve folios a *Vita Mariae Aegyptiacae* in French verse.[3] There are no miniatures or rubrics, and the only large ornamented capital is on folio 1a. Smaller capitals, usually two lines in height, appear on an average of about one per folio.

This MS seems to have contained at first only Chrétien's *Perceval*, ending at exactly the same point as MS *A* (Hilka 9234). It had originally 78 folios, made up of nine gatherings of eight folios each, plus a tenth gathering of six folios, with Chrétien's poem ending in the first column of the fifth folio of this last gathering. This folio was originally number 77, but is now 84, because of seven extra folios intercalated in the first gathering to contain the *Bliocadran*. When the Continuations were added, the new scribe filled up the remainder of folios 77 and 78 (now 84 and 85), but he did not add another full sheet to the tenth gathering, inasmuch as the text of Chrétien's poem had already run well past the middle of it. Beginning with the eleventh gathering, the quaternions uniformly have eight folios each, until the twenty-first, which has only four: nos. 166-169. In the middle of line 21 of 169d a new hand, which resembles that of the Chrétien part, begins and continues to the end of the Second Continuation (folio 268a, line 22). Gatherings twenty-two and following regularly contain eight folios, with clear signatures, until the

[1] Modern Language Association Rotograph, No. 64.
[2] On the dialect shadings of the various hands, which all show more or less Picard coloring, see Hilka, *Perceval*, p. iv; and Micha, *Tradition manuscrite*, p. 62.
[3] Cf. Långfors, *Les Incipit*, pp. 406-407; *Catalogue of Additions to the Manuscripts in the British Museum in the years 1900-1905* (London, 1907), pp. 156-157; and A. T. Baker, "La Vie de Sainte Marie l'Egyptienne," *Revue des langues romanes* 59 (1916-17) 145-401, esp. p. 184. The M.L.A. rotograph runs only through folio 268 recto, and consequently lacks this *Vita*.

last, which lacks two leaves between folios 278 and 279.[1]

The composition of the first gathering, into which seven extra folios have been inserted,[2] is also of interest. The original scribe had filled all of folio 1, and had begun folio 2 (now 9) with "Si sen merueille et dit par name" (Hilka 113). When the intercalator wished to insert the *Bliocadran*, he removed with acid[3] the last 44 lines of folio 1c and 1d, and began copying the *Bliocadran* immediately after the last line of Chrétien's prologue (Hilka 68). He filled the blank thus left on folio 1 and all of the next six folios with the text of the *Bliocadran*, completing it four lines from the end of his sixth inserted folio (now 7d). At the bottom of 7d he filled the four remaining lines with the first two verses of the *Perceval* proper (Hilka 69-70) and distributed the next 42 verses in one column each on 8a (20 verses: Hilka 71-90) and 8d (22 verses: Hilka 91-112), frequently spreading one line of verse over two lines of the MS, and leaving 8b and 8c blank.[4] The writing on the intercalated leaves is quite different from that of the Chrétien section, but it has some resemblance to that of the scribe who copied the first eleven gatherings of the Continuations (folios 84a-169d).

Except for the two folios missing between 278 and 279, no leaves have been lost or disarranged in the MS, and the only important lacuna in the text of the First Continuation occurs between lines 28 and 29 of folio 118d (= T 9788-9852). Since there is no gap or change of hand involved, this lacuna must either have been present in the exemplar from which L was copied, or

[1] Cf. *Catalogue of Additions*, p. 157, where the authors indicate the absence of two leaves after folio 281. This apparent discrepancy is accounted for by the fact that the catalogue uses the more recent foliation, which includes three leaves at the beginning of the volume not included in the older numbering.

[2] Micha, *op. cit.*, p. 62, is wrong in saying that "Un quaternion de 8 feuillets a été ajouté postérieurement, en tête de l'oeuvre." Cf. Hilka, *op. cit.*, p. IV.

[3] The use of acid is mentioned by Miss Weston, *Legend of Sir Perceval*, I, 40, who had the benefit of consultation with experts in the Department of MSS in the British Museum. The same experts also informed her that there was "no great interval of time between any of the scribes" (*loc. cit.*, n. 1).

[4] For a description of the drawings later placed in the blank space on 8b, and elsewhere in the MS, see Hilka, *loc. cit.*; and Micha, *loc. cit.*, who also gives a good description of the binding of the volume. A facsimile of folio 258 verso (261 in the later foliation) is provided by Wilmotte, *Poème du Gral et ses auteurs*, facing p. 72.

the scribe of *L* may have inadvertently skipped a column of the exemplar. In spite of the considerable number of MSS which preserve this passage, it is difficult to determine the exact amount of text lost here, because *L* represents throughout this section a different redaction from any of the other MSS. However, MSS *A* and *S*, which are here closest to *L*, have respectively 39 and 29 lines of text between the verses corresponding to lines 28 and 29 of folio 118*d* of *L*.

Two modern foliations in Roman numerals appear in the upper right corner of the rectos throughout the Chrétien and Continuations parts of MS *L*.[1] The older one begins with folio 1 and runs through 268, without gaps or errors. A later foliation begins with the first of three fly-leaves at the beginning of the volume, so that it is uniformly higher by three than the first numbering. All references in this edition are to the earlier foliation.

Chrétien's *Perceval* ends on folio 84*a*, line 10; and the First Continuation follows immediately, without a break, but in a new hand as mentioned above, and runs to line 10 of folio 163*b*. The Second Continuation begins in the next line, in the same hand which runs to the middle of line 21 of folio 169*d*, where another hand begins and continues to the end (folio 268*a*, line 22): "Et Percevaus se reconforte" (Potvin 34934).

M. Montpellier, Bibliothèque de l'Ecole de Médecine, *H. 249* (formerly *fonds Bouhier, C. 44*),[2] late thirteenth century, 296 folios, vellum, 295 x 212 mm., two columns to the page, 40 lines per column, Francian dialect.[3] This MS was copied by a single scribe,[4] and has fifty-five miniatures, accompanied by rubrics, which are always placed in the lower margin, below the column in which the miniature occurs.[5] Large ornamented capitals, usually four lines high, are placed immediately after most of the

[1] The leaves containing the *Vita Mariae Aegyptiacae* at the end of the MS are not numbered, according to Hilka, *op. cit.*, p. v.
[2] This is the number given by Hilka, *Perceval*, p. v, and by Micha, *Tradition manuscrite*, p. 55. The *Catalogue général des manuscrits des bibliothèques publiques des départements*, I (Paris, 1849), p. 380, gives "Fonds de Bouhier, C. 41."
[3] Modern Language Association Rotograph, No. 74.
[4] Micha, *op. cit.*, p. 53, aptly describes the handwriting as "d'apparence régulière, mais assez pointue, dansante aux yeux."
[5] The distribution of the miniatures throughout the volume is quite uneven: thirty-seven of the fifty-five occur in the first hundred folios, seventeen in the second hundred, and only one (folio 225*a*) in the last hundred.

miniatures. Smaller capitals, alternating in red and blue occur at irregular intervals, frequently three or four times on a single folio, and often not at all for several folios. No leaves have been lost or disarranged; and the foliation, in Arabic numerals in a modern hand, placed in the upper right corner of each recto, contains no errors.[1]

Chrétien's *Perceval* ends in line 20 of folio 59b, where it is followed without break by the First Continuation, which ends in line 28 of 154c. The Second Continuation begins immediately and runs to folio 232c, line 20. Manessier begins in the next line and ends in line 15 of 295c.[2] Then, after a blank line: "Explicit de perceual le galois le galois." The rest of 295v and all of 296r are blank, except for later scribblings. On 296v is a "salut d'amour" in verse, 72 lines in length, beginning: "Dame qui n'aves nul parieul."[3]

P. Mons, Bibliothèque publique, *331/206* (formerly *4568*),[4] thirteenth century, 244 folios, vellum, 289 x 205 mm., two columns to the page, 45 lines per column, northeastern dialect.[5] This MS was written by a single scribe, and has one miniature (folio 1r) and forty illuminated capitals, each preceded by a rubric. Smaller capitals, alternating in red and blue, occur throughout the text. The MS is paginated in a modern hand in Arabic numerals from 1 to 487, beginning with the first page of text. An old foliation in Roman numerals appears on the verso of the first thirty-seven folios. No leaves have been lost or disarranged, but

---

[1] For further description see Micha, *op. cit.*, pp. 53-55, where all the rubrics of the first fifty-nine folios are given. No signatures or catchwords are visible in the M.L.A. rotograph of this MS, but the composition of the gatherings appear to be entirely regular.

[2] Extensive passages from this MS were printed by Potvin, who usually followed it when he departed from MS *P*: II, 307-308; III, 47-50, 60, 88, 153-191, 207-208, 369-372; IV, 60, 343-347; V, 152-154, 315-316; VI, 157-158.

[3] Printed from this MS by Paul Meyer, *Jahrbuch für romanische und englische Literatur* 5 (1864) 397-400. Meyer, p. 398, calls attention to a similar piece in MS B.N. *f.fr. 837*, fols. 217-218, printed by Jubinal, *Jongleurs et trouvères* (Paris, 1835), pp. 182-187.

[4] This MS is item 778 in the modern catalogue: Paul Faider, *Catalogue des manuscrits de la Bibliothèque publique de la ville de Mons* (Ghent and Paris, 1931), p. 352. Faider does not mention the number 4568, which is given by Potvin, *Bibliographie*, p. 13.

[5] Modern Language Association Rotograph, No. 5, which contains only pages 1-15. The Library of the University of Pennsylvania possesses a complete photostat of the MS, obtained with the kind assistance of Mr. M. A. Arnould of Mons.

the recto of folio 1 is rubbed and difficult to read.[1] Some of the text has been lost by the tearing away of parts of pages 167 and 203.

The *Elucidation* begins immediately under the large two-column miniature on page 1 and runs to page 6b, line 5. After a rubric it is followed in the same column (line 8) by the *Bliocadran*, which ends in line 45 of page 15a. After a one-line rubric Chrétien's *Perceval* begins in the second line of the next column (15b) with vs. 69 (Hilka), omitting Chrétien's prologue, and ends in line 14 of page 119b. The First Continuation follows without a break in the next line and runs to line 20 of page 229b. After a two-line rubric the Second Continuation begins with an illuminated letter, and ends in line 35 of page 375a, where it is followed immediately by Manessier's Continuation, which ends in the first column of page 487. This MS was printed in full by Potvin, *Perceval le Gallois*, vols. II-VI.[2]

Q. Paris, Bibliothèque Nationale, *fonds français 1429* (formerly *Colbert 2584*, later *Regius 7523*[5.5]), second half of the thirteenth century, 379 folios (numbered to 380), vellum, 269 x 210 mm., two columns to the page, usually 30 lines per column,[3] Champenois dialect.[4] This MS was written by a single scribe, and has no miniatures or rubrics. Nineteen large ornamented capitals, varying in height from four to ten lines, are placed at irregular intervals, and smaller capitals, uniformly two lines high, occur often several times on a single folio, and often not at all for a space of three or four folios. One folio is missing at the beginning of the volume, and probably two at the end. Two are also missing between folios

---

[1] For further description see Potvin, *Bibliographie*, pp. 13, 17-21, and especially pp. 61-66, where all the rubrics of the MS are reproduced. Cf. also Micha, *Tradition manuscrite*, pp. 57-58; Thompson, *Elucidation*, pp. 7-8; and Hilka, *Perceval*, p. v.

[2] The shortcomings of Potvin's edition have long been known, and it would be useless to enumerate here even a part of his omissions and misreadings. It is pertinent, however, to point out that errors in the numbering of the lines exist at the following places in his text: 2391, 9849, 18005, 19684, 19704, 25941, 27300, 27575, 32409, 38700, 43395. All these mistakes, except those at 9849, 18005, 27300, and 27575, continue to the end. In the present edition, whenever reference is made to Potvin's text, it is always to the number printed in his margins, regardless of its correctness in relation to the actual number of lines in the MS.

[3] Most of the columns have 30 lines, but many have 28 or 29. Occasionally 31 lines occur, as in 71a; and even as few as 24 lines, in 138a,b.

[4] Modern Language Association Rotograph, No. 92.

10 and 11 (corresponding to Hilka 1339-1582), and two more between folios 319 and 320 (corresponding to Potvin 37290-37532). In each of these cases the inside double leaf of a quaternion seems to have been lost.[1] A fragment of a leaf, not counted in the foliation, which contains vss. 1-15 and 98-105 of Chrétien's *Perceval*, has been bound in at the beginning of the volume.[2] It is in a much earlier hand, and did not originally belong to MS *Q*.[3] The MS is foliated in Roman numerals in a modern hand in the upper right corners of the rectos, with only one error: the number 301 was skipped by the foliator, but there is no loss of text between the folios numbered 300 and 302.[4]

MS *Q* begins with vs. 117 of Chrétien's *Perceval*, which ends in line 26 of folio 73*d*. The First Continuation follows immediately and runs to line 4 of 198*b*. The Second Continuation goes from line 5 of 198*b* to line 24 of 299*c*. Manessier's Continuation follows in the next line and runs to the end of folio 380*d*. In no case is there any indication of the beginnings or endings of the various Continuations in this MS. The last line of MS *Q* is "Le saint graal tot descouvert" (Potvin 45234). Since about 145 lines of Manessier's conclusion are lacking, there must have been two more folios in the MS if its conclusion agreed approximately with MSS *M* or *P*.

R. Paris, Bibliothèque Nationale, *fonds français 1450* (formerly 7534[5]; *Cangé 69*, later 27), first half of the thirteenth century, 264 folios, vellum, 302 x 215 mm., three columns to the page, 59 lines per column, Picard dialect.[5] This MS contains seven other works, all romances, in addition to Chrétien's *Perceval* and a fragment of

---

[1] I cannot speak definitely here because no signatures or catchwords are visible in the M.L.A. rotograph, and it is impossible to determine the composition of the gatherings.

[2] This fragment does not appear in the M.L.A. rotograph. The *Catalogue des manuscrits français [de la Bibliothèque Nationale]: Ancien fonds*, I (Paris, 1868), p. 224, says only: "Le premier feuillet, déjà remplacé au XIVe siècle, est déchiré."

[3] For further description see Micha, *Tradition manuscrite*, p. 43, who, however, is wrong in saying that only one folio is missing between folios 319 and 320; cf. also Hilka, *Perceval*, p. v; and Weston, *Legend of Sir Perceval*, I, 30-31.

[4] Cf. MS *M*, folio 233*c*; and Potvin, v, 153-154, n., where the passage involved in folios 300*d* and 302*a* of MS *Q* is printed from *M*.

[5] Modern Language Association Rotographs, No. 143, which reproduces the whole codex, and No. 66, which gives only folios 158 verso through 188 recto.

the First Continuation.[1] Chrétien's *Erec, Perceval, Cligés,* and *Yvain* have been intercalated in that order between vss. 10043-44 of Wace's *Brut*.[2] The MS was copied by a single scribe, who wrote in a small and difficult hand, using many abbreviations and making frequent additions and suppressions. There are no miniatures; but a large ornamented capital, ten lines in height, stands at the beginning of the *Perceval* (folio 158*e*); and smaller capitals, from two to six lines high, occur in almost every column throughout the *Perceval* and First Continuation. No leaves have been lost or disarranged in this part of the MS. An older foliation in Roman numerals appears in the upper right corner of the rectos, together with a later, more correct, numbering in Arabic numerals.[3]

MS *R* omits Chrétien's prologue and begins the *Perceval* with vs. 69 in line 40 of folio 158*e,* ending it in line 54 of 184*d*. The First Continuation follows immediately without a break of any kind and runs to line 53 of folio 188*d*. The rest of 188*d* is blank, and the *Cligés* begins at the head of the next column with a large ornamented letter. The last line of the First Continuation in MS *R* is "Ou il par force ou par amor" (Potvin 11596).

S. Paris, Bibliothèque Nationale, *fonds français 1453* (formerly 7536), fourteenth century, 290 folios, vellum, 275 x 190 mm., two columns to the page, 36 lines per column, Francian dialect.[4] This MS was written by a single scribe, and contains fifty-two miniatures, each preceded by a short rubric, and twelve illuminated capitals, usually four lines in height. Smaller capitals, usually two lines in height, occur in almost every column, rarely more frequently than one per column.[5] The first and last folios of the volume have been lost, but otherwise no leaves are missing or

---

[1] For a list of the contents, see *Catalogue des manuscrits français [de la Bibliothèque Nationale]: Ancien fonds,* I (Paris, 1868), pp. 231-232; and Le Roux de Lincy, *Roman de Brut,* I, xviii-xxxv, who gives lengthy quotations. The best description is by Micha, *Tradition manuscrite,* pp. 35-37. See also Constans, *Roman de Troie,* VI, 40-42; Hilka, *Perceval,* p. VI; and Weston, *Legend of Sir Perceval,* I, 32-33.

[2] Ed. Le Roux de Lincy, II, 77 (corresponding to vss. 9798-99 of Arnold's edition). Le Roux de Lincy uses *R* as his base MS.

[3] The older foliation is by twenties; i.e., vij^{xx}xv = 155 (actually 165). The later foliation is used in all references to MS *R* in this edition.

[4] Modern Language Association Rotograph, No. 87.

[5] Cf. Micha, *Tradition manuscrite,* p. 45, for description of the binding, miniatures, and illuminated letters, and for a transcript of the rubrics in the first sixty-five folios. Cf. also Hilka, *Perceval,* p. VI; and Weston, *Legend of Sir Perceval,* I, 31.

disarranged, though the composition of the gatherings is not entirely regular. The MS has a total of thirty-six quaternions, all of which have eight folios, except as follows: the first and thirty-sixth now have only seven each;[1] the fifth gathering has only six folios; and the twenty-sixth and twenty-eighth have eleven folios each. In each of these latter gatherings the eighth folio (nos. 204 and 222 respectively) is a half-sheet, the inner edge of which can be seen between the third and fourth folios of each gathering (i.e. between 199-200 and 217-218 respectively). In spite of these irregularities in the composition of the volume, the text shows no lacunae nor special interpolations. There are no signatures, but catchwords appear at the end of each quaternion except the eleventh and the fifteenth, which have no markings at all. There are also slight irregularities in the foliation in Arabic numerals, which appears in the upper right corner of the rectos: the foliator omitted the number 131, but there is no loss of text between the folios numbered 130 and 132 (Potvin 21970-71); on the other hand, he skipped one folio after 159, 172, and 216, so that the numbers 159bis, 172bis, and 216bis occur.

MS S begins with vs. 103 of Chrétien's *Perceval*, which ends in line 34 of folio 65c. The First Continuation follows immediately and runs to line 2 of 130b. The Second Continuation begins immediately, and ends in line 24 of folio 219a. Manessier's Continuation begins in the next line and runs to the end of folio 288d. In no case is there any indication of the beginnings or endings of the various Continuations in this MS. The last line of MS S is "N'ot un chevalier plus loial" (Potvin 45283). Since there are only about 100 lines lacking of Manessier's conclusion, it is reasonable to assume that the lost final folio contained all the remaining verses.

T. Paris, Bibliothèque Nationale, *fonds français 12576* (formerly *supplément français 3306;* earlier, Bibliothèque de l'Arsenal, *Belles-Lettres françaises 195A*),[2] second half of the thirteenth

---

[1] As a result of the loss of the first folio, its conjugate, folio 7, is somewhat loose in the binding. Folio 282, which is the conjugate of the lost final folio, is mounted on a strip of paper set into the binding.

[2] This MS was used while still in the Bibliothèque de l'Arsenal by Ginguené for his article in volume xv of the *Histoire littéraire de la France* (1820); and by San Marte, *Leben und Dichten Wolframs von Eschenbach,* II, 398-400. It disappeared from the Arsenal before 1850, and was sold to the Bibliothèque Nationale, May 4, 1853. Cf. Henry Martin, *Catalogue des manuscrits de la Bibliothèque de l'Arsenal,* III (Paris, 1887), p. 181, n. 1; and Holland, *Crestien von Troies,* p. 210, n. 1.

century, 283 folios (numbered to 284), vellum, 310 x 230 mm., three columns to the page, usually 43 lines per column, Picard dialect.[1] The MS was written by a single scribe through all of Chrétien's *Perceval* and the Continuations, except for folios 95-121, which are in another, but quite similar, hand. There are no rubrics, but four miniatures occur: a large one in four panels covering the first twenty-one lines of columns *a* and *b* of folio 1; two smaller ones, respectively ten and eight lines in height on folios 19*a* and 25*b*, and a large one covering eighteen lines of folio 261*b*. There are also nineteen illuminated capitals, usually seven or eight lines high, and one six-line ornamented capital with no illumination (folio 86*e*). Smaller two-line capitals, alternating in blue and red, occur on almost every page.[2]

The gatherings of MS *T* are made up of twelve folios each, and signatures in the form of small Roman numerals appear in the lower margin of the verso of the last folio of each gathering from I through XIIII.[3] The leaves of the tenth gathering were disarranged, probably at a time when the MS was being bound, and before the folios were numbered. The two inner leaves (i.e. the fifth and sixth folios and their conjugates, the seventh and eighth) of the original gathering were folded backwards and placed after the original ninth and tenth folios. Thus the leaves of the original gathering now occur in the order: 1, 2, 3, 4, 9, 10, 7, 8, 5, 6, 11, 12, and in this order they were numbered from 110 to 121.[4] The MS is foliated in Arabic numerals in a modern hand in the upper right corner of the rectos, with only one error: the number 81 was skipped in the foliation, but there is no loss of text between the folios numbered 80 and 82.

MS *T* contains Chrétien's *Perceval* on folios 1 to 37*a*, line 2. The First Continuation begins in the next line and runs to 98*a*, line 28. The Second Continuation begins in the next line and extends to folio 152*d*, line 20. At this point Gerbert's Continuation begins (line 21) and runs to folio 220*d*, line 1, where the

[1] Modern Language Association Rotograph, No. 55; which contains only folios 1-261 of the codex.

[2] For further description see Micha, *Tradition manuscrite*, pp. 46-47; Hilka, *Perceval*, p. vi; Weston, *Legend of Sir Perceval*, i, 28-29; and Henri Omont, *Catalogue général des manuscrits français [de la Bibliothèque Nationale]: Ancien supplément français*, ii (Paris, 1896), p. 564.

[3] After this point no more signatures are visible in the M.L.A. rotograph.

[4] The folios of the tenth gathering should be read in the following order: 110, 111, 112, 113, 118, 119, 116, 117, 114, 115, 120, 121.

last fourteen lines of the Second Continuation are repeated (220d, lines 2-15),[1] and Manessier's Continuation begins in line 16, extending to folio 261b, line 16. The third column of 261r is blank. Folios 261v-262r contain a strophic poem of 241 lines, *La Mort du Conte de Henau*,[2] written as prose, which occupies all (41 lines) of 261v and the first 19 lines of 262r. Below this work there is a blank space of about two inches, and then, in 11 lines, a memorandum beginning "Je doi Adan du Blanc Fosé."[3] The *Conte de Henau* and the memorandum are in different hands from the preceding and following texts. Folio 262v is blank. Folios 263r-275r contain the *Miserere*, and folios 275v-284v the *Roman de Carité*, both by the Renclus de Moiliens,[4] arranged three columns to the page, usually 42 lines per column, and ending in line 15 of the third column of 284v, which is followed by the single word "Explicit."

U. Paris, Bibliothèque Nationale, *fonds français 12577* (formerly *supplément français 430*), fourteenth century, 275 folios, vellum, 320 x 230 mm., two columns to the page, 45 lines per column, Francian dialect.[5] This MS was copied by a single scribe, and contains fifty-two miniatures, each accompanied by a rubric. Small ornamented capitals, usually two lines in height, occur in almost every column, frequently two or three in one column.[6] The MS has a total of thirty-five gatherings, each having eight

[1] The edition of Gerbert's Continuation by Mary Williams goes only as far as the last line of 208c (vs. 14078). Hilka, *ZRPh* 53 (1933) 306-311, prints vss. 14342-14556.

[2] Cf. Långfors, *Les Incipit*, p. 279, who cites only this MS as containing the poem; also Naetebus, *Die nicht-lyrischen Strophenformen*, p. 168, n. 1. The *Mort du Conte de Henau* was printed from MS *T* by Potvin, *Panégyriques des comtes de Hainaut et de Hollande, Guillaume I et Guillaume II* (Mons, 1863), pp. 43-57.

[3] Printed in full by Potvin, *Panégyriques*, p. 19.

[4] MS *T* was not known to Van Hamel in his edition of the *Roman de Carité et Miserere* (Paris, 1885: Bibliothèque de l'Ecole des Hautes Etudes, LXI); cf. Naetebus, *op. cit.*, pp. 116 and 130, where the numbers 263v for the beginning of the *Miserere* and 284r for the end of the *Carité* are erroneous.

[5] Modern Language Association Rotograph, No. 26.

[6] For further description see Micha, *Tradition manuscrite*, pp. 47-49, who gives a copy of the rubrics and a description of the miniatures occurring throughout the Chrétien section of the MS. Micha is wrong, however, in saying that there are only fifty miniatures in the entire MS. Holland, *Crestien von Troies*, pp. 201-205, gives a transcript of all the rubrics of MS *U*. Cf. also Hilka, *Perceval*, p. VI; and Weston, *Legend of Sir Perceval*, I, 29-30.

folios; except the twenty-fifth, which lacks the second and seventh folios, and the thirty-fifth, which has only five. Signatures appear at the end of all gatherings except the last four; but there are two errors in the numbering of the gatherings. The signature at the end of the fourteenth gathering (folio 110v) is incorrectly written XIII; but those at the end of the thirteenth and fifteenth are correct. The twenty-fourth gathering is incorrectly numbered XXV (folio 189v), and this error is carried on; the next signature being written XXVI (folio 195v). All the signatures seem to be in a later hand than that of the text, but the catchwords which appear at the end of each gathering are all in the hand of the scribe. The MS is foliated in Arabic numerals in a modern hand in the upper right corner of the rectos. The foliator skipped one folio after each of folios 81, 104, 176. The foliation was inserted after the loss of the second and seventh folios of the twenty-fifth gathering, for it gives no indication of the lacunae between folios 190-191 and 194-195. The text lost in these two places corresponds to Potvin 30135-30314 and 31021-31181.

MS *U* begins with vs. 1 of Chrétien's *Perceval*, which ends in line 24 of folio 53*a*. The First Continuation runs from folio 53*a*, line 25 to 146*c*, line 4.[1] The Second Continuation begins immediately in line 5 of folio 146*c*, and runs to 215*a*, line 14. Manessier's Continuation begins without a break in line 15 of 215*a*, and ends in line 16 of folio 272*a*.[2] The following colophon appears in the same column: "Ci fenist le roumans de perceual le Galois Le quel fu moult preus Et courtois Et plain de grant cheualerie Pour lamour dieu feni sa vie." The rest of folio 272r is blank, except for some illegible scribblings in the second column.

V. Paris, Bibliothèque Nationale, *nouvelles acquisitions françaises 6614* (formerly the property of Charles Sauzé of Montmorillon), late thirteenth century, 171 folios,[3] vellum, 295 x 220

---

[1] The only lacuna in the text of the First Continuation occurs between lines 14 and 15 of folio 141c (= *T* 14259-14396; Potvin 20986-21102).

[2] Henri Omont, *Catalogue général des manuscrits français [de la Bibliothèque Nationale]: Ancien supplément français*, II (Paris, 1896), pp. 564-565, says erroneously that this MS contains the Gerbert Continuation.

[3] This number includes the fragments mounted at the beginning and end of the volume, each of which is numbered separately. In some cases the foliator skipped a leaf which had lost its outer columns, so that the numbers 108[bis], 163[bis], and 163[ter] occur.

INTRODUCTION

mm., three columns to the page, usually 40 lines per column,[1] northern dialect.[2] This MS was copied throughout by a single scribe; it has no miniatures; and only ten ornamented capitals, varying in height from six to eight lines, remain intact. Smaller two-line capitals, alternating in blue and red, occur at irregular intervals; frequently twice in a single column, and often not at all for five or six columns. The volume, which was not acquired by the Bibliothèque Nationale until 1895, has suffered serious mutilation, probably at the hands of a binder, involving the loss of many folios and parts of others.[3] Signatures appear at the end of most of the quaternions, which usually have eight leaves, though the composition of the gatherings is not entirely regular. The foliation is in Arabic numerals in a modern hand in the upper right corner of the rectos.

The first three gatherings, of eight folios each, have been lost, except for fragments, which are now mounted at the beginning and end of the MS as folios 2, 169, 170, and 171.[4] The first line of the fourth gathering (Hilka vs. 5891) is line 10 of folio 24a in MS T, of which the text is very close to that of V. Other losses are: one folio between 13 and 14 (Hilka 8530-8771); two full gatherings, or sixteen folios, between 77 and 78 (Potvin 21298-25325); two folios between 80 and 81 (Potvin 26062-26544); one folio between 138 and 139 (Gerbert 4782-5017); two folios between 163bis and 163ter (Gerbert 11261-11740); and at least sixty folios after 167 (the equivalent of MS T, folios 204-261). In addition to these losses of whole leaves, the text has also been impaired by the cutting off of the outer columns (c and d) of the following folios: 11 (Hilka 7891-7970); 12 (Hilka 8131-8209); 108bis (Potvin 32301-32380); 110 (Potvin 32782-32863); 163bis (Gerbert 11101-11180); 163ter (Gerbert 11821-11901).[5]

---

[1] The columns uniformly have 40 lines, except 66a,b,c (42); 66d,e,f (44); 67a-f, 68a-f (43); 69a (45); 69b,c,d,e (46); and 69f (49). The last seven lines of 62c, all of 62 verso, and the first five lines of 63a are blank, but there is no loss of text at this point.

[2] Modern Language Association Rotograph, No. 132.

[3] Léopold Delisle, in a note quoted by Gaston Paris, *Romania* 24 (1895) 622, says: "plusieurs cahiers ou fragments de cahiers ont été employés par un relieur qui de plus a mutilé ça et là des feuillets pour y prendre des bandes de parchemin."

[4] For the contents of these fragments see Hilka, *Perceval*, p. vii; for their correct arrangement see Weston, *Legend of Sir Perceval*, i, 34, n.

[5] For further description see Micha, *Tradition manuscrite*, p. 51; and Weston, *op. cit.*, i, 33-34. Miss Weston is wrong in saying that only eighteen folios are missing at the beginning of the MS.

Chrétien's *Perceval* begins with vs. 5891 on folio 3a, and ends folio 15f, line 24. The First Continuation begins on folio 15f, line 25, and breaks off (Potvin 21298 = T 14614) in line 40 of folio 77f. The first three thousand lines of the Second Continuation are lost: it begins (Potvin 25325) on folio 78a, line 1, and runs to 119a, line 16. Gerbert's Continuation begins in the next line and runs to folio 167f, line 40, where it breaks off (Gerbert 12934). All of Manessier is lacking except a fragment of one folio, which is numbered 168, and which contains lines equivalent to Potvin 37236-37252, 37276-37292, 37315-37337, 37359-37376, 37396-37412, 37432-37445. In no case does MS V contain any indication of the beginning or ending of the various Continuations.

G. The sixteenth-century French prose version, printed in a black letter edition in 1530 for Galiot du Pré.[1] This prosification contains, in addition to Chrétien's *Perceval* and all the Continuations except that of Gerbert, the *Elucidation* and a shortened version of the *Bliocadran* printed on four unnumbered leaves of an extra signature at the beginning of the volume. Some copies lack this extra signature, and also the table of contents.[2]

The Chrétien section begins with the genuine prologue on the first numbered folio (signature a i) and ends on folio 47a, line 39 (sig. h [5]). The First Continuation follows, without a break, ending on folio 131b, line 25 (sig. B [5]). The Second Continuation begins in the same column with the heading "Comment apres ce que Perceval eust erre et divague par plusieurs royaulmes par lespace de cinq ans sans quil eust aulchunne memoire ou souvenance de dieu arriva devant ung chasteau de merveilleuse beaulte puis se combatist contre le roy et le vainquist". The Second Continuation ends on folio 181b, line 25 (sig. L i), and Manessier begins without special indication: "Et Perceval si tresjoyeulx de ceste fust que jamais na este de si grande joye parle"; and ends on folio 218b, line 11 (sig. R [4]), where it is followed by the colophon.

[1] Modern Language Association Rotograph, No. 8, a reproduction of the British Museum copy, which lacks the table of contents present in the Library of Congress and the Berlin copies.

[2] The title page, colophon, privilege, table of contents, and the complete text of the *Elucidation, Bliocadran,* and Chrétien's *Perceval* (folios 1-47r) have been printed from the Berlin copy by Hilka, *Perceval,* pp. 483-614. For further description see Thompson, *Elucidation,* pp. 9-13; and Hilka, *Perceval,* pp. vii-viii.

D. The Middle High German translation made between 1331 and 1336 by two Alsatians, Claus Wisse and Philipp Colin, at the request of Count Ulrich von Rappoltstein. This translation, which is an interpolation 36,426 lines in length between the fourteenth and fifteenth books of Wolfram's *Parzival,* is extant in two MSS: the original, preserved as MS 97 (formerly *R 37, 9*) in the Fürstenbergische Hofbibliothek at Donaueschingen, and a fourteenth-century copy of the Donaueschingen MS in the Bibliotheca Casanatensis (MS *A. I. 19*) in Rome. The text of the original MS was printed by Karl Schorbach in 1888,[1] and his edition has been followed in the variants and notes of the present text of the Continuations. No attempt has been made to control the readings of the MS as offered by Schorbach, both because of the present inaccessibility of the MS and because Schorbach's edition has been generally accepted as reliable.

D contains, aside from the text of Wolfram, a translation of the *Elucidation*,[2] all the Continuations except that of Gerbert, and numerous additions made by Wisse and Colin to their transcript of Wolfram.[3] The translation of the First Continuation begins with the departure of Gauvain from Arthur's court after his combat with Guiromelant (T 1195 = D 1,1), and ends with a short transitional passage (D 313,41-314,4) before a rubric and a large capital which introduce the Second Continuation. Manessier's Continuation begins (D 610,28 = Potvin 34935) without any indication in the middle of a sentence, just as in the French MSS. The end of the translation (D 846,9 = Potvin 45036) comes slightly before the end of Manessier, and the Wisse-Colin text reverts to the fifteenth book of Wolfram.

---

[1] *Parzifal von Claus Wisse und Philipp Colin (1331-1336), eine Ergänzung der Dichtung Wolframs von Eschenbach, zum ersten Male herausgegeben von* Karl Schorbach (Strassburg, 1888: Elsässische Litteraturdenkmäler aus dem XIV-XVII. Jahrhundert, 5). Schorbach remarks (p. xi): "Wir haben das seltene Glück, in dem kostbaren Donaueschinger Manuskript die Originalhandschrift der Parzival-Fortsetzung vor uns zu haben, wie sie unter den Augen der Dichter für Ulrich von Rappoltstein hergestellt wurde." For detailed descriptions of the two MSS see Schorbach's introduction, pp. IX-XVIII.

[2] Schorbach, pp. LVII-LXX.

[3] *Ibid.*, pp. XLV-LVI. Concerning these additions, cf. E. K. Heller, *Germanic Review* 5 (1930) 109-126, who points out (p. 122) a fact unnoticed by Schorbach: that Wisse and Colin in their copy of Book XVI of Wolfram made additions taken from the last 343 lines of Manessier, though

REDACTIONS OF THE FIRST CONTINUATION

Although some of the MSS of Chrétien's *Perceval* have interpolations and variations of considerable length, the main course of the story in the first part of the corpus of the *Conte del Graal* is uniform and consistent. The presence of one author, Chrétien, is clear; and it has been possible for Hilka to construct a single text, with the variants of the several MSS reducing themselves to such differences of wording and syntax as are to be expected in any medieval vernacular text extant in a dozen or so MSS. However, immediately after the point where Chrétien's work ends, the MSS begin to vary from each other in a way which no longer permits the establishment of a single text. This fact has long been known, and has been pointed out with varying emphasis and precision by Potvin, Waitz, Miss Weston, Hilka, and most recently by J. Fourquet.

Potvin, who did not have access to all the MSS and who did not even know of the existence of MSS L and V, saw in the First Continuation two main redactions. He does not give names to them, but speaks of the redaction of the Mons MS (P) and of the Montpellier MS (M). He recognized also that MS U fluctuated between the P and the M version, but did not establish the type of relationship in each case. And although he also knew T, from which he printed long extracts of Gerbert's Continuation, he seems to have disregarded it almost completely in his notes to the First Continuation. Potvin's treatment of the MSS other than P is not systematic, and for the most part his work represents no more than a printing of P with occasional notes on the content of M.

In 1890 Hugo Waitz examined carefully the MSS available in Paris, $A\ S\ T\ Q\ U\ R$, comparing them with P, as printed by Potvin, with the MHG translation of Wisse and Colin, and with the 1530 edition. As a result of his studies, Waitz advanced the theory that there are four redactions of the Continuations: the oldest redaction, preserved in MSS A and S, a second redaction in P, a third in $T\ D\ M\ Q$, and a fourth in $U\ G$.[1] The absence of the Edin-

---

their continuous translation ceases with Potvin 45036. Further studies on episodes in the First Continuation have been published by Heller in *Speculum* 9 (1934) 38-50, and 15 (1940) 338-347.

[1] *Die Fortsetzungen von Chrestien's Perceval le Gallois nach den Pariser Handschriften* (Strassburg, 1890), p. 3.

burgh MS from Waitz' materials is probably the chief reason for the distortion of the MS relations as presented by him. He recognized correctly the close relation of A and S, of T and D, of M and Q, but he was led astray in evaluating the position of U by the fact that this MS shifts from its kinship with M Q to an equally close relationship with P in the middle of the Carados story. If Waitz had had access to the Edinburgh text he would have seen that the fuller version of M Q given by E U in the first part continues in E after U shifts to follow P.

Miss Weston speaks of the long and the short redactions only, and classifies T V E M Q U D G in the long, and A S L P R in the short.[1] But she gives no clarification of the relationships within these groups, merely claiming, contrary to Waitz, that the long redaction is the earlier in time of composition and that MS T is the best representative of it.

Paul J. Ketrick in his dissertation studied the MS relations of a short section of the First Continuation corresponding to the Middle English poem of *Golagros and Gawane*.[2] His results are a considerable advance over those of Waitz and Miss Weston, in that he established much more precisely the relationship of the MSS within the larger groups which had been recognized by his predecessors. However, the stemma which he gives (p. 77) is admittedly intended to apply only to the short part which he examined in detail.

In the introduction (pp. xxvii-xxviii) to his edition of Chrétien's *Perceval*, Hilka speaks of the short and the long redactions, and mentions the MSS of each, but he does not discuss the relations either of one redaction to the other or of the MSS within each redaction. Hilka was entirely justified in giving no further information about the MSS of the Continuations, because he had already prepared an edition of the texts, and he would naturally have presented his detailed discussion in the introduction of the edition, which, however, has not been published.

The most recent attempt at a grouping of the MSS of the First Continuation was made by J. Fourquet in 1938. He finds, like all the others, that there are two main groups: A S L P R and T V D E M Q U, but adds further that, while the short redaction

[1] *Legend of Sir Perceval*, I, 46-55.
[2] *The Relation of Golagros and Gawane to the Old French Perceval* (Washington, 1931), pp. 67-85.

of *A S L P R* and the long redaction of *E M Q U* are clearly enough to be discerned, the position of *T V* "est indécise."[1]

Except for the investigations by Hilka, whose results have not been published, all these studies are admittedly based on only part of the MS tradition (Waitz, Potvin, Fourquet) or are intended to apply only to a short section of the text (Ketrick). Although Miss Weston knew, and had probably read, all the MSS, her treatment is confined to generalities and in no instance attempts to give a complete, factual proof for her conclusions. It is clear that what has been chiefly lacking in all the studies made so far on the MSS of the Continuations, particularly of the First Continuation, is a usable collection of the available materials. But our predecessors have, nevertheless, under difficulties and without access to the complete tradition, succeeded in establishing a number of valuable facts, which serve to point the way toward more definite conclusions.

Any one who undertakes to read the MSS of the First Continuation is at once struck by the fact that, while there are great divergences between some MSS, there are also remarkable similarities between others, and that through all the variations and concordances there is a basic conformity to a large general plan. In spite of differences of length and infinite variations in details of expression, all the MSS which preserve the whole of the First Continuation tell essentially the same story. Some lack long sections which are present in others, whether as interpolations or as genuine parts is not immediately apparent; but the story as a whole progresses uniformly through six major sections, which everywhere occur in the same order and which all have essentially the same relationship to each other. An outline of these major sections, subdivided into numbered episodes, is provided below. Each of these sections occurs in every MS, except *R* which gives only the first of them, though they vary considerably from one MS to another in length and in the inclusion or exclusion of individual episodes.

In addition to the common general content there are also resemblances of detail which permit a more exact grouping—a grouping which can be made solely on the basis of the present state of the MSS and without necessitating conjectures on how the existing differences and agreements may have been produced.

[1] *Wolfram d'Eschenbach et le Conte del Graal* (Paris, 1938), p. 132.

It is apparent almost at once that certain pairs of MSS can be established which maintain their conformity to each other throughout the entire First Continuation, however much they may at times agree or disagree with any other single MS or group of MSS.

Of these pairs the two most evident ones are $T\ V$ and $M\ Q$. T and V are so close together in all details that it is possible to believe that they were copied from the same exemplar. They not only coincide word for word in many passages where all the other MSS disagree with them, but they show occasional common errors which do not occur elsewhere. The $M\ Q$ pair is only slightly less closely related. They agree in omissions throughout the entire First Continuation, and have in common a reduced version of the second major section which eliminates entirely four episodes found in all the others.

Another clearly discernible pair is formed by $A\ S$, which agree somewhat less strikingly than $T\ V$ and $M\ Q$, but which are still closer to each other than either of them is to any other single MS or group. Also less closely linked in details of language and minor incidents, but nevertheless possessing striking traits in common are E and U in the first 9922 lines of their version of the First Continuation. They contain notably the long Montesclaire story which occurs elsewhere only in the 1530 edition, and also lengthy passages in other parts of the first half of the Continuation which point clearly to an ultimate common ancestor.

With these preliminary groups, $T\ V, M\ Q, A\ S, E\ U$, established, it is possible to classify easily two representatives of the tradition which, by reason of the external factors of language and date, cannot be regarded as having contributed of themselves to the evolution of the text. The Middle High German translation (D) is easily recognized as based on a MS very close to the exemplar of $T\ V$, but probably not the exemplar itself. The group $T\ V\ D$ can be considered, in the First Continuation, as though it were only a single MS. The 1530 prose edition can also be classified as belonging to the $E\ U$ group, because it contains the Montesclaire story and the lengthy passages in the first half of the First Continuation which serve to distinguish $E\ U$ from all others.

If next an attempt is made to find relations between the groups $T\ V\ D, M\ Q, A\ S, E\ U\ G$, it soon becomes clear that $M\ Q$ coincide in many places with $E\ U$, and eventually with E alone (after

U shifts to the short redaction) against $T\ V\ D$ and $A\ S$, whether the $T\ V\ D$ and $A\ S$ groups are in agreement or disagreement with each other. The variations are limited, aside from unimportant differences of wording, chiefly to omissions. When the $E\ U$ and $M\ Q$ groups are compared in detail, it transpires that $M\ Q$ omit passages of varying length which are present in $E\ U$, and often also in other MSS; but that they never add anything which is also in $T\ V\ D$ or $A\ S$. If $M\ Q$ are considered a shortened version of $E\ U$, the condition of their text is satisfactorily explained. Within the $E\ M\ Q\ U$ group the relationship of the individual MSS shows itself, in those passages preserved by all four, to be usually $E\ M\ Q$ against U. The $E\ M\ Q$ grouping is a subsidiary one, for the abridging technique of the $M\ Q$ version often causes E and U to show long passages in common that must have been in the archetype of the whole group and have been omitted by some ancestor of $M\ Q$.

The MS groups so far presented, $T\ V\ D$, $E\ M\ Q\ U$, $A\ S$, are so clear and definite in the First Continuation that it would be difficult to disagree with them, or to suggest other groupings of these MSS.

If the $E\ M\ Q\ U$ group be now compared with $A\ S$, fundamental divergences begin to make themselves evident. Not only is $E\ M\ Q\ U$ twice as long as $A\ S$, but it contains a considerable number of episodes lacking in the other group. In the way of major variations may be cited not only the Montesclaire story, which is omitted by $M\ Q$ as well as by $A\ S$, but also the first visit of Gauvain to the Grail Castle which is described at length in $E\ M\ Q\ U$ but is omitted altogether in $A\ S$. The same remark applies also to the whole second part of the first major section and to long passages in the third section. But even in episodes which are present in both groups there are notable differences in the wording and in the details of action and setting. Generally $E\ M\ Q\ U$ give much longer and more elaborate accounts than $A\ S$. Without pronouncing ourselves on whether $E\ M\ Q\ U$ is an expansion of $A\ S$, or $A\ S$ is a reduction of $E\ M\ Q\ U$, it is safe to say that the two groups represent two quite different redactions, the Long Redaction of $E\ M\ Q\ U$ and the Short Redaction of $A\ S$.

When the $T\ V\ D$ group is compared with $A\ S$ and then with $E\ M\ Q\ U$, it first shows conformity in general outline and content with $A\ S$, though never as great conformity with either A or

S as these latter show with each other. This agreement of *T V D* with *A S* lasts for about the first 5,000 lines of *T V D*. Then *T V D* begin to agree with *E M Q U*, though again without coinciding as much with any one of the *E M Q U* group as these latter all do with each other. Apparently the *T V* group is based on a mixed tradition which represents a rewriting in the first third of its text of a MS similar to *A S*, and in the last two-thirds, of a MS of the *E M Q U* type. The consistency of agreement of all its members through the whole First Continuation in the *T V D* group, and their failure to agree in details with either *A S* in the first third or with *E M Q* in the last two-thirds, justifies the conclusion that *T V D* represent a separate redaction which, because of its varying allegiance, may fittingly be called the Mixed Redaction.

The position of the remaining MSS, *L P R*, is less easy to determine, except that they belong in the Short Redaction. MS *L* shows similarity to *A* and *S* in over-all length and in the omission of many episodes present in *T V D* and *E M Q U*, but it also has striking verbal resemblances to *T V* in some passages and to *E* in others, where *A* and *S* are quite different. In many instances its readings, while telling the story in general conformity to *A* and *S*, are unlike those of any other MS. *L* is a representative of the Short Redaction, but to give an adequate conception of its peculiar qualities it will be necessary to print its text in full. MS *P*, which has already been printed by Potvin, is similar in general length and contents to *A* and *S*, and surely belongs to the Short Redaction. However, *P* contains in the third major section a long episode which is lacking in the other MSS of the Short Redaction, but which is present in only slightly different form in both the *T V D* and the *E M Q U* version. MS *R*, which contains only the first major section of the First Continuation, follows in general the Short Redaction but has a number of long additions which do not occur in any other MS.

This examination of the contents of the MSS and their agreements and disagreements with each other thus leads us to the observation that there exist three redactions of the First Continuation: the Short, the Long, and the Mixed. But it leaves us with no conclusion whatever as to the manner in which the individual redactions developed into the state in which they now exist. No conclusions concerning this evolution can be safely drawn without consideration and evaluation of each element of the tradition. The first requisite at present is not an explanation of the evolution of the text. It is rather that the materials be made available so that such an explanation can be formulated. Until all the evidence of the MSS is set forth in a form that can be studied and weighed both in its details and in its larger aspects, any attempt at explaining the growth of the body of narrative materials contained in the First Continuation is condemned to achieve only the tentative and inconclusive results reached by Waitz, Miss Weston, Ketrick, and Fourquet.

For these reasons the goal of the present edition of the First Continuation is not to provide the original text nor the "genuine" text of the First Continuation, because it has not been demonstrated that there ever existed any single state of the text which lay back of all the extant copies at however remote an earlier stage. This edition aspires only to make available the several forms of each of the three main redactions. Therefore, each redaction is considered as independent of the others. While it would be extremely hazardous, if not impossible, to present a single text of the First Continuation which would do justice to the evidence provided by each MS, it is a comparatively safe undertaking to prepare three separate but mutually complementary editions of the three redactions. The present work therefore prints each of the redactions separately and in its entirety, and the order in which they are printed is dictated chiefly by reasons of convenience and clarity of presentation, not by any belief on the part of the editor in the anteriority or superiority of any one of the versions. The first volume gives all the Mixed Redaction, and it is hoped that no significant element of the text has been omitted or disregarded. With the aid of the variants and the textual notes it should be possible to use Volume I with as much security as the MSS, and with infinitely more convenience. Volume II will contain the Long Redaction, with E serving as the base MS, and with the variants of M Q and U indicated.[1] The third volume will give two states of the text of the Short Redaction in parallel columns: the state represented by MSS A S P, and that contained in L. In an appendix of Volume III the text of MS R,

[1] The variants of MS U will be omitted from Volume II between E 9922 and 16886, because U follows the Short Redaction for this section and its readings can be more conveniently presented in the apparatus of Volume III.

which belongs to the Short Redaction, but which has numerous individual additions and changes, will be printed in full.

This method of presenting the text of the First Continuation has an advantage which more than compensates for the expense and the work which it entails: it ensures the presentation of the evidence in a form which contains a minimum of editorial intervention and which makes apparent to any reader at a glance the exact content of every MS and allows the various redactions to retain all their individual characteristics with nothing sacrificed or re-arranged to make a consistent or unified text either in expression or content. By placing the three volumes side by side, the reader can spread before himself all the versions and can judge for himself whether the theories and explanations which the editor hopes to set forth in a final volume are justified or whether they need modification on the basis of the evidence in the MSS.

PLAN OF THIS VOLUME

The choice of the base MS for the redaction of the First Continuation represented by MSS T and V is not difficult. V has such extensive lacunae in the First as well as in the other Continuations that it could hardly serve as the basis of the printed text without having long passages inserted from T to fill the gaps. On the other hand T has no missing leaves, and gives a complete and coherent text from the beginning of Chrétien to the end of Manessier. It is true that T has a number of unique additions, but since these are all readily identifiable by a glance at the variants, their presence in the text can hardly give rise to serious objection.[1]

The language of T is in general quite "correct" in that the scribe usually observes the two-case declensional system, employs a fairly consistent orthography, and rarely errs in the matter of syllable-count. Almost all of the relatively few metrically incorrect lines of T can be readily adjusted with the help of V. The dialect of both T and V is the common literary form of Picard used in the thirteenth century, with few strongly-marked dialectal peculiarities. The Picard coloring of V is possibly a little stronger than that of T, but the difference is not great.

[1] Miss Williams, in her edition of the Continuation by Gerbert (p. IV), though she believes that V is "plus soigné," admits that T is "en excellent état et donne . . . un texte très satisfaisant."

In the establishment of the text MS *T* has been abandoned only in cases where its reading has seemed definitely inferior to that of *V* and in a few cases where both *T* and *V* are in error. In all places where the printed text departs from *T* the readings of both *T* and *V* are given at the foot of the page, and the corresponding line of *D* is cited in full.[1] The MSS of the other redactions have been taken into account in correcting *T*, and where they have relevant material it has been recorded in the variants. When the correction of *T* merely involves the addition of a letter or two in brackets, and these letters are present in *V*, no other indication of the *V* reading is given. But in every instance where the letters within brackets have not been taken from *V*, the source of the correction is indicated in the variants and, if necessary, discussed in the textual notes. In a number of cases of scribal lapses where *V* provides an acceptable correction, it may seem that needless trouble has been taken to cite the support offered by the other MSS for a perfectly obvious change. However, it is usually better to give more evidence than necessary rather than too little, as there are few occasions in textual criticism where a multiplicity of supporting witnesses is unwelcome.

The punctuation and capitalization have been modernized, and the recommendations of the committee of the Société des anciens textes français[2] have as a rule been followed in the use of accents, distinction of the vocalic from the consonantal value of *i* and *j*, *u* and *v*, numbering of lines, and indication of the beginning of the columns of each folio of the base MS. The diaeresis has been used somewhat more freely than is customary in the editing of Old French texts, and on combinations of vowels where the principles established by the committee of the SATF might permit its omission. The rule followed has been to use the diaeresis on any combination which, within the limits of the orthography employed by the scribe, occurs both as a hiatus and as a diphthong. The *ia* of *bliaut, blialt*, would not, according to

---

[1] It is perhaps needless to say that abbreviated forms have been solved in conformity with those instances where the same words are written in full, but that unusual or sporadic forms are left unchanged. In a number of cases the words *affaire, affiche, affubler, offrir, soffrir* might be read in the MS as *asfaire, asfiche*, etc., but these five words have been uniformly transcribed with -*ff*-, in spite of *sozfrir* 8058. However, the -*sf*- has been retained in other words when clear in the MS.

[2] Cf. *Romania* 52 (1926) 244-249.

the SATF, require a diaeresis, but it is used in our text because the same combination of vowels also occurs as a diphthong or triphthong in such words as *biaus, bials, hiaume,* etc. Accordingly no diaeresis is needed on *ae, eo, io* in this text, because these groups never occur as diphthongs in MSS *T* and *V*;[1] but it is needed on *ai, oe, ei,* etc. Whether this system of using the diaeresis will meet with general approval is perhaps less important than that, having been chosen, it should be applied with consistency. This at least has been striven for.

The line numbers of Potvin's edition are indicated in italics at intervals of every ten lines where practical; and the number (preceded by *D*) of each column of Schorbach's edition of the Middle High German translation also appears in the left margin opposite the line corresponding to the first line of Schorbach's columns. The Potvin numbers might more appropriately be indicated only in the margins of the volume which is to contain the text of the Short Redaction, but since references to the Continuations in the scholarly literature of the last eighty years have necessarily been made to Potvin's edition, it is desirable to facilitate from the very first comparison of the present edition with Potvin and with the various citations in critical studies.

Because of the great differences in length of the redactions of the First Continuation, it is not feasible to establish a single system of line numbers for all three versions. The lines of the first three volumes of this edition are therefore numbered independently, and comparison of passages in the various volumes is made possible by the division of the text into six major sections, each of which is in turn subdivided into numbered episodes.[2] The section and episode numbers appear at the top of every right-hand page and will be reproduced in the second and third volumes. This system does not permit the reader to turn at once to the exact page in each of the volumes which may contain a particular line, but at least it reduces his searching in most of the text to segments of not more than two or three hundred lines, and in many places to much smaller groups of lines. The numbers of

[1] For the special case of the combination *ae,* see the note to 2573.
[2] The large letters placed at the beginning of these episodes do not necessarily coincide with capitals in the MSS. They have been inserted in the text solely for the sake of clarity. The position of all initials more than two lines in height in the MSS has been indicated in the variants.

Potvin's edition, in the left margins, can also be used as a guide in many parts of the text.

The variants of this volume are perhaps unnecessarily complete in that they include much that is not important for the sense of the story or the establishment of the text. A word indicating just what has been included and excluded in the variants is not inappropriate. In principle all variants from MSS of the other redactions are excluded from this volume, except in so far as they have been used to provide support for emendations made in the text of MS T. But whenever the MSS of the other redactions have been cited for a correction of T, the readings of all the MSS which contain the line in question are given, except that the 1530 edition (G) has generally not been used. For MS V all sense variants are included: that is, every time V uses a different word, or even a different verb tense, its reading is recorded. Only purely orthographical variants have been omitted, and for proper names even these have been included.[1] It has been possible to show the variations between T and V in such detail because these MSS are unusually close to each other, and the full apparatus can be provided without an undue use of space. At the same time this complete apparatus, because of its comparative brevity, affords significant proof of the close relationship of the two MSS.

In recording the variants of D, the Middle High German translation, it is naturally necessary to exercise a more stringent principle of selection. As a rule only those D variants are given in which there is a real difference of meaning, or in which additions or omissions of more than a line or two were made by the translators. The proper names of D are given only when they represent different names from those of T or V. The D reading is cited also whenever an emendation has been made in T, in order to make clear in each case whether D accords with the preferred or the rejected reading. Because D is a translation, even though a remarkably close translation, it has been necessary always to cite the full line and not just the relevant part of it, in order that

[1] The principle of including the spelling variants of proper names in V has not been followed so literally as to involve listing the numerous instances of interchange of initial C and K in the name *Carados, Karados;* nor of *i* and *y* in *Disnadarés, Dysnadarés, Eliavrés, Elijavrés, Irlande, Yrlande;* nor of *ou, o, u* in *Cornouaille, Cornoaille, Cornuaille.* Aside from these cases, however, all variant spellings of proper names in V are recorded. See further the notes to vss. 4701 and 10834 for the names *Aalardin* and *Bran de Lis.*

differences of syntax between Old French and Middle High German may not seem to distort the amount of agreement or disagreement between *D* and *T* or *V*.

The textual notes comment only on emendations, scribal corrections in the MSS, omissions and additions in the text, proverbs, syntax, orthography, morphology, etc. They make no effort to discuss literary problems, such as sources, the relations of one Continuation to another, borrowings from Chrétien or other authors, or similar matters. These questions are to be discussed in full in a later volume, and for this reason even such striking similarities of wording and story as are apparent between *T* 3188-3290 and *T* 8735-8825 (esp. 3221-22 = 8763-64 and 3281-83 = 8812-14); or between *T* 833-907, *T* 2852-2914, and an almost identical passage in the Second Continuation (*T* folio 101*c*,33-101*e*,11); or such clear echoes of Chrétien as *T* 2022 and 8134 (= *Yvain* 2156), *T* 12775-76 (= *Yvain* 2255-56), *T* 1400 (= *Perceval* 3550), and *T* 1246-51 (= *Perceval* 3071-78) are left unmentioned in the notes.

The index of proper names at the end of this volume is intended merely as a temporary list of the characters and places mentioned in the story. It will be replaced in the final volume by a comprehensive table listing all the names in all the redactions, with the necessary identifications. Since the proper name variants of *V* are complete in the apparatus and can be found from the corresponding reference to MS *T*, they are not mentioned in this preliminary table. The equivalent names in *D*, when they do not appear in the variants, can be found with little trouble by means of the reference numbers to the columns of Schorbach's edition.

OUTLINE OF THE FIRST CONTINUATION

The following outline of the story of the First Continuation is intended chiefly as a guide through the maze of episodes. It is not a summary in the usual sense, but rather a skeleton plan of the incidents, which has been made as concise as possible in order that it may be used as a finding-device or index. In using the outline, the reader should remember that, except where the paragraph is preceded by a group of MS sigla, each episode is common to all the extant MSS, though they may all vary greatly in length and details. Similarly, when an episode is identified as appearing in a special group of MSS, it can be assumed to be absent from the others.

The final scene of Chrétien's *Perceval* depicts King Arthur and his court assembled in the hall of the king's palace in the city of Orcanie, just as a messenger arrives bringing news of Gauvain. As Arthur looks around at his followers he suddenly becomes aware that the absence of his nephew has been greatly prolonged. Before the messenger can speak to him, the king faints and the whole court is thrown into consternation. One of the ladies who has been watching from a gallery rushes away to inform the queen. The latter, disturbed by the agitated manner of the lady, inquires what is the matter. Here Chrétien's work comes to an abrupt end, and the First Continuator takes up the story.

SECTION I: GUIROMELANT

EPISODE 1 (*T* 1-278; *E* 1-503; *P* 10602-10858)

The messenger from Gauvain informs the king that his nephew is well, but that he wishes Arthur to be present at a duel which he is about to fight with Guiromelant. Arthur and the queen, with a large following of knights and ladies, immediately set out under the guidance of Gauvain's messenger.

EPISODE 2 (*T* 279-481; *E* 504-944; *P* 10859-11051)

When the company arrives before the castle where Gauvain is staying, the latter comes out to meet Arthur and informs him that in this castle live Arthur's mother, Ygerne, her daughter Norcadés, who is the mother of Gauvain, and Arthur's niece Clarissant, the daughter of Norcadés and sister of Gauvain. Arthur goes secretly into the castle accompanied by Gauvain, the queen, and a small company. He is made welcome, and spends the night in the castle. Meanwhile his disappearance becomes known to his army, and terror spreads through the ranks.

EPISODE 3 (*T* 482-816; *E* 945-1440; *P* 11052-11302)

The next morning, however, Arthur returns accompanied by Gauvain, and preparations are made for the duel between Gauvain and Guiromelant, who in spite of his love for Clarissant has challenged Gauvain to mortal combat because of a wrong done by Gauvain and Gauvain's father to the family of Guiromelant. The challenger and his followers arrive and Gauvain sends two messengers to inform him that he is ready.

EPISODE 4 (*T* 817-1030; *E* 1441-1739; *P* 11303-11488)

Gauvain and Guiromelant engage in a long and furious combat, in which now the one, now the other has the advantage. Clarissant, torn between her affection for her brother and her love for Guiromelant, intercedes with Arthur to stop the battle. The king explains to her that the custom of chivalry prevents him from intervening.

EPISODE 5 (*T* 1031-1193; *E* 1740-1955; *P* 11489-11603)

Mss *TVD EMQUG:* Clarissant appeals to Gauvain to spare his adversary and a long parley ensues, after which the combatants part, agreeing to continue the duel the next day. During the night, however, Arthur makes preparations for a marriage between his niece and Guiromelant, and the next morning when Gauvain returns to continue the battle he learns that his sister has already been married to his enemy. He leaves the court in anger, and when Arthur hears of this he sets out at once in quest of him.

Mss *ASLPR:* Clarissant's appeal to Gauvain is effective in bringing about a reconciliation between her brother and Guiromelant; and the marriage is celebrated with the approval of Gauvain. Guiromelant and all his followers do homage to Arthur, except Brun de Branlant whose castle Arthur at once sets out to besiege.[1]

EPISODE 6 (*E* 1956-3630)

Mss *EUG:* Gauvain rides away not caring where he goes. The next day he meets a maiden carrying an ivory horn. Upon learning that he has spent the night in the forest, she blows the horn, and servants appear who prepare dinner. Gauvain remains armed during the meal. A knight suddenly appears, takes the horn from

[1] MS *R* ends at this point; and MSS *ASLP* omit the next five episodes, i.e. all the rest of Section I.

the maiden, and goes away with it. Gauvain rides after him, kills him, and brings the horn back. The damsel tells him that he has killed her enemy Macarot de Pantelion. In gratitude she gives him a ring which will aid him in combat, even against five knights; but he must return it to her when she asks for it. Gauvain next meets a dwarf who reminds him of his promise to rescue the damsel besieged at Montesclaire and thus win the Espee as Estranges [*E:* Estroites] Renges (cf. *Perceval* 4718-20). Shortly afterward he sees a tent in which lies the body of Macarot, whose wounds begin to bleed when Gauvain enters. He leaves at once, but is pursued by four knights. He kills three of them, but spares the fourth. That evening he comes to a deserted castle, where he finds a table laid for dinner. As he is about to begin eating, an armed knight comes in and challenges him to combat. When Gauvain wins, a maiden enters who begs him to spare her lover. She has induced the knight to kill or capture anyone who enters the castle in the hope of wreaking vengeance on a certain Greoreas who had wronged her several years before. Twenty maidens come in and beg Gauvain to release them from the imprisonment in which they have been kept after their lovers had been killed by the knight whom Gauvain has just conquered. He orders their release, and the next morning rides away with them.

EPISODE 7 (*T* 1194-1509; *E* 3631-3969)

Mss *TVD EMQUG:* Gauvain travels until he comes to a castle where he is received by a wounded host. During the meal which is served to him, the Bleeding Lance, the "tailleor d'argent," the Grail, and a bier containing the corpse of a knight are carried through the hall twice. Gauvain inquires the significance of these things and the host informs him that it can be revealed to him only if he is able to join the pieces of the broken sword which lies upon the breast of the knight on the bier. He is not successful and the host tells him that his questions cannot be answered because he has not yet proved himself the best knight in the world. While the host is talking Gauvain falls asleep on the table. The next morning he awakes far from the castle and resumes his wandering.

EPISODE 8 (*E* 3970-4828)

Mss *EUG:* Gauvain remembers his promise to rescue the damsel of Montesclaire, and the damsel's uncle, Galehés de Bonivant, with whom he lodges for a night, takes him to Montesclaire. There Gauvain conquers the three besiegers and frees the damsel. She shows him the crypt where the Espee as Estranges [*E:* Estroites] Renges, which had once belonged to Judas Maccabeus, has been kept since Joseph of Arimathea had sent it to Montesclaire. Gauvain enters the crypt, takes the sword, and leaves to keep his appointment with Guigambresil at the court of the King of Escavalon.

EPISODE 9 (*T* 1510-1635; *E* 4829-4951)

Mss *TVD EMQUG:* Gauvain encounters a knight named Dinasdarés who accuses him of having killed his father. They fight an indecisive battle, which they agree to finish when they meet again in the presence of a court. Gauvain promises unconditionally that he will then fight with Dinasdarés.

EPISODE 10 (*T* 1636-2053; *E* 4952-5508)

Mss *TVD EMQUG:* Gauvain hastens to Escavalon in order to keep his promise to fight with Guigambresil because he has failed to obtain the Bleeding Lance for the King of Escavalon (cf. *Perceval* 6108-6203). As the duel between Gauvain and Guigambresil is about to begin, Dinasdarés arrives and claims his right to fight at once with Gauvain. The King of Escavalon and his barons decide that Gauvain must fight both his enemies at the same time. A young cousin of Gauvain slips away and brings King Arthur to Escavalon. The unequal battle is cancelled and Arthur reconciles the three combatants. In the general celebration which follows only Brun de Branlant refuses to do homage to Arthur. The king decides to besiege the castle of Branlant and bring Brun to submission.

SECTION II: BRUN DE BRANLANT

EPISODE 1 (*T* 2054-2165; *E* 5509-5783; *P* 11604-11666)

Arthur and his followers arrive before the castle of Brun de Branlant and in a preliminary skirmish drive the defenders into the fortress.

EPISODE 2 (*T* 2166-2339; *E* 5784-5940; *P* 11667-11811)

As the siege continues food runs low in the castle. Two damsels, Lore de Branlant and Ysave de Carahés, appeal from the windows to Yvain. The latter asks Arthur to send food to relieve the suffering of the enemy. The king grants the request and the siege is prolonged.[1]

EPISODE 3 (*T* 2340-2448; *E* 5941-6056; *P* 11812-11920)

One morning at dawn Brun de Branlant makes a sally to raid Arthur's food supply. Gauvain, awakened by the noise, springs upon his horse and goes in pursuit of the raiders, unarmed except for his lance and shield. In an encounter with Brun he is seriously wounded and the raiding party escapes into the castle.

EPISODE 4 (*T* 2449-2545; *E* 6057-6151; *P* 11921-11981)

After a protracted convalescence Gauvain sets out one day to see whether he has recovered his strength. Arthur follows and attempts to dissuade him from leaving the camp. Gauvain promises to avoid danger and to return promptly, but he feels so well that he rides a considerable distance.

EPISODE 5 (*T* 2546-2723; *E* 6152-6343; *P* 11982-12139)

Gauvain comes to a beautiful tent where he finds a damsel who, upon learning who he is, surrenders readily to his embraces. He departs after promising to return and marry her.

EPISODE 6 (*T* 2724-2788; *E* 6344-6410; *P* 12140-12204)

The damsel's father suddenly appears at the tent and, when he learns that his daughter has been seduced, pursues Gauvain and insists on fighting with him. The father is killed in the combat. A brother of the damsel also follows Gauvain and, like his father, is killed.

EPISODE 7 (*T* 2789-2987; *E* 6411-6609; *P* 12205-12393)

A second brother, Bran de Lis, overtakes Gauvain and fights with him. The wound which Gauvain had received from Brun de Branlant breaks open and he is greatly weakened by loss of blood. Bran de Lis agrees to postpone the battle until it can be held before witnesses, but stipulates that Gauvain must then fight either armed or unarmed, as Bran de Lis may happen to find him.

[1] In MSS *M* and *Q* this scene and all the rest of Section II are reduced to a short summary which condenses Episodes 2, 3, and 8, and eliminates entirely Episodes 4, 5, 6, 7. Cf. Volume II, Appendix.

EPISODE 8 (*T* 2988-3082; *E* 6610-6670; *P* 12394-12450)

Gauvain returns to Arthur's camp where he lies ill for a long time. The siege of Branlant is brought to a conclusion and Arthur accepts the submission of Brun de Branlant.

SECTION III: CARADOS

EPISODE 1 (*T* 3083-3145; *E* 6671-6784; *P* 12451-12489)

Arthur marries his niece Ysave de Carahés to King Carados of Nantes. She is beloved, however, by a magician, Elïavrés, who substitutes various animals in the shape of women in the bed of King Carados for the first three nights after the wedding, and takes Ysave for himself. On the third night she conceives a son. King Carados and his bride return to Nantes.

EPISODE 2 (*T* 3146-3184; *E* 6785-6935; *P* 12490-12518)

A child is born of Ysave. He is named Carados, and when he reaches an appropriate age is sent to King Arthur's court to receive training in chivalry and the use of arms.

EPISODE 3 (*T* 3185-3331; *E* 6936-7136; *P* 12519-12637)

King Arthur summons all his followers to a court to be held on Pentecost. On the eve of the feast Carados and fifty others are made knights.

EPISODE 4 (*T* 3332-3447; *E* 7137-7272; *P* 12638-12749)

On the feast day an unknown knight rides into Arthur's hall and offers to exchange blows with any of the king's followers. Only Carados is willing to take up the challenge. The knight kneels down and Carados strikes off his head with one blow. The stranger picks up his head, puts it on, and departs, promising to come back at the end of a year to exact his return-blow.

EPISODE 5 (*T* 3448-3583; *E* 7273-7425; *P* 12750-12889)

When the challenger returns the next year he refuses to accept any ransom from Arthur or the queen. Carados kneels to receive the blow, but the stranger relents, takes him aside, and reveals that he is Carados' father. Then he leaves.

EPISODE 6 (*T* 3584-3657; *E* 7426-7551; *P* 12890-12953)

Carados goes home to Nantes where he exposes his mother's

infidelity. She is imprisoned in a tower to prevent her from seeing Eliavrés again. Carados departs to return to King Arthur.

EPISODE 7 (*T* 3658-4035; *E* 7552-7925; *P* 12954-13327)

Mss *TVD EMQUG P:* On his way back to Arthur, Carados rescues Guignier from Alardin, a suitor whom she had rejected and who has just wounded her brother Cador. After being defeated Alardin takes Guignier, Cador, and Carados to his tent nearby.

EPISODE 8 (*T* 4036-4283; *E* 7926-8078; *P* 13328-13480)

Mss *TVD EMQUG P:* In the tent Alardin's sister, the Damoisele du Paveillon, cures Cador of his wounds while Carados and Alardin recuperate from their combat. Then Carados, Cador, and Guignier set out with Alardin and his sister to go to Arthur's court.

EPISODE 9 (*T* 4284-6032; *E* 8079-9612; *P* 14944-14987)[1]

Mss *TVD EMQUG:* When they approach Arthur's place of residence they learn that a great tournament is about to begin, with King Cadoalant and King Ris as leaders of the opposing factions. Alardin and Cador fight on the side of Cadoalant, and Carados joins the forces of Ris. All of King Arthur's knights participate in this tournament on one side or the other. The battle rages for a long time, until Carados and Gauvain, who are on opposite sides, recognize each other and refuse to fight any longer. Carados is declared the best knight. Arthur awards his niece Guigenor to Alardin, and her companion Ydain to Cador. Carados is to receive Guignier, the sister of Cador.

Ms *P:* No mention is made of the tournament nor of the marriages which are to follow it. Carados, Cador, and Alardin pledge eternal friendship and remain in Arthur's company.

EPISODE 10 (*T* 6033-6220; *E* 9613-9800; *P* 14988-15164)

News reaches Carados that the imprisonment of his mother in the tower at Nantes has not prevented Eliavrés from visiting her. He returns at once and inflicts humiliating punishment on the magician.

[1] The gap in the numbers of *P* between this episode and the preceding one is explained by the fact that Potvin prints in lines 13481-14943 the version of Episode 9 given by MS *M*.

EPISODE 11 (*T* 6221-6474; *E* 9801-10062; *P* 15165-15218)

In revenge for the indignities suffered by her lover, Carados' mother, with the help of Eliavrés, causes an enchanted serpent to fasten itself to the arm of her son. He will suffer for two years and then die.

EPISODE 12 (*T* 6475-6948; *E* 10063-10534; *P* 15219-15267)

Mss *TVD EMQG:* When Arthur learns of the misfortune of Carados he sets out for Nantes. Guignier and Cador, who had returned to Cornwall, do likewise. Carados, however, flees secretly, fearing that Guignier's love for him will die when she beholds his changed appearance. He seeks holy men and places of religion to pray for release from the serpent on his arm, and does penance for the sin he had committed in punishing his father.

Mss *ASLPU:* Carados departs to seek a miracle which will relieve him of the serpent. Cador searches for him for a long time and finally brings him back to Nantes.

EPISODE 13 (*T* 6949-7522; E 10535-11102)

Mss *TVD EMQG:* The grief of Carados' friends, especially that of Guignier, when they discover that he has fled is very great. First Arthur and then Cador seek him for a long time and in many countries. After nearly two years Cador finds him.

EPISODE 14 (*T* 7523-8201; *E* 11103-11948; *P* 15268-15425)

Cador learns from Ysave how the deliverance of Carados may be brought about. The serpent is removed by placing Carados in a tub of vinegar, with Guignier nearby in a tub of milk. When the serpent leaps from one tub to the other Cador kills it with his sword, but in doing so he cuts off the tip of Guignier's breast which the serpent had seized. King Carados dies, and Carados succeeds him as king of Nantes. He marries Guignier.

EPISODE 15 (*T* 8202-8492; *E* 11949-12270; *P* 15426-15639)

As Carados is hunting in the forest he sees a knight coming toward him surrounded by a flock of birds and untouched by the rain that is falling. Carados follows to the knight's dwelling, learns that he is Alardin, and receives from him the boss of a magic shield which will restore in gold any part of the body that has been cut off. He goes home, places the gold on Guignier's breast, and commands her to keep secret the fact of her cure.

EPISODE 16 (*T* 8493-8734; *E* 12271-12506; *P* 15640-15792)

King Arthur summons all his followers to court on Pentecost. A stranger comes into the hall and presents a drinking-horn to the king. When filled with water it will convert the water into wine, but only a man whose wife or sweetheart has always been faithful can drink from the horn without spilling any of the wine. In spite of the queen's protests, the king attempts to drink from the horn. He is unsuccessful and so are all the other knights present, except Carados. Carados hastily sends Guignier away for fear of the jealousy of the queen.

SECTION IV: CHASTEL ORGUELLEUS

EPISODE 1 (*T* 8735-8825; *E* 12507-12597; *P* 15793-15853)

When out hunting one day in spring Arthur lags pensively behind his companions. They inquire the reason for his thoughtfulness, and he informs them that he has decided to make amends for his recent inactivity by holding a great feast at Carduel on Pentecost, where he will distribute rich gifts to all his followers.

EPISODE 2 (*T* 8826-9148; *E* 12598-12920; *P* 15854-16294)

When the company is all assembled at table on Pentecost, Arthur notices an empty place. He begins to weep, and when Gauvain inquires the reason for his grief Arthur accuses all his followers of treason. When they remonstrate angrily he repeats the accusation and informs them that he censures them because no effort has been made to rescue Girflet from the Chastel Orguelleus where he has been a prisoner for four years (cf. *Perceval* 4721-23). All agree that the accusation is just, and that Girflet must be rescued.

EPISODE 3 (*T* 9149-9495; *E* 12921-13283; *P* 16295-16625)

With a selected group of knights Arthur crosses Britain and many other countries which have all been laid waste. After travelling three days without food they see a dwelling at last. Keu goes ahead and finds only a surly dwarf roasting a pheasant on a spit. He abuses the dwarf whose master arrives suddenly and strikes Keu with the roasted bird. Keu returns to Arthur and says that he could obtain nothing. Gauvain, however, is well received and comes back to get the king. Keu and the host say nothing of their previous encounter, but the dwarf reveals Keu's misadventure. Arthur leaves the next day, but refuses to allow the host, whose name is Yder le Bel, to accompany him to the Chastel Orguelleus.

EPISODE 4 (*T* 9496-9802; *E* 13284-13610; *P* 16626-16884)

The king's company comes upon the tracks of a band of knights. Gauvain follows the trail until he comes to an empty castle. In the hall he finds food ready on the tables. He goes back for Arthur and his companions who enter the castle and begin to eat. Through a partly-opened door Gauvain sees a shield hanging in the next room. He gets up and puts on his armor at once. Arthur refuses to eat until Gauvain reveals why he has armed himself.

EPISODE 5 (*T* 9803-10474; *E* 13611-14288; *P* 16885-17546)

Gauvain unwillingly relates the story of his adventure with the Damoisele de Lis and refuses to disarm because he has recognized the shield in the next room as belonging to Bran de Lis, whom he is afraid to meet unarmed because of his promise to fight with him the next time they meet, either armed or unarmed, as Bran de Lis may happen to find him.

EPISODE 6 (*T* 10475-10710; *E* 14289-14592; *P* 17547-17770)

A dog comes into the hall, and Keu, trying to capture it, pursues it into a garden, where he sees Bran de Lis and his followers. Keu is recognized and, upon being questioned, admits that Gauvain is with Arthur in the castle. Bran de Lis goes in haste to the hall, where he is annoyed to find his enemy fully armed. They decide to fight at once.

EPISODE 7 (*T* 10711-11205; *E* 14593-15181; *P* 17771-18236)

After they have fought for some time a damsel comes in and watches them. When she sees that Gauvain is losing, she goes out and returns with a child of five years. She tells the child to plead with Bran de Lis not to kill its father. Bran de Lis kicks the child aside and is reproached by Arthur for his brutality.

While Bran de Lis is talking with the king, Gauvain wipes the blood from his eyes and returns to the attack. This time Gauvain has the upper hand, so the damsel sends the child to plead with him to spare its uncle. He slackens his attack, but Bran de Lis charges again. The damsel places the child between the two combatants. They continue to fight and the child in play attempts to catch their gleaming swords. Arthur stops the battle. Gauvain and Bran de Lis are reconciled. After spending a month at the Chastel de Lis, Arthur resumes his journey to the Chastel Orguelleus, taking Bran de Lis with him.

EPISODE 8 (*T* 11206-11309; *E* 15182-15293; *P* 18237-18326)

Arthur's band of knights arrives before the castle. Bran de Lis explains the customs of the place as they watch the defenders stream into the castle upon being summoned. Lucan the butler requests the first joust on the morrow and his request is granted.

EPISODE 9 (*T* 11310-11462; *E* 15294-15470; *P* 18327-18460)

Lucan fights the next day against the champion sent from the castle. He does not take his adversary prisoner, and is informed by Bran de Lis upon his return that, had he brought back his opponent, the castle would have surrendered. Vexed at his mistake, Lucan rushes back to the jousting-field, is met by a new champion, is defeated, and is led into the castle as a prisoner. Bran de Lis is granted permission to joust the next day.

EPISODE 10 (*T* 11463-11510; *E* 15471-15534; *P* 18461-18504)

Lucan is taken into the room where Girflet is kept prisoner. He gives Girflet the news of Arthur's arrival.

EPISODE 11 (*T* 11511-11712; *E* 15535-15778; *E* 18505-18676)

The next day Bran de Lis jousts with the champion from the castle, conquers him, and brings him back to Arthur. Keu fights on the following day. After the first tilt, in which both are unhorsed, they fight on foot until Keu passes the limits of the field. The champion returns to the castle, taking Keu's horse. Keu attempts to claim the victory, but Arthur and his companions laugh at him. They hear the bells of the churches in the castle ringing, and Bran de Lis informs them that no work and no fighting will be done by the inhabitants of the castle from Saturday at midday until prime on Monday. Bran de Lis advises a hunting party for the morrow.

EPISODE 12 (*T* 11713-11958; *E* 15779-16054; *P* 18677-18902)

During the hunt Gauvain becomes separated from the others and wanders until he encounters a knight sitting under a tree. The knight refuses to speak to him. Gauvain attempts to pick up the strange knight and carry him back to Arthur. The knight rouses himself, threatens to kill Gauvain with a blow, and insists on being allowed to die. Gauvain leaves him and meets a damsel who is worried about the knight he has just left. When he assures her that the knight is still alive she hurries on. Gauvain returns to Arthur, and Bran de Lis informs him that the knight and damsel are the Riche Soudoier, the master of the Chastel Orguelleus, and his "amie."

EPISODE 13 (*T* 11959-12047; *E* 16055-16151; *P* 18903-18991)

The next day Yvain fights with the defender of the castle, whom he conquers and brings to Arthur. The prisoner informs the besiegers that the Riche Soudoier will be the champion on the morrow. Gauvain asks for the privilege of fighting as Arthur's representative.

EPISODE 14 (*T* 12048-12345; *E* 16152-16467; *P* 18992-19299)

The battle between Gauvain and the Riche Soudoier is long and bitter, but Gauvain finally wins. The Riche Soudoier asks to be put to death because the news of his defeat will kill his "amie." Gauvain agrees to pretend that he has been the loser until the damsel can be sent away to another castle.

EPISODE 15 (*T* 12346-12490; *E* 16468-16614; *P* 19300-19456)

Gauvain and the Riche Soudoier go into the Chastel Orguelleus and the damsel is deceived into believing that her lover has won. She goes away with the assurance that the Riche Soudoier will follow her soon. Meanwhile, Arthur's forces are in consternation until Gauvain comes out of the castle, bringing with him Girflet, Lucan, and the Riche Soudoier who surrenders to Arthur.

EPISODE 16 (*T* 12491-12706; *E* 16615-16836; *P* 19457-19654)

On their way home Arthur and his company stop at the Chastel de Lis, where they learn that Gauvain's young son has been kidnapped. All set out in search of him except Gauvain, Keu, and Girflet, who return to Britain with a message from Arthur to the queen that he will come after he has searched for Gauvain's son. The search is futile.

SECTION V: GAUVAIN'S GRAIL VISIT

EPISODE 1 (*T* 12707-12877; *E* 16837-16996; *P* 19655-19803)

One day as Guenevere and her retinue are waiting for the return of Arthur, a strange knight rides past. Annoyed that the stranger has not greeted her, the queen sends Keu to find out the reason for his discourtesy. The stranger answers Keu's insolent remonstrances by knocking him off his horse. Keu reports to the queen that the stranger had spoken unworthily of her. Gauvain takes up the pursuit and uses courtesy instead of threats to persuade the stranger, who comes back when Gauvain promises to fulfil the stranger's mission should he be unable to do so himself.

EPISODE 2 (*T* 12878-13002; *E* 16997-17114; *P* 19804-19914)

As Gauvain and the unknown knight approach the place where the queen is waiting, the stranger is suddenly killed by a javelin thrown by an unseen hand. Gauvain accuses Keu and promises vengeance. After bringing the dead knight to the queen, he puts on the stranger's armor, mounts the latter's horse, and departs to fulfil the mission, which, however, he knows nothing about.

EPISODE 3 (*T* 13003-13140; *E* 17115-17226; *P* 19915-19990)

Gauvain gives the horse a free rein and it carries him away rapidly in the stormy night. He comes to a chapel where he takes refuge from the wind and rain. In the chapel he sees a black hand reach in through a window and extinguish the light. The horse takes fright and dashes out into the storm. Gauvain rides steadily until, toward nightfall on the next day, he comes to a causeway running out into the sea. He hesitates, but the horse takes the bit in its teeth and goes out on the causeway toward a light which shows in the distance. They travel until midnight before reaching a castle.

INTRODUCTION   lix

EPISODE 4 (*T* 13141-13512; *E* 17227-17552; *P* 19991-20294)

In the great hall Gauvain is well received. He sees a corpse on a bier, with a piece of a broken sword lying upon its breast. The inmates of the castle sing a funeral service around the bier. The owner of the castle invites Gauvain to eat, and the Grail appears and places food before all the company. After the meal Gauvain is left alone and he notices a bleeding lance in a rack near the table. His host brings in the sword of the knight who had been killed mysteriously near Guenevere's tent, and Gauvain sees that it is broken. The host summons him to join the fragment of the sword lying on the breast of the corpse with the fragment which he had brought himself, but Gauvain is not successful. When informed that he may ask about the wonders he has seen in the castle, Gauvain inquires why the lance bleeds. He is told that it is the lance of Longinus and will bleed until the day of the Last Judgment. The host then begins to tell about the knight who lies dead on the bier.

EPISODE 5 (*E* 17553-17778)

Mss *ALMQU*: First, however, the host relates to him how Joseph of Arimathea had caught the precious blood in the Grail as Christ hung crucified on the cross, how he had taken the body down and buried it, had been imprisoned and then exiled, and how with Nicodemus he had brought the Grail to England, where it has always been in the keeping of a descendant of Joseph. No more can be revealed because Gauvain has not succeeded in joining perfectly the pieces of the broken sword. The host then reverts to the story of the breaking of the sword at the murder of the knight on the bier.

EPISODE 6 (*T* 13513-13624; *E* 17779-17880; *P* 20295-20398)

But before his host can tell how the knight had been killed, Gauvain falls asleep, exhausted by his travels. The next morning when he awakes he is far away from the castle where he had seen the Grail. He rides away vowing not to return to Britain until he has again found the Grail Castle and asked about the mysterious vessel.

EPISODE 7 (*T* 13625-13864; *E* 17881-18100; *P* 20399-20618)

The story now turns to a young man and a damsel who are

riding through a forest. The damsel commands the boy to inquire the name of a knight who passes without speaking to her. When the stranger refuses to answer, the boy kills him unwittingly. The incident is repeated, but the second time the young man is wounded because he refuses to use his shield in the fight for fear it may be damaged. The damsel promises him a better shield, and takes him to a tent near a ford. There he is to challenge all who attempt to pass the ford.

EPISODE 8 (*T* 13865-14118; *E* 18101-18374; *P* 20619-20856)

One day Gauvain comes to the ford. He fights with the challenger until he discovers that the latter is his son. He then surrenders to the young man and to the damsel. When he reveals his identity, all three go to Arthur's court, where they are received with great rejoicing.

SECTION VI: GUERREHÉS

EPISODE 1 (*T* 14119-14286; *E* 18375-18556; *P* 20857-21012)

One night as King Arthur is unable to sleep he gets up and, with two servants, goes to a window looking out over the sea. They see a boat approaching, drawn by a swan. They go down to the shore and enter the boat, where they find a dead knight lying upon a rich couch, with the fragment of a lance shaft protruding from his breast. The king finds letters which request that the body be placed in the hall of his castle, to be left for a year and a day. He who draws out the lance must avenge the death of the knight by striking his murderer through the same place in the body and with the iron point which is on the fragment now in the body. The king and his servants carry the body into the hall, where they leave it.

EPISODE 2 (*T* 14287-14432; *E* 18557-18688; *P* 21013-21134)

The next morning Gauvain and the other knights are surprised to find the body in the hall. When the king arrives he communicates to them the contents of the letter, and they all find the request for vengeance unreasonable, because no mention is made in the letter of who the murderer was. He who fails to avenge the knight after drawing out the fragment of the lance will suffer the same shame that Guerrehés suffered in the garden. This statement is very puzzling to all present.

INTRODUCTION lxi

EPISODE 3 (*T* 14433-14602; *E* 18689-18850; *P* 21135-21288)

One day as Guerrehés is seeking his brother Gauvain, he comes to a deserted castle. He enters and passes from room to room until he sees from one of the windows a garden, in the middle of which is a beautiful tent. He goes out through the window and finds in the tent a wounded knight who exclaims in anger at the intrusion. A damsel who is waiting on the knight says nothing but a dwarf says that the offence will be punished by the Petit Chevalier.

EPISODE 4 (*T* 14603-14752; *E* 18851-18992; *P* 21289-21430)

Almost immediately a very small knight comes up and challenges Guerrehés to combat. In the fight Guerrehés is conquered and is made to promise either to return at the end of a year and fight again or to become at once a slave in the service of the wounded knight, where he will be made to work at weaving together with many other captives, whose work provides great wealth for the master of the castle.

EPISODE 5 (*T* 14753-14900; *E* 18993-19154; *P* 21431-21554)

When Guerrehés leaves the garden he is forced to go back through the window where he had entered. He now finds the castle filled with people who taunt him with the defeat he has suffered, and who inform him that his shame will be known everywhere. As he goes away from the castle the burghers and the merchants in the market-place pelt him with refuse. He flees in humiliation and avoids meeting anyone. The next day, however, he finds that the passersby know nothing of his disgrace. He returns to King Arthur's court.

EPISODE 6 (*T* 14901-15056; *E* 19155-19318; *P* 21555-21674)

When Arthur's knights ask Guerrehés to explain the puzzling allusion to the shame which he had suffered, he says that the letter is not telling the truth and that he was never in a garden where he suffered disgrace. Some time later, when he is standing beside the body of the dead knight, he places his hand resentfully on the fragment of the lance. A splinter catches in the skin of his hand and the fragment comes out. Angrily he takes it away with him and fastens the point to one of his own lances. At a court festival, Keu notices that Guerrehés is pensive and asks the king to inquire the reason. When commanded to speak by Arthur, Guerrehés reveals the incident of the garden and then leaves, taking with him the lance on which he had put the point drawn from the body of the dead knight.

EPISODE 7 (*T* 15057-15146; *E* 19319-19419; *P* 21675-21762)

Guerrehés encounters the Petit Chevalier near the castle where he had been disgraced. They fight and the Petit Chevalier is killed. When the latter's master sees that his servant is dead, he too fights with Guerrehés and is struck through the body with the lance-point which had been taken from the body in Arthur's hall. A damsel approaches and informs Guerrehés that he has avenged the knight. He goes with her to a castle which had belonged to the man he has avenged and where he is received with much rejoicing.

EPISODE 8 (*T* 15147-15322; *E* 19420-19606; *P* 21763-21916)

The next morning a swan-boat again appears before Arthur's residence, and when the king enters it he finds Guerrehés asleep. The damsel who has accompanied him during the voyage takes the body of the dead knight away in the swan-boat, after informing Arthur that he had been called Brangemuer, that he had been the son of a mortal and a fairy, and that he had had to die before he could be taken permanently to the kingdom of his mother Arthur and his companions watch the swan-boat disappear, and the First Continuation ends.

TEXT OF MANUSCRIPT *T*

Li rois fu mornes et pensis
Quant il voit sa grant baronnie
Ne de son neveu ne voit mie,
Et chiet pasmez de la destrece.
Au relever fu sanz perece
Cil qui premiers i pot venir,
Que tot le corent sostenir.
Et ma dame Lores seoit
En une loge, et si veoit
Le doel qu'en fist parmi la sale.
De la loge jus s'en avale,
S'est a la roïne venue
Ausi come tote esperdue.
37a *Et quant la roïne le voit,*
Si li demande qu'ele avoit

10602 ET qui si l'a espoëntee.
"Ha! franche roïne honoree,
Riens ne me puet asoagier,
Car j'ai veü un messagier   4
Venir laiens, si m'en creez
C'ainc mais ne fu si esfreez
Li rois por mes qui li venist,
N'ausi grant doel nul jor ne fist,   8
Ne tuit li suen comunement.
Li mes, ce quit veraiement,
10610 Lor a tel novele aportee
Qui a la cort desconfortee.   12
Li rois meïsmes s'est pasmez.
Je criem que Diex n'en soit blasmez
De tote humaine creature,
Tele puet estre l'aventure,   16
Si sera il, ne puet remaindre."
La roïne prist lués a taindre
Et chiet pasmee el pavement.
Lors oïssiez molt hautement   20
Crïer et dames et puceles.

20 V Lues

10620	Et sachiez que les damoiseles	
	Rompent lor dras et lor caveus;	
	Ainc hom ne vit dol si greveus.	24
	Li rois de pamison revint,	
	Et li vallés devant lui vint	
	Et dist: "Rois, Diex [vos] beneïe	
	Et vostre bele compaignie.	28
	Salus vos mande come a roi	
	Gavains, li vostre niez, par moi."	
	Et quant il l'ot, si saut en piez;	
10630	Ainc mais de rien ne fu si liez	32
	Come il est de ceste novele.	
	Tant par li est plaisanz et bele	
	Qu'entre ses bras le vallet prent,	
	Sel trait a lui delivrement	36
	Del cacheor ou il seoit.	
	Toute la cors qui ce veoit	
	Desirre molt a savoir l'oevre	
	Que li vallés al roi descoevre.	40
	Et li rois li respont et dit:	
37b	"Amis, et Diex gart et aït	
	Gavain, mon chier neveu, et toi.	
10640	Lui n'aim je mie mains de moi.	44
	Di moi coment le fait Gavains:	
	Est il et delivres et sains?"	
	—"Se Diex, sire, me face lié,	
	Je le laissai sain et haitié	48
	Molt loinz de chi en un chastel	
	Qu'il a conquis, si n'a plus bel	
	Ne miex assis en tot le mont.	
	Par moi vos requiert et semont,	52
	Come son oncle et son seignor,	
10650	Secors li fachiez et honor	
	Come a si grant besoig affiert.	
	Secorez le, mestiers li iert,	56
	Qu'il a emprise une bataille.	
	Si vos prie et mande sanz faille	
	Que la le veigniez garantir.	
	Guiromelant velt desmentir	60

50 V si na si bel   58 V Or vos

Qui s'est de lui honir vantez.
Bien le vos di, si est vertez,
Vos ne Gavains ne vostre ami
N'avez plus mortel anemi.
Au besoing pert qui est amis:
Mesire Gavains m'a tramis
A celui qui les besoigneus
Maintient contre les orgueilleus."
Pour voir vos puis conter et dire,
C'ainc nule cors si plaine d'ire
En tant ne fu si resjoïe.
Por la novele c'ont oïe
Sont resbaudi estrangement
Tuit ensamble comunement;
Et si n'ont mais de dol envie
Quant il celui sevent en vie
Que l'en tenoit au plus cortois
Au jor, tant fust ne quens ne rois,
Et au plus large et al meilleur
D'armes et de tote valeur.
Lors veïssiez cort resbaudir,
Harpes soner et retentir,
Et vïeler et faire lais;
Toz en retentist li palais.
N'est hom vivans qui pas vos die
Come il font dolce melodie.
Trestot demainent joie a tire,
Qu'il en ont le meillor matyre
Qui onques fust oïe el mont.
Joie et amours les en semont,
C'est grans matere d'esjoïr;
Nule meillor ne puis oïr.
Dame Ysave de Carahés
Ot la grant joie del palés;
D'unes loges ou el seoit
A la roïne en cort lués droit
Et dist: "Dame, si con je pens,
Bone novele orrons par tens.
Liez est li rois, et le message

93 V Quant ysaue   94 V de pales   95 V Dune loge ou ele s.

Joïst molt; ce me rasouage. 100
Anqui orrois bones noveles
De monseignor Gavain et beles,
Si com dïent cil estrument
10690 Qui laiens sonent dolcement. 104
Et mes cuers por voir me destine
Que par tans arons joie fine
Del neveu mon seigneur le roi."
—"Bele, Diex vos en oie, et moi 108
Et ces dames et ces puceles
Et ces cortoises damoiseles."
La roïne en estant se met,
Mais d'affubler ne s'entremet; 112
Tant se haste ne l'en sovient.
10701 Vers le palais corant s'en vient
Tot sanz mantel, desaffublee,
Si est laiens molt tost entree. 116
N'i remaint dame ne pucele
Ne nule franche damoisele,
Qui jus ne jet s'afubleüre
Et n'aille aprés grant aleüre. 120
Dames de cambres mais n'issirent
A tel desroi come ces firent,
N'en sale a roi n'entrerent mais
10710 Si com ces fisent el palais. 124
Li rois vers le vallet s'acline;
"Amis, fait il, a la roïne
En va molt tost, et si li di
37d Ce dont tu m'as si resbaudi. 128
Miex weil qu'ele l'oie par toi
Que par nul autre, nis par moi."
Et cil i va sanz targier plus
Et dist: "Cil Diex qui maint la sus 132
Et les buens met a destre part,
10720 Dame, de par Gavain vos gart
Et vostre compaignie chiere."
La roïne a molt bele chiere 136
Respont au vallet: "Diex te salt,
Et lui face joiant et baut.

101 V bone noveles   116 V Sen est   122 V com cestes

Est il delivres et toz sains?"
—"Oïl, dame, et de joie plains, 140
Come vostre dols amis chiers.
Par moi qui sui ses messagiers
Vos mande que le secorez,
10730 Par cele foi que lui devez. 144
Menez i totes les puceles,
Les dames et les damoiseles
Qui a ceste cort sunt venues;
Trestoutes soient retenues. 148
N'est pas amis qui n'est onnis,
Samblans sanz fait soit toz honnis.
Ainc nel sot, mais or le sara,
Se il nul verai ami a; 152
Car nus ne set s'il aime seus
10740 Si bien com fait li besoigneus,
Qu'ami ne se püent celer
Quant l'uns voit l'autre mesmener. 156
Ne puet savoir cui riens ne faut
S'en l'aime ou het, se Diex me salt."
Quant Keus li senescax l'entent,
S'en a parlé cortoisement; 160
Si l'ot il ains aatiné
Par maintes fois et ramprosné.
Cui quaut? Teus est aatineus
10750 Qui au besoing vaut vint et deus 164
De ceus a la plaisant parole
Dont l'ovre est fainte et vaine et mo[le].
Car cil qui blandist par costume
Anïentist come l'escume 168
Quant doit aidier au grant besoing;
Amis si aime et prez et loing.
37e "Seignor, li seneschax lor dit,
Trestot devons sanz contredit 172
Dieu mercïer, au mien avis,
Quant mesire Gavains est vis;
Plus estions por lui irié
Et amati et empirié 176

148 *V om.*   **156** *T* velt, *VASLRPEU* voit; *V* meserrer   **167** *T* lai-
dist, *VALREU* blandist, *SP* resbaudit   **171** *V* dist

	Que lié por tot le remanant.	
10760	Or mercions Dieu le manant	
	Qui sain et sauf l'a tant gardé.	
	Savoir poons par verité	180
	Que cil conquiert qui preudom est	
	Maint grant gaaing et maint conquest;	
	Car solement de la dotance	
	Que il fust mors par mesqueance,	184
	Estions trestuit fors de joie.	
	Voir dist quel dist, se Diex me voie,	
	Que nus ne set c'uns prodom vaut	
	Desi a l'eure que il faut.	188
	Molt en a Diex fait grant honor	
10770	Le roi Artu nostre seignor,	
	Et a nos toz, si com moi samble,	
	Car ci estions ore ensamble	192
	Bien trente mil pensif et morne.	
	Or nos esclarchist et ajorne	
	Quant cil est haitiez et en vie	
	Qui tant est plains de cortoisie;	196
	C'ainc ne fumes si angoisseus	
	Ne nos feïst liez et joieus	
	Li buens, li biax, li preus, li gens,	
10780	Qui tant est frans a totes gens	200
	Que nus ne set el mont son per."	
	Atant fait deus graisles soner.	
	Lors veïssiez ces damoisiax,	
	Toz frans homes et gens et biax,	204
	Blanches toailles a lor cols.	
	La n'a mestier vilains ne fols,	
	Car n'i eüst lieu de servir.	
	Si vos puis dire sanz mentir,	208
	Li bachin valent un tresor,	
10790	Car li pluisor sont de fin or	
	Et li autre de blanc argent,	
	Dont il servent et bel et gent	212
	Les dames et les chevaliers	
37ƒ	Molt lïement et volentiers;	
	Puis sont assis par le palais.	

193 *T* mis p., *V* mil p.   **195** *V* Quan cil

Guiromelant (I, 1)

        Tant i ot mes que je m'en tais,   216
        Fors c'ainc mengiers de si grant pris
        Ne dura mains, ne ne fu pris
        Plus lïement en nule cort,
        Ne nus ne vit mais ausi cort.   220
        L'amours de Gavain lor ensaigne
10800   C'aie[nt] tost fait. Diex! tante ensaigne
        I veïssiez lacier manois,
        Et tant riche mul espanois,   224
        Tant destrier et tant palefroi
        Enselé; tuit sont en esfroi
        Qu'il n'aient pas trossé a tans.
        Onques mais gens, si com je pans,   228
        Ne fist d'errer ausi be[l] offre:
        Tant[e] male, tant riche coffre
        I veïssiez trosser le jor.
10810   Li rois ne fist autre sejor,   232
        Ains monta, si ist de la vile;
        Et chevalier bien trente mile
        Et quinse mile que puceles
        Et que dames et damoiseles.   236
        Nus ne vit mais tele ost banie
        Com le jor issi d'Orquenie.
        Molt par i ot riche charroi
        A porter le harnois le roi,   240
        Ses vïandes, ses paveillons;
10820   Merveilles dure et molt est lons.
        Arouté sont parmi les plains,
        Et si covint les daerrains   244
        A une liue hebergier
        Del liu dont murent li premier,
        Sor une riviere en un plain.
        Matin sont meü l'endemain;   248
        Li vallés les maine et conduit
        A grant joie et a grant deduit
        Par forés et par beles landes,
        Et o grant plenté de vïandes,   252
        Droit au chastel que Gavains tient.

217 *V* ains m.   221 *T* lens e., *VASL* lor e., *RP* les e.   242 *V* Merveille d.
248 *V* Matin vinrent li daerrain   251 *V* bele landes   252 *V* Et a g.

10830	Li rois al sepme jor i vient,	
	Et li vallés li prent a dire:	
	"Veez chi le chastel, biax sire,	256
38*a*	Que vostre buens niez a conquis."	
	Li rois a pié a terre mis.	
	Lors les veïssiez toz descendre	
	Et paveillons et tentes tendre.	260
	Et cil Galois qui duit en sont	
	Mainte loge galesche font;	
	Et si ront fait mainte ramee	
10840	De la forest qu'ont entamee	264
	A lor chevax, a autre afaire.	
	Li keu refont quisines faire	
	De la foillie del mairien.	
	Yvains, fix le roi Urïen,	268
	Et Gifflés, li fix Do, revienent	
	O la roïne o cui se tienent.	
	Si vos di qu'en lor compaignie,	
10850	Qui de dames ert bien garnie,	272
	Vinrent troi mile chevalier;	
	N'i ot un sol n'eüst destrier.	
	Aprez revint li grans charois,	
	Jamais nul si grant ne verrois.	276
	A sa tente qui fu tendue	
	Est la roïne descendue.	
	Ygerne la roïne estoit	
10860	As estrres del palais et voit	280
	Le grant ost contreval la pree.	
	Molt durement fu effraee,	
	S'en a le cuer tramblant et vain.	
	Sa fille a prise par le main	284
	Et li dist: "Fille Norcadés,	
	Ore avons nos vescu adés,	
	Et plus qu'assez, qu'assises summes.	
	Ensamble ne vi mais tant d'omes	288
	Ne tant de hiaumes reluisans	

257 *V* v. biax n.   270 *V* Od la r. od quil se   272 *V* est b.   278 *V* O la r. est d.   279 *V* Agerne   287 *TV* Entrusque puis quasisses (*V* asises) s., *ASLEU* Et plus assez (*SLEU* quassez) quasises (*EU* asises) s., *P* Ensamble ne vi tant darmes, *R* Molt longement nos qui ci s.

N'autant d'escus reflamboians.
Vez que de lances et d'espees!
Sont ce ore dames ou fees
La jus desor cele riviere?"
—"Si m'aït Diex, ma dame chiere,
Ne sai; mais ainc mais damoiseles
Ne dames nulles ne puceles
Ne vi mais ensi ostoier
Ne mener ost ne guerroier,
Mais durement me grieve al cuer."
Mesire Gavains et sa suer
S'en issent d'une chambre atant;
Et Ygerne tot maintenant
Qu'ele le vit vers li venir
Ne se puet mie plus tenir,
Ainz li a dit: "Biax dols amis,
Vez com grans os nos a assis
La jus tot contreval ces prez.
Biax dols amis, ore esgardez:
Par decha n'a se dames non
Et damoiseles. Sire, un don
Me demandastes par amour,
Que je devant le sepme jor
Nule demande ne feïsse
De vostre non, ne n'enqueïsse
De vostre lignage ja rien.
Et je m'en sui tenue bien,
C'ainc n'en parlai. Or si savez
Que li sepmes jors est passez,
Si weil or vostre non savoir."
—"Dame, je vos en dirai voir,
Car ainc mes nons ne fu celez
A nului. Gavains sui nomez."
Et ele maintenant l'embrace,
Si li baise oex et boche et face.
Sa fille tenir ne se puet;
Li cuers li salt de joie et muet,
Car n'ot talent de someillier

293 *T* desoz, *V* desor   298 *V* Namener   304 *V* pot   313-314 *V* *inv.*
314 *V* non rien nenqueisse

10900	Au jor qu'il nasqui de moillier.	328
	Le vis li baise et la poitrine.	
	"Biax chiers amis, fait la roïne,	
	Foi que doi Dieu et sa vertu,	
	Je sui mere le roi Artu.	332
	Vez ci ma fille, ele est ta mere."	
	Et Clarissans qui iluec ere,	
	La suer Gavain, quant ele l'ot,	
	Entre en sa chambre a l'ains qu'el pot	336
	Et comence grant doel a faire	
10910	Por son frere qui set l'affaire	
	Qu'ele aime le Guiromelant	
	Qui si le va contraliänt.	340
38c	"Gavains, biax niez, fait la roïne,	
	Vos veez bien tot le covine,	
	Que assis nos ont a estrous.	
	Por amor Dieu, que ferons nous?"	344
	—"Ma dame, ci n'a nul peril;	
	Vez le roi Artu vostre fil."	
	—"Est che vertez?"—"Ma dame, oïl;	
10920	N'en doutez mie, ce est il."	348
	—"Dont m'est molt tart que je le voie,	
	Car ainc mais n'oi ausi grant joie."	
	Et dist Gavains: "Je weil aler	
	Outre cele eve a lui parler,	352
	Roïne dame, s'il vos plaist."	
	Lors ne puet laissier que nel baist.	
	Maint baisier ot sanz ire amere	
	Et de l'aiole et de la mere.	356
	Des dames se part a itant	
10930	Et monte en un cheval corant.	
	Dis chevaliers preus et senez	
	A oltre l'eve od lui menez.	360
	Et Kex toz premerains le voit,	
	Qui del tref le roi Do venoit.	
	Au paveillon le roi Artu	
	En va poignant par grant vertu;	364

328 V Alors qui nasqui   345 T La dame, VA Ma d.   346 T *repeated after 347*   347 V veritez dame   350 V Que ainc   353 V se vos   354 V ne volt l.   355 V ot li fix del pere   364 V a grant

Molt lïement li prent a dire:
"Ichi vient vostre niez, biax sire."
Atant descent devant le roi.
Li rois monte en son palefroi,
Que trop li tardast d'autre atendre.
Tant com li chevax pot destendre
Encontre son neveu en va.
Tot maintenant qu'il l'encontra
L'a baisié a l'ains que il pot
Vint fois ançois qu'il deïst mot
Et en la bouche et en la face.
Ne quidiez pas qu'il li desplace
De son neveu quant il le vit.
Et mesire Gavains li dit:
"Sire, grans joie vos atent,
Car vostre mere molt entent
A vos esgarder, et volroit
Parler a vos, si aroit droit."
Li rois sorrist as chevaliers;
Puis a dit: "Biax tres dols niez chiers,
Foi que doi a l'ame mon pere,
Cinquante ans a que je n'oi mere."
—"Salve vostre parole, sire,
Si avez, por voir le puis dire.
Quant Uterpandragons mori,
Ygerne cha s'en a fuï
O grant tresor, et si fist querre
Toute la plus soutive terre
Qui fust, tant que chi assena.
Et del grant avoir qu'amena
Fonda cest chastel et fist suen;
Ne sai nul meillor ne si buen.
Quant li rois Lot perdi la vie,
Mes pere qui tint Orquenie,
Ma mere, vostre suer, en vint
A cest chastel et puis se tint
Avec sa mere et a la vostre.

368 V Et li r. m. el p.   370 V com chevax li puet   383 V sorrit   384 V Puis li dist biax niez amis c.   396 V m. nausi b.   397 V rois loth   399 V sen vint   401 V et o la v.

Toute la terre qui est nostre
Guerpi en fin, et delaia.
Grosse remest; une fille a 404
Qui laiens est et gente et bele;
Molt par i a vaillant pucele."
Li rois et tot cil qui la sont
10980 De la merveille grant joie ont. 408
Et la roïne dolcement
Baise Gavain, et autres cent
Dames et puceles de pris.
De maint baisier qu'a iluec pris 412
Se fust il molt bien consivrrez;
Mais quant li biens est desirrez,
Qui puet s'en prent a son talent,
Non pas a celui quel despent. 416
Toute l'ost molt grant joie maine.
10990 Mais de la mere al roi demaine,
Qui la sus el palais s'estait,
Oiez la nuit que ele fait: 420
Ele avoit od li el chastel
Cinc cens adoubez de novel,
Chevaliers toz de haus parages,
Molt bien emparentez et sages. 424
38e Lor armes qui sont merveilleuses,
Plaines de pierres prescïeuses,
Fist metre totes fors as estres
Et as querniax et as fenestres, 428
Si que les pierres de vertu
11000 Rendent en l'ost le roi Artu
Si grant clarté, por voir le di,
Com se ce fust entor midi. 432
Esbahi sont de la clarté,
Si quident estre enfantosmé.
Li rois ne s'est de rien vantez,
Por che qu'il quide estre enchantez. 436
De Gavain recrient durement
Que soit sozpris d'enchantement,

403 V et le laissa   408 V novele   409 V roine od le cors gent   410 V
g. molt doucement   416 V quiel d.   419 V palais estait   421 T li es
c., VASLP li el c.   431 V voir vos di   437 V recrient dautre part

Mais puis li a tant dit et fait
Que li rois s'emble et si s'en vait 440
Od quatre de ses compaignons
Qu'il a priveement semons,
Et la roïne solement
Od trois puceles, sanz plus gent. 444
A l'iaue vindrent, si passerent;
Trusqu'al chastel ne s'aresterent.
Et la roïne au chief flori
Molt tres bien son fil requeilli; 448
Grant joie en fait estrangement.
De la roïne od le cors gent
Refait Ygerne la roïne
Molt grant joie. Mais la covine 452
Vos veil dire de cels de l'ost.
Kex li seneskax, ausi tost
Come li rois s'en fu tornez,
Y vint soi quart toz assamblez 456
Por conseillier priveement
A son seignor; mais erranment
Qu'il ne trovent el tre le roi
Sont tot ensamble en grant effroi. 460
Se volez oïr des puceles,
Des dames et des damoiseles,
La roïne ont quise en sa tente.
N'i a nule n'en soit dolente 464
Quant lor dame ne trovent mie.
Molt par en est l'ost estormie,
Ainc mais n'orent ire greignor:
Cist fait le doel de son seignor, 468
Ceste sa dame qu'a perdue.
Toute en est l'ost si esperdue
Que maintenant sanz nul sejor,
S'autresi fust contre le jor 472
Come il estoit contre la nuit,
Sans faille s'en alaissent tuit
Desconfit et molt laidement.

---

438 V Quil soit sozpris de malves art   De fantosme et denchantement   Molt sen crient li rois durement   **440** V semble si   **456** V quart cot a.
461 V Revoles   **466** V p. est los toute e.

	Lors s'armerent isnelem[en]t;	476
	Chascuns mist le hauberc el dos.	
	N'i ot si coart ne si os	
	Qui ne s'armast sans demorer.	
11050	L'ost font molt bien la nuit garder	480
	Por che qu'el ne fust estormie.	

Li rois Artus a messe oïe
    Au matinet quant il esclaire.
Arriere ens en l'ost s'en repaire   484
Od cinc cens chevaliers noviax
Dont estoit garnis li chastiax;
Et entre dames et puceles
En maine od lui cinquante beles.   488
La riviere ont passee tost.
11060 Molt se merveillent cil de l'ost
Quant il se sont apercheü
De lor seignor le roi Artu,   492
Quant il le choisirent venant.
Se plus demorast tant ne quant,
Trestot ensamble s'esmeüssent,
Le fu es loges mis eüssent;   496
Mais tant sont lié de sa venue
Que toute en est l'ost retenue.
En tref qu'il a et riche et buen
11070 Descent, et chascuns d'aus el suen,   500
La roïne a la soie tente,
Et od li mainte dame gente;
N'i remest pucele a descendre.
Mesire Gavains sanz atendre   504
A le roi tout dit et conté
Por quel afaire il l'ot mandé,
Et come il ot empris l'estor,
Et qu'il doit estre a icel jor.   508
Puis dist lués sa confession
A un evesque Salemon.
39a Et li evesques li a dit

---

476 V Lues   478 V si hardi ne   484 V Et arriere en   485 V
A cinc cens   488 V cinc cens de b.   493-494 V inv.   493 V
Si compaignon et li alquant   499 V Au tref

          Maint bel sermon et maint bel dit,   512
          Et le chastie dolcement.
 11080   Mesire Gavains simplement
          Toz ses pechiez li a jehis.
          Quant li sains hom les a oïs,   516
          Et voit que de cuer se repent,
          Si l'a assals molt dignement
          De Dieu et de Sainte Marie
          Et de lor dolce compaignie.   520
          Puis l'a saignié et si li dit
          Qu'en Damedieu de tot se fit;
          Des que il est verais confés
          Ne doit avoir paor jamés,   524
          Car Diex par tot le sauvera
 11090   Quant de bon cuer l'apelera.
          Atant lor parole ont finee.
          Et maintenant sanz demoree   528
          Ne remest en l'ost bon cheval,
          Qui que l'eüst n'amont n'aval,
          Qu'en ne li venist presenter.
          Bien se repuet de ce vanter   532
          Qu'en tote l'ost n'ot bone espee
          Qui ne li fust lués aporte[e].
          Et cil qui buen elme i avoit,
 11100   Et bon gleve, li presentoit.   536
          Mais ses armes ne volt cangier
          Por les autrui, fors un destrier
          De ceus qu'a la cort envoia
          Quant il la lance querre ala   540
          Et il de la tor departi
          Ou la commune l'assali;
          Celui demande et on l'amaine
          Devant le tref le roi demaine.   544
          Sor celui fist metre la sele
          De ses armes fresche et novele.
          L'en le claime Guilodïen;
          En tot le siecle terrïen   548
          Meillor cheval de lui n'avoit,

530 *TEU* Que qui, *VASL* Qui que, *P* Qui li pleust   **536** V Ne bon   **539** V
De ces   **541** *T* la cort, *V* la tor   **545** *V* une sele

	Ne plus hardi nus n'i savoit.	
	Por che qu'il ert vairs par nature	
	N'i misent autre coverture.	552
39b	Sor une coute d'auqueton	
	Porpointe et plaine de coton,	
	Ont monseignor Gavain armé	
	Molt co[i]ntement et acesmé	556
	De totes armes par loisir	
	Einsi come por assalir	
	Autrui et por son cors desfendre,	
	Si qu'il n'i ot rien qu'entreprendre.	560
	N'il n'i covint ne plus ne mains,	
	Qu'andui l'armerent a lor mains	
	Gifflés et Yvains qui l'amoient	
	Et de tel oevre molt savoient.	564
	Si tost come il fu atornez	
	En estant est sor piez levez;	
11110	Vers le Gué Perilleus esgarde	
	Si voit sordre lez une angarde	568
	Un grant conroi de chevaliers;	
	Par conte en i ot trois milliers.	
	Primes choisi les fers des lances,	
	Aprés revit les conoissances,	572
	Les gonfanons et les banieres	
	Qu'il orent de maintes manieres.	
	Puis voit les elmes reluisanz,	
	Puis les escus reflamboians,	576
	Et puis les chiez des bons vassax	
	Et les chiés des corans chevax.	
	Le petit pas, estroit rengié,	
	Parmi la lande ont chevalchié	580
	Tant qu'a un arbre sont venu	
	Molt pres de l'ost le roi Artu;	
	Iluec se tinrent tot ensamble.	
	Puis ra veü, si com moi samble,	584
	Venir un autretel conroi,	
	Molt belement et sanz desroi,	
	Aprés ciax qui venu estoient.	
	Autant de chevaliers avoient	588

561 V covient

GUIROMELANT (I, 3)

  Come cil orent del premier.
  Ainc ne s'i volrent atargier
  Tant qu'a l'arbre venu resont
  Ou li autre tuit coi s'estunt.   592
39c   Devers senestre sont torné
  Ou il virent un molt bel pre.
  Iluec retint chascuns son frain
  Dalez le conroi premerain.   596
  Atant resort li tiers conrois;
  Mais jamais nul jor ne verrois
  Chevaliers ausi bel venir
  Con chist vienent, et sans mentir   600
  En i ot quatre mil a armes.
  L'escu trop bel par les enarmes
  Tint chascuns, et la lance droite.
  La lande ne fu mie estroite,   604
  Ains estoit large et lee et plaine.
  Et cil qui les conduist et maine
  N'en lait un tot sol desreer,
  Ne l'un cheval l'autre passer;   608
  Ainz vienent tuit rengié de front.
  Chieres armes et cleres ont;
  Ne portent mie lances simples,
  Ainz i pent de molt chieres guimples   612
  Et de beles ridees manches
  Molt deliees et molt blanches.
  Bien sont assamblé come gent
  Qui de bien faire aient talent   616
  S'il en estoit mestiers ne leus.
  Tant les maine li sires d'eus
  Qu'a l'arbre vienent que il voient
  Ou li autre les atendoient.   620
11135   Iluec tre[s]tuit en un josterent
  Li troi conroi; et ses esmerent
  A dis mile cil par decha.
  De chevaliers bien tant i a,   624
  Ce dist chascuns quis esme et voit.
  Puis vient aprés aus lués a droit

---

590 V Ainz   **600** V cist i vienent sanz   **606** V conduit   **607** V laisse
612 V chiere guimples   **614** V M. delies et (−1)   **626** V vint

>
> Uns conrois qui n'est pas vilains,
> Car bien i ot, a tot le mains, 628
> Dames et puceles de pris
> Troi mil, qui molt ont cler les vis.
> Devant vienent vïeleour
> Vïelant lais, et harpeour 632
> Qui harpent sons molt dolcement.
> Trop vienent envoisïement
> Tot droit a l'arbre ou eles virent
> Lor gens. Ilueques descendirent 636
> Les aus a destre enmi la lande.
> Li rois Artus lués recomande

39d
> Quinse mile des siens armer
> Et par batailles conreer. 640
> Que qu'il aviegne ne que non,
> Ne velt mie estre en sozpeçon
> Que s'ost ne soit molt bien gardee.
> Et cil tantost sans demoree 644
> L'ont fait si com li rois devise.
> La roïne se fu assise
> Soz une arbroie enmi la plaigne,
> Et si ot bien en sa compaigne 648
> Troi mil que dames que puceles
> Des mix vaillans et des plus beles
> Qui a cel jor fuissent en vie.
> Molt fu la lande raplenie 652
> De dames et de chevaliers,
> De beles armes, de destriers.
> Ainc mais ensamble tant n'en vit
> Nus hom, si com li contes dit, 656
> Ne jamais nul jor ne verra.

11155
> Mesire Gavains apela
> Gifflet et monseignor Yvain.
> "Alez, fait il, la en cel plain. 660
> A cel arbre, en cel grant conroi,
> La troverez, si com je croi,
> Celui vers cui bataille ai prise.
> Et si n'en querez ja devise 664

11165
> Li quels ce est, ne li quels non,

627 V conroit qui nert p.

Car je sai bien sanz mesprison
Certainement le conistrez
Si tost come as oex le verrez, 668
Qu'el mont n'a plus bel chevalier
Ne miex parlant ne nul plus fier.
Dites li bien que je li mant
Que orendroit tot maintenant 672
Sui pres d'aquiter ma fïance."
Et cil montent sanz demorance
11174 Et chevalchent isnelement,
Puis qu'il ont le comandement, 676
Tot droit en l'ost Guiromelant.
N'ot remez chevalier vaillant
En trestoz les illes de mer,
Qui vers le roi ait cuer amer, 680
Qui ne fust venus contre lui
39e En l'ost dela ou vont li dui
Que mesire Gavains envoie.
Tant chevalchent la droite voie 684
Qu'a l'arbre sont venu en l'ost.
Guiromelant ont trové tost;
Desus un chier pale aufricant
11191 Estoit adonques en estant, 688
Ses deus bras sor deus chevaliers.
Vallés i ot et escuiers
Assez qui a genols estoient
Et ses cauces de fer laçoient. 692
Il ot vestu un gambison
Parti de porpre et d'auqueton
Tel come a armer covenoit.
Une coute porpointe avoit 696
Sor son chief por le front garder
Des mailles en la char entrer.
Ne sai por coi vos acontasse
Sa grant biauté ne devisasse, 700
Fors que plus bele creature
Ne vit nus d'umaine figure.
Nus hom, ice vos di por voir,

---

668 V ad oex **669** V Ol m. **697** V Soz son **701** V Fors
cainc p. **703** V h. ce vos di je p.

Tant de biauté ne pot avoir. 704
Uns chamberlens devant lui fu
Qui son hauberc li ot vestu;
Dui escuier entor aloient
Qui molt grant garde se prenoient 708
S'il i avoit que amender
Ne rien a metre n'a oster.
Tost l'ont amendé bel et bien,
Ne welent qu'il i faille rien 712
Don[t] poïst avoir encombrier.
Si tost come si chevalier
Virent les deus barons venir
Si funt la presse departir. 716
Et quant li message ce virent
De lor palefrois descendirent.
Tout maintenant l'ont coneü
Ensi tost come il l'ont veü, 720
Et vienent vers lui droitement;
Mais il lor dist premierement:
"Seignor chevalier, bien veigniez."
11199 Yvains respont come ensaigniez: 724
39f "Sire, devanciez nos avez,
Quant vos premiers nos salüez;
Ce deüssons nos faire vos.
Messagier somes; de par nos 728
Vos mande mesire Gavains
Que vos soiez trestoz certains
Que il est toz pres d'aquiter
Sa fiance sanz demorer." 732
Il lor respont: "Se Diex me voie,
Et je autresi de la moie.
Mais or me dites, biax dols sire,
Par amors, s'il vos plaist a dire, 736
11210 Coment andui avez a non."
—"Molt volentiers le vos diron,
Ce respont Gifflés premerains,
Icist a non mesire Yvains, 740
Si est fix le roi Urïen.
Et del mien non je vos di bien,

727 *T* deussiez, *VASLRP* deussons   **735** *V* b. chiers sire

Que Gifflés resui apelez,
Li fix Do, a Carduel fui nez." 744
Guiromelans respont manois:
"Molt par est vaillans et cortois
Mesire Gavains, ce m'est vis;
Les deus chevaliers m'a tramis 748
Que plus desirroie en cest mont
A veoir de cels qui i sont.
Mais d'une rien vos dirai voir,
Par vos li manç et faz savoir 752
Qu'il n'a plus mortel anemi
De moi. Tenez! jel vos affi,
Mesire Yvains, sanz nule faille,
Si m'aït Diex, se en bataille 756
Le puis vaintre ne sormonter,
11240 Toz li mons nel porroit tenser
Que la teste ne li tolsisse
Avant que de lui me partisse." 760
—"Ce n'iert ja, sire, se Dieu plest,
Fait mesire Yvains, que il est
Si preudom, et vos d'autre part,
Que par grant sens et par esgart 764
Remanra et ert en pais mise
La bataille qu'avez emprise
A honor de lui et de vous,
40a Si qu'en ierent lié et joious 768
Tuit vostre ami comunement,
Et li suen ausi voirement."
Guiromelans atant respont:
"Si m'aït Diex qui fist le mont, 772
11263 Tant vos tieng a preu et a sage
Que ja n'i trametrai message
Fors vos et Gifflet vostre ami.
Mais tant li direz de par mi, 776
Pres sui d'aquiter la fiance
K'ai vers lui, et la covenance.
Atant vos en poëz aler,
Car ne li weil or plus mander." 780

744 V cardueil   752 V mant   755 V ydain *corrected to* yvain   756 V
Se mait   761 T plaest, V plest   762 V car il   770 V vraiement

	Il montent lués et si s'en vont.	
11270	Au tref le roi revenu sont	
	Ou mesire Gavains estoit	
	Toz armez, si les atendoit.	784
	Mesire Yvains li conte et dist:	
	"Ce vos mande sanz nul respit	
	Vostre anemis qui est dela:	
	Toz les covens qu'envers vos a	788
	Est orendroit pres d'aquiter."	
	—"Or n'i a dont fors del monter,"	
	Ce respont mesire Gavains.	
	L'estrier li tint mesire Yvains	792
11280	Et il est maintenant montez	
	Sor le Guilodïen armez.	
	Et si tost com il montez fu,	
	Par la guiche prist son escu,	796
	Si l'a au col serré et mis.	
	Vallés ot bien entrusqu'a dis	
	Devant lui, et chascuns tenoit	
	Une lance et si atendoit	800
11290	Por savoir le quele il prendra.	
	Et il de renc les esgarda,	
	Puis a apelé Yvonet	
	Qui une en tint, un sien vallet,	804
	D'un roide fraisne de quartier	
	Od un cler fer trenchant d'acier.	
	Une molt riche ensaigne i pent	
	Brodee d'or molt soltieument,	808
	C'onques d'iex ne fu remiree	
	Nule plus richement ovree.	
40b	Guilorete li envoisiee	
	La fist, si li ot envoiee	812
11301	Lonc tans avoit par drüerie.	
	Por che qu'ele vint de s'amie	
	Le prist; si sai qu'il l'en croistra	
	Grans hardemens quant lius sera.	816

Sı com vos dis, en ist de l'ost;
Et Guiromelans ausi tost
De l'autre part s'en est issus

La lance el poing, et ses escus 820
Resclarcist contre le soleil,
Qui ert d'or od le chief vermeil.
Et il fu chevaliers apers,
Et ses chevax si fu covers 824
11310 D'un samit jaune par derriere,
Et d'un vermeil ert la coliere.
Molt fu la lande bele et plaine,
Et ert a grant merveille plaine 828
De chevaliers, de dames beles.
Et plus i ot de mil puceles
Qui se vont par les rens seoir
Por la bataille mix veoir. 832
Il n'i ot fait lonc parlement,
Mais cil sanz plus d'alongement,
Qui l'aatine orent emprise
Sanz sairement et sanz devise, 836
Puis qu'il furent el champ venu
Et li uns a l'autre veü,
Les escus prisent as enarmes
11315 Com cil qui molt sorent des armes; 840
Sel joint chascuns al pis devant
Et al col del cheval corant.
Puis ont baissiez les gonfanons
Et hurterent des esperons. 844
Et li cheval andui s'estendent,
Et si sachiez que il destendent
Plus tost que quarriax qui descoce;
Ne il n'i ot mal pas ne roche 848
Ques destorbast de tost aler,
Ainz samble qu'il doient voler
A trestoz ciax qui les esgardent.
Cil qui sus sieent ne se tardent 852
Ne d'esperoner ne de poindre.
40c   Et quant avint qu'il durent joindre,
Por plus parenroidir lor cols,
11320 Sor les escus qu'il ont as cols 856

785 V dit   **786** V sanz contredit   **790** V moter   **806** V A un c.
808 T soltieuement (+1), V soltiment   **817** V vos di   **833** T lont
p., V lonc p.   **847** V ne deschoce

Apuient si les trenchans fers
Que parmi oltre les haubers
Les font passer, si que la maille
Trenchierent [d']ambesdeus sans faille 860
Et les blïaus joste les cors.
Par derriere salirent fors
Andui li fer cler et trenchant.
Li cheval sont si tost alant 864
C'ainc nes porent contretenir,
Ainz s'en vont oltre si d'aïr
Que les vassax covint hurter
Si durement au trespasser 868
Des cors, des escus, ce m'est vis,
Que les jenols et toz les vis
S'escorcent, et a terre en vont
Trestot quatre ensamble en un mont 872
Et li seignor et li cheval.
Mais cil qui sont preu et vassal
11330 Resalent sus delivrement
Et se desferrent vistement 876
Des lances qui sont es escus.
Aprés si traient le[s] brans nus
Et lievent les escus en haut.
Jamais de nul si dur assaut 880
N'orrez parler de chevaliers
Com de ces deus fu cist premiers.
Par molt grant ire s'entrevienent,
Et des espees que il tienent 884
Se donent uns cops si pesans
Amont sor les hiaumes luisanz
Qu'embarrer les font et ploier.
Et contreval sanz delaier 888
Les espees en descendirent,
Einsi que des escus fendirent
Et cuir et ais, quanqu'en ataindrent.
Et de bien ferir ne se faindrent 892
Cil qui se heent morte[l]ment.
Molt pesanz cops et molt sovent
Lor veïssiez lués referir.

871 V Escorcent   **896** V Des hiaume fu le fu

Des helmes font le fu salir 896
Et les cercles rompre et voler,
Place tolir et remüer.
Veïssiez l'un l'autre molt tost
Recovrer, si que cil de l'ost 900
Se merveillent estrangement
Que il püent si longuement
Estre ensamble sanz traire arriere.
Mais onques en nule maniere 904
Ne volt li uns l'autre guerpir
Tant come il pot l'estor soffrir
Et com li puet durer alaine.
Molt a envis et a grant paine 908
Se sont un poi ensus retrait
Por le grant chaut qui mal lor fait.
Et si tost come il ont reprise
Lor alaine, lués sanz faintise 912
S'entrerevienent fierement
A l'escremie ireement.
Des espees nues trenchans
Sor les hiaumes reflamboians 916
Si grans cops et sovent se donent
Que molt se grievent et estonent.
N'i puet escus avoir duree
Par iluec ou l'ataint l'espee 920
Que la piece voler n'en face,
Cui qu'il anuit ne qui qu'il place.
Molt ot duré adés le jor
Guiromelant force et vigor; 924
Molt durs assaus et molt greveus,
Con cil qui molt est viguereus,
Rent son compaignon voiant toz.
Del champ n'est pas trop au desous, 928
Ce dïent cil qui iluec sont.
Les siues gens grant joie en font
Quant il le voient contenir
Si bel et si bien envaïr. 932
Li buen chevalier, li vaillant,
Ensamble se combatent tant
Que vient a l'eure de midi.

Por voir le vos tesmoing et di, 936
Si tost com l'eure trespassa,
Mesire Gavains recovra
11355 Hardement et force et viguer.
40e La lasté pert et la chaleur, 940
Que li midis passa manois,
Fu assez plus fors et plus frois
Qu'il n'ot esté a l'assambler.
Tot erranment, sanz demorer, 944
Que sa force li fu creüe,
El destre poing l'espee nue,
Vint vers celui molt fierement,
Par grant vigor ireement, 948
Qui ains molt angoissié l'avoit.
De l'espee que il tenoit
Le fiert desus le hiaume amont
Qu'il li embarre enmi le front. 952
Desi au test tot le tronchast,
Se s'espee jus ne colast;
Mais el descent si sor l'escu
C'un grant cantel en a fendu. 956
Puis le raquelt lués a ferir,
Et cil lui par si grant aïr
Qu'as trenchans des brans esmolus
Ont si detrenchiez les escus 960
Qu'il ne lor en remest as cols
Fors sol les guiches et les clos
Par que il tienent as blasons.
Li sans lor cort jusqu'as talons 964
Des cors qu'il ont et tains et pers,
Car tot a nu sor les haubers
S'entrefierent si roidement
Que molt s'empirent durement. 968
Les tendres chars soz les chemises
Ont desrompues et malmises
Par l'angoisse des cops pesans
Que il s'entredonent si grans. 972
Si vos puis bien dire por voir,

907 *V* pot **916** *V* les helme r. **920** *V* lataint espee **935** *V* vint **953** *V* trenchast **959** *V* Quau trenchant des **960** *V* lor escus **971** *V* des cop p.

Guiromelant (I, 4)

	Volsist ou non, par estovoir
	Reüsa mesire Gavains
	Celui qui si ert las et vains. 976
11435	Encontre un cop que il li rent
	L'en done trois, si que sovent
	Le fait arriere resortir;
	A paine le puet mais soffrir. 980
11440	[E]n l'ost le roi resont cil lié,
	Qui ainz orent esté irié,
40f	Quant virent le bon chevalier
	Celui reüser et chachier. 984
	L'uns a l'autre conseille et dit
	Qu'il le vaintra trusqu'a petit.
	Et tot cil refont dol molt grant
	Qui amoient Guiromelant 988
	Et ains orent grant joie faite;
	La soie gent molt se deshaite.
	Mais qui qu'ait joie ne doleur,
	Ne qui le pis ne le meilleur, 992
	Li doels Clarissent est onnis;
	Se li uns est mors ou honis
11450	Des deus, a morir li covient.
	Devant le roi son oncle en vient 996
	Et si li chiet as piez tantost,
	Voiant toz les barons de l'ost,
	Si li crie por Deu merchi.
	"Sire, fait ele, or pere chi, 1000
	Por amour Dieu, se vos m'amez;
	Ceste bataille desevrez
	De mon frere, ce vos requier,
	Et de cel autre chevalier. 1004
	Si le me donez a seignor,
	Qu'il m'a otroïe s'amour
	Et je lui autresi la moie;
	Por rien nul autre ne prendroie." 1008
	Li rois dist come debonaire:
11471	"Bele niece, je nel puis faire,
	Ce vos di je bien vraiement,

980 V Qua paines   985 V dist   986 V dusqua   993 V clarissanz   995 V Des trois   996 V oncle vient   1010 V Dolce n.

  Tant ai je plus le cuer dolent.   1012
  Costume est de chevalerie,
  Si l'ai usé tote ma vie,
  Puis que chevaliers est entrez
  Por soi combatre en champ armez,   1016
  Et il a le hiaume lachié
  Et l'esperon destre cauchié,
  N'en doit mie puis estre ostez
  S'il nel porquiert. Mais ore alez   1020
  A vostre frere isnelement,
  Si li priiez molt docement
  Que la bataille laist atant,
  Et si vos doinst Guiromelant   1024
  A seignor, puis que vous l'amez.
41a   Molt est haus hom et renomez,
  Et biax chevaliers et si buens
  Que mieldres n'est ne rois ne quens,   1028
  Et trop grans damages seroit
  Se el que bien li avenoit."

  A<small>TANT</small> s'en torne sans perece
   Clarissans, et fist grant proëce   1032
  Quant devant si grant assamblee
  S'en ala tote desfublee
  A la bataille enmi le plain,
  Et pria monseignor Gavain   1036
  Merchi, que la bataille laist
  Por amour Dieu, se il li plaist,
  Et Guiromelant a seignor
11500   Li doinst, si li fera honor,   1040
  Car molt i avra bon ami.
  Et il tantost li respondi:
  "Si m'aït Diex, ma doce suer,
  Grant joie en aroie a mon cuer   1044
  S'il li pooit venir a gre;
  Mais ne sai mie son pe[n]sé
  S'ensi le volroit otroier.
  Nequedent ne vos quier noier,   1048
  Cest don ne vos donrai je ja

1032 *V* Clarissens   **1046** *TV* pese, *L* pense

GUIROMELANT (I, 5)

  Dusqu'atant que dedit ara
  Le traïson qu'il m'a mis sus."
  Et li rois ne demeure plus,   1052
  Ains va la droit aprés sa niece.
  Li parlemens dura grant piece,
  Et Clarissanz toz dis plora.
  Et mesire Gavains lor a   1056
  Creanté que se cil desdit
  Le blasme qu'il li avoit dit,
  Bien otroie, salve s'onor,
  Qu'il ait a feme sa seror.   1060
  "Mais se desdire ne se velt
  Del mot dont mes cuer trop se delt,
  L'endemain relast la ventaille
  Et si reviegne a sa bataille   1064
  A tels armes come il a chi."
  Chascuns d'aus le creante ensi
  Que dit n'i ot ne plus ne mains.
41b Dont s'en part mesire Gavains,   1068
  Vers son hostel en va le pas.
  Desarmé l'ont isnellepas,
  Si a on fait tote la nuit
  Ens en l'ostel molt grant deduit.   1072
  Li rois Artus Guiromelant
  Fait desarmer de maintenant,
  Et l'a fait sor un palefroi
  Monter, si l'en maine avec soi;   1076
  Et s'i fu bele Clarissans.
  Tote nuit fu la joie grans,
  Et l'endemain a l'ajorner
  Fait li rois sa niece atorner.   1080
  Et quant ele fu atornee
  Tost l'ont a l'eglise menee,
  Bele, acesmee, et bien vestue.
  Et li vassals l'a recheüe   1084
  De la main a un archevesque.

1055 *V* clarissens todis   1062 *V* d. molt mes cuers se   1063 *V* Au demain
1064 *V* a la b.   1065 *V* il chi (−1)   1069 *V* sen va   1072 *T* Ens el
chastel, *V* Enz en lostel, *EMQ* A son ostel   1082 *T* Tost lost, *V* Tost lont,
EMQ Si lont   1083 *V* Bel acesmee   1084 *V* Guiromelans la r.

A l'espouser ot main[t] evesque
Et maint prïeus et maint abé;
Et molt i ot ris et gabé. 1088
Li jogleor i font grant noise
Et tote la cors s'i renvoise;
Molt i fist on tres grant servise.
Ainz qu'il ississent de l'eglise 1092
Revient armés Gavains a cort.
Mesire Keus encontre cort
Qui li demande sanz demeure
Por coi armés ert a cele eure. 1096
Et Gavains li respont sanz faille:
"Sire, aler weil a ma bataille.
Est encore li rois levez?"
—"Ha! sire, por nient vos grevez, 1100
Car la pais est bien confermee.
Cil a vostre suer espousee."
—"Espousee! Dites vos voir?"
—"Sire, fait Keus, sachiez por voir 1104
Qu'encore sont il en l'eglise
Por escouter le Dieu servise."
—"Coment m'a dont mes oncles fait
Si grant honte et si grant tortfait 1108
Et si vilaine mesprison
Qu'a celui qui de traïson
M'apeloit a ma suer donee?
Et si l'a ja cil espousee 1112
Sanz mon los et sanz mon otroi.
Or poëz dont dire le roi
Que jamais a lui ne serai,
N'a lui mais ne retornerai, 1116
N'en son païs ne en sa terre,
Dusqu'atant qu'il me venra quere
Molt loinz en estrange païs
O trois mil chevaliers de pris 1120
Molt bien vestus et atornez."
Atant s'en est Gavains tornez
Sor le cheval grant aleüre.
Et mesire Keus a droiture 1124

41c

1095 V demanda   1101 V affermee   1114 V donques dire al r.

Guiromelant (I, 5)

S'en est en l'eglise venus
Et si ne s'est mie teüs,
Ains dist: "Sire, vos ne savez;
Vostre neveu perdu avés, 1128
Car vostre cort a forjuree
Por che que vos avez donee
Sor son desfens et sor son dit,
Ainçois que cil s'eüst desdit, 1132
Sa seror a son anemi.
Mais ne vos tenra por ami
Ne por oncle ne por seignor."
Quant li rois l'ot, dol ot greignor 1136
C'ainc mais n'ot en tot son eage;
A poi que d'ire vis n'esrage.
Li rois et li baron trestuit
Font doel, et lor joie s'en fuit 1140
Que demenoient par devant;
Dolor font. Et ire ot molt grant
Guenievre, et Ygerne se pasme,
Et Clarissens sa vie blasme; 1144
Por Gavain qui par son desroi
Partis s'est de la cort le roi
Demaine une dolor molt grande.
Son palefroi li rois comande 1148
Tot maintenant a enseler,
Et les escuiers a torser
Les somiers et emplir lor males.
Errant widdent totes les sales; 1152
41d   Prenent mantiaus et dras et chapes,
Hanas et covertoirs et napes,
S'en emplent coffres et escrins
De colpes d'or, de mazerins. 1156
Li un corent as seles metre,
Li autre se vont entremetre
De mener au roi les chevax.
N'i remaint cavelus ne caus, 1160
Chevaliers, pucele, ne dame.
Li Guiromelans et sa fame
Et les trois roïnes monterent;

1136 V rois ot   1142 V ire molt   1144 V clarissanz

Et od le roi Artu alerent 1164
Prince, baron, et duc et conte.
Trop alongeroie le conte
Se toz aconter les voloie.
En l'ost n'avoit ne ris ne joie, 1168
Ne plus ne püent dolant estre.
Maint cheval font mener en destre,
Et armes et escus porter.
Rien ne les puet reconforter, 1172
Car bien quident avoir perdu
Gavain, dont molt sont esperdu.
Onques mais nus, si com moi samble,
Ne vit tel baronie ensamble 1176
Por un chevalier aler querre.
Tot li haut baron de la terre
Vont od le roi a molt grant presse,
Car aprés lui nis un n'en lesse. 1180
Bien sont esmé soissante mile
Quant il sont issu de la vile,
Sans les dames et les puceles
Dont il i ot assez de beles. 1184
Mais je n'en sai dire le conte
Se mentir ne weil en mon conte.
Et sachiez bien certainement
Que molt sont irié et dolent 1188
Trestot li compaignon le roi;
Si n'estuet demander por coi.
Et li rois molt pensis chemine
Od ses barons, et la roïne 1192
Revait ausi molt fort pensant.

D 1
41*e*

D'aus vos entrelairai atant,
Si dirai un poi de Gavain
Qui par un bois chevalce a plain, 1196
Une eure avant et l'autre arriere,
Tant qu'il s'embat sor le riviere
Qui ert parfonde, rade, et lee.

1181 V quarante m.   **1195-96** *D begins* Hie in zorne von dan schiet Gawan, der reit durch velt und über plan   **1198** V il vint sor une r.; *D* biz daz er an ein wasser kam   **1199** V p. et rade

Guiromelant (I, 7)

Manois a le rive esgardee 1200
Et les roches qui hautes sont,
Et si n'i voit ne gué ne pont
Ne passage ou il passer puisse.
Costoie l'iaue tant qu'il truisse 1204
Ou planche ou nav[i]e ou passage.
Einsi s'en va par le rivage,
Armez sor le cheval pensant;
Et pense tant que ramembrant 1208
Va de la lance qu'il va querre,
Mais il ne set ou n'en quel terre
L'avoit aventure amené.
Molt se tenoit por mal sené, 1212
Car trop demoré avoir quide.
En grant paine et en grant estuide
Est por sa fiance aquitier,
Mais ne set a cui acointier 1216
Se puist por demander sa voie.
Tant ira, ce dist, que il voie
Chevalier, serjant, ou pucele
Qui l'en sache dire novele 1220
Et raconter de sa besoigne.
Atant de la rive s'esloigne,
Si monte al travers d'une roche.
Le cheval des esperons broche, 1224
D 2 Quant sor la roche fu montez
Gavains, qui de totes bontez
Fu plains. Uns jors de quarentaine
Ert, n'il ne sot terre ne plaine; 1228
S'en a tel doel qu'a poi n'enrage.
Loinz garde desor le rivage,
S'a veü chose que li plest,
Car au debout d'une forest 1232
Choisi une tor haute et grant.
Crestïen en ai a garant
Qui molt looit la fortereche.
Gavains cele part droit s'adrece 1236

1224 *V* boche; *D* daz ors er mit den sporn stach   1225 *V* **Avant sor**
(+1)   1231 *V* **qui li plaest**   1234-35 *D* do an der vesten schin er
kos, daz si gar wol ze lobende waz

	Et de joie se reconforte.	
	Tant va qu'il vint devant la porte	
41*f*	Et vit les pons jus avalez.	
	Parmi le porte est ens alez,	1240
	Car ele n'estoit mie close.	
	Mesire Gavains ne repose,	
	Mais errant du cheval descent.	
	Et vallet salent plus de cent,	1244
	Qui de lui servir se travaillent;	
	Au mareschal le cheval baillent	
	Qui li livra avaine et fain.	
	Et vallet monseignor Gavain	1248
	Mainnent desarmer en la loge,	
	Tele que dusques a Lymoge	
	N'avoit si riche ne si bele	
	De marbre, et puis d'erbe novele	1252
D 3	Paver et jonchier l'ont fait faire.	
	Une roube forree et vaire	
	Li ont aporté toute nueve;	
	Et cil qui par tout bien se prove	1256
	L'a prise et vestue ens en l'eure.	
	Et li vallet tot sans demeure	
	D'iluec l'en mainent en la sale.	
	Il n'avoit pas color trop pale.	1260
	Quant des dras se fu acesmez,	
	Od les vallés en est alez;	
	Lors sont ens el palais venu.	
	Un bel preudome tot chenu	1264
	I troverent el lit seant,	
	Qui pas ne sambloit peneant,	
	Pautonier, garçon, ne ribaut;	
	Car sa roube solement vaut	1268
	Cent mars, dont il estoit vestus.	
	Ses chapiax n'ert pas de festus,	
	Mais d'un molt riche sebelin	
	Covers de paile alexandrin.	1272
	Et par deseure le chapel	

1252-53 *D* nüwe von marmelgesteine waz ez geordent gar gelich: also buwen hiez der künig rich   **1253** *V* lot fait   **1254** *T* forree   **1257** *V* vestue enislere; *D* daz leit er sunder biten an   **1262** *V* valles sen   **1265** *V* Troverent en un lit

Avoit un cercle d'or molt bel,
Plain de jaspes et de sardines
Et d'autres bones pierres fines, 1276
Les meillors que l'en puist avoir;
Et il ert molt riches d'avoir.
Acoutez gisoit sor le lit;
Molt samble qu'eüst de delit, 1280
Car sires fust de grans tresors
42a Se mehaigniez ne fust del cors,
Dont il ne se pooit aidier.
Je n'en weil ore plus plaidier 1284
A raconter coment ç'avint.
Quant Gavains de devant lui vint
La ou il sor le lit seoit,
Dedens l'ostel ou il avoit 1288
Biax serjans et bele maisnie
Bien parlant et bien ensaignie,
Tot maintenant le salua.
Et mesire Gavains li a 1292
Demanois le salu rendu.
Et li bons hom n'a entendu
Nul point a chose qui li dueille
Que joste soi Gavain n'acoeille. 1296
Et sor le lit l'a bel assis,
Et puis aprés li a enquis
Et dont il ert et de quel terre;
Et Gavains le voir en deserre 1300
Come cil qui bien faire l'ose.
Devisé ont de mainte chose,
Car il sont tuit bien et a aise,
N'en l'ostel n'a qui il desplaise, 1304
N'au seignor ne au chevalier.
D 4 Quant li keu orent le mengier
Atorné et appareillié,
Li serjant com bien ensaignié 1308
Aportent deus bachins toz plains
D'iaue caude a laver lor mains.

1279 *T* sor le le lit (+1)   1286 *V* Mais quant g. devant   1294 *V* li preu-
dom   1300 *V* voir len d.; *D* der worheit tet er im schin   1302-05 *D om.*
1303 *V* et aise (−1)

Li uns aporte une toaille,
A lor mains essüer lor baille. 1312
Et quant andoi essüé orent,
Dui serjant a l'ains que il porent
Ront aporté manois aprés
Unes eschaces de cyprés, 1316
Si ont de desus mis la table,
Tele que vos tenriez por fable
Se disoie quele ele estoit.
Uns valés qui dalez estoit 1320
A estendu desus le nape;
Mais onques li rois de Halape
Ne menga onques sor si blanche.
La sale estoit autresi blanche, 1324
Que mainte candeille i ardoit,
Dont laiens grant clarté avoit.
Atant sont al mengier assis,
Mais n'i orent pas grantment sis, 1328
Quant issir virent d'une chambre
Un vallet, et pas ne me membre
C'onques nus hom plus bel veïst.
Qui l'esgardast bien, il deïst 1332
Qu'il fust toz li plus biax del monde.
Une blanche lance roonde
Tint li vallés dedens sa main.
Par devant monseignor Gavain 1336
Passe parmi la sale plaine.
Et de la lance li fers saine
Et point a saignier ne laissa
Par laiens entreusqu'il passa. 1340
Et aprés cel vallet vit puis
Gavains de la chambre par l'uis
Issir une pucele gente,
A cui regarder mist s'entente 1344
Gavains, car durment li plaisoit.
Et cele entre ses mains portoit

1312 V Por lor mais e.   1319 T quele ele lestoit (+1)   1322 D daz schein lieht also die sunne clar   1325 V adoit   1326 V grant plente a.; D der schin schein hoher denne ho   1334 T rooonde   1335 V entre ses mains; D in siner hant durchlühtig hel   1345 V Car molt durement li p.; D die sach er an mit gerender zuht

Un petit tailleoir d'argent,
Et par devant tote la gent 1348
S'en repasse oltre aprés la lance.
Et aprés revit sanz doutance
Deus vallés mesire Gavains,
Qui tenoient chandeliers plains 1352
De candeilles cleres ardans.
Molt estoit engrez et ardans
Mesire Gavains de l'enquerre
Quels gens ce sont et de quel terre. 1356
Et entrementiers qu'il pensoit,
Aprés ces vallés venir voit
Par la sale une autre pucele
Haingre et droite, bien faite et bele, 1360
Mais ele molt se desconforte.
Entre ses mains en haut aporte
Le saint Graal a descovert.
Gavains le voit bien en apert, 1364
Qui se merveille durement
Por coi cele pleure forment.
Ne set dont vient ne qu'ele porte,
Mais de che qu'el ne se conforte 1368
Et que de plorer ne se lasse,
Se merveille entruesqu'ele passe.
Voiant aus vait grant aleüre.
En une autre chambre a droiture 1372
En va; et quant ens fu entree
Quatre serjant ront aportee
Une biere aprés ce Graal,
Coverte d'un pale roial; 1376
Et s'ot dedens la biere un cors.
Et desuer le paile au defors
Avoit une espee couchie
Qui par miliu ert pechoïe, 1380
Mais a malaise ert percheüe,
Se ce ne fust chose seüe,
Qu'ele ne samblast tote entiere.
Li quatre portoient la biere 1384
Et s'ont par le sale passé.

1370 V el passe (−1)   1378 V desus

Cil qui laiens sont amassé
De nule rien nes araisonent,
Ne cil un sol mot ne lor sonent. 1388
Et Gavains molt s'en esmerveille,
Et quant il voit tele merveille
S'a molt bon talent de l'enquerre
Qui il sont et qu'il vienent querre, 1392
Et dont il vienent et ou vont.
Et cil od la biere s'en sont
Tot quatre en une cambre entré,

D 6 Mais molt poi i ont aresté 1396
Et petit fait de demorance,
Quant li vallés la blanche lance
Raporta dont la pointe saine,
Et si n'i a ne char ne vaine. 1400
Tost revint par devant la gent
Cele od le tailleoir d'argent;
Et aprés revienent detriers
Li doi vallet as candeliers; 1404
Et puis si revient li Graals
Ou molt ot pierres prescïals,
Et sel portoit cele qui pleure.
Et aprés li pas ne demeure 1408
La biere se molt petit non.
En tel guise par le maison

42d Par trois fois la nuit trespasserent,
Si que cil qui en la sale erent 1412
Les virent tot apertement.
Et Gavains trestot ensement
Avec les autres les veoit
Qui durement s'en merveilloit. 1416
Bien croit et pense sanz doutance
Que c'est cil Graals et la lance
Qu'il devoit querre, c'est la some.
Lors se trait plus pres du preudome 1420
S'en enquiert la senefiance
Et du Graal et de la lance,
Et por choi la pucele pleure.
Et puis demande sanz demeure 1424

1405 V revint; D dar nach kam der gral reine   1421 V Si enquiert

Por qu'en portoit ensi la biere.
Se puet estre en nule maniere,
Il velt, s'il li plaist, qu'il li die;
Et por coi l'espee forbie   1428
Restoit desus la biere mise.
Et cil qui fu plains de franchise
Li respont qu'il l'en dira voir
Se il est dignes du savoir.   1432
Lors a li sires apelez
Quatre vallés, si dist: "Alez,
Si m'aportez ma bone espee."
Cil i vont, si l'ont aporte[e];   1436
Sachiez que ele est pechoïe.
Li dui de ceus li ont baillie
Et mise es mains tote par pieces.
Et sachiez que une des nieces   1440
Al seignor l'espee brisie
Li ot par chierté envoïe.
Il prent l'espee et si le baille
Monseignor Gavain qui travaille   1444
A querre et demander la chose.
Puis li dist li sires sanz glose:

D 7

"Se vos faites cest brant reprendre,
Et l'une pieche a l'autre prendre,   1448
Si qu'ele resoit tote entiere,
Dont porrez savoir de la biere
Et du Graal et de la lance
Le voir et la senefiance,   1452
Et por coi la pucele pleure."

42e

Les pieces sanz point de demeure
Prent Gavains et les met ensamble,
Si que bien avindrent ensamble   1456
Si com celes qui d'un estoient.
Et trestot cil qui le veoient
Cuidoient qu'ele fust rejointe.
Lors dist li sires: "De la pointe   1460
Prenez le brant, et puis sachiez.
Se l'un de l'autre n'esrachiez,

1438-39 D om.   1439 V mises es m. totes par p. (+1)   1445-46 D om.
1450 V porriez   1458-59 D om.

Adont vos dirai sanz doutance
Et du Graal et de la lance
Et de la biere l'aventure
Et la verité tote pure."
Et Gavains prent l'espee et sache,
Mais l'un achier de l'autre errache
Et desjoint al premerain trait.
Fait li sires: "N'avez tant fait
D'armes encore que le voir
Puissiez de ceste oevre savoir,
Car cil qui le voir en sara
Le pris de tot le mont ara
Et le los, je le vos affi.
Mais encor puet bien estre ensi
Que vos le voir en sariiez
Et que vos conquis ariiez
Du monde par chevalerie
Tot le los et la seignorie."
Entruesque cil ensi parloit
Mesire Gavains escoutoit,
Et entent tant a sa parole
Et a che dont il l'aparole
Qu'il est endormis sor le table.
Et ne le tenez mie a fable
Tot che que je vos en dirai,
Car d'un sol mot n'en mentirai
Que je puisse, al mien escïent.
Ensi s'endormi fermement
Dusqu'al demain qu'il s'esveilla.
Et de ce molt se merveilla,
Car il se trove en un marois,
Et ses armes et son harnois,
Et son cheval voit atachié
A un arbre vers un plaissié.
Et quant iluec se fu trovez,
Molt fu pe[n]sis et abosmez.
Molt li poise et forment se het
Por l'aventure qu'il ne set,
Et molt li fait le cuer doloir;

1486 *T* affable   1488 *V* metirai   1502 *V* valsist

Guiromelant (I, 9)

Si ne volsist por nul avoir
Que il l'eüst ensi perdue.
D'ire fremist toz et tressue; 1504
Les armes prent et puis s'en arme.
Quant armez fu, si vient au charme
Ou ses chevax fu aresnez.
Maintenant est desus montez 1508
Et si s'en est tornez pensant.

Et sachiez qu'il a pensé tant
Que de sa fiance li membre,
S'a tel paor que tot li membre 1512
Li fremissent de fine angoisse
Por che qu'il crient que pas ne puisse
A tans venir a sa bataille.
D'esperonner molt se travaille 1516
Tant qu'il vint en une forest.
Riens que il voie ne li plest,
Ainçois li desplaist et anuie.
Desor une montaigne puie, 1520
Haute et agüe et roide et grande.
Aprés la montaigne une lande
Trova Gavains foillie et bele.
Un vassal et une pucele 1524
Vit chevalchier parmi la lande.
Vait encontre, si lor demande
Ou il aloit molt docement.
Et li vassax molt fierement 1528
Li respont: "Qu'en as tu a faire?
Assez te venist or miex taire
Que de noient comenchier noise.
A toi que chaut quel part je voise?" 1532
—"Avoi, fait mesire Gavains,
Or ne soiez pas si vilains,
Mais ce que [vos] demant me dites
Et du sorplus soiez or quites, 1536
Car ne le demant pas por mal."

D 9

1506 V vint; D an die eiche er kam, wissent daz   1507 V est aresnez;
D do sin ors an gebunden was   1517 D *rubric* Hie stritet her Gawan
mit Dynasdanres   1519 V Ainz li desplest molt et a.   1529 T affaire

—"Par Dieu, fait il, l'esperital,
Fel et musart et sot vos tieng;
Car se je puis, n'en sarez rien 1540
De mon estre a ceste feïe;
Mais or ne me soit pas noïe
De vostre voie l'achoison,
Que que ce soit, tors ou raison; 1544
Et je vostre non weil savoir.
Or m'en reconissiez le voir,
Car il le vos estuet retraire."
Et Gavains respont sanz plus taire: 1548
"Ja ne vos ert mes nons celez
Puis que vos savoir le volez.
Je vos dirai certes men non;
Gavains m'apelent li Breton 1552
Et si sui niez le roi Artu."
—"Foi que doi Dieu et sa vertu,
Fait li vassax tot maintenant,
Gavain aloie je querant. 1556
Or t'ai trové, la Dieu merchi;
Si saches que je te desfi.
Hui venjerai la mort mon pere,
Car mais ne ferai bele here 1560
Tant que je te voie en santé,
Car molt ai bone volenté
De faire a toi honte et laidure;
Et s'est bien salve ma droiture, 1564
Et Jhesucris pooir m'en doigne."
Erranment cil de lui s'esloigne
Et met sor le fautre la lance.
Andui sanz plus de demorance 1568
S'entrevienent par grant randon,
Si que lor escu a bandon
Fierrent, si que les ais enfroissent
Des escus, et les lances croissent 1572
Qui grosses furent et quarrees.

1538 V *om.*; D samir der got, der wunder tuot   1539 V Fol et m. et fol vos; D für einen narren hab ich üch iemer   1560 D niemer geleb ich sunder not   1571-72 D daz an den schilten sicherlich bret unde leder brachent   1571 T Serrent, V Fierrent, E Fandant, MQU Fendent

Es escus les ont embarrees
Si qu'en chascun, n'en doutez mie,
En passa bien palme et demie. 1576
Puis s'entr'asalent as espees
Qui d'acier dur furent temprees,
Si s'entredonent molt grans cops
Sor les testes et sor les cols, 1580
Sor les escus, sor les haubers.
Tenir nes puet ne fus ne fers
Les cops que l'uns a l'autre done;
Chascuns de ferir s'abandone. 1584
D'ax entregrever molt se hastent,
Lor cops ne perdent ne ne gastent,
Ains assiet bien chascuns les siens.
Onques encor ne rois ne quens 1588
Ne vit bataille mix ferue,
Ne jamais ne sera veüe;
Car chascuns d'ax molt se travaille
De rendre a l'autre grant bataille 1592
Et de lui faire anui et honte.
Et tant que la chose a ce monte
Que cil qui plus estoit lassez
Recroit et dist: "Ore est assez; 1596
Si vos dirai, Gavains, por coi:
Se je vos ochi ou vos moi,
Ja vostre pris n'en ert creüs,
Car uns n'en seroit ja creüs, 1600
Car nus ne le set ne ne voit.
Por che si lo qu'en respit soit
Ceste bataille en tel point mise,
En tel maniere et en tel guise 1604
Come je vos deviserai.
Car de vos asseür serai
Qu'en quel liu que vos truisse a cort,
Soit a lonc termine ou a cort, 1608
Si tost com je de vo fiance
Vos semonrai, sanz demorance
Ensamble a moi vos combatrez,
Que ja essoigne n'i querrez." 1612

1573 *T* grossent, *VEMQ* grosses; *D* die starg worent und gros

Einsi li otroie et creante,
Et dist: "Puis qu'il vos atalente
Et que terme volez avoir,
Fait Gavains, vo non weil savoir 1616
Ainçois que vos partez de chi."
—"Sire, fait il, et je vos di
Que j'ai a non Disnadarés
Qui plus aime guerre que pes, 1620
N'ainc de guerroier ne fui las.
Biax sire, or ne me celez pas
Quel part de chi volrez torner."
—"Amis, sanz point de sejorner 1624
Weil aler en un mien affaire,
Car une bataille ai a faire
Devant le roi d'Escavalon;
Mais par Saint Ladre d'Avalon 1628
Je douç que trop n'aie aresté,
Car le gage en ai tres esté,
Si criem qu'al terme pas n'i soie.
Metre me covient en la voie; 1632
Or m'en vois, a Dieu vos comant."
Et Disnadarés ensement
A Damedieu le recomande.

Et Gavains tres parmi la lande 1636
S'en va par un chemin ferré,
S'a de jor et de nuit erré
Tant que vint a Escavalon.
Jus descendi a un perron 1640
Qui estoit tres devant la tor.
Son escu et tot son atour
Retint, fors qu'il laissa sa lance,
Qu'en crieme estoit et en doutance 1644
Por che que pas n'i ert amez.
En la sale trestoz armez
Monta et vint devant le roi
Et li dist: "Sire, par ma foi, 1648

1611 V od moi   1613 V lotroie il et   1626 T affaire   1627 V
eschavalon   1628 D samir sante Lasarus von Davalun   1629 V
dout   1639 V eschavalon   1645 V est amez

Je vieng aquiter ma fiance,
Car del Graal et de la lance
Querre ai eü molt tres grant paine.
Trestoute ceste quarentaine   1652
L'ai quise, si ne finai puis.
Et por che qu'avoir ne le puis
Me vien metre en vostre prison,
Car ne weil faire mesprison."   1656
Atant se taist, si ne dist plus,
Ains est toz cois aresteüs.
Et Guigambresil sanz perece
Tot maintenant en piez se drece   1660
Et dist qu'il velt, coment qu'il aille,
A Gavain avoir la bataille.
"Car des que il est chi venus,
Sachiez, soffrir ne le weil plus;   1664
Ne por rien plus n'en sofferrai."
—"Amis, fait li rois, j'enquerrai
Tot che que mi home en diront,
Car bien croi qu'il n'en mentiront   1668
Por vos ne por lui de noient."
Li rois se drece, et plus de cent
Barons mainne od lui a conseil.
Vestus d'un dÿaspre vermeil   1672
Ert li rois bel et noblement;
Se l'estoire de lui ne ment,
Molt biax estoit et molt cortois.
Entruesqu'ensi plaidoit li rois,   1676
Estes vos c'uns grans chevaliers
Vint la, s'amaine deus destriers
Covers de fer dusques en terre.
Es frains nen ot resne ne serre   1680
Qui ne fust brochie si bien
C'on ne peüst por nule rien
Prendre la serre ne la resne.
Deus lances ferrees de fresne,   1684
Dont li fer sont lonc et trenchant,
Portent aprés lui doi serjant.

1653 V La quise **1659** V guigambresis **1662** V Et g. avoir **1671** T lui ad c., V lui a c. **1678** V si mainne

Et li tiers portoit un escu,
Mais sachiez c'onques teus ne fu 1688
Pendus a col de chevalier;
Cinc broches ferrees d'acier
Enprés la bocle i ot fichies,
Bien trenchans et bien aguisies. 1692
Et en l'escu par de desus
Ot ausi broches cent ou plus,
Et el pié desoz de l'escu
Ot un cleu d'acier molt agu. 1696
En tel maniere vint a cort.
Toz li pueples contre lui cort
Et s'asamblent por lui veoir.
Sanz arester et sanz seoir, 1700
Si tost com choisi ot Gavain,
Li dist cil chevaliers de plain:
"Or te semon de ta fiance."
Li rois sanz plus de demorance 1704
Arriere du conseil repaire,
Et cil li raconta l'affaire,

D 13   Oiant la grant gent assamblee
Qui fu en la cort amassee. 1708
A Gavain le covent demande
Que plevi li ot en la lande
Tier jor a, voiant sa pucele.

43e   Et Guigambresils le rapele 1712
De l'autre part de sa fiance,
Et dist ou qu'il rende la lance,
Si come il ot en covenant,
Ou se combate maintenant. 1716
Et Disnadarés d'autre part
Requiert que l'on l'en face esgart
De ce que plevi li avoit
Que ja si tost nel troveroit 1720
En cort, qui qu'en eüst anui,
Qu'il se combateroit a lui,
Et por che velt qu'il se combate.

1703 *V* semoing   1707 *D rubric* Hie sprechent zwene Gawan kampfez
an zuo Kavalun   1712 *V* guigambresis   1714 *V* sa lance; *D* daz
er daz sper gebe gereite   1718 *V* le face

Et Guigambresis grant barate 1724
Refait por sa bataille avoir,
Et dist qu'en velt par estovoir
Orendroit oïr jugement;
Et Disnadarés ensement. 1728
Et lors por le jujement faire
Fist li rois a une part traire
Les pers de trestote sa terre
Por encerquier et por enquerre 1732
Se mesire Gavains toz seus
Se doive combatre a ces deus
Ensamble, ou a chascun par soi.
Par le comandement le roi 1736
En vont li per faire l'esgart.
Et dist li uns: "Seignor, j'esgart
Que cis doit a als deus combatre."
Adont se drecent troi ou quatre 1740
Qui tot rejugent que non doit.
Mais cil qui molt de plait savoit
Lor mostre et prove par raison
Que sanz terme et sans raençon, 1744
Des qu'a chascun a sa fianche,
Sanz respit et sans demorance
Se doit as deus combatre ensamble.
Adont tot li per, ce me samble, 1748
D 14 Qui pas n'otroient ce qu'il dist,
Se merveillent de quanqu'il dist.
Mais il lor fait la chose entendre,
Car de droit n'ert pas a aprendre. 1752
Oiant trestoz les pers comence:
"Dont ne mentiroit sa fiance
43*f* Gavains, s'il ne tient a cestui
Covent? Et ausi a celui? 1756
Il jura qu'il se combatroit
A celui lau le troveroit;
Si veez que trové l'a chi.
Dont je di par droit et affi 1760

1734 *V* Se doie   1739 *V* cist   1740 *V* sen d.   1749-50 *D inv.*
1753 *TV* Oiant tot le pais c., *EMQ* Oianz toz les barons c., *U* Oiant trestouz
dist sanz doutance; *D* hörende den fürsten vieng er an   1760 *V* di jou

Qu'as deus ensamble doit combatre."
Tot li baron sans con[tre]batre
S'asentent a cel jugement.
Lors departent du parlement; 1764
Tot sans noise et sanz contredit
Vont dire al roi trestot le dit.
Cil qui le jugement ont fait
Au roi, oiant toz, [l']ont retrait. 1768
Li uns d'ax noient ne se tarde:
"Sire, fait il, la cors esgarde
Que Gavains qui ci est toz seus
Combatre doit contre ces deus, 1772
Puis que nus nel velt respiter."
—"Or faites dont tost aprester,"
Fait li rois tot apertement.
Guigambresil hastivement 1776
Font armer, et il molt se haste,
Car vallet aportent en haste
Armeüres et si li baillent
Et de lui armer se travaillent, 1780
Tant qu'armé l'ont de chief en chief.
Son elme li ont mis el chief
Li vallet, que plus n'i atendent;
Et son escu a son col pendent 1784
Ou portrait avoit un lupart.
Et Disnadarés d'autre part
Restraint ses armes bel et gent.
Sachiez qu'il plot molt a la gent 1788
Qui rengié sont trestot entour
As entailles de le grant tour,
Et as fenestres vont seoir
Por la bataille miex veoir. 1792
Il ot un vallet a la cort,
Cousin Gavain, qui tantost cort
Monter por aler Artu dire
Ces noveles dont il ot ire, 1796
Car li rois pas ne le savoit,
Ne si baron, come il avoit

1776 V Guigambresis   1778 T vallent, V vallet a. en hastent   1787 T armes et bel (+1)   1790 V entrailles; D die worent uf dem plone

D'ensoigne et comme est entrepris
Vers deus homes de si grant pris 1800
Com li doi chevalier estoient
Qui tot ensamble se devoient
Contre lui sanz respit combatre.
Conforter ne se puet n'esbatre 1804
Li vallés del doel qu'il en a.
Por lui secorre se pena
D'errer a l'ainques que il pot;
De l'ostel se depart tantost 1808
Sor un chaceor molt isnel.
A une liue du chastel,
Par aventure, enmi un val,
Encontra Keu le seneschal 1812
Qui sist sor un destrier et voit
Celui qui sa voie tenoit,
Si l'a maintenant araisnié.
Et cil a tost le frain sachié 1816
Al caceor al mix qu'il pot,
Com cil qui bien faire le sot.
Andui s'arestent en la lande
Et mesire Keus li demande: 1820
"Biax dols amis, or ne vos poist,
Mais or me dites, s'il vos loist
Tant demorer, cui cist chastiax
La de devant qui tant est biaus." 1824
—"Sire, fait il, se Diex me salt,
Si fors est qu'il ne crient assalt.
Il est le roi d'Escavalon,
Si n'a voir dusqu'en Avalon 1828
Miex seant ne si fort sanz faille.
S'i ara ja une bataille
D'un sol chevalier contre deus."
—"Par foi, mal partis est li jeus, 1832
Fait mesire Keus maintenant.
La bataille est desavenant,

1799 V Dessoigne   1802 V desvoient   1807 V al ains quil onques pot   1818 V Et sachiez bien f.   1819 V Andui arestent   1823 D frünt, sagent, wez ist daz kastel   1824 V La devant qui tant par est   1828 D unde ist ouch unze Schalun

Ne nus soffrir ne le deüst,
Por qu'en lui point de bien eüst, 1836
Qu'a sa cort eüst a devise
Bataille d'un contre deus prise.

D 16 Mais Jhesucris au sol se tiegne
Et devers sa partie viegne, 1840
44b Hui en cest jor le gart d'anois;
Molt me poise que nel connois."
—"Sire, il est molt bons chevaliers."
—"Or me dites, biax amis chiers, 1844
Refait Keus au vallet, qui sont
Li doi qui l'une partie ont."
—"Li uns a non Disnadarés,
Si est molt fel et molt engrez. 1848
L'autre[s] a non Guiga[m]bresil,
C'on tient assez a plus gentil."
—"Par foi, je connois bien ces deus.
Or croi je molt bien que li seus 1852
Est cheüs en molt males mains.
Ki est il?"—"Sire, c'est Gavains,
Fix le roi Loth, bien le sachiez.
Les oex ambesdeus me sachiez 1856
Se d'un tot sol mot vos en ment,
Et si m'en poise durement."
—"Or me di, fait Keus, ou vas tu?"
—"Sire, je vois al roi Artu." 1860
—"A que faire?"—"Por che conter,
Et qu'il face sa gent monter
Qui ains ains, et qu'il vigne tost
Son neveu rescorre atot s'ost 1864
A Escavalon por son preu;
Mais ne sai ou ne en quel leu
Le truisse." Et Keus eneslepas
Plus de cent fois se claime las, 1868
Ne ilueques plus ne sejorne,
Mais avec le vallet retorne
Por ces noveles al roi dire;

1836 V de sen eust; D der bi im sinne wolte han   1848 V molt et fel et engres   1850 V au plus   1861 V A coi f.   1863 V viegne   1864 V a tost sost   1865 V eschavalon   1870 V sen torne

Sachiez que molt en fu plains d'ire. 1872
Tant se hastent que venu sont
A l'ost ou le roi trové ont,
Et avec lui sa baronnie,
Logiez en une praerie, 1876
S'estoit sor une eve corant.
Kex ne va gaires demorant,
Ains s'en corut devant le roi,
Si li raconte le desroi 1880
Que Gavains ses niez empris ot.
Et quant li rois la novele ot
Entendue, joie ot et ire
Por la merveille qu'il ot dire: 1884
Joie por che que trové a
Son neveu; mais grant dolor a
Por che que tant est entrepris.
En l'ost n'en a ne ju ne ris. 1888
Li rois demande: "Quant sera
Ceste bataille?"—"Sire, ja,"
Fait li vallés qui luec estoit,
Qui la novele en aportoit. 1892
—"Ou?" fait il.—"A Escavalon;
Mais hastez vos, si i alon,
Car n'est pas de demorer leus,
Car tres dont que me parti d'eus 1896
N'i avoit fors d'aler ensamble."
Li rois Artus de paor tramble,
Si fait crïer par tote s'ost
Qu'il viegnent tot aprés lui tost, 1900
Et que nus toz seus n'i remaigne.
De l'ost le bon roi de Bretaigne
Sont totes montees les gens;
N'i remest vallés ne serjans. 1904
Et quant tot apresté se furent,
Aprés le roi maintenant murent.
Quant entendi mesire Yvains
Qu'ensi fu entrepris Gavains, 1908
Molt li desplot cele novele.

1883-88 *D* die rede er vil wol verstunt: grim unde zorn wart im kunt
1893 *V* eschavalon   1896 *V* Que tres

Il comande a metre sa sele
Et on li a maintenant mise.
N'i a faite longue devise, 1912
Car en lui a maintes bontez.
Si tres to[s]t come il fu montez,
Devant les autres s'achemine.
D'esperoner adez ne fine, 1916
S'est a Escavalon venus.
Et quant vint la ne s'est te[n]us,
A quel tor que la chose viegne,
Que devant le roi tost ne viegne. 1920
Et quant venus fu devant lui,
Sans salüer li dist: "Je sui
Au roi Artu, qui cha m'envoie;
Et bien est drois que l'en me croie. 1924
Je vieg por un molt grant affaire:
On li a dit que volez faire

44d   Combatre son neveu Gavain
A deus chevaliers tot de plain. 1928
Mais me sires a vos m'envoie
Et molt par amistié vos proie
Que vos faciez un sol petit
La bataille metre en respit; 1932
Rien plus me sire ne vos mande."
Et li rois maintenant comande
As chevaliers qui le champ gardent
Que d'assambler un poi les tardent. 1936
Et puis ne demeure grantment,

D 18   Se l'estoire ne nos en ment,
Que li rois Artus ne venist.
Et li rois d'Escavalon ist 1940
Encontre lui a molt grant gent
Por lui recevoir bel et gent,
Car il en fu molt bien apris.
Et sachiez que je molt l'en pris, 1944

1910 *V* comanda m.; *D* balde sin ors bereit er do   1914 *V* fu armez; *D* snelliklich uf sin ors er sas   1918-20 *D* umbe dehein ding er nüt enlie, für den werden künig er gie   1918 *V* Quant il v.; *TV* teus, *EMQU* tenuz   1924 *V* men croie   1930 *V* amistie proie (−1)   1936 *T* Qua dassambler, *VEQU* Que dassambler, *M* Que de lasenbler; *D* daz sü sü ze samene noch liessent niht   1940 *V* r. dechavalon

GUIROMELANT (I, 10)

Qu'as preudomes fait bele chiere
Et lor compaignie a molt chiere.
Et li sages dist: "Qui honeure
Le preudome, en molt petit d'eure   1948
Molt grant guerredon en desert;
Mais cil qui malvés home sert
Son service mal i emploie."
De malvais home ne saroie   1952
Dire nul bien, mais de preudome
Trover, par Saint Pierre de Rome,
Aventure est, car cler semé
Sont. Et quant on en a esmé   1956
Alcun que l'en quide a preudome,
Si ne trove l'en, c'est la some,
En lui fors solement le vent.
Par fol samblant deçoit sovent   1960
Li malvés la gent, et affole.
Et une gent i a trop fole
Qui loe home por sa vaillance
Et non au fait n'a la scïence.   1964
Mais teus a molt simple la face
Qui n'ert ja liez por tant qu'il sache
Bien qu'aucuns preudom doie avoir.
Por che vos lo a removoir   1968
De servise faire en tel leu
44e   Lau vos n'aiez ne gre ne preu.
Mais de cest roi auques me samble
Que samblant et fait a ensamble,   1972
Car ch'a esté de lui meïsme
Esprové, et par autrui prime.
Et bien sachiez qu'a sa devise
D 19   Ara loier de son servise   1976
Li rois d'Escavalon sanz faille,
Qui tant se paine et s'atravaille
D'onorer le bon roi Artu.
Et il toute i met sa vertu   1980
Por che que preudome a trové.
Ç'a esté en maint liu prové

1954 *D* aber, samir got der gehüre   1957 *V* que le quide   1966 *T*
Quil nert, *V* Qui nert   1978 *V* se travaille

　　　　　　　　　Que preudons est, n'en doutez mie.
　　　　　　　　　Sa paine ne perdera mie　　　　　　　　1984
　　　　　　　　　Cil rois qui tant d'onor li fait;
　　　　　　　　　Je quit bien que grant preu i ait.
　　　　　　　　　Mesire Gavains fait grant joie;
　　　　　　　　　Avis li est que voler doie　　　　　　　　1988
　　　　　　　　　Lués qu'il voit son oncle le roi,
　　　　　　　　　Qui tost fera, si con je croi,
　　　　　　　　　De sa bataille faire pes
　　　　　　　　　Dont li doi baron sont engrés.　　　　　　1992
　　　　　　　　　Si tost com li rois fu venus,
　　　　　　　　　En la cort fu bel recheüs.
　　　　　　　　　A Escavalon honerez
　　　　　　　　　Fu molt, se croire le volez.　　　　　　　1996
　　　　　　　　　Lors veïssiez les barons traire
　　　　　　　　　A une part por la pes faire.
　　　　　　　　　Guigambresils, Disnadarés,
　　　　　　　　　Qui tant par estoient engrés　　　　　　　2000
　　　　　　　　　De combatre, sont apelé
　　　　　　　　　Au conseil, s'a on tant parlé
　　　　　　　　　De la pais, tant furent proié,
　　　　　　　　　Que de lor gre ont otroié　　　　　　　　2004
　　　　　　　　　La pais; et andui se sont mis
　　　　　　　　　Del tot el roi, ce m'est avis,
　　　　　　　　　Et el conseil ses compaignons.
　　　　　　　　　Li consaus fu hastieus et bons,　　　　　2008
11580　　　　　Car une niece avoit li rois
　　　　　　　　　Que Guigambresis ot manois;
　　　　　　　　　Tancree avoit non la Petite,
　　　　　　　　　De biauté et de sens parfite.　　　　　　2012
44f　　　　　　Espouser li fist par acorde
　　　　　　　　　Et toute la cors s'i acorde,
　　　　　　　　　Car chascuns fu liez por la pes.
　　　　　　　　　Et sachiez que Disnadarez　　　　　　　　2016
　　　　　　　　　A lïement Beatris prise,
　　　　　　　　　Qui molt fu plaine de franchise;

1981-86 *D* wenne er hat in biderbe funden unde ie bewert mit anderen kunden, nieman dez vorhte habe doch, wenne im würt gelonet noch der dienest den er im tuot, würt eht der künig vor not behuot　　**1983** *TV* Qui p.　　**1990** *V* Qui lues f.　　**1992** *D* dez do worent so girig　　**1999** *V* Guigambresis dinadares　　**2003** *V* Et lun et lautre tant proie

Niece ert le roi, si li dona,
El mont plus bele de li n'a. 2020
El palais en firent lor noces,
S'i ot assez mittres et croces
Et chevaliers et autre gent
Qui sont lié de l'acordement. 2024
Einsi fu fait par la devise
Le roi qui Bretaigne justise.
Si home lige cil devinrent,
Andui de lui lor terres tinrent. 2028
Si com vos di s'est aquitez
Mesire Gavains, c'est vertez.
Del sairement que il ot fait
La ou on li fist le mesfait 2032
En la tor avec la pucele.
Ceste aventure li fu bele,
Car Guigambresis l'en quita
Si qu'ainc puis de rien nel reta. 2036
11593 En trestoz les illes de mer
N'ot prinche qu'en seüst nomer,
Qui le roi Artu guerroiast,
Qui le jor ne s'i acordast 2040
Et iluec ne feïst homage
Au roi, voiant tot son barnage.
Ou fust par force ou par amor,
Tuit li font lijance le jor, 2044
11597 Fors solement Bruns de Branlant,
Sor cui il vait de maintenant
Que la pais fu bien affermee
D 23,12 Que vos ai dite et recontee 2048
Del roi et de ses chevaliers.
Trois jors a sejorné entiers

2009-27 V Car li rois artus si lor done Deus de ses nieces si pardone Chascuns a monseignor gavain Son mautalent trestot a plain Ensi fu fait par la devise Le roi qui bretaigne justise Espouser lor fist par acorde Et toute la cors si acorde Quar chascuns fu liez por la pes Si sachiez que dinasdares A liement beatris prise Qui cortoise est et bien aprise Et li rois artus li dona El mont plus bele de li na Une autre niece avoit li rois Que gigambresis ot manois Tancree avoit non la petite De biaute et de sens parfite El palais en firent lor noces Si ot assez mitres et croces Et maint prieus et maint abe Et quant chascuns ot espouse Sa feme home le roi devinrent **2035** V le quita **2039** V Et le r. **2045** V branslant

> Ovec sa mere et od sa suer
> Qui molt l'aime de loial cuer; 2052
> Puis prent congié et si s'en torne.

45a

11608

> A un mardi quant il ajorne,
> Droit vers Branslant tote aroutee
> S'est la grans hos acheminee 2056
> Par landes, par forés plenieres
> Et gisant sor beles rivi[e]res.
> Tant errerent et chevalchierent
> Que la cité si aprochierent 2060
> Qu'au nueme jor, por voir le di,
> Grant piece devant le midi,
> Les plus hautes tors en choisirent
> A mains de trois liues et virent 2064
> Apertement tuit cil de l'ost.
> Tot maintenant s'armerent tost
> Cil qui d'amours erent espris
> Et d'armes covoitent le pris; 2068
> Et sans comandement del roi,

11613

> Ainz que ains ains, tot a desroi,
> S'en vont avant por l'assambler.
> La veïssiez esperonner 2072
> Maint bon destrier, brun, bai et sor,
> Et flamboier maint elme a or
> Et venteler mainte baniere.
> Et si grans leva la polriere 2076
> De ciaus qui ensi se desroient
> Que cil de la cité les voient,
> Si s'armerent sanz demorer.
> Puis font la porte desfermer 2080

11616

> Si s'en sont issu de la vile
> De chevaliers plus de deus mile,
> Estre les guedes qui rengies

D 24

> Sont as portaus et as trenchies. 2084
> Molt ot bien la cité garnie
> Cil qui en ot la seignorie;

2051 V Oduec sa nieche et; D bi muoter und bi swesteren 2055 V branlant; D uf die strose gegen Mielant 2064 V deus liues 2071 V por a. 2082 V doi m.

  Garnis se fu al mix qu'il pot
  Tandis come il le loisir ot.   2088
  Laiens ensamble od lui ot mis
  Ses preudomes et ses amis,
  Et si rot de bons soldoiers
  A grant plenté et de molt fiers,   2092
  Qui la cité molt bien tendront
  Contre le roi et desfendront.
  Si come avez oï, seignor,
  Li plus proisié et li meillor   2096
  De laiens furent issu fors,
  Maint riche confanon destors.
45b   Qui iluec fust poïst veoir
  Ne se lairont mie asseoir   2100
  Qu'ains n'i ait faite mainte joste.
  Et la chevalerie ajoste
  D'ambesdeus pars et vient ensamble.
  Si vos di bien, si com moi samble,   2104
  Qu'ainc ne fu veüs ne oïs
  De guerre si fiers poigneïs,
  Ne jamais n'orra on nul jor
  Parler d'un alsi dur estor.   2108
  Cui qu'il anuit ne qui qu'il place,
  Tote la champaigne et la place
  Est jonchie des abatus,
  De troz de lances et d'escus,   2112
  De hiaumes, de chevax ocis.
11625   Mais cil de l'ost, ce m'est avis,
  A si grant fes a l'estor vinrent
  Que cil dedens ainc puis ne tinrent   2116
  Le champ, ainz lor estut guerpir.
  Si perdirent au departir
  Plus de cinquante chevaliers
  Et plus de quatre vins destriers   2120
  Que cil defors ont gaaigniez,
  Estre ciax qu'il ont mors laissiez.

2083-84 *D* die hattent sich geordent gegen dem her, beide an letze unde an gewer   **2083** *V* Entre les   **2087-88** *D om.*   **2107** *V* on parler   **2108** *V* Dausi fier estor endurer   **2109** *V* ne qui desplace; *D* wem ez wer liep oder leit   **2110** *V* Tout la c. (−1)   **2117** *V* lor covint g.

<pre>
            A l'ains qu'il porent s'en entrerent
            Laiens et les portes fermerent,   2124
            Que puis le jor n'i ot fait plus.
            Et cil se sont retrait ensus
            Od lor gaaing, od lor prisons,
            Si font tendre lor paveillons   2128
            Et entendent a aus logier.
            N'i remaint place a hebergier
            Quant les grans gens furent venues
D 25   Et les loges furent tendues   2132
            Tot contremont sor la riviere.
            Une liue et demie entiere
11635   Durent les loges d'un tenant.
            Ainc mais en trestot son vivant,   2136
            Ausi bele ost n'ausi garnie,
            N'ausi bele chevalerie,
            Che vos di bien par verité,
            N'ot mais devant une cité   2140
            Li rois qui a cesti assise.
45c   Mais ne l'ot mie si tost prise,
11655   Ains i sist puis set ans toz plains;
            Tant dura li sieges al mains,   2144
            Ains que il la poïst avoir.
            Et si poëz croire et savoir
            Qu'en tant firent mainte salie
            Et mainte grant chevalerie   2148
            Li buen chevalier qui assis
            Erent dedens, car de haut pris
            En i avoit a grant plenté.
            Quant li rois i avoit esté   2152
            Tant que li grans ivers venoit,
            Totes ses gens lors departoit;
            Si s'en aloient sejorner
            En lor païs et reposer   2156
            Li baron et li chevalier
            Et por lor cors mix aesier
11660   Desi que a la Pentecouste.
</pre>

2123 V entrent (−1)   2131 V Atant les g. g. sont v.; D do sich daz breite her geleite   2145 V p. savoir; D eb er die selbe stat gewan   2156 V deporter; D durch ruowen wider in ir lant

Et adonques ses os rajoste 2160
Li rois environ la cité,
Si i demeure tot l'esté,
Tant que le païs si destruit
Qu'il ne lor laist ne ble ne fruit 2164
Dont la vile puissent garnir.

Ne le poïssent pas tenir
Por nul pooir si longuement
Encontre le roi et sa gent, 2168
Car toz les eüst affamez
Et pris par fain, c'est veritez,
Mais laiens avoit deus puceles
Franches et cortoises et beles. 2172
L'une ot non Lore de Branlant:
Plus cortoise ne mix vaillant
Ne trovast on en tot le mont.
Sor totes celes qui or sont 2176
Estoit l'autre pucele sage
Et franche et gentix de parage:
Cosine Lore estoit germaine
Et si avoit a non Ysmaine. 2180
Si com vïande lor failloit
Et il erent de fain destroit,
Les deus puceles qui estoient
En une tor ou el manoient, 2184
Desus la tor, amont as estres
S'apuioient et as fenestres.
Soz cele tor un pre avoit
Qui assez pres de l'ost estoit. 2188
La venoit mesire Gavains
Molt sovent et mesire Yvains
As puceles por deporter,
Por enquerre et por demander 2192
Se de rien avoient mestier
Dont il lor poïssent aidier.

2159 V pentecoste   **2168** V r. ne sa   **2173** D eine hies Clore von Meilant   **2178** V corage   **2184** T od ax, V od els, L o iaus, E ou el, U ou elles; die zwo sach man aldo wonen uf eime turne ho   **2185** V ad estres

	Et les puceles se plaignoient	
	Iluec a aus, et si disoient	2196
	Lor grant angoisse et lor destrece	
	Et il tot erranment de ce	
	En aloient au roi parler	
	Et por eles merchi crïer,	2200
11689	Qu'il lor envoiast a mengier.	
	Et lués li frans rois sans targier	
	Lor envoioit a grant fuison	
	Pain et vin et char et poisson,	2204
	Et d'autres vïandes plenté.	
11700	Et par che tinrent la cité	
	Deus ans plus que il ne l'eüssent	
	Tenue se celes ne fuissent.	2208
	Et tant que li rois desfendi	
	Que mais n'i eüst si hardi	
	Qui tant ne quant plus li proiast	
	Que vïande lor envoiast.	2212
	Ainc puis n'i ot petit ne grant	
	Qui l'en prïast ne tant ne quant.	
	Et totes voies sans targier	
11708	Faisoit ses perrieres lancier	2216
	Et l'ost approchier la cité,	
	Tant que, sachiez par verité,	
	Que hom vivans n'en puet issir	
	Fors des portes n'en l'ost venir.	2220
	Por che qu'il les ot si serrez,	
	Les a del tot si affamez	
	Qu'en sa merchi se volrent rendre.	
	Mais li rois nes volt ensi prendre,	2224
D 27	Car la grans fains le[s] destraignoit,	
	Ne pain ne vin laiens n'avoit,	
	Ne rien que l'en deüst mengier,	
45e	Ainz orent ja li chevalier	2228
	Deus jors toz entirs jeünez,	
11720	Quant mesire Yvains est montez	
	Sor un cheval et fort et grant	
	Por deduire a un avesprant.	2232

2202 V Et lors sü harte no   **2219** V ne p.   **2221** V Par ce; D wenne er besaz

La vile aloit veant entor
Tant que il vint desoz la tor
Et s'arestut el pre flori,
Car les damoiseles oï
Lassus as estres dementer
Et des oex tendrement plorer.
Et il lor requiert dolcement
Qu'elles li dïent l'errement
Por coi si tendrement ploroient.
Por la grant fain qu'eles avoient,
La bele Lore respondi.
11735 Quant mesire Yvains l'ente[n]di,
Angoisse et tel pitié en ot
Que rien respondre ne lor pot,
Ains se part d'eles vistement.
Le cheval hurte radement
Et si vient poignant a desroi
Tant que il vint au tref le roi,
11741 Et devant lui s'ajenoilla
Et le pié destre li baisa.
Li rois l'en lieve par le main
Et li a dit: "Mesire Yvain,
Qu'avez vos? Dites le moi tost.
N'a si haut home en tote m'ost,
Se il vos a mesfait de rien,
Ne le vos face amender bien
Tot si com le deviserez.
Ne ja de ce mar douterez,
Que se don me volez requerre
D'onor ne d'avoir ne de terre,
Que ne l'aiez sanz contredire."
Et il respont: "Grans merchis, sire.
Or vos pri por Dié et requier
11760 Que vos envoiez a mengier
As puceles de la dedens,
Qu'eles ne mengierent des dens

2235 *T* es pre, *V* el pre; *D* unz er kam uf die wise breit estres, *V* as estres; *D* an venstern in jomer leinende dient veraiement; *D* daz sü im seiten ernestliche **2256** *V* tote lost **2237** *T* ad **2240** *V* Que li **2245** *V* Agoisse

Passé a ja deus jors entiers."
Et li rois respont volentiers:
"J'en ferai vostre volenté
Quant le vos ai acreanté, 2272
Si le vos donrai liement;
Mais bien vos di veraiement
Que se uns autres m'en prïast,
Jamais jor mes cuers ne l'amast 2276
Ne nel laissasse remanoir
En terre ou j'eüsse pooir."
Lors apele Keu, si li dist
Que sans alonge et sanz respit 2280
Face querre un molt fort somier,
Et si le face tot chargier
De pain, de vin, et de poissons,
De char et d'autres garisons 2284
Et des autres vitailles beles,
Si l'envoit laiens as puceles.
"Ha, seneschax! or en pensez,
Biax amïs chiers, si vos hastez," 2288
Ce li a dit mesire Yvains.
Ci ne fu mie Keus vilains
Ne desloiaus ne perecheus,
Si suet il estre aatineus; 2292
Mais au besoing est il vaillans
Et viguereus et bien aidans
A son ami et pres et loing.
Sachiez que por voir le tesmoing 2296
Que il fist mainte grant proëce
En son tans et mainte larguece,
Mais ainc a nul jor de sa vie
Ne fist plus bele cortoisie 2300
Que il fist de cestui affaire.
Si nel vos doi celer ne taire
La cortoisie que il fist.
Tantost le greignor cheval quist, 2304
Et le plus fort por fais porter,

2276 *T* jors me c., *V* jor mes c.; *D* min hulde wer im widerseit   **2278** *V* En leu ou; *D* in lande do ich hatte maht   **2281** *V* un bien f.   **2291** *V* Ne delaians ne

Que ainques pot en l'ost trover.
Une embasteüre legiere,
Qui peu pesoit de grant maniere, 2308
Fist metre sus isnelement.
Pain blanc legier de sain forment
Et fort vin cler en bons bouciax,
Venisons fresches et oisiax, 2312
Et poissons de maintes manieres,
46a   Autres vïandes des plus chieres,
Fist tant metre sus et trosser
Qu'a paines pot sor piez ester. 2316
Et quant n'en porent sus plus metre,
A tel qui s'e[n] sot entremetre
Le fist en la cité mener;
Mais a paines puet remüer 2320
Les piez de la piece de terre.
Au frain le tient cil par la serre
Qui l'en maine soëf le pas.
Trusqu'en la vile n'ala pas, 2324
Ains s'arestut devant la porte,
D 29   Et si grant fais sostient et porte
Qu'il n'alast plus por tot le mont.
L'eschine en deus moitiez li ront 2328
Et el ventre li est crevez
Li cuers, tant a esté grevez;
S'est queüs mors enmi la place.
Et ne quidiez pas qu'il desplace 2332
Ciax de laiens quant il ce virent.
Tot maintenant fors s'en issirent
11810   Et ont receü le prosent
Qu'en lor envoie lieement. 2336
Puis l'en portent en la cité
Et en orent a grant plenté
Laiens deus jors trestoz entiers.

2306 *V* Que onques   2310-13 *D om.*   2312 *V* Venison fresches
2313 *T* Poissons et de, *V* Et poissons de   2317-27 *D* ein kneht mit dem
zoum ez nam und half im, daz ez kam an die porte für die stat. einen fuoz
ez fürbaz nüt entrat   2320 *V* paine   2327 *V* par tout

>   Molt par fu sages chevaliers   2340
>   Bruns de Branslant et viguereus;
>   Ainc ne fu lens ne pereceus,
>   N'onques nul jor ne s'esmaia
>   Por nul destroit, ne ne prisa   2344
>   Orgueilleus dis ne grant manace.
>   Bien voit, se il ne se porchace,
>   Que la cité li estuet rendre.
>   A un mardi sanz plus atendre,   2348
>   Un poi devant l'ajornement,
>   Ot fait laiens armer sa gent.
>   Et lués que il vit ajorner,
>   N'i volt plus longues sejorner,   2352
>   Ainz fait la maistre porte ovrir
> *11820*   Et ceus que lui plot fors issir.
>   Od plus de trois cens compaignons
>   Se fiert parmi les paveillons,   2356
> *46b*   S'a ceus de l'ost sozpris es lis
>   Gisant toz nus et endormis;
>   Mais nes volt ocirre ne prendre,
>   Car il velt mix a el entendre.   2360
>   De viandes a fait chargier
>   Maint ronchin et maint fort destrier,
>   Qu'il en trovent a grant foison.
>   N'i a escuier ne garçon   2364
>   Qui ne s'en soit molt bien trossez.
>   Et quant tuit en orent assez,
>   Si a fait ses gens retorner
>   Vers la vile sanz demorer   2368
>   Od le gaaing que il ont fait;
>   Et il le pas detriers s'en vait.
>   Li cris leva par toute l'ost
>   Et tuit corent as armes tost.   2372
> *11840*   Sor un cheval toz desarmez
>   Est mesire Gavains montez,
> *D 30*   Fors son escu tint a son col,

2341 *V* branlant; *D* Brun de Melan uf alle wege　　**2348** *D* eines tages darnoch, merkent eben　　**2353** *V* Ains fist　　**2359** *TU* Mais nel v., *V* Mais ne v., *LE* Mais nes v.; *D* er enwolte si slahen noch vohen　　**2361** *V* i fait　　**2370** *D* und staphet in hindenan noch mit statte

Le jor se dut tenir por fol, 2376
Et prist en sa main une lance.
Sor un cheval qui tost l'i lance,
S'en va des esperons ferant
Tot droit au cri qu'il ot si grant 2380
Por demander que ce estoit.
Einsi com des tentes issoit,
Si fu li jors tant esclarchis
Que de laiens ciax a choisis 2384
Qui s'en revont od lor gaaing
Sanz bleceüre et sanz mehaing.
Ja erent devant la cité,
Et li pluisor dedens entré, 2388
Quant Bruns de Branslant l'a veü;
Ne l'a mie mesconneü.
Tantost le cheval li adrece,
Et il qui pas ne reperece 2392
Revint vers lui si droitement,
Plus tost que quarriax ne destent.
Li buens chevaliers, li vassax,
En la ravine des chevax 2396
Qui erent rade et tost alant,
Fiert son anemi tot avant,
Brun de Branlant, parmi l'escu
Et par l'auberc qu'il ot vestu, 2400
Que la lance joste le cors
Li fait salir par detriers fors.
Bruns de Branslant pas ne refaut;
Par le penne de l'escu haut 2404
Et par l'espaulle maintenant
Li fait passer le fer trenchant
Et de la lance une grant masse;
Pres d'une toise outre le passe. 2408
Einsi tot enferré le lait
Et vers sa cité s'en revait
Et ses gens fait dedens entrer
Et les portes molt bien serrer. 2412

2389 *D* do in gesach Brun von Meilant **2392** *D* her Gawan der nie man gefloch **2403** *V* branlant; *D* ouch velte nüt Brun von Mielant **2408** *V* len passe **2411** *V* rentrer

	A [i]tant li chevalier vinrent	
	De l'ost poingnant, mais tuit se tinrent	
11881	Environ monseignor Gavain	
	Qu'il ont trové et pale et vain.	2416
	La lor veïssiez grant dol faire.	
	Ne li osent la lance traire	
	Del cors, ains la li recolperent	
	D'ambesdeus pars, puis l'em porterent	2420
11890	Arriere a sa tente a haus cris.	
	Ainc si fais dols ne fu oïs	
	Come par l'ost mainnent por lui,	
D 31	Car molt a angoisse et anui.	2424
	Si tost come li rois l'oï,	
	Sachiez que pas ne s'esjoï,	
	Tel dol en ot ne pot parler;	
	Ainz a fait ses mires mander	2428
	Por veoir et cerchier la plaie	
	Son neveu, qui forment l'esmaie.	
	Et quant i[l] l'orent fait confés,	
11900	Molt souavet et molt en pes	2432
	Li ont lués trait sanz demorance	
	Del cors le tronçon de la lance.	
	Aprés ont la plaie lavee	
	De vin blanc; et quant l'ont tentee,	2436
	Si dïent que il garra bien,	
	Ne s'en esmait li rois de rien,	
	Qu'il verra ainz le nueme jor	
	Sa garison et son retor.	2440
11909	Tant ont reconforté le roi	
	Que puis ne fu en nul effroi.	
46d	Ains fist ses engiens aprochier	
	Et ses grans perrieres drecier	2444
	As murs de la vile et as tors.	
11920	Bien jut trois mois et quinse jors	
	Toz entiers mesire Gavains	
	Ainz qu'il fust bien garis ne sains.	2448

2422 *V* si grans duels   2442 *V* nen fu   2455 *T* leve quabevre avoit, *VLE* liaue ou abevre lavoit, *ASP* leve ou il avoit beu, *U* lyauc quabuvre lavoit; *D* er hette getrenket in der bach   2456 *V* Et issi t.

> Et tant que un main se gisoit
> Dedens son tref et si veilloit.
> Les pans ot fait lever entor
> Por veoir le tans et le jor, 2452
> Si vit venir un suen vallet
> Qui amenoit le Gringalet
> De l'eve ou abevré [l']avoit.
> Et einsi tost come il le voit 2456
> Si l'apela, et il descent
> Et vient a lui isnelement;
> Devant le lit s'ajenoilla.
> Et il li dist et comanda 2460
> Que sa sele tost li meïst
> Sor son cheval et estrainsist;
> Et li vallés tantost l'a mise.
> Braies de chainsil et chemise 2464
> A un chamberlenc demanda.
> Totes blanches li aporta
> Cil ensi tost come il ot dit;
> Si l'a cauchié dedens son lit, 2468
> Puis s'est dreciez en son seant.
> Un cort porpoint de bouguerant,
> Tel come il covient a armer,
> A fait devant lui aporter 2472
> Si l'a vestu isnelement.
> Puis a fait molt celeement
> Ses armes devant lui venir.
> Il meïsmes tot a loisir 2476
> S'en est armez molt cointement
> Et bel et acesmeement.
> Et issi tost com fu armez
> Vient au cheval, si est montez. 2480
> Une lance et roide et fort prent,
> Et son escu a son col pent;
> Puis s'en torne tres parmi l'ost
> Plus coiement qu'il puet et tost. 2484
> Mais Kex li seneschax le vit;
> Au roi va corant, si li dist

2467 V com cil lot   **2469** TV sest couchiez en, L sest drecies en, E sest vestuz an, U se dreca en; D dar nach er an daz bette saz   **2481** V lance r.

                    Com debonaires et cortois:
                    "Si m'aït Diex, biax sire rois,   2488
                    Vostre neveu avez perdu."
                    Et quant li rois l'a entendu,
                    En haut crïa: "Sainte Marie!"
                    Et dist: "Ke, nel me celez mie.   2492
                    Que a mes niez? Dites le moi."
                    —"Sire, jel sai molt bien et croi
                    Seürement, sanz nule doute,
                    Que il a trespassee toute   2496
                    La paor de sa bleceüre.
                    Parmi cele ost grant aleüre,
11950   Trestoz armez sor son destrier,
                    S'en va aventures cerchier.   2500
                    Et s'il avient qu'il se combate,
                    Ne que il en tel leu s'embate
                    Ou lui estuece soffrir fais,
                    Ja de vos oex nel verrez mais;   2504
                    Car ja si tost n'escaufera
                    Com sa plaie lués resera
                    Trestote overte et desrompue.
                    La chars qui novele est creüe   2508
                    Est encor trop jovene et trop tendre."
11960   Et li rois saut sanz plus atendre
                    Desus le vair de Brevelet;
D 33   En sa main un bastoncelet,   2512
                    S'en va ferant des esperons
                    Parmi oltre les paveillons
                    Tant que il vint defors al plain.
                    Si consiut monseignor Gavain   2516
                    Et li a dit: "Biax niez, estez!
                    Je weil savoir ou vos alez
                    Et por qu'estes armez ensi."
                    —"Sire, fait il, por Dieu merchi,   2520
                    Ne quidiez ne ne creez mie
                    Que por querre chevalerie
                    Me soie armez ne por combatre;
11970   Ainz me vois deduire et esbatre   2524

2494 V je sai   **2497** V de la b.; *D* die vorhte der serunge sin   **2511** *D*
er saz uf ein pfert cluog   **2516** V Saconsiut

Cha defors por veoir ces prez
Et ces brueillés vers et ramez,
Car bien vos di veraiement
Que j'ai geü si longuement 2528
Que toz en criem estre encrotez.
Si sui por che, biax sire, armez
Qu'assaier wel et assentir
S'encor porroie armes soffrir 2532
Se il en sordoit vos besoinz.
Sachiez que n'irai mie loins,
Sire, que ja ne menjerai
Tant qu'arriere venus serai." 2536
Et dist li rois: "Molt en sui liez,
Biax niez, que vos deduire ailliez;
Mais de tost revenir pensez
Se vos m'amor avoir volez." 2540
—"Sire, de che n'en doutez pas."
Atant s'en retorne le pas
Li rois en l'ost et si le lait.
Et mesire Gavains s'en vait 2544
Par unes praeries beles.

Ici recomencent noveles.
Mesire Gavains li vaillans,
Li cortois et li bien parlans, 2548
Toute la matinee erra,
Tant c'une riviere passa
Qui n'ert pas lee ne parfonde,
Mais plus bele n'avoit el monde. 2552
Puis s'en va outre toz les prez,
Si est en une lande entrez
Qui ert vers et si bel florie
C'ainc n'ot veü jor de sa vie 2556
Ausi bele n'ausi plaisant,
Ne autresi soëf olant
De toutes les odors qui sont

2531 V Quessaier 2533 D und ob ich sin notdürftig wer 2541 V ne doutes 2547 TV *large initial;* D *rubric* Hie kumet her Gawan zuo Brandalins swester und würt mit Brandalin vehtende 2550 T rieviere, V riviere

	Es bones herbes par le mont.	2560
	Vers un brueillet roont qu'il voit,	
	El chief de la lande seoit,	
	Molt par iert biax et bien foillus,	
	S'est adreciez; la est venus.	2564
	Li jors fu clers et purs et nes,	
	Et li bois ert plains d'oiselés	
47a	Qui chantoient trop docement.	
11990	Mesire Gavains les entent,	2568
	Si se tint por oïr les sons	
	Et les dols chans des oiseillons.	
	Et quant un poi les ot oïs,	
	Li cuers li est si resjoïs	2572
	Qu'il point et fist un grant eslés,	
	Lance alongie tout adés.	
	Puis se retint enmi le plain,	
	Si se senti et fort et sain	2576
	Que tant ne quant mais ne s'esmaie	
12000	Qu'il ait nul peril en sa plaie;	
	Ja ne laira mais a errer.	
	Lués erranment sanz demorer	2580
	Passe le brueil grant aleüre,	
	Et aprés un autre a droiture,	
	Et puis le tiers, voire le quart	
	Passa ançois qu'il se regart	2584
	Ne qu'il tort por venir arriere.	
	Lors dist que en nule maniere	
	A l'ost jamais ne tornera	
12010	Tant qu'estrange novele orra	2588
	Ou aventure ara trovee.	
	En cest penser sanz demoree	
	S'en va molt tres grant aleüre.	
	Droit al tierç jor, ce est la pure,	2592
	Trova en une lande plaine,	
	Sor le doitel d'une fontaine,	
	Tendu un molt bel paveillon,	
	Dont li pan et tot li giron	2596
	Erent de diverses colors,	

2569 *V* tient   2573 *TV* eslaes   2582 *V* une autre   2594 *D* ob einem brunnen luter und reine   2596 *V* Dont tot li pan et li g.

D 35	Pains a oiselés et a flors	
	Et a beste de mainte guise.	
12020	Desus fu l'aigle d'or assise	2600
	Sor le pomel qui reluisoit	
	Con cil qui toz dorez estoit;	
	S'ot environ loges galesces.	
	De flors söés flairans et fresches	2604
	Estoit jonchiez par de dedens.	
	Et Gavains dist entre ses dens	
	Que jamais ne sejornera	
	Des que le tref veü ara.	2608
	Atant i vint et si descent,	
47b	A un chaisne son escu pent	
	Et son cheval i aresna,	
12030	Et puis el paveillon entra,	2612
	Car il le trove tot overt.	
	Laiens voit un bel lit covert	
	D'auqueton vert et de samit.	
	Une pucele sist el lit	2616
	Qui de grant biauté estoit plaine.	
	Monseignor Gavain droit amaine	
	Aventure. Cortoisement	
	Li dist: "Li vrais Diex qui ne ment	2620
	Vos salt, ma dolce amie chiere."	
12040	Cele embroncha un poi la chiere	
	Si ne li respont un sol mot.	
	Et mesire Gavains lués sot,	2624
	Quant dist "amie," qu'il mesprist.	
	Lors li ra cortoisement dit:	
	"Cil Diex vos gart et salt, pucele,	
	Qui vos a fait et gente et bele."	2628
	—"Et cil qui fist et soir et main	
	Salt et gart monseignor Gavain	
	Et vos aprés, et beneïe."	
12050	—"Or me dites, pucele, amie,	2632
	S'il vos plaist, que vos entendez	
	A che salu que vos rendez	
	Monseignor Gavain ains que moi.	

2599 V bestes de maintes guises   **2605** V par dedens (−1)   **2625** V d. amis que il

Molt desir a savoir por coi, 2636
Se ce vos venoit a plaisir."
—"Sire, ja nel vos quier taisir.
D 36   Tout ensi respont je mon pere
Com j'ai vos fait, et a mon frere 2640
Qui molt est vaillans chevaliers.
12060   Et sachiez que molt volentiers
La verité vos en dirai,
Que pas ne le vos celerai. 2644
Sachiez, bien a deus ans passez,
Mien escïent, et plus assez,
Que j'ai oï de lui pa[r]ler
Et bones noveles conter, 2648
Qu'en lui a plus sens et larguece,
De cortoisie et de proëce,
Qu'il n'ait en chevalier vivant.
12070   Por che li rent salu avant 2652
47c   Qu'a mon pere ne qu'a autrui."
—"Ha! franche pucele, nului
Ne fu onques mes nons nomez
S'ainçois ne me fu demandez; 2656
Ne onques ne le voil celer
Puis que on le volt demander.
Mais je vos pri, ma dolce amie,
Que vos m'amez par cortoisie. 2660
J'ai non Gavains."—"Gavains? fait ele;
Pas ne le croi."—"Amie bele,
Si ai, c'est fine veritez."
12080   —"Amis, donques vos desarmez, 2664
Bien verrai se c'est voirs ou non;
Bien conistrai vostre façon."
—"Pucele, fait il, volentiers."
—"Or faites dont, endementiers 2668
Que je en ma chambre enterrai.
La dedens bien vos conistrai,
Puis le vos sarai bien a dire
Se vos estes Gavains, biax sire." 2672

2638 *D* ze verswigende, herre, ich ez nüt ger, wer ez an üwerem willen iht. herre, ich verhil ez üch niht **2639** *V* je a mon **2657** *V* vols c.
2663 *V* Si sui

	Il li otroie, et ele vait	
12090	El paveillon, ou avoit fait	
	Chambre d'un bort avironnee;	
	S'i ot une petite entree.	2676
	S'ot dedens une Sarrazine	
	Qui vint des chambres la roïne	
	Guimart qui molt estoit cortoise.	
	Un bort d'oevre sarrazinoise	2680
	Ot fait cele qui molt ert sage,	
	Et avoit ens portrait l'image	
	Monseignor Gavain en cel bort.	
12100	Ne l'ot pas fait bochu ne tort,	2684
	Mais tot ausi come il estoit,	
	Come il s'armoit et desarmoit,	
	Ses bones teches, sa biauté,	
D 37	Sa cortoisie, sa bonté.	2688
	Tot i ot portrait si tres bien	
	Que l'image sor tote rien	
	Monseignor Gavain par painture	
	Sambloit et fu de tel figure.	2692
	Atant la pucele est venue	
12110	Et fu hors de la chambre issue,	
	Si voit le vassal desarmé.	
47d	Lors l'a tost molt bien ravisé,	2696
	Au vis et al contenement	
	Sot que c'est il tout vraiement.	
	A lui s'en vient et si l'embrache,	
	Baise lui oex et boche et face	2700
	Plus de vint fois en un randon.	
	"Amis, fait ele, en abandon	
	Vos met mon cors et vos presant.	
12120	Vostre serai tot mon vivant."	2704
	—"Et jel rechoif, ma dolce amie,	
	Liez et joianz, sanz vilonie,	
	Cest present et cest riche don.	
	La moie amor en abandon	2708
	Vos doinz et renç sanz decevoir,	

2678-79 D die waz gesin bi der künigin Gynoferen der hohen und die here
2688 V c. et sa   **2689** V i a p.   **2694** V Et fors est de sa c.   **2696** V la errant b.

S'il le vos plaist a recevoir."
Par un baisier l'en a saisie.
D'amor, de jeu, de cortoisie 2712
Ont puis ensamble tant parlé
12130 Et bonement ris et jüé,
Tant qu'a perdu non de pucele,
S'a non amie et damoisele. 2716
Ançois que de li se partist,
Le terme li noma et dist
Que il querre le revenra
Et ensamble od lui l'en menra. 2720
Lors se rest bien et bel armez,
Congié prent, si s'en est tornez,
Si s'en va petite ambleüre.

12140 Or orrez molt fort aventure. 2724
Li peres a la damoisele
Vint a sa tente et dist: "Pucele,
Li vrais Jhesus vos gart et salt
Qui la sus maint el chiel en haut." 2728
Cele embroncha un poi son vis
Si n'a dit mot, ce m'est avis.
Et ses peres redist a tart:
"Ma dolce fille, Diex vos gart." 2732
D 38 —"Biax pere, cil vos beneïe
12150 Qui vos fist, et doinst longue vie.
Vo fille sui, ce n'est pas gas;
Mais pucele ne sui je pas." 2736
—"Ha, fille, qui aroit ce fait?"
—"Mesire Gavains, qui s'en vait;
47e N'a gaires qu'il parti de chi.
Mon pucelage me toli; 2740
Piech'a jel vos avoie dit
Que il l'aroit sanz contredit."
Si tost com li peres l'oï,
12160 Le chief de son cheval guenchi, 2744
Si rest issus del paveillon
Aprés Gavain. A esperon

2719 V revenroit   **2720** V menroit   **2740** V p. emporte od li; D minen magettuom er mit im treit

Brun de Branlant (II, 6)

   Sieut les esclos que il trova.
   Tant point et tant esperonna   2748
   Qu'entre deus brueillés en un plain
   Aconsieut monseignor Gavain
   Qui pensant aloit a s'amie.
   Si tost come il le voit, li crie: 2752
   "Traïtres, n'en poëz aler;
12170   Je vos ferai chier comperer
   Mon frere que vos oceïstes;
   Et puis tel honte me feïstes,   2756
   Ma fille avez despucelee."
   Monseignor Gavain pas n'agre[e]
   La parole que cil li dist.
   A lui meïsme s'en sorrit   2760
   Et li respont: "Chevaliers sire,
   Vos porrïez assez mix dire,
   Car ainc ne vos fis tort ne lait.
12180   Et se jel vos avoie fait,   2764
   Toz sui pres que je droit en face
   Et amendise qui vos plache,
   Si que vostre ami et li mien
   Le puissent atorner a bien,   2768
   Car de traïson me desfent."
   Le destrier broche et l'escu prent,
   Si l'atorne devant son vis.
   Cil li vient come hom engramis,   2772
   Apareilliez por lui ferir.
12190   Si tost com chevax puet venir
   Se sont andui entreferu.
   Cil fiert Gavain de tel vertu   2776
D 39   Que tote sa lance en archoie;
   Li esclat en vont, si pechoie.
   Et Gavains molt bien le requiert,
   Et si durement le refiert   2780
   Tres parmi escu et hauberc
47f   Qu'il li a fait el cors un merc,
   Si que il l'a navré forment.

2750 V Aconsiut   2760 V sorrist   2764 V je vos   2768 V
Soient a honor et a bien; D beliben mögent in eren schine   2783 V Et
la navre el cors forment; D suz wart er alze sere wunt

12200	Puis l'empaint viguerousement,	2784
	Si qu'il l'emporte a terre aval	
	Parmi le crupe del cheval.	
	Et atant Gavains se ratorne;	
	Vait s'ent, qu'iluec plus ne sejorne.	2788

Mais ore oiez de Bran de Lis,
Qui'st chevaliers preus et hardis
Et freres a la damoisele
Du paveillon qui tant ert bele. 2792
D'un sien affaire estoit venus,
Au paveillon est descendus;
Puis entra enz sanz demoree,
Sa seror a haut salüee: 2796
"Pucele, Diex vos doinst grant bien,"
12210 Fait il. Mais el[e] n'a dit rien.
Et cil li ra dit: "Bele suer,
Diex mete en joie vostre cuer 2800
Tele come il velt et desire,
Car il me samble toz plainz d'ire."
—"Frere, vo suer sui voirement,
Fait ele, mais sachiez briement 2804
Que pucele ne sui je pas."
—"Ha, ma suer, dites vos a gas?"
—"Naie, ainz est veritez provee."
12220 —"Et qui vos a despucelee?" 2808
—"Biax frere, mesire Gavains."
Cil est maintenant d'ire plainz,
S'a le chief del cheval estors
Et siut Gavain par grant esfors, 2812
Quanques il puet esperonnant.
Le brueillet passe maintenant,
Si est passez parmi la lande;
Vint a son pere, si demande 2816
Qui l'avoit einsi atorné.
12230 "Biax fix, j'ai deable encontré
N'a gaires." Si dist: "C'est Gavain;

2787 *V* sen retorne; *D* Gawan den helm abe bant   2792 *V* qui molt est b.; *D* von dem gezelt do die schöne waz   2793-96 *VD om.* 2798 *V* ele ne dist r.   2802 *T* samblez, *V* samble; *D* wan ez dunket mich leides vol   2806 *V* suer me d. vos gas; *D* ach swester, sagent irs in spot

	Abatu m'a enmi cest plain.	2820
	Mais alez querre mon cheval,	
	Si m'en irai, car trop ai mal."	
48a	—"Certes, biax pere, non ferai,	
	Mais aprés le traïtre irai	2824
D 40	Por le mort mon oncle vengier,	
	Et vostre doel li vendrai chier."	
	Einsi s'en torne les grans sals;	
12240	Parmi les landes, parmi gaus,	2828
	Tant erra et les esclos tint	
	Que en l'ombre d'un brueil en vint	
	Monseignor Gavain rataignant.	
	Si l'a escrïé maintenant:	2832
	"Lerres, traïtres! n'en irez.	
	La mort mon oncle comperrez	
	Que m'ocheïstes par grant tort;	
	Et mon pere ravez hui mort	2836
	Et ma seror despucelee.	
12250	Mar le veïstes onques nee,	
	Car por li morir vos covient."	
	Gavains un petit se retient,	2840
	Si respont: "Chevaliers, avoi!	
	Par cele foi que je Dieu doi,	
	Vos devriiez plus bel parler,	
	Car toz pres sui de l'amender	2844
	Se mal vos ai fait ou damage	
	De vos amis, du pucelage	
	Vo suer, al gre de vos amis	
12260	Par si que n'en fuisse malmis	2848
	Ne mi parent n'en aient honte.	
	Mais orendroit sanz autre conte	
	De traïson mon cors desfent."	
	Atant sans plus de parlement	2852
	Ont les fors lances alongies	
	Et les enarmes acorchies,	
	Si se covrent de lor blasons.	
	Andoi as trenchans esperons	2856
	Vont les chevax molt semonant.	
12270	Il les trovent a lor talant,	

2822-23 T *repeated in ms.*   **2849** V p. ni aient   **2859** V riens nes peust tenir

Si que rien nes puet retenir.
Tote la terre font fremir
Et des cailleus le fu voler;
Tost et isnel les font aler.
Ne font pas joste aplaideïce
Devant castel ne devant liche,
Mais bien l'ont de loinz essaïe.
Chascuns tint la lance baissie,
S'estoit li pires bons vassax.
A l'aleüre des chevax
Se sont andoi si fort feru
Que perchi[é] sont li fort escu,
Et passer outre font les fer[s]
Parmi les mailles des haubers.
Et les lances font archoier
Si que les estut pechoier
Et li tronchon en haut volerent.
Li cheval pas ne s'aresterent,
Mais li chevalier qui sus furent
Ainc por lor cops ne se remurent,
Fors qu'il se hurtent durement
Et si s'empaignent roidement,
Et de cors et d'escus ensamble,
Qu'a terre, si come il me samble,
Emporte li uns l'autre jus.
Ainc tel joste ne vit mais nus,
Car chascuns d'als ert molt estols.
Li cheval furent as jenols
Tout escorchié, dont lor fu pis.
Et li chevalier si malmis
Et si estoné sont gisant
A la terre que n'ont talant
Qu'a piece se puissent lever;
A poi ne les estut crever.
Et quant il sus se releverent,
Des tronchons lor cors delivrerent
Qui furent fichié es escus;
Puis ont andoi trait les branz nus.

2863-64 *D* sü toten nüt juste durch hovieren vor vrowen noch durch zieren
2878 *V* pour les c.

	Bran de Lis ert chevaliers biax	
	Et s'iert encore jovenciax,	
12310	Demi pié plus haus de Gavain.	
	Chascuns tint l'espee en la main	2900
	Dont s'entrefierent durement;	
	Requierent soi ireement.	
	Sor lor elmes de lor nus brans	
	Se donent uns cops si tres grans	2904
	Que toz lor cercles decolperent	
	Et lor elmes toz enbarrerent,	
	Si que lor cop en descendirent	
12320	Sor les escus que tot fendirent.	2908
48c	Tout decolpent quanqu'il ataignent,	
	D'aus empirier point ne se faignent.	
	Sovent as trenchans des espees	
D 42	S'entredonent de grans colees,	2912
	Si qu'il sont en la grosse alaine;	
	Molt ont andoi soffert de paine.	
	[En mains leus ont lor char overte	
	Et molt grant angoisse ont sofferte,]	2916
	Si que des viez plaies Gavain	
	Coroit li sans aval son sain,	
	Caus et vermaus et a grant raie.	
	Si vos di qu'il molt s'en esmaie,	2920
	Car s'il la bataille maintient	
	Le pïeur avoir l'en covient.	
	Si voit que Bran de Lis ne saine	
12330	Noient, ains a le char bien saine,	2924
	Fors por tant qu'il est estounez	
	Por les cops qu'il li a donez;	
	Et sachiez qu'il ert ja toz vains.	
	Mais comandé li a Gavains	2928
	Que il un petit se repose,	
	Et qu'il mete en respit la cose	
	De son apel, et facent pais.	
	"Gavains, fait il, nel dites mais;	2932

2897 *T* Grandelis, *V* Brandelis   **2907** *V* cop se   **2909** *V* quanques a.   **2910** *V* faigne   **2915-16** So *V*, *T* om., *ASLEU* Quil ont andui si grant sofferte Deront la charz si est overte; *D* an maniger stat wurdent sü versnitten, wande sü ouch do engeste litten   **2932** *V* fait cil

	Mon oncle et mon pere avez mort	
12340	A vostre blasme et a vo tort,	
	Et puis ma suer despucelastes	
	El tref ou seule le trovastes.	2936
	Sachiez que pais n'arai a vos	
	Des qu'en morra li uns de nous;	
	Mais volentiers ceste bataille	
	Dusqu'a un autre jor sans faille,	2940
	Se vos plaisoit, respiteroie.	
	Et en quel liu que vos verroie,	
	Coment que fuissiez acesmez,	
12350	Fust sans armes ou toz armés,	2944
	En itel point que vos serez,	
	Encontre moi vos combatrez,	
	Ja n'i querrez ne plus ne mains."	
	—"Par foi, fait mesire Gavains,	2948
	Ensi le creant loialment.	
	Bien sai que molt as hardement	
	Et grant vigor en ton corage,	
	Et si n'as pas encor eage	2952
	Que doies tel estor soffrir	
48d	Ne bon chevalier assalir."	
	La bataille ensi respiterent,	
	Et andoi bien acreanterent	2956
D 43	Qu'a la semonse Bran de Lis	
	Rasambleront, ce m'est avis.	
	Atant departent, si s'en vont	
	Et sor lor chevax monté sont.	2960
	Mesire Gavains s'eslaissa	
	Parmi un gaut que trespassa	
	Tant qu'il s'en vint pres de l'issue.	
12370	Dalez un chaisne en l'erbe drue	2964
	Descent et puis se desarma.	
	De son blïaut un pan colpa	
	Dont il a ses plaies bendees	
	Et bien estroit envolepees;	2968
	Et sa plaie rest restanchie.	
	Puis remonta a grant haschie.	
	Et Bran de Lis qui ramembrez	

2940 *T* une autre   2967 *V* Dont ses p. a bien b.

	S'est de son pere qui'st navrez,	2972
	A lui s'en cort isnelement.	
12380	Devant lui vient et si descent,	
	Mais il l'a trové tot froit mort;	
	Ne velt laissier que ne l'en port.	2976
	Desus le col de son cheval	
	L'en porte a loi de bon vassal	
	Droit vers une riche abeïe	
	En une bele praerie,	2980
	Pres de forest, joste un pendant.	
	[Enterrer l'a fait maintenant]	
	As moignes en lor sepulture;	
12390	Son service ont fait a droiture.	2984
	Or vos lairai de Bran de Lis	
	Et de sa seror au cler vis,	
	Qui remest enchainte d'enfant.	
	Droit envers l'ost devers Branlant	2988
	S'en revait mesire Gavains,	
	Issi malades et si vains	
	Qu'a molt grant paine se tenoit	
	Sor son cheval qu'il ne chaoit.	2992
	Tant ot traveillié le semaine,	
	Et par l'angoisse et par la paine	
	Que il ot si tres grant sofferte,	
	Fu sa plaie toute roverte,	2996
	Et desrompue la chars tendre.	
48e	Pales et mors come une cendre,	
	Con cil qui ert toz essaigniez,	
	Vient a son tref si est couchiez	3000
	Si tost come il fu desarmez.	
	Au roi en est corant alez	
D 44	Uns suens vallés, si li a dit	
	Que isnelement sans respit	3004
	A son neveu molt tost en viegne,	

2973 V lui se c.   2981 V Press de   2982 So V, T om., ASP La lanterrerent m., LEU La lont enterre m.; D hies er in begraben balde   2984 V droiture Et par desus le cors fist metre Brandelis ce nos dist la letre Un marbre entaillie et poli Et puis brandelis sen parti   2986 D und siner swester Aclervis   2988 V devant branslant; D rehte gegen Melant uf dem anger   2994 V Que par   2998 V un cendre (−1)

Que nus essoignes nel detiegne,
Et si face molt tost venir
Ses mires, s'il velt mais joïr 3008
Ne de son cors ne de sa vie,
C'ainc mais n'ot tel mestier d'aïe
Puis icele eure qu'il fu nez.
Et li rois saut come hom desvez, 3012
12400   Sor son cheval la va molt tost.
Lors ne remest mires en l'ost,
Qui plaie afaitier bien seüst,
Maintenant la ne coreüst 3016
Por lui veoir et atorner.
Mais nus n'en set conseil doner,
Si'n est molt esmaiés li rois.
Puis rejut toz entirs deus mois 3020
De la plaie ains qu'il fust sanez.
Li rois a trois chastiax fremez
Devant la cité, grans et fors.
Ses a si affamés et mors 3024
Qu'il ne se porent plus desfendre.
12410   La fains les fist a force rendre
En merchi fors de la cité.
A ses guedes a comandé 3028
Li rois que tote l'essillaissent,
Et murs et tors tot trebuchaissent;
Et il si firent maintenant.
De ces qui ens erent manant, 3032
Des chevaliers et des borjois,
A fait trois parties li rois;
Si en a pueplez les chastiax
Que il avoit fermez noviax. 3036
L'un en dona a son neveu,
12420   Celui qui sist el plus bel leu
De forés et de praeries
Et de bones gaaigneries. 3040
48f   Pancris ot non, si fu molt biax.
Le secont, celui des Ormiax,

3014 V Lues ne   **3016** V nacorreust   **3020** V sis mois; D wol
zwene monot öder me   **3026** V force prendre   **3028** D sime volke
der künig gebot

	Gifflet le fil Do redona	
D 45	Que il molt durement ama.	3044
	Le Chastel de l'Angarde aprés	
	Redona Tor le fil Arés.	
	Toz li grans os se departi.	
	Li rois ala a Quilini,	3048
	Une chité molt aesie.	
12430	La vint a privee maisnie,	
	Car li buen chevalier proisié,	
	Qui furent las et traveillié,	3052
	S'en ralerent en lor païs	
	Por sejorner od lor amis	
	Qui lor font joie et grans honors.	
	Et li rois si retint huit jors	3056
	Brun de Branslant, lors le quita	
	Et deus citez li redona,	
	Caradigan et Quilini.	
12440	Et cil qui li dons abeli	3060
	L'en mercïa molt durement;	
	Et ens el jor demainement,	
	Voiant trestot le grant barnage,	
	L'en a cil fait tot lige homage	3064
	Et l'en rendi en guerredon	
	Maint bel servise de baron.	
	Sa fille Lore de Branlant,	
	Qui ot gent cors et avenant,	3068
	Aama Ke le seneschal.	
	Mesire Gavains de son mal	
	N'ert mie encore bien sanés;	
	A son chastel en fu portez	3072
	Por sejorner, por aesier,	
12450	Tant que il poïst chevalchier	
	Et que il fust molt bien sanés.	
	De lui est li contes remez,	3076
	Car chi endroit plus n'e[n] parole.	
	Revenir weil a ma parole	

3056 V set jors; D über siben tage der künig rich   3057 V branlant; D lie lidig Brun von Meilant   3058 V Li rois deus citez li dona; D zwo stette gap er im zehant   3067 D von Melant sin tohter Lore   3069 V om.; D minnete Keyn, wissent daz

              Et conter du bon roi Artu,
              Qui encor devant Branlant fu,   3080
              Une aventure merveilleuse
              Qui a oïr ert deliteuse.

49a   Sı remest li rois a sejor
              Et en grant pais fu puis maint jor,   3084
              Que nus nel greva tant ne quant.
              Le premier an devant Branslant
              Si fist un molt bel marïage,
              Qui li torna a grant barnage,   3088
              D'une niece que il avoit;
              Mais nus plus bele ne savoit
              De Bretaigne dusqu'a Rohés;
12455   Ysave ot non de Carahés.   3092
              Le roi Karedeu le dona
              De Nantes, et il l'espousa
              Et a grant honor puis le tint.
D 46   Mais ore oiez qu'il li avint,   3096
              Jamais n'orrez si grant merveille
              N'onques nus n'oï sa pareille,
              Icel jor que les noces furent.
              La nuit quant il couchier se durent   3100
              Entre le roi et sa moillier,
12460   Si ot en l'ost un chevalier
              Qui ot a non Elïavrés;
              Tels enchanteres n'ert jamais,   3104
              Le seneschal apartenoit.
              La bele Ysave tant amoit,
              Ce sachiez bien, que sanz morir
              Ne poïst de s'amour partir.   3108
              Mais tant savoit de nigromance
              Qu'il muast en mainte samblance
              Ou un oisel ou une beste;
              Et par samblant trenchast la teste   3112
              A un home se lui pleüst,

3075-82 VD *om.*   3083 T *large initial*   3086 D *rubric* Hie vohet Karados buoch an; V branlant; D alse men lag vor Melant   3088 V *om.*; D der gewan er sit gros er   3092 V charahes; D Iseve hiez sü von Karoes   3093 V caradeu   3094 V De vanes; D von Nantes künig Karode   3106 V ysaiue; D gar holt waz er der schönen Ysefe

Ne ja por ce nul mal n'eüst,
Car maintenant le rajoinsist
Si come ele ert ains, s'il volsist. 3116
Quant Caradeus se dut colchier,
Elïavrés sanz atargier,
Quant la chambre fu delivree,
Se mist laiens si a celee 3120
Que nus nel pot apercevoir.
Bien les dechut par son savoir,
Car d'une levriere qu'il prist
Une itele pucele fist 3124
Qu'Isaive sambloit plus que rien;
Tuit le quidassent, ce sai bien.
Celi colcha avec le roi
Et il retint s'amie od soi; 3128
Si jut a li toute la nuit
Et ot sa joie et son deduit.
Et la seconde nuit aprés
Refist ausi Elÿavrés 3132
D'une truie une itel pucele
Come ert s'amie et ausi bele,
Et od le roi le recolcha
Qui sa feme tenir quida. 3136
La tierce nuit d'une jument
Refist cil par enchantement
Sambler une ausi bele dame.
Od le roi en liu de sa feme 3140
La recolcha, et il se jut
Avec s'amie qui conchut
La nuit; [d']un fil remest ençainte.
Puis fu bien de ceste oevre atainte, 3144
Einsi com li contes retrait.

Au quart jor bien par matinet
Li rois Caradeus prist congié
Del roi Artu, qui l'a baisié 3148
Et sa niece molt bonement.
De lui partirent lieement,
De Branlant ou il le laissierent.

3129 V od li   3151 D vor Meilant liessent sü in

	Tant errerent et chevalchierent	3152
	Qu'a Nantes est li rois venus	
	Et a grant honor recheüs,	
	Et la roïne que il maine.	
	Chascuns de l'onorer se paine,	3156
12501	Car molt ert bele et preus et sage,	
	Et estraite de haut lignage.	
	Li rois l'a fait molt bel servir	
	Et conreer et obeïr.	3160
	Et quant il a apercheü	
	Et sot por voir qu'ançainte fu,	
	En son cuer si grant joie en ot	
49c	Que nus plus grant avoir ne pot.	3164
	Si la fist garder richement	
	Et bel et honoreement	
	Tresqu'al terme qu'ele enfanta	
	D'un molt bel fil. Grant joie en a	3168
	Li rois et trestot li baron.	
	Caradeu le misent a non	
	Le jor que il fu baptissiez.	
12510	Molt fu li rois joians et liez	3172
	Por Caradeu qui estoit nez.	
	Bien fu norris et bien gardés	
	Tant que il ot passez cinc ans.	
	Lors fu si biax et si parlans	3176
	Qu'a letres le mist por aprendre	
	Li rois, et quant il sot entendre	
	Latin et belement parler,	
	Si l'a fait molt bel atorner	3180
	Et au roi Artu l'envoia,	
	Son oncle, qui grant joie en a.	
	Molt le rechut joiousement	
	Et bel et honoreement.	3184
D 48	Huit ans toz entirs demora	
	Li rois qu'il ne se corona	
12520	Aprés le siege de Branslant.	

3153 V vanes est; D daz der künig zuo Nantes kam **3155** V Et sa
feme que il amaine; D mit eren enphiengent sü die künigin **3158** V Et
si est de molt halt l.   **3159** V r. le fist molt bien s.

Li gentil chevalier vaillant, 3188
Qui lonc tans orent sejorné,
A un soir ont tot devisé
Que l'endemain sanz delaier
Iront od le roi archoier 3192
En la riche forest del Pin.
Et l'endemain si tres matin
Come il le cler jor cho[i]sir porent,
Si com le soir devisé orent, 3196
Se sont ensamble acheminé
Et od le roi el bos alé,
Qui ses muetes i fist mener
12530 Por veoir corre et por joër. 3200
Assez i prisent venoison
A grant plenté et a foison,
Et si orent trop bel deduit.
Et quant ce vint contre la nuit 3204
Que li solaus a fait son tor,
Si se sont mis tot el retor
49d Li rois et tot si chevalier.
Devant les autres sanz targier 3208
Chevalchoit mesire Gavains
Come hom qui ert de joie plains.
Et li autre, li compaignon,
Li sont entor et environ, 3212
Car il contoit une aventure
D'une trop bele envoiseüre
Qui avenue li estoit.
Et li rois derriere als venoit 3216
Trestoz seus et loinz de sa gent,
Et pensoit si tres durement
Et li pensez tant le detient,
Toz s'entr'oblie et sels s'en vient. 3220
Et en iche qu'il se retarde,
12540 Mesire Gavains se regar[d]e,
Si l'a veü si seul venir

3160 V Et honerer et; D unde bieten zuht und ere **3183** V le retint; D er enphieng in wol erliche **3187** V branlant; D noch dem sesse vor Mielant **3205** V ot fait **3209** V Sen venoit m. **3212** V Qui sont **3219** V Que li p. **3222** V g. sen prent garde; D her Gawan luote hinder sich

Ses compaignons a fait tenir, 3224
S'ont laissie l'envoiseüre.
Et li rois molt grant aleüre
Est maintenant vers als venus
Que il les a apercheüs, 3228
Tant que il s'est od ax jostez.
Ses niez s'est lez lui acostez,
Si li a dit tot en rïant:
12550 "Il n'est mie, sire, avenant 3232
D 49 Que vos einsi sels chevalchois
Derriere, ne que vos pensois
A nule rien fors a deduit.
Ne quidiez vos que il anuit 3236
A ces bons chevaliers proisiez,
Qu'avec alx ne vos envoisiez
Ausi com vos faire solez?"
Li rois qui ert preus et senez 3240
Entent qu'il dist raison et bien.
12561 Sor le fil le roi Urïen,
Monseignor Yvain le vaillant,
Le cortois et le bien parlant, 3244
Son bras senestre soëf mist
Tot en alant, et si li dist:
"Seignor, fait il, se je Deu voie,
Je vos dirai que je pensoie. 3248
J'ai demoré trop longuement
49e Que n'ai rien fait, si m'en repent,
Que l'en m'atornast a proëce
N'a grant honor n'a grant largesche. 3252
Et j'ai si grant terre a tenir
Que se me weil aperechir,
Einsi com j'ai fait longuement,
Jel tendroie honteusement. 3256
Faire m'estuet alcune rien
Ou j'ai[e] honor et tot li mien
Qui servi m'ont i aient preu.
Se je me remu de cest leu, 3260
12570 De ce ert ore mes pensez.
A ce s'est mes cuers atornez

3229 V a aus   **3231** V Se li   **3258** V Ou aie h.

Qu'a Pentecoste weil tenir,
La premiere qui doit venir, 3264
Si tres grant cort et si honeste
C'ainc nus ne vit si riche feste;
Car tant i quit del mien doner
Que jamais jor n'orrois parler 3268
De dons que donaisse ainc encore
Avers ciax que je donrai ore
As barons et as chevaliers."
12580 Mesire Gavains toz premiers 3272
Dist: "A tort vos avons blasmé,
Biax sire, de vostre pensé,
Qu'il est et si bons et si haus
Que trop seroit cil desleax 3276
Qui metre vos en volroit fors."
D 50 Et li rois li demande lors:
"Ou loëz vos que je la tiegne,
Et que ma gent ensamble viegne?" 3280
—"A Cardueil en vos maistres sales,
12590 Si ert en la marche de Gales
Et del roialme d'Engleterre."
L'endemain fait monter et querre 3284
Par tot son regne ses barons,
S'a toz les chevaliers semons
D'estre a lui a la Pentecoste.
Et la chevalerie ajoste 3288
Au jor que li rois demanda,
12600 Que il sa riche cort tendra.
Il voit Caradot son neveu
49f Si grant et si bel et si preu 3292
Que bien puet mais armes baillier.
La veille l'a fait chevalier
De la feste si richement
Et si bel et si hautement 3296
Que plus de trente damoisiax
Fist od lui chevaliers noviax
Por le vallet plus honorer.
12610 Et l'endemain sans demorer, 3300

3265 T Que si tres (+1), V Si tres   3284 V f. mander et   3285 V
Par son resne (−1)   3289 V comanda   3291 V caradeu

>
> Quant li rois se fu coronez
> Et li services fu finez,
> Si s'en revient en son palés,
> Et haut et bas trestuit aprés 3304
> Por lor usage que il welent
> Tenir autresi come il suelent.
> Si tost com li rois fu assis
> Et li autre, ce m'est avis, 3308
> Kex s'en ist d'une chambre fors
> Toz desfublez, em pur le cors,
> Vestus d'un frez blïaut hermin
> Qui molt li avint de grant fin, 3312
> Si fu merveilles biax et gens.

12620
> Parmi oltre totes les gens
> Au dois devant le roi s'en vint;
> En sa main une vergue tint, 3316
> Si s'ajenoille belement
> Et li a dit cortoisement:
> "Sire, l'eve poëz bien prendre
> Quant vos plera, sanz plus atendre, 3320
> Car toz est pres vostre mengiers."
> —"Ke, non ferai, biax amis chiers;

D 51
12630
> Ne place Dieu que ja m'aviegne
> Qu'a haute feste que cort tiegne, 3324
> Por qu'aie corone portee,
> Qu'eve soit prise ne donee
> Devant que estrange novele
> Ou alcune aventure bele 3328
> I soit, voiant toz, avenue.
> La costume ai ensi tenue
> Toute ma vie dusque chi."

> Et que que il parloit einsi 3332
> Et li autre sisent en pais,

12640
50*a*
> Parmi la porte del palais
> Virent venir un chevalier
> Molt grant, sor un bauchant destrier, 3336
> Vestus d'un peliçon hermine

3303 *T* palaes, *V* pales   **3315** *V* Au roi devant le dois en v.; *D* kam er für den künig cluog   **3319** *V* porrez   **3326** *V* Quelve s.   **3337** *V* Vestu

Qui pres de terre li traïne.
S'ot sor son chief un chapelet
A un cercle d'or de bonet; 3340
Et ot chainte une longue espee
Qui de fin or ert enheudee,
Et les renges de fin orfrois.
12650 Si vint a cheval trusqu'al dois 3344
Et dist oiant toz hautement:
"Rois Artus, cil Diex qui ne ment
Vos doinst honor et longue vie."
—"Amis, et il te beneïe." 3348
—"Rois, fait cil, un don vos demant."
—"Chevalier, nomez le avant;
Et tels puet estre, vos l'arez."
Et cil respont: "Vos le sarez: 3352
Colee doner sanz dechoivre
12660 Vos demant por autre rechoivre."
—"Amis, qu'es[t] ce? Que dites vous?"
—"Rois, je vos di tot a estrous 3356
Que s'il a çaiens chevalier
Qui la teste me puist trenchier
A un sol cop de ceste espee,
Et je me puis de la colee 3360
Aprés resaner et garir,
Seürs puet estre et sanz falir
D'ui en un an autel reprendre
12670 La colee, s'il l'ose atendre." 3364
D 52 Atant sanz plus dire descent.
L'espee trait et si lor tent,
Mais n'i a nul qui l'ost baillier.
Ainz dïent tuit li chevalier 3368
Molt seroit fols cil qui ferroit,
Qu'en aventure se metroit,
Si n'i aroit pris ne honeur.
"Ha! fait li chevaliers, seigneur; 3372
Iche que ert? N'en ferois plus?
12680 Or poëz veoir, rois Artus,
Que vostre cors n'est pas si riche

3343 V reges 3363 V dautel 3365 D *rubric* Hie öget Elyafres
sine zouverie 3376 V dit

	Come chascuns dist et affiche;	3376
	N'i a nul chevalier hardi.	
50b	Por voir le vos tesmoing et di	
	Que l'en dira mais tels noveles	
	Par tot qui n'ierent mie beles."	3380
	Aler s'en revoloit atant,	
	Quant Carados sali avant	
	Qui noviax chevaliers estoit;	
12690	Si se desfuble a grant esploit	3384
	Et jecte a terre son mantel.	
	Qui qu'il anuit ne qui soit bel,	
	A celui vient, si prent l'espee	
	Et li a del poing destre hostee.	3388
	Li rois le voit, molt par l'en poise,	
	Si dist: "Biax niez, ceste prooise	
	Peüssiez sanz honte laissier.	
	Çaiens a maint bon chevalier	3392
	Qui ausi bien ou miex ferissent	
12700	Com vos, se faire le volsissent.	
	Tuit le tienent a musardie	
	Qu'emprise avez trop grant folie."	3396
	Quant Carados le roi oï,	
	Tel honte en ot toz enrogi,	
	Mais por ce n'en volt rien lessier,	
	Ains se trait pres del chevalier.	3400
	Por miex ferir l'espee atorne,	
	Et cil devers le roi se torne,	
	Le chief baisse, le col estent.	
	Cil fiert si viguereusement	3404
	Que la teste voler li fist	
12710	Devant le dois, mais cil la prist	
	Par les treches a ses deus mains	
	Ausi come s'il fust toz sainz,	3408
D 53	Si le rajoinst isnellepas.	
	"Caradot, fait il, feru m'as."	
	—"Voire, dist Kex, mais poi vos chaut.	
	D'ui en un an, coment qu'il aut,	3412
	Ne volroie estre en son liu mis	

3379 V jen dirai; D daz ich soliche mere wil sagen   3382 V karadeus
3397 V caradeus   3400 V traist   3410 V Caradeu

Por tot l'avoir de cest païs."
—"Caradot, fait li chevaliers,
D'ui en un an, biax amis chiers,
Reserai chi, ce sachiez bien;
Si ne laissier por nule rien
Que chi ne te truisse a tele eure."
Atant s'en part, plus n'i demeure.
Et li rois toz iriez remaint
Et toz dolens, et molt se plaint.
Si font li autre chevalier;
A paines volrent puis mengier
Tant sont irié et amati.
A grant dol la cors departi;
Communement tuit s'en revont
Arriere es terres dont il sont.
Mais anchois fist li rois banir
Qu'en l'an aprés qui doit venir
Resoit a Cardueil l'assamblee.
Et la novele est tost alee
De Caradot au roi son pere
Et a la roïne sa mere
Qui en ont grant dol et grant ire.
Mais de lui vos puis je bien dire
Qu'il est si liez et si joians
Qu'il n'est hom en cest mont vivans
Qu'a son samblant aperceüst
Que nule paor en eüst;
Ains va cerchant les aventures
Et les chevaleries dures,
Tant que li ans fu acomplis
Au jor qui ert nomez et mis.
Ses peres n'i volt pas venir,
Car nel poïst veoir morir,
Ne la mere qui le porta.

La cors a Cardueil rajosta
A la Pentecoste el palais,
Si grans c'ainc tant gent n'i ot mais;
Qu'en tant com li rois ot pooir

3415 V Caradeu   3417 V saches   3419 V a ceste e.   3433 V caradeu

	Ne volt nus preudom remanoir	3452
	Qui ne venist a cele feste	
D 54	Ou cil devoit perdre la teste	
	Voiant le roi et ses barons.	
12760	Aprés les grans porcessions	3456
	Et aprés le messe demaine,	
	La riche baronnie amaine	
	Le roi en son palais arriere;	
	Mais il fait molt pesante chiere,	3460
	Si font trestout li autre adés.	
	Et en ce qu'il sissent em pes,	
	Cil est entrez parmi la porte	
50d	Qui le malvais present aporte.	3464
	Tot a cheval, l'espee çainte,	
12770	Parmi la sale qui fu painte	
	En est alez au maistre dois	
	La ou estoit assis li rois.	3468
	Sanz dire mot a pié descent,	
	S'espee trait, nue la prent,	
	Et dist oiant le roi Artu:	
	"Caradot, cha vien! Ou es tu?"	3472
	—"Veez me chi," fait Carados.	
	—"Dont vien avant," ce dist cil lors.	
	Volentiers son mantel osta,	
12780	Et tot maintenant en vint la	3476
	Ou celui vit ester sor piez	
	Qui fait grant samblant d'estre iriez.	
	Li rois le voit, s'est trop dolens,	
	Mais de parler n'est mie lens.	3480
	"Ha, chevalier! fait il, merchi	
	De mon neveu; pas ne l'ochi.	
	Si grant raençon en avras	
	Com tu deviser le saras."	3484
	—"Dites dont coi."—"Tot le harnois	
	Et as vilains et as cortois	
	De ceste cort en pués avoir.	

3455 V et les b. **3462** T paes, V pes **3464** V prosent **3465** D rubric Hie bevindet Karados, daz Elyafres sin vatter was, und wond er doch künig Karade sun sin **3472** V Caradeu **3473** V karadeus **3474** V cil leus **3486** T ad v. et ad c., VASLP as v. et as c.

12790	Ainc mais ausi tres grant avoir	3488
	Por raenchon ne dona nus."	
	—"Rois, peu i a. Arai ent plus?"	
	—"Oïl, fait il, tot le tresor	
	Et les vaissiax d'argent et d'or	3492
D 55	Que cist ont aporté chaiens."	
	—"Rois, fait cil, ce seroit noiens;	
	Car trestot li tresor del mont,	
	Ne qui jamais nul jor seront,	3496
	Por lui ne prendroie en eschange."	
12800	Quant li rois l'ot, doel fait estrange,	
	Et li autre de totes pars.	
	"Chevalier, molt par iez coars,	3500
	Dist Caradeus, fai erranment	
	Ce que tu dois." Et cil estent	
	Le bras et lieve en haut l'espee,	
	Si esme a ferir grant colee.	3504
	Li rois se pasme maintenant;	
	Et la roïne ist fors plorant	
50e	Des chambres, qui set les noveles,	
12810	Et les dames et les puceles.	3508
	Quant ele vit l'espee nue	
	Toz li sanz li fuit et remue;	
	Molt est angoisseuse et dolente.	
	Come cele qui n'est pas lente	3512
	En vient vers lui et si li dist:	
	"Tien coi, chevalier, un petit,	
	Biax sire chiers, ne l'oci mie.	
	Por lui pués avoir a amie,	3516
	Qui qu'ele soit, dame ou pucele,	
	De çaiens tote la plus bele,	
	Ou ains totes se il te plest."	
12820	—"Roïne dame, noiens est.	3520
	Totes les dames de cest mont,	
	Ne les puceles qui i sont,	
	De son chief ne prendroie pas.	

3494 *V* fait il **3497** *T* nen p., *VALP* ne p., *S* nes p.; *D* nem ich für in ze wehsel niht elen slag **3504** *V* f. la colee; *D* ginre stalte sich ze slahende einen michelen slag **3507** *V* qui sot; *D* uz ir kamer, do si das vernam **3513** *V* Sen vient **3514** *V* Tien toi

	Alez vos ent plus que le pas	3524
	En vos chambres, ma doche dame,	
	Et si priiez a Dieu por l'ame,	
	Qu'il le mete en son paradis."	
	La roïne coevre son vis	3528
	Si s'en est tornee plorant,	
12830	Et les autres aprés crïant.	
	Li chevaliers hauche l'espee,	
	S'esme a ferir si grant colee	3532
	Que li plus de ceus del palais	
	Chaient pasmé tot a un fes.	
	Mais il n'a de ferir talent,	
	Ainz le prent al poing docement	3536
	Et dist: "Caradot, lieve sus.	
	Ne te ferai or nul mal plus,	
D 56	Car trop es vaillans chevaliers	
12840	Et hardis et seürs et fiers.	3540
	Mais vien cha, si parole a moi	
	Priveement." Bien loi[n]s del roi	
	L'en a mené a une part.	
	"Tu iez mes fix, se Dix me gart,	3544
	Fait il, tot por voir le te di."	
	—"Certes, ainz i avez menti	
	Tot plainement, biax sire chiers.	
	Devant toz ces buens chevaliers	3548
	Envers vos ma mere en deffent."	
50f	—"Non feras. Dirai toi coment	
	Il fu. Ele le set molt bien;	
	Ja ne t'en mentirai de rien."	3552
	Lors li a conté plainement	
	De la truie et de la jument	
	Et de la levriere l'afaire.	
	De ce qu'il fist ne se pot taire,	3556
	Ne coment od sa mere jut,	
	Come il li fist, com el conchut.	
	"Einsi, fait il, fus engerrez."	
12870	—"Taisiez, ce n'est pas veritez,	3560
	Ainz samble bien fantosme et songe.	
	Del grant blasme et de la mençonge	

3534 V p. jus a   3537 V karadeu   3563 V ma m. en desfent

Envers vos ma mere desfent
Orendroit ichi em present, 3564
Se vos plus dire le volez."
Li chevaliers s'en est tornez
Grant aleüre, si le lait;
Voiant trestoz si s'en revait. 3568
Ainc si grans joie ne fu mais
Come il firent tuit el palais
Quant celui en virent aler.
Tot maintenant por le laver 3572
Sonen[t] li graisle la menee,
Si ont l'eve tanost donee,
Et si assisent al mengier
Li rois et tuit li chevalier. 3576
Servi furent molt hautement
Et si mengierent lieement
Et a grant joie et a loisir.
Et quant la cors dut departir, 3580
Li rois dona si riches dons
As chevaliers et as barons
Qu'il s'en partent joiousement.

CARADOS del roi congié prent, 3584
Car aler en velt a son pere
Et a la roïne sa mere.
A Nantes s'en est venus droit
Ou li rois Caradeus estoit 3588
Qui'n fait une joie si grant
Qu'il l'a baisié en un tenant
Plus de cent fois, tant par l'a chier.
"Sire, bien me devez baisier, 3592
Fait cil, qu'el mont n'a rien vivant
Qui plus vos aint de moi ne tant,
Mais vostre fix ne sui je pas."
—"Si es!"—"Non sui."—"Dis tu a gas?" 3596
—"Biax chiers sire, ainz di verité."
Tot mot a mot li a conté

3575 *V* megier   3584 *V* Caradeus   3585 *V* sen velt; *T* peere   3587 *V* A vanes; *D* er kam zuo Nanteys, wüssent daz   3588 *V* kareudeus   3589 *V* Qui en fist joie molt tres grant; *D* der im tet soliche vröide kunt   3590 *V* Si la b.

Si come cil l'avoit traï
Et com sa mere le soffri. 3600
Li rois en est si angoisseus,
Si iriez et si dolereus
Que de l'angoisse toz tressue.
12910 Et la roïne fu venue 3604
Contre son fil por lui baisier.
"Dame, fait il, celer nel quier;
Ne vos aim pas, ne je ne doi."
—"Por coi, chiers fix? Dites le moi." 3608
—"Dame, bien l'avez deservi."
Li rois li dist: "Fuiez de chi."
Et ele s'en revait molt tost;
Laiens en ses chambres s'enclost, 3612
Si crie et fait un dol trop grant.
12920 Et li rois dist tot en plorant:
"Biax dols chiers fix, conseille moi,
Si com tu dois en leal foi, 3616
De la roïne qu'en ferai
Et coment je m'en venjerai."
—"Sire, coment qu'il soit del pere,
La roïne si est ma mere; 3620
Si ne vos doi pas conseillier
D'ocirre la ne mahaignier.
Mais metez la en une tour
12930 Si le faites garder entour, 3624
Que cil n'ait mais de li pooir;
Que s'il avient qu'ele ait nul oir,
Si ne serez en sozpechon
Qu'il soit d'autrui se de vos non." 3628
En la plus fort tor que il a
D 58 Li rois maintenant l'enserra,
Si la fist bien entor garder.
Carados ne volt demorer, 3632
Ainz prent congié, son pere lait,
A la cort le roi s'en revait,

3606 *V* ne quier   **3615** *V* Biax chiers amis c. m.   **3616** *T* fois   **3625** *V* cil ne lait mais (+1)   **3630** *V* lenferma   **3632** *V* Caradeus ne velt d.; *D* Karadot wolte niht bliben mere   **3633** *V* congie del roi sel l.   **3634** *V* c. artu sen r.; *D* zuo dez küniges hof reit er hin   **3635** *V* oncle ki molt vaillans fu; *D* sins öheimes künig Artus

	Son oncle le bon roi Artu;	
51b	Onques de lui mieldres ne fu.	3636

        Son oncle le bon roi Artu;
51*b*   Onques de lui mieldres ne fu.   3636
        Et la roïne est en la tour
        A grant deduit, a bel sejour,
        Car Elÿavrés y venoit
        Totes les heures qu'il voloit   3640
        A li parler tot a loisir,
        Que fermetez nel pot tenir.
        La grant joie ne le deduit
        Qu'il menoient et jor et nuit   3644
        Ne vos wel pas chi raconter,
        Car aillors le volrai conter.
        Li contes dist que Carados
        N'avoit cure de lonc repos,   3648
        Mais as armes toz jors travaille.
        C'est drois a home qui riens vaille
        Que ja trop ne soit reposez
        Por que il veille estre alosez,   3652
        Car nus ne se puet aloser
12950 Qui son cors aime a reposer;
        Teus fu ses cuers et ses pensez.
        En Engleterre rest passez   3656
        Carados plus fiers de lion.

        Li rois avoit a Carlion
        Sa cort et semonse et banie
        En mai quant rose est espanie,   3660
        Si qu'a Pentecoste venissent
        Tot cil et celes qui tenissent
        De lui et li doivent homage.
12960 Ou soit par terre ou soit par nage,   3664
        Decha la mer et dela mer,
        Tot viegnent sa cort honorer;
        N'i ait pucele qui n'i aille.

3637-46 *V om.*   **3643-46** *D* zuo hant so der künig schiet von ir, so kam er dar, geloubent mir. vröiden hatte er dinne also vil, daz niergent ist kein seiten spil, men hort ez dinne klingen und suezes getöne bringen. die künigin in dem turne bleip, mit fröiden sü ir zit vertreip   **3647** *V* Si sachiez bien que; *D* aber, wüssent das, Karadot   **3654** *V* Se son   **3655** *TV* Toz fu, *EMQUP* Tiex est; *D* suz sime herzen waz bekant   **3657** *V* Karadex

	Cadors l'entent de Cornuaille,	3668
	Uns vallés de trop grant valor.	
D 59	Cil i vint avec sa seror,	
	Ce est damoisele Guinier	
	Qui onques ne se volt gignier	3672
	N'ainc de metre ne s'entremist	
12970	Sor li fors che que Diex i mist,	
	Car ele est bele creature.	
	Se set anz eüst mis Nature	3676
	A li former, ne li seüst	
	Biauté plus doner ne peüst.	
51c	Et avec che c'ot de biauté	
	Ot ele tant de loiauté,	3680
	Car c'ert cele c'ainc ne tricha	
	Vers son ami ne ne falsa.	
	Ne vos weil trop lonc conte faire,	
12980	Mais quanqu'a pucele doit plaire,	3684
	D'iex, de vis, de bouche, et de cors,	
	Ot Guiniers, que rien n'en met fors.	
	Et cil Cadors ses frere estoit	
	Chevaliers que mieldres n'estoit.	3688
	S'ert mors lor pere en cel esté,	
	Qu'ot rois de Cornouaille esté,	
	Et por che a la cort aloient	
	Que del roi lor terre tenoient.	3692
12990	Et por aler plus soltieument	
	Aloient andui solement,	
	Car puceles au tans de lore	
	Pooient miex errer que ore.	3696
	Entruesqu'il aloient issi,	
	D'une valee lor issi	
	Uns chevaliers molt bien armez.	
	Et Cadors n'ert pas desarmez,	3700
	Fors de tant qu'il avoit osté	
	Son elme por le caut d'esté,	
	Car il ert tant preus et isniax	
13000	Qu'il ne cremoit noient assaus.	3704

3677 V li peust   3678 V ne seust   3679 V che quele ot b.   **3684** T quanque a p.   3685 V boche de cors   3689 V peres en (+1)   **3693** T soltiuement (+1), V soltilment   3694 V il dui   3697 V ensi   **3702** V le tans; D den helm durch den wint enphon

Cil qui vint le cheval brocha
Que d'ax un petit s'aprocha,
Et lués que choisi la pucele
Conut tantost que c'estoit cele 3708
Qui d'amor l'avoit escondit.
Si ne vos ai pas encor dit
Coment ce fu, si com moi samble,
Ne ne puis pas tot dire ensamble. 3712
L'un dire aprés l'autre covient,
Li recovriers molt bien avient.
Cil chevaliers dont vos oëz
Aalardins estoit nomez; 3716
Du Lac fu nez, c'ert sa contree.
Cele damoisele ot amee
Tant qu'il la requist a son pere
Et puis aprés Cador son frere, 3720
Et si le voloit prendre a feme
Et dame faire de grant regne.
Mais ele dist ne voloit mie
N'estre sa feme ne s'amie, 3724
Car point ne li venoit a cuer;
Si ne le prendroit a nul fuer,
Non mie por ce qu'il ne fust
Molt biax et molt proëce eüst 3728
Plus que chevaliers del païs.
Tant ot esté a li baïs
Qu'ainçois que ses pere fust mors
Fist son pooir et son esfors 3732
De li requerre par proiere
Et par autre mainte maniere,
Ne onques rien n'i esploita.
Et lués qu'il l'aperchoit, tant a 3736
Brochié le cheval sor coi sist
Que a Cador en apert dist:
"Amis, par cele vostre foi,
Vo seror cor laissiez a moi. 3740

3706 *V* Tant que daus un poi aprocha   **3709** *V* damors   **3714** *T* Li couuers (?) molt b. a., *V* Ore oiez coment il avient, *EMU* Biaux recovriers molt i avient, *Q* Car biau recovrer mont avient, *P* Biaus reconters moult i avient; *D* daz stot ouch dem sager wol   **3715** *V* Lil c. d. vos orrez   **3723** *V* d. nen v.

	Bien en sui or venus a point	
	K'avant de chi n'en menrez point,	
	Et se vos nel volez laissier,	
13040	Vers vos me verrez eslaissier.	3744
	Vo chief tost a armer vos lo,	
	Car je vos ferrai, par Saint Lo,	
	La[u] vos serez toz li plus haus."	
	Et Cadors n'estoit pas mains baus	3748
	De lui, si respont vistement:	
	"Or vos hastez plus belement,	
	Sire vassal, ce dist Cador,	
	N'avenroit por vo pesant d'or	3752
	Que je por rien tant m'avillasse	
13050	Qu'ensi ma seror vos laissasse;	
	Dont mar l'aie je tant amee."	
	Maintenant a sa teste armee	3756
	Et puis de lui un poi s'esloingne.	
	N'i a celui cheval ne poigne;	
D 61	De lor lances si se deffïent	
	Que il ambesdeus les esmïent,	3760
	Et li cheval si tost les portent	
	Qu'andoi a la terre se portent,	
	Et cheval et home chaïrent.	
13060	Et auques tost sus resalirent,	3764
51e	Mais a Cador trop meschaï,	
	Que ses chevax sor lui chaï,	
	Et il jut desoz toz envers.	
	Sa jambe brisa en travers,	3768
	Car uns de ses arçons derriere	
	L'ot ataint en itel maniere	
	Si durement que il se pasme.	
	Ne si n'en doit avoir nul blasme,	3772
	Car tele angoisse al cuer li toche	
13070	Qu'il ne se muet plus c'une choque.	
	Et lués que Alardins le voit,	

3746 *D* oder ich slahe üch, samir Sant Uolrich 3748 *V* Et cador nestoit p. m. haus; *D* unedelre dan er waz Kador niht 3751 *V* ca dit 3764 *D* der eine kam dez balde wider 3766 *V* Car ses; *TE* soz lui, *VPMQU* sor lui; *D* wenne uf in viel sin ors 3771 *V* sen p. 3773 *T* Car cele a., *V* Car tele a., *PEMQ* Si grans a., *U* Si gist dolent; *D* solich angest kam sime herzen bi 3774 *V* plus cune couche; *D* daz er sich regete als ein bli

Par affit un mot li disoit: 3776
"Par Dieu, vassal, tot malgré vostre
Sera cele pucele nostre.
A moi et puis as compaignons
En sera faite livroisons, 3780
Car molt grant folie feïstes
Quant onques le m'escondeïstes.
Car se le m'eüssiez donee,
13080 M'onors li fust abandonee 3784
Et a feme espouse l'eüsse
Et dame de moi fait l'eüsse.
Mais or en sui a ce venu
Que molt m'en est mix avenu 3788
Que je n'osasse porpenser."
Lors remonta sanz arester,
S'a la bele Guignier saisie.
Ne sai que je plus vos en die, 3792
Mais tot a force l'en menoit;
13090 Et la pucele doel avoit
Si grant c'ainc teus ne fu oïs.
Cador ne rest mie esjoïs, 3796
Mais sa vie fort despisoit.
Enmi le champ toz cois gisoit,
Et bien poëz de fi savoir
Qu'il devoit molt grant doel avoir, 3800
Quant ens en son conduit demaine
D 62 A sa suer prise et si l'en maine,
N'a lui n'a li n'avoit mestier.
13100 Qui lors li oïst sozhaidier 3804
La mort qu'a lui acoreüst,
Fel fust se pitié n'en eüst.
Et de l'autre part la meschine
51f Son vis debat et esgratine; 3808
Sovent se pasme et sovent crie:
"Ahi! dame Sainte Marie,
Ma dolce mere que dira
Quant ceste mesestance orra? 3812
13110 Diex! come ele ert tres plaine d'ire

3775 *V* lues quaalardins   **3785** *V* A feme a espeuse; *D* geelichet hette ich sü zehant   **3790** *V* remonte   **3803** *V* Ca lui na

Quant tels noveles orra dire.
La mort li a tolu mon pere,
Ore a perdu moi et mon frere; 3816
Ocis li a cis chevaliers.
Certes, or par est il trop fiers
Qua[nt] par force feme covoite.
Molt fait grant folie revoite." 3820
Tout ensi cele aloit crïant.
Parmi le gaut vint acorant
Carados qui a cort aloit.
13120 Si com d'un tertre devaloit, 3824
Molt bien armez sor bon cheval,
Regarde soi devers le val,
De cele part qu'il ot oïs
De la pucele les haus cris. 3828
Choisie l'a, non pas molt loing,
Si croit bien qu'ele avoit besoing.
Vers als maintenant cheval broche,
Si que de bien pres les aproche. 3832
Lués que la pucele le vit,
13130 Molt piteusement li a dit:
"Ha! gentius chevaliers vaillans,
Por Dieu vos proi, soiez me aidans 3836
Vers cest deable, cest malfé,
Qui mon frere m'a mort jecté
Oltre ce mont et si m'en porte.
Si volroie mix estre morte, 3840
Arse et detraite et malbaillie,
Que moi eüst en sa baillie
Por faire ce que il volroit.
13140 Uns hom qui a lui me tolroit 3844
M'aroit a toz jors mais conquise.
Por Dieu et por vostre franchise
Vos pri qu'aiez pitié de moi.
D 63 Secorez moi, por Dieu le roi, 3848
Si qu'il ne me maint plus avant."
Lors li cort Carados devant,

3816 *V* Ore ai p. moin et; *D* nu verlüret sü sun und mich   **3822** *V* le
bos v.   **3830** *V* Bien c. que ele   **3831** *V* Vers chax m.   **3839** *V*
cel m.   **3842** *V* Que il meust   **3849** *V* men maint

52a	Si dist: "Amis, laiez le moi	
	Cele meschine, en vostre foi."	3852
	—"Lairai? Biax sire, estes vos fols?	
13150	Dehé ait ore dont mes cols,	
	Se je encore le vos lais.	
	N'alez mie querant vo pais.	3856
	Qu'avez vos or de li a faire?	
	Aler vos lo en vostre affaire."	
	Et Karados tantost respont:	
	"Ce ne seroit por tot le mont,	3860
	Vassal, que je le vos laissasse,	
	Ne que je ja tant m'avillaisse	
	Des qu'ele m'a proié merchi.	
13160	Aillors ne la menrois de chi."	3864
	Puis l'a saisie par le frain,	
	Sa lance tint a l'autre main.	
	Et Alardins a trait s'espee,	
	Pres ne l'en a la main colpee,	3868
	Cele dont il tenoit la lance.	
	De l'espee tel cop li lance	
	Que la lance parmi tronchone.	
	Et Karados tel li redone	3872
	Du remanant enson la teste	
13170	Si qu'il en la sele n'areste,	
	Ainz est keüs jambes levees;	
	Einsi comencent les mellees.	3876
	Par affit li dist Karados:	
	"Vassal, c'est hontes que vo dos	
	Nos mostrez si apertement."	
	Et puis de son cheval descent.	3880
	Cil toz honteus est sus salis.	
	Lors est l'uns de l'autre assalis;	
	As trenchans espees d'achier	
13180	Se fie[re]nt tot sanz manechier.	3884
	Ki lor veïst cops departir	
	N'i eüst cure du partir;	

3852 V Cele pucele devers moi   **3857** T affaire   **3866** V l. prist a   **3867** T alardist, V alardins; D Alardin daz swert lie schowen   **3868** V ne li a sa m.   **3871** T Que lespee p., VPEMQ Que la lance, U Que la hante; D daz enzwei fuor dez speres stap   **3881** V est toz s.; D uf sprang ginre mit grozer scham   **3882** V Lors fu   **3886** V c. de partir

Molt jectoient par grant ravine
Grans cops andui par aatine. 3888
Donent soi des espees traites
Sovent entrees et retraites.
Detrenchiez ont toz lor escus
Et lor elmes as brans molus. 3892
Cil qui plus puet ferir plus fiert;
Li plus poissanz l'autre requiert.
Lancent, fierent et s'entreboutent,
Et bien sachiez qu'il s'entredoutent. 3896
L'uns fiert sor l'autre fort et maille.
Molt par est dure la bataille,
Si fu molt ruiste la mellee.
Chascuns a tant l'oevre menee 3900
C'ainz que li premiers assax faille,
Poëz savoir sanz nule faille
Que lor escus ont si menez
Qu'a paines lor en est remez 3904
Tant que leur vaille un sol festu.
Nis li hauberc qu'il ont vestu
Ne furent ainc si fort maillié
Que molt n'en aient desmaillié, 3908
Si que parmi ont del sanc trait
De lor cors. Puis se sont retrait
Un petit del premier assaut.
Aalardins arriere saut, 3912
Et Karados par iert si chaus
Que faire ne li puet enchaus,
Car il ont soffert longue alaine,
Molt grant travail et molt [grant] paine. 3916
Tant qu'alaine lor rest venue,
Si tint chascuns l'espee nue,
Trestot a pié sus se requeurent
Pres qu'em boutant ne s'entr'acorent. 3920

3889-90 *D* manigen ingang und usgang stochent sü mit den swerten lang   3891 *V* toz les e.   3892 *V* Et les e.   3897 *V* lautre fiert et m.   3898 *V* par fu ruiste la b.   3899 *V* molt dure la m.   3901 *TV* ainc, *EMQUP* ainz; *D* e daz zergieng der erste louf   3905 *V* Tant qui lor v. deus festus; *D* daz sü verviengent me ein hor   3906 *V* vestus   3909 *V* Si que mi ont (−1)   3914 *D* daz er in niht möhte slahen bas   3920 *D* ze samene gros waz ir widerstos

Tant s'entredonoient grans cops
Parmi testes et parmi cops,
Et tot par tout ou s'entr'ataingnent,
La terre de lor sanc entaignent 3924
Qui d'ax corroit a grant merveille,
Et l'erbe en est tote vermeille.
Toz ont gironnez lor haubers.
13220 De lor sanc enrogist li fers, 3928
Qui parmi les mailles bolone.
Carados si grant cop li done,
Ne fust guenchis Aalardins
De lui fust adont faite fins, 3932
Car se de trestorner fust lens
13230 Fendu l'eüst treschi qu'es dens.
Et avec che qu'il tressali,
D 65 N'ot pas Karados si fali 3936
52c Que de son helme une partie
N'ait a l'espee departie
Et jus a terre trebuchié.
L'estor ont ja si rembrachié, 3940
Quar avoir n'i peüst confort,
C'on n'en veïst ja le plus fort.
Quant Aalardins vit la perte,
Por la teste c'ot descoverte 3944
Fors de sa coiffe solement,
Je vos di bien certainement
13240 Qu'il ne fust de gaire li pire,
Se ne fust che que trop l'empire, 3948
Car il s'estoit sanz nul trestor
Molt bien maintenus en l'estor.
N'encor, se ne li meschaïst,
Por Caradot ne dechaïst; 3952
Mais vers lui est molt empiriez
Li caples, s'en est molt iriez.
Et neporquant ne se faint mie
De lui vengier par escremie; 3956
Mais tels quide son dol vengier,

3927 *D* ir halsberge wurdent so zerzart   3933 *V* se destorner (−1)
3934 *V* leust desi es d.   3938 *V* Nait abatu une partie; *D* mit dem swerte ein stückelin   3944 *V* De la t.   3947 *V* Il ne f.

	Si come on dist en reprovier,	
13250	Qui se travaille tot en vain.	
	Tres le coute dusqu'a la main	3960
	La manicle li deslacha,	
	Mais a la char pas n'atocha.	
	Et por che rest acrus li duels	
	Que s'espee brisa en deus.	3964
	Sor l'une espee l'autre brise,	
	Tant que la chose est a che prise	
	Que Alardins du tout se rent.	
13260	Le pomel de s'espee tent	3968
	A Caradot, car bien se pense	
	Que plus n'i volroit sa deffense.	
	"Chevaliers, fait il, vez me chi	
	Qui me rent en vostre merchi	3972
	Si come al meillor chevalier	
	Ou mais me peüsse acointier.	
	A vos me rent come prison,	
	Mais, por Dieu, dites moi vo non,	3976
	Car trop m'avez batu le dos."	
13270	—"Amis, j'ai a non Karados	
	Et si sui niez Artu le roi.	
52d	Le vostre non redites moi."	3980
	—"Sire, ja ne vos ert celés:	
D 66	Aalardins sui apelez,	
	Nes sui du Lac, en la contree.	
	Ceste feme avoie encontree	3984
	Qui desdaignié m'avoit d'amour;	
	Dame de trestoute m'onor	
	Le quidai faire et de ma terre.	
13280	Vers son pere en esmui la guerre	3988
	Come cil qui riches hom ere;	
	Hui l'avoie tolu son frere,	
	Et vers vos bien la rescousisse,	
	Se plus de vos ne me dolsisse,	3992
	Mais vos avez trop grant bonté	
	Quant m'avez d'armes sormonté.	

3958 V dit   3959 V Qui sen t.   3960 V dusquen   3964 V Que lespee; D wan sin swert im enzwei brach   3967 V Que aalardins del tot rent   3968 T Les pomel, V Le pomel; D sines swertes knopf er bot   3969 V carados   3970 V Que riens ne volroit   3994 V Trop mavez

	Tant avons d'armes moi et vos	
	Fait, qu'il me covient rendre a vos."	3996
	—"Amis, Karados li a dit,	
13290	Dont vos estuet sanz contredit	
	A cele damoisele rendre	
	En sa merchi sanz plus atendre."	4000
	—"Sire, et jou irai volentiers."	
	—"Ha, sire, gentius chevaliers,	
	La bele Guiniers li respont,	
	Ce ne seroit por tot le mont	4004
	Que je trovaisse en mon corage	
	Que li pardonaisse l'outrage	
	De mon frere qu'il m'a tolu,	
13300	Se sains et vis ne m'est rendu;	4008
	Ne a baron ne le prendroie,	
	Ainchois traïner me lairoie."	
	—"Ha, bele, fait Aalardins,	
	Je le vos rendrai, c'est la fins,	4012
	Sain et sauf, se Damedieu plait	
	Que il el cors encor vie ait."	
	[L]ors sont tot troi errant monté	
	Et vont tant que tout acouté	4016
	Trovent Cador qui molt s'esmaie	
	Por la grant dolor de sa plaie.	
13311	A terre gisoit molt grevez;	
	Jamais d'iluec ne fust levez,	4020
	Car n'en issoit fu[n]s ne alaine	
	Se petit non. A quelque paine	
52e	Ont tant li vassal esploitié,	
	Qui ensi s'erent molt gregié	4024
	Por le travail qu'il ont eü,	
D 67	Que de la terre l'ont meü	
	Et mis par deseure un cheval;	
13320	Puis s'en tornent le fons d'un val	4028
	Entre Karadot et celui.	
	Sor un cheval erent andui,	
	Car seus tenir ne se peüst	

4011 *V* aalardis   4016 *V* aconte; *D* unde fundent in uf sime ellenbogen
ligende Kadors   4018 *V* De la g.   4021 *TVPQ* fus, *E* funs, *M* fust,
U pouz; *D* wan lüzel an im regete sich oder und otem sicherlich   4027 *V*
por desor   4032 *V* Se de li aide

Se d'autrui aïde n'eüst; 4032
Et Karados soëf l'en maine.
La pucele grant doel en maine,
Si grant n'est se merveille non.

Tant sont alé qu'un paveillon 4036
Trovent desus une riviere,
13330 Tendu molt bel de grant maniere.
Un pomel avoit d'or desus,
Plus bel ne vit onques mais nus; 4040
Et sist encoste deus pomiaus
Plus petis, mais molt erent biax.
L'aigle d'or par deseure estoit;
Les eles tendues avoit 4044
Ausi com se deüst voler.
Merveilles le sot bien doler
Qui le fist, car crués ert dedens,
Si que quant s'i feroit li vens 4048
Dont oïssiez grant melodie
Que ne sai que plus vos en die;
Mais bien sachiez, pas ne vos ment,
N'escoutissiez nul estrument 4052
De tot le mont plus volentiers.
Li aigles sambloit estre fiers,
S'ot deus escharbocles luisanz
Es oex qu'il ot molt flamboians, 4056
Et si tres grant clarté jectoient
Que tot le bos enluminoient.
Li trez estoit de bougueran;
Ne quit que des le tans Adan 4060
Fust mais nus plus riches veüs.
Ainc biax contes ne fu seüs,
Ne bele aventure onques dite,
Qui tote ne fust ens escripte. 4064
Les broches et tuit li paisson
52f Qui clooient le paveillon

4036 *D rubric* Hie kumt Karados zuo Alardins gezelt; *T* quau p., *V* Tant ont ale quun p., *EMQU* Tant quil trovent un p., *P* Atant truevent un p.; *D* bitz sü sohent ein gezelt   **4044** *V* fendues; *D* mit gestreketen vettichen gar   **4060** *V* adant   **4061** *V* Fust ainc mais plus   **4064** *V* Qui par dedens ne fust escripte

Ne vos saroie deviser,
Ja tant n'i saroie aviser. 4068
13331 Molt i avoit d'or et d'argent;
D 68 Onques ne vit nus hom si gent,
Se je tot dire vos voloie.
Li pres tot entor reverdoie 4072
Et l'iaue encoste estoit molt gente.
A Caradot molt atalente
Li lius et molt li samble biax;
Et li grans deduis des oisiax 4076
Qu'il oit chanter par le boschage
13340 Toute sa dolor rasoage.
"Ha, Diex! fait il, vrais rois celestre,
Tant fait ore laiens bon estre, 4080
Et tant est cil de Dieu amez
Qui del tref est sires clamez."
Et entruesqu'il ensi parole,
Oï le bruit d'une carole 4084
Qu'il vit dalez la tente bele,
Ou il ot mainte damoisele
Et mains jovenciax cler chantans;
Molt i estoit la joie grans. 4088
13350 Et plus encore s'esjoï
D'une merveille qu'il oï
Et ou il a mis plus s'entente,
Car a l'entrer de cele tente 4092
Avoit fait par enchantement
Deus ymages molt noblement.
L'une de la tente fremoit
L'uis et l'autre le desfremoit, 4096
Si n'i [avoit] autre portier.
Et avec che d'autre mestier
Servoient, car l'une ert maniere
13360 De harper et par grant maniere 4100
Tenoit le harpe devant soi.
Nus hom n'eüst ja fain ne soi,
Ne de nul mal ne li membrast,

4071 *V* je voir d.; *D* ob ichs üch alles bescheide   4074 *V* carados
4079 *T* celestes, *VPEMQ* celestre; *D* hei got, lieber herre min   4080 *V*
l. bel estre

	Por qu'il l'oïst, s'ele harpast.	4104
	Et l'autre ymage a l'autre part	
	Tenoit dedens sa main un dart.	
	Ja n'i veïst entrer vilain	
	Que ne le ferist tot de plain;	4108
53a	Ne ja n'alast cele partie	
	Hom qui plains fust de vilonie,	
	Que l'ymage a lui traist n'eüst	
	Le dart ainz qu'il s'em percheüst.	4112
	Selonc ce qu'il se fust mesfais	
	Li fust erranment li dars trais;	
D 69	Se grans fust, grans cops li donoit.	
	Et l'autre ymage qui tenoit	4116
	Le harpe, tel costume avoit	
	Dont Crestïens mix le prisoit,	
	Car quant ou meschine ou pucele	
	Entroit el tref, u damoisele,	4120
	Ja tant ne [se] seüst celer,	
	S'ele se feïst apeler	
	Pucele, por qu'el fust mesfaite,	
	Tant soltieument l'ymage gaite	4124
13371	Qu'erranment la harpe descorde	
	Et si desrompoit une corde.	
	Ja nule fois n'eüst sejor	
	De harper par nuit et par jor.	4128
	Mais tant i ot devision,	
	Ja le *Lai de l'Alerion*	
	Por nule chose ne notast	
	Se li sires nel comandast,	4132
	Ou contre lui ne feïst joie	
	Quant repairoit d'aucune voie.	
	Et par cel lai estoit seüs	
	Ses repaires et coneüs,	4136
	Que bien d'une loëe avant	

4108 V Quele nel f.   **4112** V Ancois que il; D eb er üt wurde gewar   **4115** V grant colp   **4118** D daz ez wol zuo lobende ist   **4122** V se volsist a.; D wolte sü sich us vür maget geben   **4128** V nuit ne p.   **4129-34** D ez hatte so vil fürsihtikeit, daz ez eine notte meit unde gevieng die niemer an, ir herre gebüte ez im dan. oder so er geritten kam, die notte men von im vernam   **4129** V ot de devision   **4135** T Et par chu la e., V Et par cel lai e.; D unde mit der notten wart bekant   **4138** V cel cant

Li oïst on harper ce chant,
Si que maintenant les puceles,
Dont el tref avoit de molt beles, 4140
Atornoient le paveillon
Contre lui de flors et de jonc,
Si que rendoient grant flairor
Les herbes contre le seignor. 4144
Quant Carados ot cel deduit
13380 Que faisoient el tref trestuit
Cil et celes qui ens estoient,
Qui encontre als si bel chantoient, 4148
Et li vallet et les puceles,
Les dames et les damoiseles,
Qui caroloient par le pre,
53b Adont demande par bon gre 4152
Aalardin se il savoit
Qui li biax paveillons estoit.
"Amis, ce dist Aalardins,
13390 Je sui li plus prochains voisins 4156
Que li sire ait du paveillon,
Qu'il n'i a seignor se moi non.
Mais de verité sachiez bien
Que je vos i main come al mien. 4160
Et cil qui ce bruit vont menant
Sont tot mi home et mi tenant,
D 70 Et je lor sires par nature.
Et de cest païs par droiture 4164
Sui je sires d'ancesserie;
Tout le tieg quite en ma baillie.
Quant vos en la tente enterrez
Molt de merveilles troverez, 4168
Et si i verrez ma seror
13400 A cui Diex otroit grant honor,
Car je l'aim autant com mon cors."
Atant s'en sont issu tot fors 4172
Cil del tref contre lor seignor
Por lui faire joie et honor.

4144 V contre lor s.   **4146** V faient (*−1*)   **4161** V q. cel b.
4164 V pais a d.   **4169** T serors   **4171-74** V *om.;* D sie ist mir
liep als min lip. do koment man, maget und wip von dem gezelt durch hohen
muot geben und eren irme herren guot

　　　　　　　Et quant il sont al tref venu,
　　　　　　　Aalardins a entendu　　　　　　　　4176
　　　　　　　A descendre de son destrier.
　　　　　　　Sa bele suer li tint l'estrier
　　　　　　　Et puis requeurt a la pucele,
　　　　　　　Si l'a mise jus de la sele.　　　　　　4180
　　　　　　　Et li vallet revont aidier
　　　　　　　A descendre le chevalier
　　　　　　　Qui molt estoit navrez parfont,
　　　　　　　Mais molt soëf descendu l'ont　　　　4184
　　　　　　　Et puis el paveillon porté.
13410　　　Et auques sont reconforté,
　　　　　　　Car si tres tost come ot oïe
　　　　　　　De la harpe la melodie,　　　　　　　4188
　　　　　　　Dont il sont tot esmerveillié,
　　　　　　　Fu Cadors un poi reveillié
　　　　　　　Ausi com s'il fust en un songe.
　　　　　　　Si nel tenez pas a mençoigne,　　　　4192
　　　　　　　Les herbes li font tel dolçor
　　　　　　　Qu'a paines sent mal ne dolor.
53c　　　　Et li soëf odorement
　　　　　　　Des especes et du pieument　　　　　4196
　　　　　　　Dont li paveillons estoit plains
　　　　　　　Li fisent ses membres lués sains.
　　　　　　　Et Aalardins tost apele
13420　　　Sa suer qui molt par estoit bele,　　4200
　　　　　　　La pucele du paveillon,
　　　　　　　Onques n'en oï autre non.
　　　　　　　"Dolce suer, fait il, je vos pri
　　　　　　　De ces chevaliers qui sont chi　　　　4204
　　　　　　　Venu ensamble aveques moi,
　　　　　　　Qui sont haut home, b[ie]n le croi,
　　　　　　　Et si sai bien qu'en tot le mont
　　　　　　　N'a meillors chevaliers qu'il sont.　　4208

4183-84 *D om.*　　　**4186** *V* Auques se sont r.　　**4187** *V* si trestot com ont oie; *D* wenne zestunt, do sü den sang erhortent und der seiten clang　　**4189** *V* sont esmerveillie (−1); *D* daz si alle wunder nam　　**4190** *V* cador un p. esveillie　　**4193** *V* tel odor; *D* die krüter gobent im solichen smac　　**4195-96** *D om.*　　**4195** *V* Et si soef　　**4198** *V* m. lors s.　　**4201** *D* die von dem Pavelun waz genant　　**4206** *V* Il sont　　**4208** *V* meillor chevaliers

           Et la pucele confortez
           Qui la est, qui tant a biautez.
           De li vos pri, ma bele suer,
           Faites ent tant com de mon cuer.   4212
D 71   Si chier com vos avez m'amour,
           De li faites si grant honor
           Que vostre pooir i metez,
           Et bien vos en entremetez.   4216
           Tant i metez paine et entente
13430   Que je vostre frere m'en sente.
           Et de moi qui molt sui blechiez
           Vos pri que durement m'aidiez."   4220
           Einsi a sa seror proiee.
           Sa proiere a bien emploie[e],
           Que durement i entendi,
           Si qu'ains set jors sainz les rendi.   4224
           Mon conte ne weil alongier;
           Je ne me weil pas delaier
           A raconter les medichines
           Ne les herbes ne les rachines   4228
           Dont gari furent li baron.
13440   La pucele del paveillon
           Honora de molt grant maniere
           La bele Guinier et tint chiere.   4232
           Et ains seroie toz lassez
           Que j'en eüsse dit assez,
           Mais puis l'eure que vos nasquistes,
           De tel joie parler n'oïstes   4236
           Come il firent laiens set jors;
53d   De mains plus anïeus sejors
           Avez oï alcunes fois.
           La s'entreplevirent lor fois   4240
           Et Cadors et Aalardins
13450   Et Carados; tels fu la fins
           Qu'a toz les jors mais de lor vie
           S'entretenroient compaignie.   4244

4216 *V* entrementez   **4230** *D* die maget von dem Pavelun   **4232** *V* guignier; *T* tient, *VU* tint, *PEMQ* ot; *D* und hette sü wert und türe   **4234** *V* Que je eusse toz contez   **4237** *V* il furent; *D* si triben ahte tage   **4238** *V* maint   **4239** *V* aucune   **4241** *V* cador   **4242** *V* carados ce est la f.

	Et Aalardins sanz dangier	
	Fist a damoisele Guinier	
	A son gre amendise et droit	
	De quanques mesfait li avoit.	4248
	Puis lor vint volentez ensamble	
	Qu'il s'en iroient, ce me samble,	
	L'endemain sanz demorer plus	
	Veoir la cort que tint Artus.	4252
	Bien matin se sont atorné;	
13460	D'iluec sont ensamble torné,	
	Si prenent un chemin a destre.	
	Et Karados s'amie adestre,	4256
	La bele Guinier, sans tençon;	
D 72	Et la bele du paveillon	
	Reva Cador acostïant.	
	Molt de merveilles vont contant.	4260
	Carados fu de grant valor;	
	Descombrez fu por la chalor,	
	S'ert plus biax que je ne devis.	
13470	Si avoit tot son pensé mis	4264
	A l'amour la bele Guinier,	
	Si qu'il n'osoit vers li gignier,	
	Car il l'amoit plus que son cors,	
	Si ne l'osoit mostrer de fors	4268
	La grant dolor qui l'ot saisi.	
	Amors acoardi l'a si	
	Que n'ose faire sa proiere	
	Ne dire li come il l'a chiere.	4272
	Et si l'avoit ja tant servie	
	Que s'amour a bien deservie,	
	S'estre puet que por bel servir	
	Peüst tel amor deservir;	4276
	Mais nus n'en puet estre seür	
	Qu'a bel servir covient eür.	
	Mais soit ore seürement	
	Que li eürs point ne li ment,	4280

4246 *V* guignier   4257 *V* guignier   4258 *D* unde die schöne von dem Pavelon   4262 *V* Deffublez fu   4265 *V* guignier   4266 *V* li cillier   4269 *V* grant amor qui; *D* den smerzen, den er truog innen   4273 *V* avoit tant (−1)   4275 *V* par bel   4278 *V* servir nestuece eur; *D* wan dienest wil gelüke han

Carados (III, 9)

53e
    Car bien verra encor un jor
    Qu'ele li mosterra amour.
    Mais de tot che atant vos lais.

13480
    IL chevalchent a grant eslais   4284
       Vers Carlion, ou cort tenue
    Avoit li rois. S'i ot venue
    Gent de mainte lontaine terre:
    De Normendie et d'Engleterre,   4288
    De Cornouaille et de Bretaigne,
    De par trestoz les pors d'Epaigne,
    De Gales, d'Yrlande, et d'Escoche;
    Mainte persone et mainte croche,   4292
    Mainte dame, maint chevalier.
    Onques Alixandres d'Alier
    N'en assambla tant en sa vie.
    Et al departir, par envie,   4296
    I o[n]t un grant tornoi empris
13490
    Rois Cadoalans et rois Ris.
    Li uns d'ax estoit rois d'Yrlande,
    Li autre de Brechelïande.   4300
    La place estoit de bos enclose,
    Ou doivent estre a Pasque close
    Por tornoier soz Carlion.
D 73
    En tot cest siecle nen est hom   4304
    Dont peüssent estre nombré.
    Molt se tenront a encombré
    Aalardins et Carados
    Et lor compains li preus Cadors,   4308
    S'il ne vienent, coment qu'il tort,
    Ainz c'on fust esmut de la cort;
    Mais tot autrement ert la chose

4279-80 *D* aber ern darf dez nüt sorgen, gelüke si im unverborgen
4289-90 *V inv.; D* von Cornvele und von Brittanie, von Galeis und von Apemie   **4290** *V* trestot les p. despaigne   **4291** *V* dirlande et descoce   **4296** *T repeated in ms.*   **4297** *TV* ot, *EMQU* ont; *D* wart ein gros turnei genomen von zweien, die dar worent komen   **4298** *V* cadeolans   **4300** *V* bresceliande   **4313** *D rubric* Hie kumment Karados und Alardin und Kadors zuo einem turnei zuo künig Artus hof mit irn swesteren beiden   **4315** *TV* p. avec lor oes, *EU* A bon point vindrent a lor eus (*U* oeus), *M* A b. p. vinrent a lor ores, *Q* A b. p. i vandront alores; *D* zuo rehten ziten daz ergieng

	Que chascuns d'ax ne la porpose.	4312
	Et sachiez, bien lor est venu,	
	Car il i sont tot troi venu	
13495	A molt bon point a oés lor oés.	
	Car li tornois comencha loés,	4316
	Qui avoit ja deus jors feru,	
	Quant il i sont al tiers venu.	
	Et sachiez que molt sont dolant	
	Por che qu'il ont esté si lant;	4320
	Trop se sont povrement hasté	
	Qui as premerains n'ont esté;	
53f	N'i ot nul d'ax qui n'en maldie	
	Et blastenge sa maladie.	4324
	"Honis soit, font il, lons sejors,	
	Car tolu nos ont ces deus jors.	
	Mais or parra del bien ovrer,	
	Si que nos puissons recovrer	4328
	Les deus jors que avons perdus."	
	Atant es les el bos venus	
	Ou il avoit molt de biax carmes.	
	La ont fait destorser lor armes;	4332
	Sor biax tapis les estendirent	
13500	Et a ax armer entendirent.	
	Cauches ont de fer tost cauchies,	
	Haubers vestus, coiffes lachies,	4336
	Lor brans çains, lor elmes laciez;	
	Puis ont les escus enbrachiez.	
	Li cheval sont covert de fer,	
	L'uns bais, l'autres sors, l'autre[s] ver,	4340
	Sor coi monté sont li baron.	
D 74	Chascuns ot lance et confanon;	
	Es lances ont bons fers molus.	
13510	Or deviserai lor escus:	4344
	Un escu d'or ot Karados,	
	Qu'il ot pendu joste son dos,	
	A une bordeüre fine.	
	Tos li païs en relumine;	4348

4323 V qui ne m.   **4337** V cains et elmes   **4340** V Lun bai lautre sor lautre ver   **4343** V ont les f.   **4351** T Luns deseure lautres d., V Lun deseure lautre d.; D der eine ob dem anderen stunt   **4352** V riches   **4357** V cadors

S'i ot deus lionciax rampans
De sebelin, non pas molt grans,
L'uns desoz et l'autres desus;
Ainc plus riche n'ot quens ne dus. 4352
Et Aalardins ot escu
Qui de gueles toz vermax fu,
S'ot em miliu un aigle grant
13520 Qui de voler faisoit samblant. 4356
Et savez quel ravoit Cador?
De sinople fu, ovrez d'or,
Et fu envols de riche pale
Dedens, qui fu fais en Thesale. 4360
Et la guiche s'estoit d'orfrois,
Si i fu mise demanois.
Quant sont armé, s'ont chevalchié
Tant qu'il sont del liu aprochié 4364
Ou li tornois molt grans assamble.
54a Mais lor puceles, ce me samble,
Sont en un destor demorees,
S'ont fait foillies de ramees; 4368
Herbe vert et flors ont coillies
Dont eles jonchent lor foillies.
Et cil se partent des puceles;
13530 Un chevalier laissent od eles, 4372
Et assez d'autre compaignie
Qui estoient de le maisnie
Aalardin et si tenant.
Lors remontent tot maintenant 4376
Tot troi sanz plus de parlement;
Les chevax brochent durement
Tant qu'il virent de Carlion
Les hautes tors et le donjon. 4380
Et vos dirai premierement
La place du tornoiement,
En quel maniere el fu assise.
D 75 De bos fu tot entor porprise, 4384
Fors de cele part solement

4359-60 *D* und innan wol gefurrieret mit eime richen baldekin   4360 V
fais a tesale   4368 V foillies et r.; *D* unde mahtent uz loube hüttelin
4389 V tans   4390 V Sos *corrected to* Sor; *D* an eime wasser lag Karleon

Ou li chastiax sist gentement,
Si que desoz la tour quarree
Avoit la plus bele valee 4388
Qui fust tant com li mons [ert lons].
Sor une aigue sist Carlions,
Qui ert grans et portoit navie
Dont la vile estoit replenie. 4392
En une lande soz la tour
Por tornoier font lor ator.
Et quant ce virent li baron
Le chastel de noble fachon, 4396
Par grant conseil se sont atrait,
En un brueil s'ont mis par agait
Pres de la tor, ne mie loing.
Ne sai que plus le conte aloing. 4400
Devisé ont, ce est la fins,
13540 Que premiers voist Aalardins
El liu ou li tornois ajoste
Por avoir la premiere joste. 4404
Et il atant d'ax se depart
Et vait querant de quele part
Se peüst plus delivrement
Fichier el grant tornoiement, 4408
54b Tant qu'a la tour s'est acostez,
Dalez un des plus biax costez;
13550 S'a choisi a une fenestre
Une pucele de bel estre 4412
Qui la tour molt enbelissoit
Plus qu'autre chose qui i soit.
Ele atorne ses oex aval,
Le chevalier sor son cheval 4416
Voit qui estoit luec arestez.
Ne li a pas ses oex prestez,
Ainçois li a trestoz bailliez.
Puis fu de li bel araisniez: 4420
"Sire chevaliers, Diex vos salt."

4397 *V* g. esgart se sont la trait   4401 *V* ce nest   4406 *V* de lautre p.
4409 *V* la cort sest; *D* dez turnes an daz schönste teil   4413 *T* enbelistoit,
VEMQ embelissoit, *U* enluminoit; *D* der schonheit den turn zierte bas
4415 *V* atorne le chief a.; *D* ir ougen kerte sü zetal   4420 *T* de lui, *VU*
de li, *EM* par lui, *Q* par li; *D* si gap si im aber lidikliche und sprach vil
gezogenliche   4425 *V* dist il

13560	Et Aalardins garde en haut,	
	Voit celi qui l'a araisnié;	
	Molt li sambla bien affaitié.	4424
	"Pucele, fait il, bien aiez,	
	Proi vos que ne vos esmaiez	
	Por che, se chi m'avez veü."	
	—"Sire, quant j'averai seü	4428
	Coment vos faites apeler	
D 76	Et qui vos estes, sauf aler	
	Sanz nule doute vos donrai."	
13571	—"Pucele, et je le vos dirai,	4432
	Car je quit por vostre acointance,	
	Se Dieu plaist, n'arai destorbance:	
	Aalardins du Lac ai non.	
	Je ne vieng chi se por ce non	4436
	Que volrai aler tornoier;	
	Et si ne vos quier ja noier,	
	Car se je puis, ensi irai	
13580	Que ja coneüs n'i serai."	4440
	—"Irez vos dont sanz compaignie?"	
	—"Oïl, certes, n'en doutez mie."	
	Lors li demande dolcement:	
	"Pucele, a cest tornoiement	4444
	Savez mon se mesire Yvains	
	I ert, ne mesire Gavains?"	
	—"Oïl, voir, sire, il i seront,	
	Et trestot li meillor du mont."	4448
	Et il de joie en tressali,	
13590	Et puis son cheval porsali;	
	Si plot molt a la damoisele.	
54c	Toz li cuers li rit et sautele	4452
	De la grant joie qu'ele en a.	
	Par drüerie li dona	
	Sa mance qui'st de sciglaton,	
	Et il en a fait gonfanon.	4456
	Et ele le ra apelé:	
	"Or ne vos ert hui mais celé,	

4428 V je avrai **4431** V nule faille v. **4445** V Savez nient se m. y.
4449 T joie entre entressali (+1) **4455** V m. quest de **4460-62** D
wüssent daz daz herze min üch kündet soliche mere, die mir ligent gar swere

Sire chevaliers, fait li ele.
Sachiez que molt mes cuers seele 4460
A vos dire de cuer parfont
Choses qui molt grevees m'ont.
Vos estes cil, bien le vos di,
De toz ciaus que j'onques mais vi, 4464
De qui plus acointes ne soie,
Ou je mix acointier volroie;
Car maint bien ai de vos oïs,
S'en est mes cuers toz resjoïs 4468
Por che qu'estes en cest païs.
Li rois Ris est a moi baïs,
Ausi est rois Cadoalans;
Mais encor n'est entrez li ans 4472
Que je nul d'ax volsisse avoir
Por richece ne por avoir.
Et bien sachiez que je vos aim,
Et por che d'ax a vos me claim; 4476
Si weil que soit apercheü,
Amis, que je vos ai veü.
Amis! Diex, qu'es[t] che que je di?
Quant je onques mais ne vos vi. 4480
Por che vos aim que tant vos pris,
Et por che qu'estes de tel pris.
Et por che ciax haz et mesprise
Que faite ont vers moi tele emprise 4484
Qu'avoir me welent par orgueil;
Et je d'ax nul avoir ne weil.
Et tot por mi, par grant desroi,
Ont il chi empris cest tornoi 4488
Devant moi desoz ceste tour,
Por che que j'a l'un d'ax m'atour.
Li rois Artus i doit venir
Por le meillor d'ax deus choisir 4492
Quant il tornoié averont;
Mais ja certes por che n'aront
M'amour, ne ja Diex nel consente
Que mes cuers a nul d'ax s'asente; 4496

4467 V mains biens   4471 V cadoelans   4476 V por dax a (−1)
4479 V ques ce   4484 V Qui f.   4499 V orgueus fust a.

Car cil seroit molt mes amis
Qui au desous les avroit mis.
Se lor orgueus ert abatus,
Toz mes cuers seroit resbatus 4500
Del corrous que j'en ai eü."
Lors a Aalardins veü
Que ja ot maint home en la place.
"Pucele, fait il, or vos place 4504
Que vos me dites vostre non,
Se il puet estre, autrement non."
—"Amis, mes nons define en 'or',
Car on m'apele Aguigenor. 4508
Parente sui le roi Artu,
Car ma mere sa niece fu
Et s'est suer monseignor Gavain;
Et mes pere est Guiromelain, 4512
S'a ma mere a non Clarissans.
Por li fu fais acordemans
De la bataille qu'il doi firent
Ou il molt fort s'entrelaidirent, 4516
Car li rois si les apaisa
Que mes oncles Gavains laissa
Avoir a espouse ma mere
Au Guiromelant, le mien pere. 4520
Or vos ai dit trestout mon estre,
Si proi a Dieu qui me fist nestre
Qu'il me laist reveoir le jor
Qu'a moi parlez plus a sejor." 4524
—"Amie, fait Aalardins,
Toz sui vostres, c'en est la fins.
Vostre grasse volroie avoir,
Sachiez, plus que nul autre avoir 4528
Qu'en tot le monde avoir peüsse,
Por tant que solement seüsse
Que ce peüst ja avenir
Qu'il vos daignast resovenir 4532
De moi, ma dolce chiere amie.

4508 *V* Que on mapele guiienor; *D* ich bin genennet Gyngenor 4512-13 *D* min vatter heisset Gramaflan unde min muoter Ytonie 4517-20 *D* zuo samene so gap künig Artus minen vatter unde mine muoter alsus 4524 *V* p. assejor 4536 *V* De c.

　　　　　　　Hui mais ne demoërra mie
　　　　　　　Li tornoiemens qu'il n'asamble;
　　　　　　　Des chevaliers voi ja ensamble　　　4536
　　　　　　　Laval grans tropiax assambler.
54e　　　　　Je volrai as premiers joster,
　　　　　　　Se Damediex m'en velt aidier.
　　　　　　　Amie, or de bien sozhaidier　　　　4540
　　　　　　　Que li vrais Diex par sa puissance
　　　　　　　Doinst que par moi aiez puissance
　　　　　　　D'avoir ce que vos cuers desirre."
　　　　　　　—"Et Diex le m'otroit, biax dols sire."　4544
　　　　　　　Aalardins atant s'en part,
　　　　　　　S'a encontré a une part
　　　　　　　Un haut baron de grant afaire.
　　　　　　　Bien fait samblant qu'il weille faire　4548
　　　　　　　La premiere joste en l'estour.
　　　　　　　Grant compaignie et riche atour
　　　　　　　Avoit et armeüre bele;
　　　　　　　Son eslais fait vers la pucele.　　　4552
　　　　　　　Par grant orgueil que il demaine
13650　　　　Fera la joste premeraine.
　　　　　　　Mais sovent ai oï conter:
　　　　　　　Orgueus ne puet longues monter,　4556
　　　　　　　Et qui plus monte qu'il ne doit,
　　　　　　　De plus haut chiet qu'il ne voldroit.
　　　　　　　Savez ore com ce fu fait?
　　　　　　　Rois Ris i avoit son agait,　　　　4560
　　　　　　　Et il et cil de son atour,
　　　　　　　Dedens la çainte d'une tour.
　　　　　　　Et rois Cadoalans d'Yrlande
　　　　　　　D'autre part dalez une lande　　　4564
　　　　　　　Ravoit le sien recetement;
　　　　　　　Si vos dirai comfaitement:
D 79　　　　La lande ert close d'un fossé
13660　　　　Haut et molt parfont enfossé,　　　4568
　　　　　　　Qui d'une part le bos clooit.
　　　　　　　Et un pont torneïs avoit
　　　　　　　Par ou tot cil et celes passent

4541 V vrais rois par　　4547 V Un grant b. de haut a.; D ein hoher fürste landes rich　　4573 V ne pooit　　4575 V A deus r.

Qui de la lande ens el bos passent, 4572
Qu'aillors n'i pooit on passer.
De ce me weil outre passer
As deus rois dont ichi vos dis,
Qui le tornoi avoient pris. 4576
Ris avoit le chastel a chois
Et Cadoalans ot le bois.
Ris li rois par dehors le porte
Toz armez ert ou se deporte, 4580
54f Si volt joster premierement.
Et Aalardins erranment
13670 Le cheval broche, si se lance,
Et ot enson l'espiel le mance 4584
Que li ot doné la meschine;
Puis s'en vait par molt grant ravine.
A l'assambler les lances brisent,
Car bien ingalment les conduisent. 4588
Et a cele joste premiere
Fu li rois Ris de grant maniere
Desirrans d'encor a lui joindre.
Es vos qu'il reprenent lor poindre, 4592
Si se sont fait lances baillier
Molt bones a un escuier.
Lors se raficent es estriers
Molt fort et brochent les destriers, 4596
S'a chascuns a lui l'escu trait.
A l'asambler l'a molt bien fait
Li rois, qu'il fiert Aalardin,
Mais la lance tost li fait fin. 4600
Aalardins l'a molt bien solt,
13680 C'ainc cil si garder ne s'i solt
Que lui od le blanc ronchinel
N'ait abatu en un moncel. 4604
Et quant a terre se senti,
Sachiez que poi s'i consenti,
Et Aalardins li repaire.
Ja convenra que il i paire 4608
Li quels se mainterra plus gent.

4577-78 D künig Ris die letze hatte bestalt, der künig Kadoalans den walt
4586 V sen vint   4599 V rois qui f.   4601 V A. li a bien

> Li rois i avoit molt de gent,
> Mais Aalardins ert toz seus,
> S'est molt hardis et corageus; 4612
> Bien les quide toz sormonter.
>
> 13690 Si com li rois dut remonter
> D 80 Sor le cheval, cil li revient
> Qui le brant nu en sa main tient, 4616
> Si n'a laissié por son roialme
> Que ne l'en ait doné sor l'iaume,
> Si que jus le ra abatu.
> Atant sor als sont embatu 4620
> Vint chevalier par grant esfroi
> Por faire remonter le roi,
> Mais Aalardins ne lor laisse;
>
> 55a Molt durement lor orgueil plaisse. 4624
> Tout la ou voit le grande presse
> Au brant lor vait doner confesse;
> Cui il puet a plain cop ferir
> Ja n'i covient autre ferir. 4628
> Et il le ront tant debatu
> Qu'a poi qu'il ne l'ont abatu
> De son cheval et mis a terre.
>
> 13700 Molt est mal partie la guerre 4632
> D'un tot seul home contre vint,
> Et neporquant bien l'en avint,
> Car s'il li prestent, il lor solt,
> S'i[l] li tolent, ausi lor tolt. 4636
> N'ainques por esfors qu'il eüssent
> Ne por rien que faire peüssent,
> Ne le porent tant sormonter
> Qu'il puissent le roi remonter. 4640
> A ce n'orent loisir d'entendre,
> Car ses cops n'osoient atendre;
> Ains le fuient ausi com bestes,
> Car il doutent perdre lor testes. 4644
> Le roi n'en menassent il pas
> Ne l'ambleüre ne le pas,
> Se ne refust uns grans secors

4611 V est toz; D Alardin do alleine waz   4625 V ou il v. le grant p.
4635 V sil lor p.

	Qui de vers le chastel est sors.	4648
	Einçois que plus m'oiez conter,	
13710	Vos volrai un poi raconter	
	Des meillors chevaliers del monde;	
	Ce sont cil de la Table Ronde,	4652
D 81	Qui al tornoiement venoient	
	Por savoir as quels se tenroient.	
	Sachiez n'erent pas d'une part,	
	Ains en ot de chascune part.	4656
	Avec le roi Cadoalant	
	En furent tot li plus vaillant,	
	Car ce fu mesire Gavains	
	Et ses cousins mesire Yvains,	4660
	Et s'i fu Keus li seneschaus	
13720	Qui molt par iert preus et vassax,	
	Se ce ne fust que molt le blece	
	Que la langue ot trop felenesce.	4664
	S'i fu Lucans li bouteilliers,	
	Et bien des autres deus milliers	
55b	Dont ne weil mon conte encombrer	
	D'als ne de lor nons aconter.	4668
	Et d'autre part rois Ris de Gales	
	Ot od lui un roi d'Outregales	
	Qui estoit trop bons chevaliers;	
	Galegantins et Beduiers,	4672
	Engrevains et li fix Arés,	
	Et Saigremors li Desreez,	
	Et Cligés li fix Lac le roi	
	Qui bons chevaliers ert de soi;	4676
	Li Biax Coars, li Lais Hardis,	
	Kahendines, et Bran de Lis,	
	Li Riches Soldoiers i fu,	
	Et mesire Ydiers li fix Nu.	4680
	Et si i fu uns riches quens	
	Qui avoit non li Biax, li Buens,	
	Et avec lui ert Bleheris.	
	Tot cil erent avec roi Ris;	4684

4660 *V* ses compains m.; *D* und sin geselle her Ywen   **4662** *V* molt estoit preus   **4673** *V* arez   **4678** *V* Et kahendins et   **4679** *V* sodoiers   **4680** *D* und her Ydierz der lantfarer   **4684** *V* erent od le roi

S'i ot maint autre chevalier,
13730 Plus de cinc cens et un millier.
Et tant ot serjans amassez
Qu'il en avoit le plus d'assez 4688
Que n'en avoit de l'autre part
Li chevaliers de bone part.
Et li bons mesire Gavains,
Cil estoit mis avec le mains, 4692
Car d'aidier est grans cortoisie
A ciax qui mestier ont d'aïe.
Neporquant je ne vos di mie
Qu'il n'i ait grant chevalerie, 4696
Car tot erent bon chevalier;
D 82 Mais por Gavain furent plus fier,
13731 Et por la bone sorvenue,
Qui lor rest d'autre part venue, 4700
De Alardin qu'il ne connoissent.
De lui aidier forment s'angoissent
Quant l'ont choisi en si grant paine
Por le roi Ris que pris en maine; 4704
Car si com nous trovons le conte
Qui ceste estoire nos raconte,
Ou bel lor fust ou mal lor sache,
Tos seus fors de ses gens le sache. 4708
As vint l'a tolu trestoz seus
55c Si com le brebis ravist leus.
Nus ne vient qui s'i ost desfendre
Que Alardins tot ne porfende 4712
Ou ne li toille pié ou poing.
Li secors n'ert ja gaires loing,
Qui de vers le chastel descent
As remanans des premiers cent 4716
Qui n'estoient mie soissante,
Car bien en gist plus de quarante

4705-06 *D* als uns die mere betüten kan   4711 *V* qui li ost   4712 *V* Que aalardins tout nel p. (+1)   4714-19 *D* schier wart retten im bekant von den, die nebent der bürge har rittent, wande von der ersten schar sint minre denne fünzig bliben, wenne me denne sehzig worent getriben zuo der erden wunt und tot   4716 *TV* Li remanans   4720 *V* engregiez   4722-23 *D* sü sluogent und stochent in, sü sluogent uf in so ze flis

13735

A terre mors ou mehaigniez.
Lors a primes est engreigniez 4720
Sor Aalardin li estours;
Lors veïssiez molt grans retors
Sor lui revenir demanois.
Rescous li est tost Ris li rois, 4724
Qui molt ot esté entrepris,
Qui son hardement ra repris;
Car devant ne s'osoit desfendre,
Si que il se voloit lués rendre, 4728
Car Alardins li ot donez
Teus cops dont toz fu estonez.
Quant vit aprochier les sordens,
Si raquelt a mostrer les dens. 4732
Sor Aalardin son brant lieve,
Tel cop li done qu'il le grieve.
Si durement son cop emploie
Que tot son elme li remploie, 4736
Si croi bien qu'Alardins fust mors
Se la coiffe ne fust si fors.
Mais Alardins tost li repaie
Tel cop qui fait li a grant plaie 4740
Enson la teste al miex parant;
Ainc de son elme n'ot garant.

D 83

Et quant li rois Ris voit qu'il saine,
Si escrie molt fort s'ensaigne, 4744
Car a molt grant aïr li torne
Ce c'uns hom seus ensi l'atorne,
Et lui et tote sa compaigne.
Toz les confont, toz les mehaigne; 4748
Les uns boute, les autres chache
Com l'espreviers l'aloe chace.
"Or i parra, or i parra,
Fait il, coment le comperra 4752

55d

Cil deables, cil vis malfez,
Qui tant nos a hui eschaufez
Et ma teste m'a fait sanglente;

4726 V h. a repris geriet er widergrinen
4740 V cop que f.
4731-32 D aber do er kumen sach die sinen, do
4736 D daz der helm uf die kuppen entweich

Poise moi s'il n'en a sa rente. 4756
Or i parra de lui merir,
Vengons no honte a lui ferir."
Ne weil ceste estoire alongier
Ne l'afaire plus porlongier 4760
De che que je dire vos doi.
Es vos comenchié le tornoi
Sor Alardin trestot de bout,
Dont d'espiel senti le debout 4764
Et fu ferus de mainte espee;
Et il mainte jambe a colpee.
S'il l'ont feru, il les refiert,
Et sauf ce que nus nel conquiert 4768
A il conquis et los et pris.

13740 De totes pars l'ont entrepris
Et li venant et li venu,
Et il toz seus a maintenu 4772
Le tornoiement et l'estour,
Tant qu'il vit par dalés la tour
Cador son compaignon venir.
Or penst de lui molt bien tenir 4776
Qui vers lui en venra premiers.
Ce fu li Riches Soldoiers
Qui aloit joste demandant.
Andoi se vont si fort ferant 4780
Que la lance le Soldoier

13750 Froissa, qu'ele ne pot ploier.
Et Cadors a si feru lui
Qu'a terre trebuchent andui, 4784
Cheval et seignor en un mont.
Cadors de rendre le semont,
Mais encor n'ot talent de rendre,
Ains fait samblant de lui chier vendre. 4788

D 84 Si a chascuns l'espee traite;
Ja eüst l'uns fait [l'autre] entraite,
Quant Saigremors li Desreez,

4764 *V* senti maint d.; *D* vil manig stich kam uf in   **4777** *TV* Que vers, *EMQU* qui v.; *D* gegen im reit zuom ersten der der werde riche Soldener   **4790** *T* Ja eust li uns fait entraite, *V* Ja eust luns fait lautre e., *EMQU* Ja feist li uns (*MQ* lun a) lautre antrete; *D* sü hattent vaste sich **verwunt**

Carados (III, 9)

13760	Qui gentement ert conraez	4792
	Et ot od lui grant compaignie,	
	A Cador point, lance aloingnie.	
	De totes pars l'ont a bandon	
55e	Feru de muete et de randon;	4796
	Molt l'ont griement aconseü,	
	Mais du cheval ne l'ont meü.	
	Qui dont veïst com se contient!	
	L'espee nue en sa main tient,	4800
	Entor lui fiert de toutes pars	
13770	Plus fiers que tygres et lupars.	
	Molt par i ot grant capleïs	
	Sor Cador et grant fereïs,	4804
	Mais il se paine de desfendre,	
	Testes brisier, et tot porfendre;	
	L'un fait manchier, l'autre escachier.	
	La presse ront al brant d'acier,	4808
	Tot le plus hardi fait dolant.	
	Bien s'i aïde, et neporquant	
	Tant fait d'amour et de bonté	
13780	Al Soldoier qu'il l'a monté.	4812
	Quant Cadors Alardin esgarde,	
	A cui Cadoalans trop tarde,	
	Lors ne se volt plus atargier	
	Que il tost ne li voist aidier.	4816
	Et quant il doi furent ensamble,	
	N'i ot nul entor aus ne tramble;	
	Molt lor ont rendu grant estor.	
	Et les puceles de la tour	4820
	Se merveillent que ce puet estre;	
13790	Mais la bele de le fenestre	
	A cui Aalardins parla,	
	Cele pas ne s'en merveilla	4824
	Por che que parlé i avoit;	
	A si tres vaillant le savoit,	
	Ce qu'ele en voit ne li desplaist.	
	Hui main li pleut et or li plaist,	4828
	Car bel le vit et ore buen.	

4794 *TV* Et cadors p., *EU* Vient a cador, *MQ* Point a cador; *D* koment gerant uf Kador   4802 *V* tigres ne l.   4804 *V* et fort fereis   4807 *V* f. manch et lautre   4813 *T* aalardin (+*1*)   4832 *V* b. da lui p.

	Ne li a doné plus du suen	
	Que les oex por lui regarder,	
13800	Et sa bouche de lui parler,	4832
	Et son cuer por penser a lui,	
	Et son cors que n'i parte autrui.	
	Et Aalardins d'autre part	
	Por s'amour maint cop i depart.	4836
D 85	Ele sovent li done esgart	
	Et proie Dieu que il le gart;	
55ƒ	Ensi ens en son cuer devise.	
	Et Jhesucris, par sa franchise,	4840
	Par s'oroison le volt garder,	
13810	Que molt li plaist a regarder.	
	Et Cadors aloit tornoiant;	
	Si ne sevent encor noiant	4844
	Dont il fu nez et qui il ere,	
	Qui fu ses pere ne sa mere.	
	Une pucele en la tour ot	
	A cui Cadors forment replot,	4848
	Et sachiez que molt est dolente	
	Qu'el ne[l] cognoist, et met s'entente	
	Sovent a savoir qui il est,	
13820	Car a merveilles le voit prest	4852
	De grans cops et paier et rendre,	
	Bel envaïr et bien desfendre.	
	N'est hom qui miex le peüst faire;	
	Ce qu'il fist n'ert pas a refaire.	4856
	Cele a lui veoir ses oex fiche,	
	Et a li meïsme s'afiche	
	Que molt grant joie al cuer ara	
	Quant ele qui il ert sara.	4860
	La pucele dont je vos di	
13830	Ert suer monseignor Cahendi,	
	Si estoit nee de Bretaine,	
	Cousine Caradot germaine;	4864
	Si l'apeloit on bele Ydain,	

4834 V Son c. que ne p. a autrui   4839-42 D got mueze ouch der gehüren geben, so wünschete er, vil langes leben   4839 T Et cil ens, V Ensi ens, *EMQU* Qan (*MQ* En) son cuer li frans hom devise   4842 V li plot a   4845 V nez ne qui   4847-48 D *placed before 4843* 4858 V meismes safiche   4862 V Et suer; D waz swester hern Kahendin

Et s'ert parente al preu Gavain.
Droit est venue a Guigenor,
Si parole a li de Cador 4868
Et dist: "Pucele, veez vos
Ces deus chevaliers merveillous
Laval en l'estour caploier
13840 Et lor proëces emploier? 4872
En veïstes vos ainc mais deus?
S'il moroient dont fust teus dels
Come d'ax deus en fin seroit.
Vez come est biax en tot endroit 4876
Cil a cel escu broudé d'or
Qui siet desus cel cheval sor.
Veez coment il se maintient.
C'est cil a cui mes cuers se tient." 4880
D 86 —"Il est molt preus, fait la meschine,
56a Et cil a ces aigliax d'ermine,
A l'escu de gueles vermeilles,
Se remaintient bien a merveilles; 4884
C'est cil qui le mix le fera,
Qui les autres desconfira."
Molt loe chascune le suen,
Si n'en osent dire lor buen 4888
Ne descovrir tot lor penser,
Ne del tot nel welent celer,
Ainz en vont entre eles parlant.
13860 Es vos le roi Cadoalant, 4892
Ensamble od lui monseignor Ke.
Et sachiez bien de verité
Qu'avec als vint li bons vassax,
Ce fu li Galois Perchevaus, 4896
Et la plus bele compaignie
Qui ainc mais nul jor de vo vie
Fust menee en estor por roi.
Molt ont resbaudi le tornoi 4900
Quant il vinrent a l'asambler.
13870 Tote font la terre trambler,

4863 V bretaigne   4870 V Ce deus c.   4876 T toz, V tot; D sohent
ir bi üweren joren ie keinen so rehte geboren   4877 V borde dor
4883-84 TV inv.; D in dem schilte rot bisunder, der enthaltet sich wol zuo
wunder; EMQU with D   4892 V Atant es r.

Brisent lances, perchent escus,
Grans cops donent as brans molus. 4904
L'un font chaoir, l'autre lever;
Li fort font les febles grever.
Molt i veïssiez chevaliers
Chaoir, et chevax estraiers 4908
Sanz seignor et sanz avoué;
Maint pié et maint bras deslöé,
Cuisses fraites et poinz trenchiez
[De tans bons chevaliers prisiez.] 4912
L'uns fuit, l'autres se fait chacier;
[Molt en veïssiez embronchier.]
Dire peüst qui les veïst
Que mal converser i feïst, 4916
Car qui ne se seüst deffendre
13880 Molt tost li covenist descendre;
Ja n'i eüst estrier tenu.
Li coart sont molt mal venu, 4920
Car li malvais et li coart
N'osent aproichier cele part.
D'Yrlande rois Cadoalans
Ne se maintient pas come lans. 4924
Toz li premiers qu'il encontra,
Sachiez qu'a lui mal encontre a,
56b Qu'au joster l'abati enviers:
13890 Et ce estoit li rois Ydiers. 4928
Et Keus ausi li seneschaus
Se recontint come vassax,
D 87 Car al premier poindre qu'il fist,
Vos di por voir que il se prist 4932
Du tot al plus contralïeus:
C'est Engrevains li orgueilleus.
Mix assambler nes peüst nus,
Car se l'uns ert fel, l'autre plus, 4936
Et molt sont anïeus andui,
13900 Plain de felonnie et d'anui.
Il se fierent par grant contraire.

4912 *TVD om.* (*see note*)   4914 So V, *T om.*; *D* men möhte manigen flühtig schowen   4921-22 *D om.*   4928 V yders   4934 V Cert agrevains; *D* Agravens waz er genant

Tant com des chevax püent traire 4940
Ont hurté de si grant vertu
Que li uns a l'autre abatu.
Du relever ne m'entremet;
Fols est qui entr'ax deus se met. 4944
Et Perchevaus li bons Galois
En son venir en abat trois:
Tot premier abati Cligés,
13910 Et aprés Tor le fil Arés. 4948
Et savez qui li tiers refu?
Li biax Ydiers fix le roi Nu.
Et tot li autre del conroi
L'ont bien fait, chascuns endroit soi. 4952
Mais trop seroie debatus
Ains qu'abatans et abatus
Vos peüsse avoir acontez.
Molt ot Perchevax de bontez, 4956
Ausi ront li doi compaignon
13920 Qui tant ont esté el paignon;
Petit i ont eü repos.
Sor toz les autres ont le los, 4960
Car il le doivent bien avoir,
Car par force et par estavoir
Ont le roi Ris si amusé
Que si home sont reüsé, 4964
Si que li Riches Soldoiers
Ne Saigremors ne Beduiers,
Ne tot li autre chevalier,
13930 Ne se sorent tant traveillier 4968
C'onques al roi rendre poïssent
56c Son cheval, ne sus le meïssent,
Se ne par fust li Biax, li Buens.
Li rois Ris malgré toz les suens 4972
I fust toz pris et retenus,
Quant por lui secorre est venus,
Od lui grant gent de son conroi
D 88 Qui tele honor ont fait le roi 4976

4948 V arez   **4958** V poignon; D die sach man menigen vellen
4964 V refuse; D daz sü alle hindersich drungent   **4973** V fust tost p.
4976 V Que tele   **4978** TV Mais ne, EMQU Or ne vos porroit nus
conter; D aber nieman kan gesagen daz   **4981** V De alardin et de c.

            Qu'a force le firent monter.
13940   Nus ne vos porroit aconter
            La grant angoisse et le destrece,
            Le hardement et le proëce   4980
            De Aalardin et Cador
            Qui par terre ont mis Saigremor.
            Mais remonté l'a Bleheris,
            Si va aidier le bon roi Ris.   4984
            Sor les deus compaignons loiaus
            D'autre part revint Perchevaus,
            Si a feru le Bel, le Buen,
13950   Si que dolent en sont li suen;   4988
            Car vers son cop ne puet tenir
            Qu'a terre ne l'ait fait caïr.
            Et quant il l'ot a terre mis,
            Que ne s'en gabast Bleheris,   4992
            De lui meïsme autretel fait.
            Molt redoutoient son agait,
            Car il n'ataint a cop nului
            Que tost ne soit fait fin de lui.   4996
            Quant Alardins voit Percheval
13960   Qui s'aidoit a loi de vassal,
            Lors si a un cheval tramis,
            Que par sa proëce ot conquis,   5000
            A damoisele Guigenor
            Par son bon compaignon Cador.
            Mais ainz que fust d'iluec partis,
            I ot mains grans cops departis.   5004
            Cadors s'en vait vers la fenestre.
            "Bele, cil Diex qui vos fist nestre,
            Fait il, vos salt et beneïe,
13970   Et tote vostre compaignie,   5008
            De par un vostre chevalier
            Que vos veez la chevalchier
            A l'escu de gueles vermeilles,
            Qui a cest tornoi fait merveilles.   5012
56d   C'est cil que vos orains veïstes,

4990 V fet venir   4999 T Lors li a, V Lors si a; D so sant er ein ros
gereit   5003 V ainc que f. diluec parti   5004 V maint grant cop
departi   5014 V Et qui le

A cui le gonfanon feïstes
De vostre mance bel et gent.
De cest cheval vos fait present 5016
Par moi, car il l'a hui conquis
13980 Desor vostre ami le roi Ris.
C'est ses gaains certainement,
D 89 Li premiers del tornoiement." 5020
—"Amis, la bele si respont,
Li rois qui sa scïence espont
A trestoute sa creature
Li otroit grant bone aventure. 5024
C'est li chevaliers que je sache
Qui plus mon cuer a s'amor sache;
Car je m'en sui apercheüe,
13990 Si n'ai pas esté decheüe, 5028
Por les biens que j'en ai oïs,
Dont mes cuers est toz esjoïs;
Car assez i voi plus bonté
C'on ne m'en a dit et conté. 5032
Bien est dignes d'avoir amie,
Et s'il velt, il n'i falra mie;
Car il l'a ja presentement.
Mercïez le de cest present, 5036
Se li dites que je li mant
14000 Que soie sui a son comant
Et serai mais tote ma vie.
Si nel tenez a vilonnie 5040
Se je vos demant vostre non,
Ne se vos estes compaignon;
Car molt par avez vasselage
Et bien samblez de haut parage." 5044
—"Damoisele, sachiez sanz faille,
Cadors ai non de Cornuaille,
Compaignon somes il et gié.
14010 Des ore vos demant congié, 5048
Car molt m'est tart qu'arriere soie."
Une lance a penon de soie
Li a lors la bele baillie
Qui de s'amour ert traveillie. 5052

5032 V dit ne c.   5039-68 D om.   5051 V lors bele yde baillie

	Et si li dist: "Sire, tenez	
	Ceste lance et si m'amenez	
	Cest chevalier sor cel cheval	
56e	Que voi aler parmi cel val,	5056
	Si va vers le tornoiement.	
14020	Si sachiez molt a hardement;	
	On l'apele Guigambresil,	
	Et de vos anemis est il."	5060
	Et Cadors sanz plus demorer,	
	Por son hardement esprover,	
	Par grant viguer celui enchauce	
	Si qu'al joster le deschevalche.	5064
	Si a fait le comandement	
	La bele Ydain molt vistement,	
	Car tout a force, ou weille ou non,	
14030	A li l'en envoie en prison.	5068
	Onques por ce n'i fist trestor,	
	Ainz est entrez el grant estor,	
	Et tint la lance ens en sa main	
	Que doné li ot bele Ydain.	5072
	Tout le premier qu'il pres ataint	
	A tot plat a la terre empaint.	
	Et bien ra celui emploié,	
	Qu'aprés l'autre l'a renvoié;	5076
14039	S'en a la bele Yde grant joie.	
	Bien cinc ou set en y envoie.	
	"Suer, fait ele a Aguigenor,	
	Gentil vassal a en Cador;	5080
	Bien sai que il pas ne m'oublie.	
	Tant est plains de chevalerie	
	Que la moitié—non, que le quart—	
	N'en diroit nus, se Diex me gart."	5084
	A ces paroles es un roi	
	D'Outregales od bel conroi.	

5052 V amour est t.   5055 V sor cest c.   5056 V p. cest v.
5068 V envoie p.   5069 D do er sine botschaft hatte geton, Kador balde wider umbe kerte schon unde nam aldo den widerwanc   5073 V quapres a.   5075-76 D daz gewunnen ros er wol bewante, der schönen Ydenen er ez sante   5078 V cinc ou sis; D wol fünfe oder sehse sante er ir dar   5079 V Fait ele bele aguigenor; D schöne sprach süze Gyngenor   5086 V a bel c.; D dem man von Übergales jach

Et Alardins tint une lance
Ou il rot atachié la manche;
Tot errant vers cel roi s'eslaisse.
Et li rois son cheval eslaisse,
Et est sa guede od lui venue
Qui molt tres bien s'est maintenue.
Josté ont, mais ensi avint,
Le roi a terre aler covint,
Mes ses gens l'ont mis a cheval.
D'autre part vienent maint vassal:
Mesire Gifflés li fix Do,
Et Gahariës et Mado
Et Perchevaus li bons Galois,
Od lui Cadoalans li rois;
S'ont ciax si forment requeillis,
A cachier les ont aqueillis;
Car si grans cops lor vont offrir
Que cil ne les porent soffrir,
Car li baron novel venu
I fierent sovent et menu.
Chascuns tint l'espee molue
Tant que place lor ont tolue;
Molt est felenés li hustins.
Si vos di bien que Alardins
Tenoit si le roi d'Outregales
Qu'il amast mix estre en ses sales.
Sa gent s'en fuit isnellepas,
Mais Alardins un tot seul pas
Ne volt onques le roi guerpir.
A ses gens prent a escremir
Por che qu'il le welent rescorre,
Mais Perchevaus le vint secorre
Aalardin enmi la presse
Qui le roi durement apresse.
Por che que il veoit s'amie,
Si li dist qu'il ne garra mie
S'a li ne se velt aler rendre.
Mais li rois s'en quide desfendre

5091-92 D om.   5096 V De lautre p. v. vassal   5103 V v. offr
(—1)   5109 D in dem turnei sü littent pin   5117 V il li welent

```
                Et eschaper tot malgré suen,
14080           Quant voit que trop loinz sont li suen;
                Car li bons Galois Perchevaus
                Lor perche testes et cerviaus,                5128
                Et Cadoalans et Cadors.
                Si que Alardins a trait fors
                Le roi, et un tel cop li done
                Sor son elme que tot l'estone,                5132
                Si qu'a terre est cheüs pasmez.
                Et lués qu'il se fu relevez,
                En la merchi Aalardin
14090           Se met, qu'autre n'en fu la fin;             5136
                Ainc plus n'i ot dit ne conté.
                Alardins l'a lués remonté
                Par tel covent que cil affie
D 91            Qu'il s'en ira droit a s'amie                5140
                A la fenestre de la tour.
57a             Einsi s'est partis de l'estour
                Aalardins od son prison.
                Atant es vos le Bel, le Bon,                 5144
                Od lui le Riche Soldoier
14100           Qui bien se quidoit soudoier
                Et saouler d'autrui avoir.
                Alardin cuidoient avoir                      5148
                Si entreclos et entrepris
                Qu'il le peüssent avoir pris
                Lués que sor lui sont embatu.
                La verge dont seront batu                    5152
                Ont bien a lor deus mains queillie.
                Li rois a toz seus aqueillie
                Sa voie devers la fenestre
14110           Ou la pucele avoit son estre,                5156
                Si le salue simplement
                Et a li se rent bonement.
                Molt franchement l'a recheü.
                Et Aalardins remez fu                        5160
                O ciax qui gaires ne l'ont chier;
```

5127 V Car p. li b. galois   5128 V testes et harnois   5146 V se qui-
dent s.   5155 V La voie   5159 V Ele f. la rechut   5160 V Et a.
remanut   5161 V Entre ciax qui ne lont pas c.

De lui se quident bien vengier
Com cil qui ont vers lui grant ire.
14121 Li uns fiert et li autres tyre, 5164
Li uns sache, li autres boute;
La char li deplaierent toute,
Si l'oceïssent volentiers.
Mais ses elmes est toz entiers 5168
Et sa forche par iert trop grans,
Et si trenchoit trop bien ses brans;
Si voit s'amie a ses deus oiex,
Si sachiez qu'il s'en aidoit miex. 5172
Si tres vistement se desfent
14130 Qu'al Riche Soldoier tot fent
Son elme, et sa coiffe li trenche.
Nel feri pas a main esclenche, 5176
C'onques li brans n'i fist arest
Dusques qu'il vint desi al test;
A poi n'entama la cervele.
Cil chaï a torneboële, 5180
Si est remez li Biax, li Buens,
Toz seus sanz aïde des suens.
N'ot aïde del Soldoier,
14140 Car lui n'autrui ne puet aidier; 5184
57b Molt est navrez et malbaillis,
Car asprement fu assaillis.
Que vos diroie? Al chief du tor
Venqui Aalardins l'estour 5188
Des deus vassax qui l'asalirent,
D 92 Si que de par lui se rendirent
A s'amie, la damoisele
Guigenor, qui trop par iert bele; 5192
Si les rechut molt simplement.
14150 Estes vos le tornoiement
Desconfit par devers roi Ris.
Ses gens al fuïr se sont pris, 5196
Car rois Cadoalans d'Yrlande

5163 *TV* Et cil, *EMQU* Com cil; *D* die in woltent überkomen und im daz leben han genomen   5168 *V* ert toz   5170 *V* tres bien   5175 *V* et la choiffe   5178 *V* Dusques il v. desi quau t.   5184-85 *D* wand sin manheit waz verkeret durch daz er waz wunt und verseret   5186 *T* Molt a., *V* Car a., *D* om.

　　　　　　　Les a toz chaciez de la lande.
　　　　　　　Li rois Ris tornoit ja le dos,
　　　　　　　Quant al tornoi vint Carados　　　　5200
　　　　　　　Qui en l'estour vint abrievez,
　　　　　　　Si n'i connut pas ses privez,
　　　　　　　N'il ne set ou puist aler querre
14160　　　　Le los qu'il volsist molt aquerre.　　5204
　　　　　　　Tant com chevax l'en puet porter
　　　　　　　Vint le roi Ris reconforter,
　　　　　　　Car il quide avoir greignor pris
　　　　　　　A aidier les plus entrepris.　　　　　5208
　　　　　　　Et il les secorut si bien
　　　　　　　Que por voir sachiez une rien,
　　　　　　　Car ens el premier front devant
　　　　　　　Abati roi Cadoalant,　　　　　　　　5212
　　　　　　　Et aprés monseignor Mado,
14170　　　　Et puis Gifflet qui fu fix Do;
　　　　　　　Toz trois les abat a un poindre.
　　　　　　　Mesire Kes volt a lui joindre;　　　　5216
　　　　　　　Karados l'a bien conneü.
　　　　　　　Or orrez ja coment il fu:
　　　　　　　Molt par estoit Keus tres hardis,
　　　　　　　Mais en lui ot trop felons dis,　　　　5220
　　　　　　　Et sovent par son hardement
　　　　　　　Li meschaï vilainement.
　　　　　　　Iluec ausi li meschaï
14180　　　　Si laidement que il chaï.　　　　　　5224
　　　　　　　Karados si jus l'envoia
　　　　　　　Que l'unne main li desnoa.
　　　　　　　Carados desor lui s'en passe
57c　　　　　Et tant le bat que tout le lasse.　　　5228
　　　　　　　"Sire Ke, fait il, par Saint Pol,
　　　　　　　Or vos doit on tenir por fol
　　　　　　　Molt plus c'on ne doit moi d'assez.
　　　　　　　N'a pas encor trois ans passez　　　5232

5202 *D* niht nam er war der gesellen sin　　5206 *V* Vait le r.　　5223 *V* Iluec ensi li　　5227 *T* desoz, *V* desor, *E* seure, *M* sor, *Q* sus, *U* desus; *D* Karados fuor über in al vart　　5233 *V* Que devant　　5234-37 *D* die schande tuot mir noch we ümbe üwer klaffen ungeton, daz ir uf mich liessent gon und üwer spotten nüt lient ligen　　5239 *TV* que vos f., *EMQU* que fox f.; *D* hütte hant ir geton törlich

Par devant le roi a Cardueil,
Dont de la honte encor me doel
Por che que m'i contralïastes
Et de vos dis m'i desorlastes,
Si me deïstes vo plaisir.
Mix vos eüst venu taisir.
Et hui sachiez que fols feïstes
Qui contre moi joste preïstes.
Espoir que la mort i prendrez
Ou a moi pris vos renderez."
—"Ha, sire, fait Keus, je me rent."
Karados la fiance en prent
Par tel covent qu'il li a dit,
Que tot sanz point de contredit,
Sanz reposer et sanz wignier
S'iroit rendre a bele Guignier,
S'amie qui'st soz la foillie.
Lors a Keus sa voie aqueillie;
Ist del tornoi por aler s'ent.
Tant va que la vint par assent
Et a la bele se rendi
De par Karadot son ami.
Et ele l'a bel recheü
Lués qu'ele l'ot reconneü;
Si le joïst la bele molt,
Por che c'on le tint por [e]stout.
Molt est fors li tornoiemens,
Car Carados est molt tornans,
Si i fait molt de ses delis,
Quant i est venus Bran de Lis
Qui ot od lui maint compaignon.
Et ce n'est se merveille non
Com li tornoiemens resforche.
Carados a trop tres grant force,
Et plus hardement endroit soi
Que nus des autres del tornoi.
Si vos di bien qu'au chaploier

5244 V Et k. fiance en p.   5256 V ele la r.   5260 V molt dedens
5266 V C. a molt tres g. f. Si i fait molt de ses delis Car il est darmes bien apris   5267 V Sa plus   5270 V fait   5272 V le dos

	Les a si fais affebloier	
57d	Et tant fait d'armes Carados,	
	Que il ra fait torner les dos	5272
	Del tornoi roi Cadoalant,	
14230	Et lui et trestoute sa gant,	
	Fors que Alardins et Cadors.	
	Cil i ont fais molt grans esfors	5276
	Entr'ax deus et le bon Galois.	
	Molt orent vistes chevax trois	
	Que tolu orent le roi Ris.	
D 94	Tot par force en amenoit pris	5280
	Mesire Perchevaus Cligés;	
	Et Thor qui estoit fix Arés	
	En remenoit Aalardins	
14240	Qui chevaliers estoit trop fins;	5284
	Et Saigremor le Desreé	
	Avoit Cador tel conreé	
	Qu'a bele Ydain, volsist ou non,	
	L'envoia rendre en sa prison.	5288
	Cil troi, einsi com je vos di,	
	Chascuns avoit le sien saisi.	
	Alardins a Aguigenor	
	Maine le suen. Et de Cador	5292
	Vos di por voir que de sa main	
14250	Rendi le suen a bele Ydain.	
	Chascuns rent le suen a s'amie,	
	Fors Perchevaus qui n'i ot mie	5296
	La soie ilueques em present,	
	Mais ovré a cortoisement.	
	Bien avez, je croi, entendu	
	Comfaitement Kes s'ert rendu	5300
	A la cortoise damoisele	
	Guignier, la gentil et la bele,	
	Ou Carados li suens amis	
14260	Por rendre en prison l'ot tramis,	5304
	Qui rechut l'avoit lieement.	
	Noveles del tornoiement	
	Tantost a demander l'aquelt,	

5277 V li bons g.   5281 V cliget   5282 V areth   5286 V Avoit c. si atorne   5291 V Aalardins a guigenor   5312 V los et de bon p.

Li quels greignor pris i aquelt. 5308
"Bele, ce dist mesire Kex,
Por voir vos di, c'est veritez,
Que cil qui cha m'envoia pris
A plus de los et plus de pris 5312
Que nus autres, et de bonté,
Quant il d'armes m'a sormonté;
C'ainc mais ne m'en sormonta nus
Puis le tans le bon roi Artus." 5316
Et quant Guigniers ensi oï
Ke parler, molt s'en esjoï.
Por son ami a grant leece,
Por che qu'il a tant de proëche. 5320
Si a talent qu'ele le voie
Au tornoi, si s'est mise a voie;
Si n'i prist per ne compaignon
Fors la bele du paveillon, 5324
Suer Alardin, qui molt ert bele
Et molt cortoise damoisele.
Entre eles ont tant demandé
Et enquis a monseignor Ke 5328
Se li tornois est auques loing.
"Bele, fait il, s'avez besoing,
Un molt petitet vos hastez,
Car dechi pres le troverez." 5332
Lors ont laissié monseignor Ke
En la loge, s'ont tant alé
Que la place et le grant atour
Virent tot de plain, et l'estour. 5336
Puis se sont en un destour mises
Por esgarder lor ademises
Que font al tornoi li vassal.
Ore a primes de Percheval 5340
Vos weil conter, qui la endroit
Vint as damoiseles tot droit,
Lués que les ot apercheües.
Et quant il les i vit venues, 5344

5315-16 D wand nieman überwant mit strit mich bitz her an dise zit
5322 V mis a v.   **5325** T aalardin (+1); V molt est b.   **5348** D
die maget von dem Pavelon   **5349** V List p.   **5354** V ces gaus

I ala tout a esperon;
Si mena od lui son prison
Et mist maintenant a raison
La pucele du paveillon. 5348
Dist Perchevaus: "Diex vos salt, bele,
Vos et cele autre damoisele."
—"Biax sire, Diex vos beneïe,
Fait cele, et vostre compaignie." 5352
—"Or me dites, fait Perchevaus,
14310 Par ces boschages, par ces vax,
Quel besoigne vos i co[n]duit."
—"Sire, por veïr le deduit 5356
57f De cest tornoi, sachiez de voir,
Somes chi venues seoir."
Et coi qu'ensi vont plaidoiant,
Vint ilueques tot apoignant 5360
Mesire Lucans bouteilliers.
Droit devant la bele Guigniers
S'est ajenoilliez, si se rent.
14320 "Pucele, fait il dolcement, 5364
Salus vos mande uns vos amis
Qui m'a a vos ichi tramis.
C'est uns chevaliers trop vaillans,
Si porte deus lions rampans 5368
D 96 En son escu tot de fin or,
Si dist qu'il a non Carador.
Et de sa part sanz acoison
Me covient metre en vo prison 5372
Por faire quanques vous plaira."
14330 La damoisele rechut l'a
Molt belement, soie merchi.
"Amis, dist ele, or soiez chi; 5376
Car por celui qui vos a pris,
A cui Diex doinst honor et pris,
Vos retenrai molt volentiers."
Et Perchevaus entrementiers 5380
S'est de la pucele acointiez
Du paveillon par amistiez,

5359 V Et que quensi 5361 T lucans li b. (+1), V lucans b. 5362 V
guignier   5381 D zuo der maget von dem Pavelon

	S'a fait a li son prison rendre.	
14340	Ore a bien Cligés ou entendre	5384
	Et a cui il puist conseillier	
	Quant est avec le bouteillier,	
	Car compaignon sont ambedui	
	Et molt s'entr'amoient il dui.	5388
	Molt s'est avec les damoiseles,	
	Por l'amour et la biauté d'eles,	
	Deduis li Galois Perchevaus,	
	Tant qu'il voit venir les vassax	5392
	Qui lor deus prisons remenoient	
14350	A lor serors. Lués qu'il les voient	
	S'ont un poi avanchié leur pas,	
	N'encore ne quidoient pas	5396
	Qu'eles fuissent si pres venues.	
	Et lués qu'il les ont coneües	
	Si sont droit a eles venu,	
58a	S'ont a grant merveille tenu	5400
	De ce qu'il les troverent luec	
	O Percheval. Et neporoec,	
	Lors qu'il sorent la verité	
14360	De la prison monseignor Ke	5404
	Et de Lucan le bouteillier,	
	Plus s'en prenent a merveillier;	
	Vers l'estor se revelent traire.	
	Mais de Percheval ne weil taire,	5408
	Qui de s'amour a fait le don	
	A la bele du paveillon;	
	Puis li renvoia il le jor	
	Dis chevaliers pris en l'estour.	5412
	Or ne vos soit pas mesprisons,	
14370	Se ne vos di trestoz les nons	
D 97	De chiax que Carados a pris,	
	Car tost i aroie mespris;	5416
	Mais tant en di, que je ne mente,	
	Il en a bien le jor pris trente	
	Qu'il a toz em prison tramis	
	A s'amie com buens amis.	5420

5408 *T* me w., *V* ne w., *EMQU* De perceval vos voil retrere; *D* fürbaz wil ich aber sagen von Parzifal ane verdagen   5417 *V* nen mente

	Atant vos lairai des danzeles.	
	Et li troi baron partent d'eles,	
	Aalardins et Perchevaus	
14380	Et Cador, si brochent chevax	5424
	Et rentrent el tornoiement.	
	Si ont trové tot altrement	
	Lor compaignons qu'il nes lessierent.	
	Li plus fort les febles plaissierent,	5428
	Car li rois Ris a son talant	
	Enchasçoit roi Cadoalant.	
	Si n'en dut nus avoir le los	
	Fors que solement Carados,	5432
	Il et mesire Bran de Lis;	
14390	Car cil i font toz lor delis,	
	As brans font ces elmes tombir.	
	Nus ne les porroit escharnir	5436
	Que bien ne l'aient fait le jor;	
	N'orent cure d'avoir sejor.	
	Et li preus mesire Gavains,	
	Cil qui n'ert ne fols ne vilains,	5440
	Quant ses compaignons voit fuïr	
	De mautalent prist a fremir,	
58b	Si ne soffre plus longuement	
14400	Ne se mete el tornoiement.	5444
	Si fu mesire Yvains od lui,	
	Molt s'entr'amoient ambedui.	
	Toz les premiers qu'il i ataignent	
	Jus des chevax a terre empaignent.	5448
	Li vassal qui d'autre part vinrent	
	Merveilleusement se continrent;	
	Chascuns le suen i rabati.	
	Atant enmi als s'embati	5452
	Carados, et a terre plat	
14410	Monseignor Yvain lor abat	
	Par devant monseignor Gavain.	
	Puis ra feru trestot a plain	5456
	Le Lait Hardi sor son escu,	
	Si qu'a poi n'ot assez vescu;	

5421 V tant vos (−1)   **5422** V Com li t.   **5430** V Enchaucoit   **5431** V nen dus nus   **5439-40** *TVD inv.*   **5451** V i abati   **5463** V Se cist le s.

	Al mains l'abati del cheval.	
D 98	Et puis ra feru Percheval;	5460
	Mais li Galois bien le rechut,	
	Si que de riens ne le dechut.	
	Se cil le sache, cil le boute;	
14420	Et bien sachiez sanz nule doute	5464
	C'ainc si ne se porent tenir	
	Ne les estuece jus venir	
	A terre, et les chevax ensamble;	
	Mais tost relievent, ce me samble.	5468
	L'un a remonté Bran de Lis	
	Qui estoit chevaliers eslis,	
	Et l'autre mesire Gavains.	
	Et Perchevaus est d'ire plains	5472
	Por Caradot qu'abatu l'a.	
14430	Tant se porsivent cha et la	
	C'une autre fois se renvaïrent,	
	Si qu'a terre se rabatirent,	5476
	Et als et chevax en un mont.	
	N'en i ot un tost ne remont,	
	Car li pire estoit molt vaillans,	
	Et ont espees molt trenchans.	5480
	Ja i reüst cops departis,	
	Quant la presse les a partis	
	Et desevrez. Et neporquant,	
14440	Ainc Carados ne tant ne quant	5484
	Ne se volt onques reposer;	
58c	As plus hardis volt oposer	
	Le jor fist mainte question	
	Dont ainc n'ot le solution.	5488
	Toz les plus haus vait plaidoier,	
	Si qu'il n'en sevent esplaidier;	
	Mains en i a si atornez	
	Que de l'estour les a tornez.	5492
	Et bien en poist Cadoalant,	
14450	Alé en sont ja maint vaillant.	
	Et Bran de Lis forment les chace	

5475 V Cun autre   5478 V tost remont (—1)   5480 V Il ont
5481 V i eust   5486 V velt   5489-90 D die hohesten twang er do,
daz maniger wart unvro   5492 V Que les talons li ont t.   5500 V
ce quit

                    Qui aquist grant los en la place.   5496
                    Si durement feri Cador
                    Que jus le mist del cheval sor;
                    Et se tost nel secoreüst
                    Perchevaus, ce quist, pris l'eüst.   5500
                    Mais Bran de Lis forment en poise
                    De Percheval qui tant s'envoise,
                    Qui Cador li a trait des mains.
14460   Al plus se prent, si laist le mains.   5504
                    Ferir est alez Percheval,
                    Si qu'a poi ne wide cheval.
                    Et Perchevaus ra feru lui,
D 99   Tant qu'a terre en vont ambedui;   5508
                    Et molt se sont batu les dos.
                    Atant i sorvint Carados
                    Et avec lui maint chevalier,
                    S'ont chascun rendu son destrier.   5512
                    Et Perchevaus s'est irascus
14470   Por che c'ot esté abatus;
                    De Caradot certainement
                    Se fust vengiez ameement,   5516
                    S'il en peüst avoir puissance.
                    En sa main prist un troz de lance,
                    Si s'est errant trais cele part
                    Ou Carados presse depart.   5520
                    Et quant Percheval venir voit,
                    De lui requeillir se penoit,
                    Si s'en est molt bien porveü.
14480   Ireement l'a recheü,   5524
                    Qu'au joster n'en sai le meillor
                    D'ax eslire ne le pior.
                    Mais qui les volsist aler querre,
                    Trover les peüst toz a terre,   5528
58d   Si c'ainc n'i roverent estriers
                    Au descendre de lor destriers.
                    S'en ra Perchevaus si grant ire
                    Que l'espee del fuerre tyre,   5532
                    Dont il se quidoit sanz dangier
14490   De Caradot errant vengier.

5504 V lait   5520 V depar   5538 V melle

Mais Carados molt poi le doute;
Un poi ensus de lui le boute 5536
Et a traite la soie espee.
Si comencent trop grant mellee
Entr'ax deus molt ruiste et molt fiere;
Molt se grievent de grant maniere. 5540
Lor escus ont toz detailliez
Et lor haubers toz desmailliez
Et lor elmes toz dequassez;
14500 Li plus fors d'ax est toz lassez. 5544
Ja fust conquis li uns d'ax deus,
Dont ce fust damages et deus,
Quant i sorvint Aalardins
Qui molt par est cortois et fins, 5548
Qui a Caradot conneü;
S'en a trop grant merveille eü
Que Perchevaus ne li eüst
Chose faite dont honte eüst. 5552
Trop merveilleuse joie en fait
14510 Quant l'uns n'a a l'autre mesfait.
D 100 Ambesdeus les a departis
Ainz que d'iluec se fust partis. 5556
Et Carados rien n'i repose;
Sovent respont, sovent opose,
Sovent est ferus, sovent fiert,
Sovent cache, sovent requiert. 5560
Ne sai que plus vos en deïsse,
Ne por coi lonc sermon feïsse
A ses proëces deviser.
14520 Tant vos di bien que reüser 5564
A fait Cadoalant le roi,
Et trestoz ciax qu'il ot od soi.
Et que ne vos en mente mie,
A la bele Guignier s'amie 5568
A envoié pluisors prisons
Dont ne vos sai dire les nons,

5556 *T* Ainc que, *VU* Ainz que, *EMQ* Qainz que; *D* und schiet sü, e er von in kam   5562 *V* lonc conte f.   5564 *TV* refuser, *MQU* reuser, *E* raviser; *D* wand er mit manheit tet so zehant flühtig künig Kadoalant   5570 *V* vos os d.   5576 *V* en mon c.   5578 *V* Qui mains en s. renomez

	Fors que des deus que j'ai nomez:	
58e	Li senescaus mesire Kes,	5572
	Lucans li bouteilliers cortois;	
14530	Et bien des autres vint et trois,	
	Dont or ne me weil entremetre	
	De lor nons en cest conte metre,	5576
	Car tels i seroit ja nomez	
	Qui molt en seroit vergondez;	
	Ses aim mix laier fors du conte	
	Que por nomer eüssent honte.	5580
	Mais se li contes n'est faillans,	
	Il i prist molt des plus vaillans	
	De la maisnie al roi Artu.	
14540	Molt ot Carados grant vertu;	5584
	Le jor conquist merveilleus pris	
	Por les haus barons qu'il ot pris	
	Et por le roi qu'il mist a fuie,	
	Dont a Gavain forment anuie.	5588
	"Trop avons, fait Gavains, soffert,	
	Quant mes compaignons ensi pert	
	Voiant moi, et pas nes secor."	
	Vers Carados a fait un tour,	5592
	Car bien l'ot le jor conneü,	
14550	Qu'en mai[n]t liu l'avoit porseü.	
	Por les grans proëces qu'il a	
	Fait en l'estour, grant anui a.	5596
	A lui josta trois fois ou quatre,	
	Mais ainz l'uns ne pot l'autre abatre,	
D 101	Car andui erent de grant for[ce].	
	Et rois Cadoalans s'esforce;	5600
	Tant a il et si home ovré	
	C'un petitet sont recovré.	
	Si vos dirai coment ç'avint:	
14560	Perchevaus sor Caradot vint,	5604
	Et si vint mesire Gavains	
	Et ses compains mesire Yvains.	
	Chascuns d'ax volt a lui combatre,	

5584 V karodos   5588 V foment   5592 V caradot   5598 V ainc   5599 V andui orent trop de f.   5601 V Tant ont il   5607 V velt   5610-11 D rittent sü im noher baz. so vil uf in stochent die drie

Si le volsissent bien abatre 5608
Por che que le virent si preu,
Mais poi ont gardé a son preu.
Tot troi sont a lui ademis,
Tant que par terre l'orent mis. 5612
Et lués qu'il l'ont si encombré,
14570 Cadoalans a recovré
58f Sor le roi Ris trop durement.
Et Carados isnelement 5616
S'est en son estal redreciez,
Vers le Galois s'est adreciez.
Quant vit que n'ot pas son cheval,
Le suen ocist a Percheval 5620
Por lui desfendre, n'en pot mes;
Car Perchevaus aloit trop pres,
14580 Ausi faisoit mesire Yvains.
Atant li dist molt bel Gavains 5624
Et li prie qu'il se rendist;
Contr'eus noient ne se tenist,
Car blechier nel volroit por rien,
Por che qu'en lui voit tant de bien. 5628
Mesire Gavains franchement
De rendre le semont sovent,
Mais encor nel connoissoit pas.
Et Carados isnellepas 5632
Dist ja por lui ne se rendra,
14590 Mais soi vers lui bien desfendra.
Or sachiez, trop ot hardement
Quant enprent son desfendement 5636
Contre si puissant chevalier,
Qu'en tot le monde n'ot si fier.
Karados bien se desfendi
Et molt grant estour i rendi; 5640
Longuement s'i est maintenus,
Toz lor escus lor a fendus,
Molt merveilleus cops i depart.
14600 Il ne sevent par nule part 5644
D 102 Il le puissent mix atraper.
Qui chaut? N'en peüst eschaper

5621 T maes, V mes   5628 V lui a tant   5648 V kaendis

Que ne l'eüssent mort ou pris,
Quant le ravise Kahendis. 5648
Et en sa compaignie fu
Mesire Ydiers fix le roi Nu;
Li Lais Hardis; li Biax Coars,
Ce m'est avis, ce fu li quars. 5652
Et avec vint li plus eslis,
14610 Ce fu mesire Bran de Lis.
Lués que Caradot ont veü,
Molt volentiers l'ont secoru, 5656
Si sachiez que a lui rescorre
59a Veïssiez chevaliers acorre
De cels qui sont od le roi Ris.
Dïent que perdus est lor pris, 5660
Si que n'aront jamais bon los,
Se secorus n'est Carados.
"Miex nos vient por lui toz doner
14620 Que le laions emprisoner. 5664
Se lui avons, assez arons;
Que sanz lui valoir ne poons."
Einsi ont devisé lor oevre,
Et chascuns de l'escu se coevre. 5668
A lui rescorre sont venu,
S'a chascuns en sa main tenu
Le brant d'acier cler et trenchant.
Mesire Bran de Lis devant 5672
Toz les autres vait a Gavain,
14630 Si tint une espee en sa main.
"Sire, fait il, cest prisonier
Vos somes venu chalengier. 5676
Bien sachiez vos n'en menrez mie
C'ainçois n'i ait faite folie."
—"Vassal, ja ne vos ert rendus,
Fait Gavains, ainz ert desfendus." 5680
Tant i veïssiez assambler
Gens qui la terre font trambler,
Ferir de lances et d'espees,
14640 Maint poing, maintes testes colpees; 5684
Percent escus, falsent haubers;

5655 V carodot   **5667** V Ensi vont devisant lor

	Parmi als passe fus et fers.	
	Maint helme i veïssiez porfendre,	
	Par terre chevaliers estendre,	5688
D 103	Les uns navrez, les autres mors;	
	Toz traveilliez fu li plus fors.	
	Por Caradot ont comenchié	
	Tel estour qui n'ert ja laissié	5692
	Dusqu'il en i ait de dolans.	
14650	Si vos di que Cadoalans,	
	Qui que gaaint, a molt perdu,	
	Que Caradot li ont tolu	5696
	Et errachié fors de sa main.	
	S'en poise durement Gavain,	
	Car bien le quidast avoir pris	
	Se n'eüst esté si sozpris.	5700
59b	Molt fu li chaples perillous,	
	La ou Carados fu rescous.	
14659	Et bien sachiez certainement	
	Que il trop merveilleusement,	5704
	Od le secors que il ot la,	
	Du brant tant de cops i paia	
	Que cil n'estoit mie eschapez	
	Qui la fu de lui atrapez.	5708
	Trop en ot grant anui Gavains,	
	Et Ydiers et mesire Yvains,	
	Et li bons Galois Perchevax,	
14670	Por che c'ochis ert ses chevax.	5712
	Car Carados li ot ocis	
	Et lui meïsme a terre mis	
	Par le secors de Bran de Lis	
	Qui chevaliers ert molt eslis.	5716
	N'encor n'en savoit riens Cadors	
	Ne Alardins, qui par lor cors	
	Merveilles font de l'autre part.	
	Cadors de Alardin se part	5720
	D'un liu ou il orent esté.	
	Assez ont le jor conquesté	
	Honor et vasselage et pris	

5703 V Et bien vos di c.   5705 V Ot le s.   5713 V carodos   5720 V
C. dallardin se depart

14680	Por les chevaliers qu'il ont pris	5724
	Et as puceles envoiez.	
	L'uns de l'autre s'est desvoiez,	
	Car molt sont en grant de venir	
	Ou il ont veü maintenir	5728
	Sor Caradot le pesant chaple,	
	Qui entor lui maint grant cop frape;	
	Poise lor s'il puet eschaper.	
	Molt le quident bien atraper	5732
	Com cil qui pas nel reconnoissent;	
14690	De lui retenir molt s'angoissent.	
D 104	Rechangié avoit son escu	
	Por che que le suen ot perdu;	5736
	Et son cheval ne ravoit mie,	
	Ainz a un autre de Hongrie	
	Que l'en tenoit a molt tres buen,	
	Que conquis avoit por le suen.	5740
	Cadors premiers a lui se lance	
	Qui tint en sa main une lance.	
	Et cil li vint lance baissie	
59c	Qu'il avoit grosse et aguisie.	5744
	Et bien vos di qu'il s'entrevienent	
	Et si durement s'entrefierent	
	De lor lances a l'assambler;	
	Si c'on peüst Cador embler,	5748
	Ja mot n'en seüst, son cheval,	
	L'abat Carados contreval,	
	La teste en bas, les piez amont.	
	Qui li donast tot l'or del mont	5752
	Ne peüst il son estre dire.	
14710	Aalardins en ot grant ire	
	Por Cador son bon compaignon	
	Qu'il vit si chaoir el sablon;	5756
	Molt petit prise sa puissanche,	
	S'il n'en puet prendre la venjance.	
	Molt sist sor bon corant destrier	
	Et tint la lance de poumier,	5760

5737-40 *D* ouch hette der werde Karados under im ein ander ros   5740 *V* Conquis li avoit   5744 *V* et alongie   5749 *V* Ja mont nen   5752 *T* Qui lor d., *VEMQU* Qui li d.; *D* der im hette alles guot gegeben   5756 *V* Que vit   5763 *V* se le c.   5768 *V* Ne lait

S'a Caradot tantost veü;
Et croi que bien l'ot conneü,
Mais ainc por che, s'il le connoist,
Ne laisse que vers lui ne voist.
Tels est costume de tornoi,
Li uns ne porte a l'autre foi.
Ainc por nis une conoissanche
Nel lait nel fiere de la lance,
Coment que li viegne a contraire.
Tout ausi welent cil dui faire
Qu'il s'entrevienent de ravine.
Hurtent de lance et de poitrine
Si que des destriers s'entr'abatent;
Au relever molt s'entrebatent.
Si traist chascuns le brant molu,
Du sanc se sont entretolu,
Et entamé et char et os;
Mais li mieldres fu Carados.
Ja jectast Alardin du mains,
Ne fust si tost venus Gavains
Vers Caradot tot d'ire espris.
Molt le quidoit tost avoir pris
A icele foïe d'ore;
Mais non ara, ce quit, encore,
Car en lui a grant hardement,
Que vers Gavain bien se deffent.
Et Gavains l'a trop fort requis,
Si qu'a poi ne l'a tout conquis.
A l'espee tels cops li done
Sor la teste que tot l'estone.
Et Alardins d'autre part fiert,
Et si aigrement le requiert,
Qu'a poi n'est a terre keüs
Por lor cops qu'il a recheüs;
Car se recovrer i peüssent,
Je croi que mort ou pris l'eüssent.
Mais Bran de Lis tost i revient,
Et a molt boin point i sorvient
A Caradot por lui aidier;

5771 V Qui en son elme   5779 D den schaden hatte Alardin genomen   5803 V

	Meillor n'i peüst sozhaidier.	5800
	Aalardin vait consivant.	
	Sor lui vait li brans descendant	
	Si qu'enson l'elme tel li done	
14760	Que l'aciers contre fer resone.	5804
	Et un cop a feru aprés,	
	Si que l'a abatu envers.	
	Puis ra le tiers cop emploié,	
	Si que le cercle a tot ploié	5808
	Et tot fors de l'elme abatu.	
	Aprés eüst l'elme abatu,	
	Se le quart ferir li leüst,	
	Et Carados ne li eüst,	5812
	Qui le connissoit, trestorné.	
14770	Mais le brant li a trestorné,	
	Et entruesqu'il le trestorna,	
	Li avint si que il torna	5816
	A monseignor Gavain le dos.	
	Lors fu si ferus Carados	
	Ains qu'il li leüst retorner,	
	Qu'a paines se puet destorner	5820
	Qu'a terre n'esteüst chaoir;	
	A jenoillons i fu por voir.	
	Et Gavain aprés referi,	
14780	Son mautalent li a meri,	5824
	Et sor l'elme si grant li paie	
	Que bien le dut tenir a paie.	
	Lors ont andoi pris la melle[e],	
	C'ainc ne pot estre desevree.	5828
	Des qu'il en orent pris d'assez,	
59e	Li plus fors en fu toz lassez,	
D 106	Car il se feroient sanz faindre	
	Tout la ou se porent ataindre.	5832
	Il sormontent et entregetent,	
14790	Et si tres grans cops s'entrejetent	
	Et si sovent sachent et boutent	
	Et la force d'ax molt redoutent,	5836

5820 *V* se pot   5828 *V* desmellee   5832 *V* Tout ou se pooient a. 5837 *V* quil destendent; *D* sü strahtent dar lip und muot   5838 *V* De lor cops molt de sanc e.

Si que des grans cops qui destendent
De lor sanc iluec molt espandent.
Toz lor escus ont detailliez
Et lor haubers toz desmailliez; 5840
Lor elme sont tot porfendu,
Lor cors lassé et confondu.
Onques mais mesire Gavains
Por nul home ne fu si vains 5844
Ou se combatist en sa vie.
De savoir a trop grant envie
Dont teus chevaliers est venus
Qui tant s'est contre lui tenus, 5848
Et non pas tenus solement,
Ançois l'a grevé durement.
Demander velt coment se nome,
Car onques mais por nes un home 5852
Ne fu en estour si menez,
Tant traveilliez ne tant penez.
D'avoir secors nus d'ax n'atent;
Chascuns a a cui il s'entent, 5856
Car chascun estuet soi desfendre
Se morir ne velt ou lui rendre.
Cil qui sont avec le roi Ris
Ont tant fait qu'il ont tot le pris, 5860
Mais Karados nomeement
Le los ot du tornoiement,
Car nus autres tant n'i ovra
Ne tant d'onor n'i recovra 5864
Come il trestoz suels fist le jor.
N'i püent plus avoir sejor,
Car la nuis les fait espartir.
Bien s'ont paié au departir 5868
Des brans d'acier et de lor poinz,
Mais plus perdu en trestoz poinz
I ot rois Ris, car mix vaillant
Sont cil devers Cadoalant. 5872
Mesire Gavains perchoit bien
Que Carados nel doute rien.

5847 V ert v.   5854 V ne si p.   5880 V ensaigniez m.   5882 V ne od ne non

D 107	Et voit molt bien, c'est chose aperte,	
	Que sor ses compaignons la perte	5876
	Est del tout; dont molt li desplot.	
	Adont a dit a Caradot:	
	"Biax sire chiers, en vostre foi,	
	Se il vos plaist, aprendez moi	5880
	Dont vos estes et vostre non."	
	Cil ne respont ne oc ne non,	
	Qu'il ne velt qu'encor le conoisse.	
	Mais mesire Gavains l'angoisse	5884
	Qui l'en reproie doucement:	
14840	"Amis, por Dieu omnipotent	
	Vos proi que vostre non me dites,	
	Car se vos de tant m'escondites	5888
	Tenu vos ert a mesprison."	
	—"Biax sire, Karados ai non.	
	Sachiez, si sui nez de Bretaigne.	
	Or ne quidiez pas qu'il remaigne	5892
	En nule fin, por nul avoir,	
	Que je ne voille ausi savoir	
	Coment vos vos faites nomer."	
14850	—"Certes ja nel vos quier celer,	5896
	Car ainc mes nons ne fu celez.	
	En fons fui Gavains apelez."	
	—"Ha, sire, bien le me savoie,	
	Fait Karados, et molt avoie	5900
	De vos essaier bon corage,	
	Et de prover le vasselage	
	Qui de vos est si grans oïs."	
	Adont s'est forment esjoïs	5904
	Gavains, et molt le tient por saive.	
14860	"Amis, fait il, la bele Ysave	
	Qui est niece le roi Artu,	
	Iés li tu rien? Connois le tu?"	5908
	—"Sire, oïl, jel connois ensi	
	Qu'ele est ma mere, jel vos di."	

5894 *V* weil   5895 *V* Coment v. f. apeler   5900 *V* karadeus   5901 *V* ensaier grant c.   5902 *V* desprover   5905 *V* len tient   5906 *V* ysaiue; *D* fründ, Yseve die cluoge   5908 *T* I ies li (+1)   5910 *V* je vos 5915 *V* tost lor; *D* sü wurfent zehant sunder wan   5918 *V* baisie 5919 *V* Et sembrachent p.

—"Ha, Caradot, iez tu dont chou?
Ore a primes te connois jou;
Or voi bien que trop iez hardis.
Mes cousins iez." Et a ces dis
Ont jus jecté toz lor escus,
Lor elmes et lor brans molus;
Lor choiffes ont tost deslacié,
Si a li uns l'autre embrachié,
Si se baisent par grant amour.
Grant joie mainent et grant plor:
Joie pour che que s'ont trové,
Et plour por che qu'erent grevé.
Einsi se sont connut cil dui
Qui tant s'estoient fait d'anui;
Et de tant com plus se mesfirent,
De tant graindre joie se firent.
Si a chascuns trop grant leeche
Por che qu'en l'autre a tel proëche.
Tot li autre ont grant joie eü
Quant Caradot ont conneü;
Aalardins nomeement,
Et il et Cadors ensement,
Lués que Caradot reconnurent
Tel joie en font com faire durent.
Si se merveillent tout il dui
De che qu'il s'est si muchiez hui
Et de che qu'iert si desguisez
Qu'il ne puet estre ravisez.
Armes cangoit plusors feïes,
Ensaignes prenoit desvoïes,
Car ne voloit por conoissance
Resoignast alcuns sa beubance
A mostrer, se greignor l'eüst
De lui, por qu'il le conneüst.
Mais ore est il a tant venus
Qu'il est por le meillor tenus
De trestot le tornoiement;

5935 *V* m. ambedui   5942 *V* Resoignier alcuns sa poissance   5946 *V* le mieldre   5948 *V* Si ni   5949 *V* doit pas c.   5953 *T* quen li, *VM* que li, *EQ* qui li, *U* com li; *D* durch die vröide, die do beging Gawan der in schön enphing

Se n'i afiert nul noiement, 5948
Que nus ne le doit plus celer.
Qui lors veïst atropeler
Environ lui ces chevaliers,
A vins, a cens, et a milliers. 5952
Por la joie que li a fait
Gavains se sont tuit a lui trait,
14910 Et por che que il savoir welent
Qui cil ert por cui tant se doelent, 5956
Et qui tant a les uns grevez
Et les autres tant alevez.
60b Li rois Ris de lui ne se part,
Et Cadoalans d'autre part. 5960
Por la joie que de lui ont,
L'estour atant departir font.
Si sachiez qu'au departement
Qu'il firent du tornoiement, 5964
14920 Dona a feme Artus li rois
A Aalardin le cortois
D 109 Sa niece bele Guigenor;
Et bele Ydain dona Cador. 5968
C'erent les deus de la fenestre,
Qui de la tour virent lor estre.
Et de celi du paveillon
A fait ensement li rois don, 5972
Par le gre son frere Alardin,
Par grant savoir al buen meschin;
14930 Nel weil nomer a ceste fois.
Or sont marïees ces trois. 5976
Si croi Carados a s'amie;
Quant lui plera, n'i falra mie.
Li rois ot bien fait assener
Les puceles, mais deviser 5980
Ne vos weil toz les marïages,
Car nel m'aporte mes corages;
Se nel me done mes sejors
Que vos devise toz les jors, 5984
14940 Car assez ai encore a faire.

5979-86 *D* manige brunlouft do geschach, gros hovieren men do sach, der ich nu me wil verdagen, wan ich muoz ander mere sagen   5996 *V* Se v.

Chascuns reva en son repaire
Quant li tornois est departis.
Bien fu li gaains departis 5988
Entre Aalardin et Cador
Et lor compaignon Carador.
S'ierent ensi entr'ajosté
Comme je vos ai raconté; 5992
Fïancié furent et plevi
Qu'a toz jors erent bon ami;
14950 Sovent se sont entrebaisié.
Si voldrent prendre al roi congié, 5996
Mais il voit en als tant de bien
Que ne lor valt doner por rien;
Ainz les fist toz trois demorer
Lonc tans, c'ainc nes laissa torner. 6000
Bien i furent deus ans, ce quit,
60c A grant solas, a grant deduit;
Einsi fu Artus grande piece.
Mais de dame Ysave sa niece, 6004
14960 Qui estoit mere Karados,
Ne puis plus metre arriere dos,
Car mes delais n'i puet monter
Que ne m'estuece raconter 6008
Chose qui forment me desplaist.
N'est pas cortois cui ele plaist,
Ne qui volentiers conte dist
Ou des dames nul point mesdist; 6012
Car s'alcune fait sa folie,
Il ne covient pas que on die
14970 Que totes les autres sont teles.
D 110 Eles ne sont totes oëles; 6016
S'une fait mal, deus en font bien.

6000 *TV* nel laissa, *EMQUP* Molt longuement sanz eus torner (*Q* sanz demorer, *U* sanz remuer, *P* sans aus doner Congie); *D* bi im lange zit die drie behuop der künig wandels frige 6003 *TV large initial, D rubric* Hie het der turnei ein ende und wil von Karados muoter sagen; *V* Ainsi fu artus a sejour Et li chevalier de sonnor De lui vos lairai une piece; *D* Suz bleip der künig in eren schin 6006-12 *D* muoz ich sagen nu fürbas soliche wunderliche mere, der ich harte wol enbere, wande nieman reden sol von keinre vrowen denne wol 6018-19 *D* om. 6027 *TV* Avec les dames, *EMQ* Avec lor us (*M* hues, *Q* iauz), *U* Avec elles; *D* doch ist der usgang guot noch aller eren zier 6029 *V* gugnier

	Or me grieve sor tote rien	
	Ce que de cesti m'estuet dire,	
	Et pleüst Dieu que ma matire	6020
	Peüsse a icest pas lessier	
	Sanz mon conte trop empirier.	
	Neporquant ce molt me conforte	
	Que, s'on un poi de blasme aporte	6024
14980	De cest conte al comencement,	
	Toute voie a bon finement	
	A oés les dames, c'une sole	
	Tot cest blasme estaint et defole.	6028
	Et ce fu la bele Guignier,	
	Si come vos orrez touchier	
	Cha avant ou j'en parlerai,	
	Quant tanz et lieu de ce verrai.	6032
	Or weil au conte repairier	
	Et la matere comencier	
14990	En cel point ou je le lessai.	
	Oï avez, que dit vos ai,	6036
	De ma dame Ysave la chose	
	Et l'uevre por coi fu enclose	
	A Nantes en la haute tor.	
60d	Toz jors li ala tant entour	6040
	Elÿavrés ses enchanteres	
	Qui estoit a Karadot peres.	
	Lués que il ot apercheü	
	Qu'ele por lui enclose fu,	6044
15000	Molt petit prise son desroi.	
	Et bien en pesast il le roi	
	Et as barons de sa contree	
	S'il tost ne porchace l'entree.	6048
	Ce li aide qu'il set tant d'art,	
	Et ce qu'il aime d'autre part;	
	Ce li fait chose comenchier	
	Qu'autres hom n'osast porcacier.	6052
	Molt fait por ce qu'il est espris	

6031 V Ci avant   6033-35 D nu wil ich wider vohen an, do ich die mere gelossen han   6035 V En tel p.   6039 V A vanes; D zuo Nantes in des turnes ring   6042 V karodot pere   6043 V il aperche (−3)   6045 V Mon petit   6048 V tost ni p.   6049 V qui set

Carados (III, 10)

	D'amor, et por ce qu'ot apris	
15010	Tant de barat et d'ingremance;	
	Trop par savoit de decevance.	6056
	Merveilles fust s'il n'empreïst	
	A faire quanques il volsist	
	Por avenir avec s'amie.	
	Et si fist il, ne targa mie,	6060
	Car od li en la tour se mist,	
	Et d'une chose s'entremist	
	Dont il n'ovra pas sajement.	
	Car il par son engignement	6064
15020	I faisoit harper jogleors	
	Et vïeler vïeleors,	
	Et baleresses fist baler	
	Et tumeriaus sovent tumer.	6068
D 111	Itele vie demenoit	
	Totes les fois qu'il i venoit,	
	Quant au roi venoit volentez	
	D'aler par ses autres citez	6072
	Aval sa terre por deduire,	
	Que il ne quidoit pas que nuire	
15030	Li peüst nus, ne rien forfaire.	
	Lués que partoit de son repaire,	6076
	Avint ensi que clerement	
	La joie et lor esbatement	
	Li voisin lor deduit ooient,	
	Qui durement s'en merveilloient	6080
	Dont tel joie venir pooit	
	Come en la tour sovent avoit.	
60e	Un jor s'en ert li rois tornez,	
	Et uns mes fu tost atornez,	6084
15040	Par cui belement, en secroi,	
	Li voisin remandent le roi	
	Por lui dire la verté fine	
	De ce que faisoit la roïne.	6088
	Et quant il l'ot, s'en a grant ire	
	Et tenrement du cuer sozpire.	

6065-68 *D* harphen, gygen, singen, tanzen, bürzelen, springen   6067 *V* Et baleriaus i f.   6068 *V* Tumeresses sovent t.   6074 *V* quidois   6080 *V* se m.   6081 *V* tel noise v.   6091 *V* Si f.   6092 *V* puet   6098 *V* buffoi   6101 *V* Li rois oi a ses oreilles   6102 *V* en sa t.

S'a fait la tour entor gaitier,
Mais ainc rien n'i pot esploitier, 6092
C'onques tel conroi n'en sot prendre
Que rien nule i peüst aprendre
Fors que la joie et le deduit
Qu'il i ooit chascune nuit. 6096
Por l'orgueil et por le bouffoi
15050 La Tour l'apelent du Boffoi,
Et encor est ele apelee
Li Boffois en cele contree. 6100
Sovent ot li rois a oreilles
Ens en la tour les grans merveilles
Que l'enchanteres i faisoit.
Sachiez que molt li desplaisoit. 6104
A Caradot son fil envoie
Un mes qui s'est mis a la voie,
Si a tant le chemin tenu
15060 Que en Engleterre est venu, 6108
Si trova la cort honoree
Le roi Artu sanz demoree.
A tant Caradot demandé
Que il l'a veü et trové. 6112
D 112 De par son seignor le salue
Et puis le besoing qui l'argüe
Li a en secroi devisé.
Carados, qui ot cuer sené, 6116
Prent congié a cort et descoevre
15070 Au roi Artu trestoute l'oevre.
Li rois congié li a doné
Par si que quant ert achievé 6120
Li affaires, qu'a lui reviegne
Si que riens nule nel retiegne.
Ensamble od lui, teus fu la fins,
A pris congiet Aalardins 6124
Au roi, et lor compains Cador.
60f Et il lor a fait son tresor
Tout ovrir et abandoner,
15080 Et si lor en a fait doner 6128

6116 V qui molt ert sene   6120 V ert atorne   6121 V Lafaires
que a lui   6135 V a un chemin

Tant come il en oserent prendre.
Et il ne volrent plus atendre;
As chevaliers le congié prenent
Et maintenant lor voie emprenent. 6132
Gavains les trois barons convoie,
Et mesire Yvains longue voie,
Tant qu'il vinrent a uns chemins
Ou Cadors et Aalardins, 6136
Qui lor femes en vont menant,
15090 Yde et Guigenor le vaillant,
Ont trové le voie certaine
Qui chascun vers son païs maine. 6140
Et quant ce vint au desevrer,
Si aquelt chascuns a plorer;
Et des chevax sont descendu,
Si n'i ont riens plus atendu, 6144
Ainçois se sont entrebaisié.
Puis prent l'uns a l'autre congié
Et lués se sont tuit remonté.
15100 Mais li vassal plain de bonté, 6148
Si com fu mesire Gavains
Et ses compains mesire Yvains,
Ont Caradot tant convoié
Que el havre l'ont avoié. 6152
En une nef entra molt fort;
Cil sont por lui en desconfort.
Li departirs de lor amis
Les a en grant pesance mis; 6156
Lors sont a la cort retorné,
15110 Si sont od le roi sejorné.
D 113 Et Cadors vait en Cornuaille;
Ydain mena od li sanz faille 6160
Et la bele Guignier sa suer,
Car Carados a nes un fuer
Ne l'en volt mener en Bretaigne,
Ainz velt qu'o son frere remaigne 6164
Qui molt le cherist et amoit.
S'il l'en menast, trop se cremoit

6141 V vient   6148 V Et li v.   6152 V Quel navie lont   6162 V
caradeus

	De sa mere n'oïst noveles	
15120	Qui gaires ne li fuissent beles.	6168
61a	Mais bien sachiez, quel part qu'il aille,	
	Od Guignier est en Cornoaille	
	Ses cuers et tote sa pensee;	
	Cui chaut la mer ont trespassee?	6172
	Or vos puis bien de verté dire	
	C'ainc aront mais al cuer grant ire	
	Que il s'entrerevoient mais.	
15130	Carados s'en va les eslais	6176
	Lués qu'il ot la mer trespassee.	
	D'une porpre molt bel ovree	
	Estoit richement atornez.	
	Droit a Nantes s'en est tornez	6180
	Ou son seignor trova, le roi,	
	Qui por la dame ert en esfroi.	
	Quant Carados vint, joie en a;	
	Et de lui grant joie mena	6184
	Et richement l'a recheü.	
15140	Et quant mengié ont et beü,	
	Si li ra toute racontee	
	La feste de la tour quarree.	6188
	Et Carados grant garde prist	
	De la tour, tant que un jor prist	
	L'enchanteor qui fu ses pere	
	Dedens la tour avec sa mere.	6192
	Si sachiez que il lor a fait	
	Assez et de honte et de lait,	
	Car li rois por lui bien vengier	
15150	Le fist tout charnelment couchier	6196
	Od une lisse apertement,	
	Et a une truie ensement.	
	Et por lui faire plus d'aïr	
	Li fist une jument salir.	6200
	Et de la lisse od cui coucha	
	Un waignon concheü en a	

6180 V a vanes; D gegen Nanteis kert er sich   6182 V por sa feme
6183 V Caradot vit; D do dar kumen waz Karados   6188 V quarre
6189 V garde i p.; D Karados dez turnes ring huote   6201-10 D om.
6202 V Un gaignon engendre en a   6209 V troi pour voir   6210 V par sen pere

>   Qui fu apelez Guinalot,
>   Si estoit freres Caradot.
>   Et de le truie ot un sangler
> 15160   Que on fist Tortain apeler,
>   Et de la jument un destrier
>   Qui ot non Lorigal le fier.
>   Tout cil troi de voir furent frere
>   A Caradot de par le pere.
>   Et aprés li rois l'escorchast
> 61b   Se por Caradot nel laissast;
>   Que toute voie ert ce ses pere,
>   Et por tant en esfroi en ere
> D 114   Que vers Dieu se quidast mesfaire
>   S'il plus li soffrist a mesfaire,
>   Car bien i eüst la puissance
>   Li rois de prendre la venjance.
>   Atant l'en ont laissié aler;
>   La terre li font forjurer.
>
>   L'ENCHANTERES come dolans
>   De tost fuïr n'est mie lans,
>   Mais ainc puis ne cesse ne fine
>   Des qu'il pot veoir la roïne
>   Et parler od li en la tour
>   De Caradot lor malfaitour.
>   A li molt durement se plaint,
>   Et ele gemist et complaint
>   Por l'anui qu'andoi ont eü.
>   "Molt avons de soulas perdu,
>   Fait li ele, biax dols amis,
>   Car n'estrez jamais mes amis
> 15170   Des que vos vengiez en soiez."
>   —"Ba, dame, en' estroit ce pechiez
>   Se je tel crualté faisoie
>   De mon enfant se l'ocioie?"
>   —"Pechiez! dolans et entrepris,
>   Vos en est donques pitiez pris?
>   Ja n'ot il pas pitié de vos,

6204

6208

6212

6216

6220

6224

6228

6232

6236

6216 V Se plus   **6230** V Molt avez; D ir hant verlorn vil guot gemach
6248 V nul doute (−1)   **6249** V pensez de m.

Dont mes cuers est si angoissous. 6240
Par Dieu, de lui vos vengerez
Ou par malvés cuer le lairez.
Et je forment son mal volroie;
Il nos a tolu nostre joie 6244
Si que jamais point n'en arons.
Ja einsi faire nel porrons
Que il ne la nous toille toute.
Mais bien vos di sanz nule doute, 6248
Se ne pensez du malbaillir,
A m'amour vos estuet faillir,
Car il nos a trop malbailli.
Et je vos tieng a cuer failli 6252
Se vos pitié avez de lui."
—"Ha, ma dame, ses pere sui,

61c Fait cil, si ne truis en mon cuer
Que mal li face a nis un fuer, 6256
Fors tant ferai por vostre amor:
Vivre le ferai a dolour,
Se vos i volez paine metre."
—"Je, fait ele, en sui tote preste 6260
De vos aidier tot sanz dangier,
Mais pensez bien de vos vengier."

D 115 Elÿavrés tot erranment
A tant fait qu'il ot un serpent 6264
Qu'il a si forment enchanté
Qu'il en fait bien sa volenté.
Et por plus tost achiever l'oevre
A il lués quise une coeluevre; 6268
Au serpent mengier l'a fait faire.

15180 Puis l'a enclos en une almaire,
Et quant il l'i ot bien enclos,
Si a tost l'affaire desclos 6272
A la roïne du serpent.
"Dame, fait il, proçainement
De vo fil vos venjerai bien.

6262 V de nous v.; D durch daz ir werdent gerochen   6263 D *rubric* Hie machet Elyavres und Karados muoter, daz Karados mit eime slangen wart beünbert   6265-67 D durch daz dest e zuo gienge sin ding   6266 So V, T Et si la tantost aporte, *EMQU* Li aporte (Q aporta) tout anchante

Carados (III, 11)

```
               Or vos gardez sor tote rien                  6276
               Qu'a ceste almaire n'atouchiez
               Ne le serpent point n'aprochiez;
               Car bien sachiez, s'aprochera
               De son mal qui i touchera.                   6280
               Mais quant l'eure anquenuit venra
               Que vos fix veoir vos venra,
               Por vos faire rasouagier
               Comenchiez vos a destrechier,                6284
               Se li proiez que vostre pigne
               De cel almaire vos ataigne.
               Et lués que il l'avra overt,
               Si verrez le serpent cuivert                 6288
               Qui radement a lui ira
               Et en son braç se lïera
               Si fort qu'il n'avra tel ami
15190          Qui decha deus ans et demi                   6292
               Li puist d'entor le bras oster;
               Lors li verrés la mort gouster.
               Bele venjanche ara ichi."
               —"Sire, la vostre grant merchi,              6296
               Molt avra pis d'ensi languir
61d            Que de hastievement morir,
               Ne ja por ce que sui sa mere
               Ne l'en ruis estre mains amere."             6300
               Atant de la dame se part
               L'enchanteres de male part.
               Puis ne targa pas longuement
               Que a Caradot vint talent                    6304
               De sa mere en la tour veoir.
               He, las! qu'il ne savoit de voir
               La crualté de la merveille
D 116          Que sa mere li appareille,                   6308
               Dont il garde ne se prent pas.
               En la tour monte isnellepas,
               Si vint devant sa dame amont
               Et dist: "Li Salveres del mont,              6312
```

6287 *V* que luis avra; *D* wenne er daz uf tuot zehant   6290 *V* saliera
6296 *V* Sire fait ele grant m.   6301 *V* dame depart   6313 *D* der
al der welte schöpfer ist   6316 *V* c. nen espont   6317 *V* Biax chiers f.

    Qui les bons des malvais esnie,
    Vos gart, ma dame, et beneïe."
    Et la roïne adont respont
    Tot el que ses cuers ne despont: 6316
    "Biax dols fix, Jhesucris vos gart.
    Ne me prendoie ore regart
    Que vos si tost venissiez cha,
    Car ne vos i vi mais piech'a. 6320
    Molt venez ore a recelee,
    Trové m'avez eschavelee.
    Un poi en mon chief me doloie,
    D'un pigne pignier me voloie 6324
    Qui aportez fu de Cesaire,
    Mais il est la en cel almaire.

15200 Si vos pri que le m'aportez
    Et ci od moi vos deportez 6328
    Et esbanoiez toute jour,
    Car molt i aim vostre sejor;
    Et ce me torne a grant anui
    Que chi toz jors si seule sui." 6332
    Et Carados hastivement
    Por faire son comandement
    S'est maintenant en piez levez
    Et a l'aumaire en est alez, 6336
    Puis l'uevre et met son bras dedens.
    Et tantost li felons serpens
    Entor son braç se lance et prent.

61e Le bras aert fort et porprent, 6340
    Et Karados arriere saut,
    Qui del serpent et de l'assaut
    Se quide molt tres bien desfendre.
    Le bras començoit a estendre, 6344
    Car il l'en quidoit desaerdre;
    Mais il l'i a fait mix aerdre
    Et a plus durement destraindre.
    Et Karados comence a taindre 6348
    Et a palir et a müer,

6325 *D* mit dem schönen strele min   6335 *V* Rest m.   6336 *V* Droit a   6339 *V* se lace; *D* den arm begreif und umbesluog   6353 *V* salt come esmarie; *D* die frowe leidiklich uf stunt   6354 *V* Ausi com sel nel s.   6357 *V* debat et se

A tressalir, a remüer.
Por l'angoisse que il avoit
Molt hautement Dieu reclamoit. 6352
La dame salt et sa maisnie,
Einsi com s'el ne seüst mie
La verité de l'aventure.
Lors crie et brait par coverture; 6356
Si se debat, si se detort
Et regrete sovent la mort.
"Ha, fait ele, lasse, dolente!
Or tien je la mort trop a lente 6360
Quant el me laist plus ne mains vivre.
Sainte Marie! cele wivre,
Quel deable l'orent la mise?
Por coi s'est ele ore entremise 6364
De mon fil prendre et moi laissier?
A moi se deüst eslaissier
Cil serpens de male nature,
Car de vivre n'eüsse cure. 6368
Biax fix, por Dieu, fai toi confés,
Si te descharge du grant fes
Del pechié qu'eüs de ton pere
Et de moi qui sui toie mere. 6372
Por les max et por les mesfais
Que tu as tant a nos deus fais,
Prent Diex ensi de toi venjance.
Mais, por Dieu, pren le en patïence, 6376
Et si proiés a Dieu merchi
Que il t'ost cest serpent de chi."
Einsi sa mere le sermone,
Et Carados mot ne li sone, 6380
Mais en son cuer sozpeche et croit,
Que qu'ele die, biau li soit
De la destrece qu'il demaine.
Nel porroit dire bouche humaine 6384
La grant dolor que li rois ot
Si tost come il cele chose ot.
A l'ains qu'il pot i est venus

6358 V Si r.   6372 V De moi qui estoie ta m.   6387 V puet   6400 V
Les chavex

Et a grant paine s'est tenus 6388
Que la roïne n'a tüee,
Mais ele s'est bien enfermee;
Et molt tost au roi en presist
Teus ire que il l'ocesist. 6392
Karados est en grant angoisse
Por le serpent qui si l'angoisse,
Et li rois de dolor se pasme
Et sa vie despit et blasme 6396
Quant l'enchanteor n'ot tüé
Ou en prison al mains rüé.
Por Caradot a trop grant ire,
Ses chaveus et sa barbe tyre; 6400

D 118   Aval comande c'on l'aport.
Arivez ert a molt mal port
L'enchanteres, si come il jure,
Ne ja nel garira conjure 6404
Se il le puet tenir as poins.
Malbaillis ert en malvais poins,
N'en dolor ne le porra metre
Que molt volentiers ne l'i mete; 6408
Ses baras nel porra garir
Que il ne le face morir.
Lors prendent Caradot as mains
Bien quatre chevalier al mains, 6412
Si l'en portent jus de la tour.
Une chouce de riche atour
Li ont erranment atornee,
Et une chambre ont aornee 6416
De molt riches aornemens.
Et par molt biax ordenemens
Iluec l'ont couchié et posé,
Mais molt petit a reposé. 6420
Il ne puet trover bone place,
Car li serpens toz jors se lace
Entor lui plus estroitement
Qui le grieve angoisseusement. 6424

6405 *V* pot   6414 *V* couche; *D* ein rilich bette wol gezieret   6415 *V* l ont   6427 *V* Por veir se nus le seust   6428 *V* oster peust   6432 *V* Si prent li r. a   6433 *V* Qui ne   6435 *V* Na la c.   6436 *V* tramet par

	Et li rois fait par trestot querre	
62a	Mires et par mer et par terre,	
	Por savoir se nus le peüst	
	Garir et l'uivre oster seüst.	6428
	Mais quant molt essaié i orent	
	Nule aïde faire n'i porent;	
	Nus n'i ose mais ensaier.	
	Li rois se prent a esmaier,	6432
	Qu'il ne set coment on li face	
	Cest serpent traire de la brache,	
	Ne la culuevre qui l'aterre.	
	Ses mes tramet en Engleterre	6436
	Et en Franche et par tot le mont.	
	Molt tres durement les semont	
	Que toz ciax qui de medichines	
	Sevent, d'erbes ne de rachines,	6440
	Et de carnes et d'onguement,	
	Li amainent hastivement.	
	Car qui Caradot ostera	
	Le serpent, tant d'or li donra	6444
	Et d'argent et de son avoir	
	Comë il en volra avoir.	
	Si sachiez molt i ot de mires,	
	Mais ainc li mieldres ne li pires	6448
D 119	N'i sot onques herbe liier	
	Qui li peüst avoir mestier.	
	Et quant la roïne s'amembre	
	Qu'ele ert enclose, si li membre	6452
	Du grant anui et du contraire	
	Ke Carados li ot fait faire.	
	Sovent disoit entre ses dens:	
	"Gars, or est fais li venjemens	6456
	Del mal qu'as fait avoir ton pere,	
	Et de l'anui qu'as fait ta mere.	
	Ceste penitance en feras,	
	Ta vie a dolor useras	6460
	Et de cest mal parmi la mort	
	T'en passeras sans nul confort."	

6446 V Tant com il qui tost (+ 2)   **6460** V En dolor ta vie u.   **6475** T qui tost
6484-85 D von leide er wart ünzündet balde

>
> Einsi a li meïsme maine
> Grant joie cele quarentaine. 6464
> Bien s'en sont aperchut la gent,
> Mais ce ne fust pas bel ne gent
> Qu'aucuns al roi le racontast,
> Car tost en tel error montast 6468
> Envers la roïne sa feme
> Qu'il l'enchaschast hors de son regne,
> Car il ert de molt grant vertu.
> Se ne fust por le roi Artu 6472
> Cui niece ele ert, il l'eüst mise
> Fors de son roialme ou ocise.
>
> Renomee qui tost s'espart
> S'en est volee cele part 6476
> Ou Artus ert, qui entent l'oevre
> Du serpent et de la culuevre
> Qui ont si Caradot lacié
> Que n'en puet estre deslacié 6480
> Por nule poison ne por charme.
> Li rois estoit desoz un charme
> En un suen bos quant il l'oï.
> Trestoz de fine ardor bleui 6484
> Por l'angoisse qu'au cuer l'en toche;
> Toz pasmez sor Gavain s'acouche,
> Puis rechiet a terre pasmez.
> Et quant revint, si s'est blasmez, 6488
> Et molt se prent a reprochier
> Quant Caradot son neveu chier
> Laissa de lui si seul partir.
> "Bien me deüst, fait il, partir 6492
> Mes cuers quant aler l'en laissai
> Ou qu'o lui ne vos envoia[i],
> Biax niez, refait il a Gavain,
> Ou le preu monseignor Yvain. 6496

62b appears beside lines 6464–6470
15235 appears beside line 6476
D 120 appears beside line 6492

6485 *T* quau au cuer (+1)   6486 *V* se couche   6488 *V* si est b.
6489 *T* Molt et, *VEMQ* Et molt; *D* er huop sich gar in jomers not
6494 *TV* envoia; *D* daz ich in von mir scheiden liez oder üch nüt mit im
varen hiez   6497 *V* vos vi   6498 *T* diex mesdoinst, *V* d. me doist;
D so geb mir got gesundekeit   6500 *V* Plus cune nuit des que vendrai;
D bitz ich gesehen mag   6506 *V* sen sont

       Mais or vos di por verité,
       Se Diex me doinst prosperité,
       Qu'en vile jamais ne gerrai
       Plus d'une nuit des que verrai   6500
       A Caradot mon chier neveu."
       Ensi a fait Artus son veu,
       Qui molt tres viguereusement
       A fait appareillier sa gent.   6504
       S'ont tant erré a cuer amer
       Que ja se sont passé la mer,
       S'ont tuit por Caradot grant ire;
       Li rois en maine grant martyre.   6508
       En la mer orent un torment
       Qui les fist waucrer longuement,
       Tant que revint uns vens de nort
62c   Qui les ramena arrier port.   6512
       Puis les remaine une tormente
       Et uns vens qui encontre als vente
       Si qu'en Bretaigne ne vont mie,
       Ainz arrivent en Normendie,   6516
       Si que a force ont pris le port
       Qui ert apelez l'Outreport.
       D'iluec s'en prenent a torner
       Et ont chevalchié sor la mer,   6520
       Si costoient mainte montaigne
       Ainz qu'il entrassent en Bretaigne.
       Un poi ichi d'ax vos lairai;
15240 De monseignor Cador dirai,   6524
       A cui de Caradot sanz faille
       Vait la novele en Cornuaille,
       Et a Guignier sa bele amie,
       Sachiez, qui ne la haoit mie.   6528
       Lués que la chose ot la meschine,
       A terre chaï sor s'eschine
       Por la dolour qu'au cuer l'en vint,
       Si qu'el ne sot qu'ele devint   6532
       Nient plus que se ele fust morte.

6510-15 *D* daz sü die enker muostent slahen. ir kiel so lange do bleip, bitz daz ein ander wint sü treip uzzer wege von Brittanie   6512 *V* remena a trieport   6518 *V* Qui est a.; *D* daz Utterport was genant   6519 *V* se p.   6521 *V* maite   6531 *V* li vint   6535 *V* grant pose j.

                Trop durement se desconforte.
                Une grant piece jut pasmee
                Ainz qu'ele se fust relevee.   6536
                Et quant revint de pamoison,
                Tot sanz savoir et sanz raison
                Aquelt a changier la color
                Et si s'escrie a grant folor.   6540
D 121   Por un poi ses cuers ne li crieve,
                Et al chief de fois se rescrieve
                A plorer si tres durement,
                Et si maldist l'engenrement   6544
                Que ses peres ot en li fait.
                "Diex! fait ele, trop mal me fait
                Quant ensi mon ami me tols.
                Dehez ait ore li miens cols   6548
                Se je mal gre ne vos ne sai.
                S'une fois seviax veü l'ai,
                Refait ele, hautismes rois,
                Bien vos di que la moie fois   6552
                En seroit envers vos doublee
                Qui maintenant est mal troblee.
62d   Ha! fait ele, dolante mors,
                As preudomes por coi t'amors?   6556
                Et por coi les vels si saisir?
                Par Dieu, ne fais pas mon plaisir
                Qui mon ami tolir me vels."
                Lors se reprent par ses chavex,   6560
                A ses deus mains errace et tire;
                Ses poins detort, ses dras deschire.
                Puis se relaist cheoir a terre,
                Toz li cuers el ventre li serre;   6564
                Au relever toute se tort.
                "Mors, mors, fait [ele], a trop grant tort
                Ne volez as boins avoir pais,
                Si laissiez vivre les malvais   6568
                Et les vaillanz volez sozprendre.

6536 *V* sen f.   **6543** *V* p. isi d.   **6545** *V* ses pere ot (−1); *T* fait *changed to* fais, *VEMQ* fait; *D* daz sü von wibe ie wart geborn   **6546** *T* fait *changed to* fais, *V* fait, *EMQ* trop (*Q* tant) mas mesfait; *D* got, sprach sü wie tuot mir so we   **6554** *V* est molt t.   **6566** *V* He mors fait ele a com g.

Por coi volez mon ami prendre?
Se vos ensi le me tolez,
Bien voi que tolir me volez 6572
La vie, et si weil tot sanz faille,
S'il einsi muert, que je n'i faille.
Et ce seroit drois et raisons
Que nos ensamble mort fuissons, 6576
Car se mes amis seus moroit
Riens conforter ne me porroit.
Por che seroit drois, ce me samble,
Que nos morussomes ensamble, 6580
Car qui aprés ami remaint
Toute sa vie en dolour maint.
Cil qui toz jors bone amor servent
En la fin guerredon deservent, 6584
Car Diex doit lor travail merir
Si qu'ensamble doivent morir."
Puis se repasme a cestui mot.
Au relever si s'acesmot 6588

D 122   A ses deus mains en tel maniere
Com s'ele fust toz jors maniere
De son cors a dolor atraire.
Les oex de son chief voloit traire 6592
Et son vis tot esgratiner.
D'aïr comence a tressüer
Si que n'ert se merveille non.
Jhesucrist et son tres haut non 6596
Comence fort a reclamer:

62e   "Diex, a vos me revieg clamer
De cel serpent, de cele wivre,
Qui mon ami fait griement vivre. 6600
Hahi! ahi! wivre ou serpent,
Del bras mon ami cor descent;
Si vien al mien et si t'i lache
Et du mon ami te deslace. 6604
Por Dieu, biax dols frere Cador,
Menez moi veïr Carador
Savoir se vif le troveroie,

6583 V toz dis b.   6587 V a icest m.   6598 V Dex fait ele a vos
vieg c.   6604 V de mon   6608 V Et plus a aise en esteroie

Et puis plus a aise en seroie; 6608
Si morroie od lui a grant joie,
Car puis vivre un jor ne volroie."
Itel dolor, itel tristreche,
Com je vos ai dit sanz pereche, 6612
Fait cele dont vos ai conté,
Et deus tans plus que n'ai conté.
Ne diroie en jor et demi
Le doel que fist por son ami. 6616
Et Cadors tel doel en demaine
Que si franc home et si demaine
Ne s'en savoient conseillier.
Il fait sa nef appareillier, 6620
S'est esquipez en haute mer
Por celui qu'il pot tant amer,
Et maine Guignier avec lui.
S'ont tant syglé par mer andui 6624
Qu'il arriverent en Bretaigne.
Puis ont passé mainte montaigne
Et ont erré jornees tantes
Qu'il sont venu jusques a Nantes. 6628
Et renomee qui tost vole
A ja tant levé la parole,
Et ja est en tans lius contee,
Qu'au bon Caradot est portee 6632
La novele que en Bretaigne
Venoit Artus a grant compaigne.
Et d'autre part Guigniers sanz faille

D 123 Vient od Cador de Cornoaille 6636
Tout por veïr sa maladie,
Car plus l'amoit que je ne die,
Por lui faire alcun reconfort.
Mais molt li torne a desconfort 6640

62f Cele novele quant il l'ot,
Por che que trop grant honte en ot,
Si ne set a quel chief puist traire.
Mais tantost ensus a fait traire, 6644
Si que ne demora nului
En sa chambre ne entor lui.

6624 V adui   6648 V mesprisoit   6650 V c. comenche a f.

Toz seus fors de Dieu se gisoit
Et sa vie molt despisoit. 6648
Nus ne porroit le doel retraire
Que Carados aquelt a faire.
"Ha, Diex! soverains rois, fait il,
Com ore me tenra por vil 6652
La riens del mont que plus ai chiere,
Quant el verra ma laide chiere
Et ma char ensi empalie
Et le serpent qui si me lie. 6656
Et certes ele ara bon droit,
Car qui le voir dire en voldroit,
De tel valor ne sui je mie
Que ele doie estre m'amie, 6660
N'ainc ne fui, ne mais ne serai.
Ha, biax sire Diex, que ferai?
Coment porrai tant endurer?
Et coment me puet cuers durer 6664
Quant la plus bele creature
C'onques nul jor formast Nature
Sans coverture et sanz doutance
Verra ma laide mesestanche? 6668
Las! or sui en double torment
Et sui grevez plus durement,
Car che que je weil ne weil mie.
Volentiers verroie m'amie 6672
En joie et em prosperité,
Mais or sai bien de verité
Qu'ausi tost com m'aroit veü
M'aroit ele en despit eü. 6676
Ore ai pensé que je ferai;
Je lairai tout, si m'en fuirai.
Fuirai? Las! Qu'est ce que j'ai dit?
Amours tot che me contredit 6680
D 124   Que ja face tel vilonnie
Come de fuïr por m'amie;
Car s'el me voit en povre point,

6671 *V* weil ne velt m.; *D* daz ich wolte, dez wer ich mich   **6679** *V* ja dit   **6680** *V* contredist   **6681** *V* Que je f.   **6690** *V* et je taim (−1)   **6693-94** *V* Carados toute sa pensee Choile sot vers un mur tornee   **6696-98** *D* durch triegen, wer keme dar in, daz der wonde, er züge hin

63a S'ele onques de cuer m'ama point, 6684
Por che ne m'ara en despit.
On soloit dire en un respit:
'Cuers qui bien aime a tart oblie.'
Et d'autre part ce me desfie 6688
C'on retrove el *Dit au Vilain:*
'Tant as, tant vals, et je tant t'aim.'
He, las! je sui cil qui riens n'a
Ne riens ne vail, ensi me va." 6692
Karados ert en grant pensee,
S'ot vers une paroit tornee
Son vis et toute sa samblance.
Ce faisoit il par dechevance, 6696
S'aucun vers lui veïst venir,
Samblant li feïst de dormir.
Contre le vespre vint li rois,
Qui li mena un molt cortois 6700
Messagier, que li envoia
Cadors que li mes laissié a.
Quant Karados vit le message,
Son pensé choile come sage, 6704
Car penser doit on clos avoir
Se ce soit folie ou savoir.
Et son sens doit on bien covrir
Dusqu'en voit lieu du descovrir, 6708
Car s'aucuns sa folie pense,
Nel doit metre en male despense.
Non fist Carados la endroit.
Li mes vint devant lui tot droit 6712
Et dist: "Biax sire, vos compains
Cadors est decha mer empains,
Et est od lui Guigniers sa suer
Qui vos aime plus que son cuer. 6716
Salus vos mande, je vos di.

6698 *TV* de morir, *EMQ* de dormir   6699 *V* vespre i v.   6700 *V* Que li m.   6702 *D* den im do Kadors hatte gesant unde Gingenier von Kurnewalen lant   6705 *V* peser   6710 *So V, T* Ne le doit m. en male pense, *EMQ* Ne la doit ja (*Q* pas) metre a balance (*M* en clopense, *Q* en despanse); *D* gahet er zebalde, ez würt im leit   6722-26 *D* für war ich üch daz sagen wil, er gebe goldes also vil, als er gewege oder mer, für üwer herzekliches ser unde daz von üwere manheit wurde noch gelachet und geseit   6722 *V* pois dor Done por vo prosperite   6724 *V* Dame por vo p.

Demain ainz eure de midi
Ou ains, que je ne mente mie,
Veoir porrez la vostre amie 6720
Et vostre compaignon Cador,
Qui volroit avoir son pois d'or,
Voire trestoute s'yreté,
Doné por vo prosperité, 6724
Si que de la vostre sancté
D 125 Fust encore ris et conté.
63b Si sera il, n'en doutez mie."
—"Frere, tres bien viegne m'amie, 6728
Et ses frere bien viegnë il.
Certes or me tien je por vil
Quant encontre als ne puis aler."
A cel mot laisse le parler, 6732
Se li membre de sa dolour.
Lors reprent a müer colour
Et de s'amie li ramembre;
D'angoisse li falent li membre 6736
Por che que d'amors li sovient.
Si grans dolors al cuer li vient
Que molt parut a son samblant
Que par un poi nel va emblant 6740
La mors, tant durement se blasme;
Et neporquant lors se repasme.
La mors trop de blasme i eüst
Se por amour ensi morust; 6744
Amours est trop vers lui amers
Et molt l'empire cil amers.
De s'amie veoir l'atyse
Amors et met en covoitise; 6748
Et d'autre part rest en doutance,
Qu'il crient que ne l'ait en viltance.
Car se alcune fois avient
Que celui c'on aime, on le crient, 6752
Einsi fait cil qui desirrier
Avoit de regarder Guignier.
Cil desirriers li vient d'amors;
De li atendre est en cremors, 6756

6740 V Qua par   **6759** T E en c. (+1)   **6767** V por novele (−1)

            Por che que s'ele le voit lait,
            Qu'ele por lui ne se deshait.
            En cele freor tant sejorne
            Que tot son pensé a che torne,   6760
            Ou soit folie ou soit savoir,
            Que de laiens volra movoir,
            Car ne quidoit mais bien atendre
            De s'amie en tel point atendre.   6764
            Lors se retorne al messagier:
            "Amis, fait il, rasoagier
            M'avez molt fait por vo novele
            Que m'avez dit de la pucele,   6768
            S'estre peüsse a seürté
63c   Qu'ele ne me tiegne en vilté
D 126   Por cest serpent que chi verra,
            Qui chi joste moi se serra;   6772
            Mais ne croi pas que ce puist estre.
            Certes je has trestot mon estre,
            Car encontre ma mort estrive;
            Miex volroie morir que vivre.   6776
            Sire, por Dieu, fait il au roi,
            Del mes faites prendre conroi
            Que il soit tres bien aaisiez.
            Et un vallet chi me laissiez,   6780
            Car ce n'est pas ne bel ne gent
            Que je demeure entre vo gent;
            Un petit me weil reposer.
            Par moi respondre et oposer   6784
            Mes max n'a que faire de presse;
            La gent m'ochist qui tant m'apresse."
            Adont dalez le roi estoit
            Uns vallés qui venus estoit   6788
            Avec Caradot d'Engleterre.
            "Cestui, fait il, vos weil requerre
            Que le laissiez od moi chaiens,
            Et puis alez mengier laiens."   6792
            —"Ainz mengerez." —"Je non ferai.
            Alez, si me reposerai."
            Atant en va li rois mengier,

6769 *TV* asseurte   **6773** *V* puis   **6795** *V* sen vait li

Si maine od lui le messagier. 6796
Et quant mengié ont par loisir,
Leur lit sont fait, si vont jesir,
Car ne welent plus traveillier
Caradot ne esmanveillier. 6800
Le vallet ont od lui laissié.
Tout et toutes se sont couchié
Mais qui que dormist, bien vos di,
Carados mie ne dormi, 6804
Ainz a apelé son serjant.
"Amis, or ne te soit pas lant,
Si ne te dois esmerveillier
Se de toi faz mon conseillier; 6808
De ma santé molt me deffi,
Et se je tant en toi me fi
Que je me mete en ta manaie,
Car ne quit que mais santé aie. 6812
Pri toi que tu tiegnes covert
Ce que je t'avrai descovert.
Je sai chi pres une chapele
D'un hermite qui Dieu apele, 6816
Qui molt par est de sainte vie.
D'aler a lui me prent envie,
Aler i veil encore anuit.
Por Dieu te proi que ne t'anuit, 6820
Car je croi que par s'oroison
Ne fera plus demoroison
Cist quivers serpens sor mon cors;
Bien croi qu'il s'en isteroit fors. 6824
Et li bons hom tel costume a
Que ja de son lieu n'istera
Por besoigne qu'il puist avoir.
Pren od toi tot le grant avoir 6828
Que aportames d'Engleterre,
Ja mar te caille de plus querre."
—"Sire, je sui cil qui fera
Trestout iche que vos plera; 6832
Sachiez, toz sui entalenté
De faire vostre volenté."

6824 V istera f. **6833** V entalentez **6834** V vostres volentez

Lors se sont bien appareillié,
Puis ont un huis desveroillié 6836
Qui estoit devers un vergié.
Clos ert de mur, s'ont reverchié
Tot entor, mais n'i ont trové
Pertruis nis un. Lors ont crevé 6840
Le mur un poi, s'en issent fors.
Lors si sachiez que Carados
Le païs wide isnellepas,
Les destrois set et les trespas. 6844
Molt se duelt et molt est pesans,
Mais qui li donast mil besans,
De honte arrier ne retornast
Por que plus laiens sejornast 6848
Tant que Guigniers i fust venue.
Une charriere a tant tenue
Qu'il voit le maison a l'ermite
Qui estoit molt de grant merite; 6852
Molt sist en un parfont boschage.
De Nantes dusqu'a l'ermitage
N'avoit gaires se haut bos non.
63e Ne sai coment li lius ot non, 6856
Ne l'ermitages ne l'ermites.
Sauvages bestes, grans, petites,
Veïssiez sovent assambler;
Merveilles vos porroit sambler 6860
Qui tot le lieu deviseroit.
La vint Carados trestot droit,
Si s'en va droit a la chapele
Que li ermites ot molt bele, 6864
Qui le salua belement.
D 128 Et cil lués son salu li rent,
Puis a fait s'oroison molt brieve,
Car li serpens forment le grieve. 6868
S'oroison fist trestoute en oirre,
Car trop ert traveilliez de l'oirre.

6837 *T* Qui cloit d. (−1), *V* Qui clooit d., *EMQ* Qui estoit d.; *D* die in einen boumgarten ging   6841 *V* si issent   6842 *V* carados   **6844** *T* Le pais s. et, *V* Les destrois set et les mals pas, *EMQ* Sot les trestors (*Q* recez) et; *D* alle wilde wege worent erkant

Molt li doloient pié et plantes,
Car grant voie a d'iluec a Nantes, 6872
Si n'estoit mie costumiers
D'aler a pié. Trestoz premiers
L'a mis li sains hom a raison,
Se li a demandé son non 6876
Et dont il est et de quel terre
Il est nez et qu'il vient la querre.
Carados se nome a l'ermite
Et tote l'oevre li a dite, 6880
Si s'en est a lui fais confés.
Et puis li a mostré le fes
Qu'il sostenoit de la culuevre;
Et puis si a raconté l'uevre, 6884
Coment par le barat son pere
Est si sozpris, et par sa mere.
Vers l'ermite molt s'umelie,
Molt se justiche et molt s'alie; 6888
De son pere se rent copables
Et vers sa mere trop pechables.
Bien regehist qu'a bon droit fust
Se molt de mal encore eüst 6892
Qu'il n'en a, et por che s'en fuit;
Car jamais joie ne deduit
Ne velt toute sa vie avoir,
Des qu'atant que sara por voir 6896
Que sa penitance soit faite
Por la honte qu'il lor a faite,
63f   Dont molt sovent pleure et sozpire.
Sovent disoit: "Je sui li pire 6900
De trestoz ciax qui sont sor terre."
Tant fait de doel que toz s'aterre.
Li sains hom por sa repentance
Li enjoi[n]st tot en penitanche, 6904
Et por sa grant compunction
Li a fait absolution.
Et Carados li a requis

6845 V pensans   6856 V lius a n.   6869 72 D er waz muede und darzuo las, wand er vil verre gegangen was   6869 V Loroison   6870 V t. pour loirre   6876 V Si li   6882 T faes, V fes

	Que s'il voit gent de son païs,	6908
	Por Dieu et son saintisme non,	
	De lui ne dië o ne non,	
D 129	Ne nul samblant ne lor feïst	
	Que onques nul jor le veïst.	6912
	Carados iluec sejorna	
	Grant piece, c'ainc ne s'en torna.	
	Et demora ens el boschage,	
	Si hanta ce saint hermitage;	6916
	Sa sainte vie li plaisoit,	
	Sa penitance ensi faisoit.	
	Et li hermites sans dangier	
	Le faisoit avec lui mengier	6920
	Tel vïande come il avoit;	
	Et as hosteus que il savoit	
	Pres de lui en icele terre	
	Li faisoit sovent meillor querre,	6924
	Car Carados ne pooit mie	
	Vivre de si tres aspre vie	
	Com l'ermites avoit a[m]prise,	
	Car il ne l'avoit pas aprise.	6928
	S'avoit li bons hom un sergant,	
	Por che que loinz estoit de gant,	
	Qui molt lieement lor faisoit	
	Quanquë il onques lor plaisoit.	6932
	Et Carados ravoit le suen	
	Qui tout che que lui estoit buen,	
	Et qui a tel home doit plaire,	
	Li faisoit toz dis sanz contraire.	6936
	Et Carados tel vie maine	
	Que toz les jors de la semaine	
	Fait le quaresmel astinence,	

6888 *D* und kam in rüwen harte gros **6892** *V* Se plus de **6901** *V* De troz ciax (−1) **6902** *V* f. doel que toz en aterre **6903-04** *D* der heilige man in rüwig vant, buoze gap er im zehant **6904** *V* Li a enjoint en p. **6910** *V* die ou o ne non **6912** *V* Conques mais jor ne le v. **6921** *V* il voloit; *D* soliche spise, als er hette do **6925** *V* ne poist m. **6927** *TV* aprise, *EMQ* ampris: *D* alse do tet der heilige man **6938-40** *D* er vastete reht alle tage: daz tet mit willen Karados durch buezen sine sünde gros **6939** *TV* les quaresmes, *E* Vit quaresme par atenance, *M* Fist karesme penitance (−1), *Q* Vit en quareme abstinance (−1) **6942** *V* de lui p. (−1) **6945-46** *VD inv.* **6945** *V* Avoit iluec **6946** *V* En bos

Carados (III, 13)

	Qu'il jeünoit par penitance. 6940
	Tel vie maine longuement
64a	Sanz de nului percevement.
	L'ermitages ert molt souduit;
	Bien pres de nuef liues ou d'uit 6944
	Avoit d'iluec dusques a Nantes
	El bos a molt petites sentes;
	Et a tot le premier rechet
	Avoit bien sis liues ou set. 6948

Or vos lairai de Carados
Qui demeure od l'ermite el bos,
Si maine vie et aspre et dure;
Molt li est changie pasture.   6952
Si vos dirai del roi Artu
Qui tant estoit de grant vertu,
Qui por Caradot est passez
D 130   La mer, et od lui gens assez   6956
Qui tot erent de sa maisnie;
Por Caradot n'erent lié mie.
Et quant li rois de Nantes sot
Qu'Artus venoit, grant joie en ot;   6960
Car uns mes qui tant ot erré,
Et qui molt avoit meserré,
Car trop tint le chemin amont,
Qui s'ert del roi Artu au Mont   6964
Saint Michiel departis hui main,
S'avoit les letres en sa main
Le roi Artu. Au roi de Vegne
Dist qu'a lui venoit en son regne   6968
Li rois come a son bon ami.
Et por che qu'il avoit oï
Que Carados ot le serpent
Qui a son destre bras li pent,   6972

6954 V tant par est de   6961-66 D do kam ein botte, der balde hette
gelouffen von künig Artuse hie, den er uf Sant Michels berge lie, und broht
einen brief in siner hant   6967-69 V Le roi artu quil aportoit Et grant
aleure venoit Ainz ne fina si vint a venge Le roi trova ens en son regne Od
grant plente de chevaliers Et de serjans et descuiers Li messages est descen-
dus Ens el palais en est venus De par le roi artu salue Le roi de venge sanz
delue Et le baronnie trestoute Qui avec lui est en sa route Et dist sanz nule
contremande Sire li rois artus vos mande Salus come a sen bon ami

S'en estoit en molt grant tristor.
Li messages al point del jor
Estoit venus molt traveilliez.
Li rois s'ert matin esveilliez 6976
Com cil qui ert en grant effroi.
Quant li mes le vit devant soi,
Sel salue et le brief li tent.
Li rois la letre bien entent, 6980
Et lués qu'il ot leü la letre
Comanda les seles a metre
Por che que il aler voloit
Encontre Artu le chemin droit. 6984

64b   Mais anchois vers la chambre vait
Ou quidoit que Carados ait
[Jeü la nuit. Cele part vint,
Un bastonet en sa main tint;] 6988
Dire li quidoit la novele.
A l'uis vient et basset apele,
Mais cil nul mot ne respondoit.
Li rois por che que molt l'amoit 6992
De plus huchier ne s'entremist
Por che qu'il quidoit qu'il dormist.
Au cheval vient et tantost monte,
Et tant od lui que n'en sai conte, 6996
Mains haus hom et de grant affaire.
Contre Artu vont por joie faire,
Car ce estoit lor sovrains sire,
Et d'ax et de trestout l'empire. 7000

6973 V Dont il avoit molt   **6974-83** D der botte kam an einem morgen, do er den kunig von Nantes vant: einen brief gap er im in die hant unde gruost in vlizikliche von Artuse dem künige riche. do der künig den brief gelas, er hiez sin gesinde, das sü balde satteltent die pfert. er wolte gegen dem künige wert   **6974** V Sen venoit a lui en sonor   **6975** V Li messages ert t.   **6976** V Et li r. ert main e.   **6978-79** V Quant il oi dartu le roi Les noveles que il venoit Et par ses letres li mandoit Adont a fait lire la letre A tel qui sen sot entremetre Qui le lisi apertement   **6980** V rois letre (−1)   **6981** V ot oi la   **6982-83** V metre Es palefrois et es destriers Lor veissies ces escuiers Et les garcons preus et isniax Metre les seles sor chevax Et les frais a or ens es chiez Molt les ont bien appareilliez Pour lour seignour qualer voloit   **6985** V chambre en v.   **6986** V quide que   **6987-88** So V, TD om.   **6990** V vint et b. apele Au plus coiement que il puet Con cil a cui molt li cuers duet   **6994** V dormist Arriere a sa maisnie en va Que toute atornee trova

Et decha mer et dela mer
N'osoit seignorie clamer
Nus hom se de par lui ne fust
Et l'en servist come il deüst. 7004
Et tant sont ja encontre alé
C'un molt grant mont sont avalé,
Et puis al monter la montaigne
Troverent Artu de Bretaigne. 7008
Et li doi roi molt s'entr'acolent
Et puis aprés rïent et plorent.
Ris ont et joie par costume,
Et si pleurent por l'amertume. 7012
Ce voit on sovent avenir
Quant on voit son ami venir
Sor son doel et sor sa quisance;
Lors croist li doels et la pesance. 7016
Et c'est luec endroit avenu,
Car lués que se furent veü
Tout avant ont ris et ploré
Que l'uns ait a l'autre parlé. 7020
Et s'il seüssent le sorplus
Encore plorassent il plus;
S'il seüssent com cil lor fuit
Joie n'eüssent ne deduit. 7024
Mais encor nel savoient mie,
Ne Guigniers qui'st sa bele amie,
N'ele ne ses freres Cadors
Qui sont venu por Carados. 7028
A fort eure et a fort destin
Vinrent a Nantes un matin
Ou molt bel furent recheü,
Mais molt seront mal decheü 7032
Se n'i trovent ce qu'il i quierent.
Trestout premierement enquierent
Coment Carados le faisoit
Et en quel liu il se gisoit. 7036
A la chambre ont Guignier menee
Qui molt ert forment tresserree,

7012 D weinen umbe Karadoses leit 7018 V quil se 7022 V plorassent plus (−1) 7028 V carados

	Car cil molt tres bien le fermerent	
	Quant il fors de laiens alerent.	7040
	Primes i hurte la pucele,	
	A la chambre molt tost apele:	
	"Amis, amis, ovrez cest huis.	
	Puis que je ça fors ne vos truis,	7044
	Faites ovrir, si enterra	
	Vostre amie, si vos verra.	
	Vilonnie est de soi celer	
D 132	Puis c'on ot s'amie apeler.	7048
	Ovrez, ovrez, biax dols amis,	
	Qui en tel angoisse avez mis	
	Mon cuer. Des ce que vo mal soi,	
	Ainc puis nul bien avoir ne poi."	7052
	Et quant el voit que n'overra	
	Ne qu'ele ens entrer ne porra	
	Qui tant en lui se pot fier,	
	Plus fort recomence a crïer:	7056
	"Ha! dols amis, por quel forfait	
	M'avez ore tel anui fait	
	Que vos celez encontre moi?	
	Onques puis bien ne joie n'oi	7060
	Que je mui por a vos venir.	
	Ne sai que ce puet avenir,	
	Refait ele, se il fust vis	
	Et fust enclos en paradis,	7064
	Por que m'oïst a lui venir,	
	Bien sai ne porroit avenir	
	Que riens nule le retenist	
	Qu'il errant a moi ne venist.	7068
	Par Dieu, je dolt qu'il ne soit mors.	
	Ha! biax frere, est cist huis si fors	
	Que nos nel porrons desconfire?"	
	Et Cadors maintenant atyre	7072
64d	Angien par coi l'uis ont overt.	
	Et lors voient a descovert	
	Que Carados n'i estoit pas;	
	Si regardent isnellepas	7076
	Le postich overt du vergier.	

7053 V quil noverra   7067 V nule lui r.   7081 V trove rien ne

Lors aqueillent a recerchier
Le vergier d'ençainte en achainte,
Car la chambre en ert tote açainte; 7080
Mais qui ne trove nient ne prent.
Trop grant angoisse les esprent,
Car ne trovent ensi n'ensi
Fors le crués par ou s'en issi. 7084
Et por noient se vont penant;
Il les vait adez eslongant.
Se de lui veoir ont besoing,
Aler les covenra plus loing. 7088
Atant de querre ont refusé;
Chascuns en a le sanc müé,
Car si fort en sont esbahi.
"Amis, refait Guigniers, ahi! 7092
Por coi m'osez vos eslongier?
Me quidiez vos dont engignier
Qui cuidiez dont sanz moi morir?
Certes ce ne puet avenir. 7096
Fuïs en estes, bien le voi,
Que vos quidiez morir sanz moi;
Mais fuïrs ne vos voldra rien
Car, par Dieu, je sai molt tres bien 7100
Que ja el siecle un tot sol jor
N'avrai aprés vos de sejor.
Fuïr ne me deüssiez pas,
Mais si tres tost isnellepas 7104
Que li serpens vos ot lachié,
Deüssiez avoir porchachié
Messagier par cui le seüsse.
A vos tantost venue fuisse 7108
Partir a vostre aversité,
Car tres bien sai de verité

D 133

7083 V nensi ne si   7086 V vait a plain e.   7087 TV lui ont veoir b., EMQ lui trover ont b.; D woltent sü in zenot geschen han   7088 V Aler lor c.   7089 D nu begobent sü sich suochendes gar   7090 V le sens m.; D von zorne wurdent sü missevar   7091 T f. einsi esbahi, V f. en sont esbahi, EMQ Por caradoc sont esbahi; D sü würdent verirret und unfro   7095 T cuidiez dous sanz, V quidiez dont sanz, EMQ Que vos sens moi cuidiez foir (MQ morir); D daz ir wenent sterben one mich   7099 V valra   7105 V Ou li   7111 V Que mais g.   7113 V fui je onques   7125 V Que sainz c.

Que mains grevast uns fais que deus,
Et ausi fait pesance et dels. 7112
Lasse! por coi fui j'onques nee
Quant mes amis fait tel jornee
Por moi si faitement fuïr?
Certes on me devroit bruïr 7116
Ens en un fu et vive ardoir,
Car je sai bien trestot de voir
Que ce le fait ensi fuïr
Que il ne me peüst veïr 7120
Devant lui plaindre ne plorer;
Por che n'i osa demorer.
Lasse! il s'en va et mon cuer porte.
S'il muert, ausi serai je morte, 7124
Que sanz cuer vivre ne porroie;
Mais s'il moroit, donques morroie.
Molt nos aroit Diex regardez."
Vos qui amez, ore esgardez 7128
Se tele amor est mais el monde.
Nenil, voir; ainçois i abonde
Amors qui est d'autre maniere.
Tel feme i a qui est maniere 7132
D'amer home por ses grans dons;
S'ele l'aime, c'est guerredons,
Ce n'est pas amor de nature.
Tele i ra qui de ce n'a cure, 7136
Ains aime home por sa biauté;
Mais en ce a desloiauté,
Car lués qu'ele en voit un plus bel
Tantost refait ami novel. 7140
Et d'une autre refaz devise
Qui home aimme por bel servise;
Mais quant li servises defaut
Maintenant cele amors defaut. 7144
Ausi des homes vos dirai
Si que je nes espargnerai.
Alcuns hom a tele costume
Qui tantost esprent et alume 7148

7141 *V* dun autre   7145 *V* Ensi   7156 *T* desbararat (+*1*)   7161 *V* ne font

La feme par bele parole.
Luez qu'il en trove alcune fole,
Tost le dechoit por sa barate,
Si le desjogle et desbarate, 7152
Et le despoille et le deschauce,
Et puis tantost une autre enchauce.
Cil qui servent de tel barat
Tornent amor a desbarat. 7156
Autre home sont qui sont volage
Et trop volentieu de corage,
Qui aiment tot par lunoison,
Tot sanz mesure et sanz raison. 7160
Se lués n'en font lor volenté,
Si font tantost tel crualté
Que lués se retraient d'amer,
Et de leur amors font amer, 7164
Et comencent par fin aïr
Celes qu'il aiment a haïr.
Et s'avoir püent lor voloir,
Ce fait plus encore a doloir, 7168
Que ja si tost nel troveront
A cui dire qu'il le diront;
Sachiez, ce n'est pas amor fine.
Et si comence et si define 7172
Cuers qui bien aime: il doit atendre
De bien et de mal merchi rendre,
Si qu'il se gart bien sor son oeil
Qu'amours ne truist en lui orgueil. 7176
Mais s'amors a fait son plaisir,
Celer le doit bien et taisir,
Car si tost qu'amors est jenglee
Est ele toute desjouglee. 7180
Vous qui estes loial amant,
Au Seignor del ciel vos comant;
Mais ciax qui bone amor defoulent

7164 *D* und machent minne bitter und sur 7166 *V* Cele que a.
7170 *V* dire que le 7172 *V* Ensi comence ensi d.; *D* hie vohet sü an und zöiget ouch hie 7175-76 *D* ob er der minne rehte tuot, und allewegen gnode gernde sin, so mag die minne werden fin. men sol vor hochvart hueten sich gegen der minne, daz rot ich 7177-78 *D inv.* 7177 *V* amors en f. 7186 *V* gugnier 7194 *V* cele quaprez li r.

Comant od çaus qu'en infer boulent. 7184
La ne doit on comander mie
Caradot ne Guignier s'amie;
Pas ne les i weil comander,
Car on ne porroit comander 7188
Riens de bone amor c'on ne trove
En aus, et chascuns bien s'en coevre.
Or vos dirai de lor deduit.
Ele pleure por che qu'il fuit, 7192
Et il qui fuit en dolor maint
Por cele qui aprés remaint.
Ne quidiez que celi n'anuit
Qui remaint por celui qui fuit, 7196
Mais bien sachiez qu'a nis un fuer
Ne püent departir li cuer,
Qui que fuie ne qui remaigne,
Que l'uns od l'autre ne remaigne. 7200
Od Guignier remaint Carados
65a Qui sans li s'en fuï al bos.
Or vos lairai d'ax un petit,
Si redirai sanz nul respit 7204
Du roi Artu qui vient a Nantes,
Ou trova les gens molt dolantes.
Mais ainçois qu'il i fust venus,
Fu uns mes encontre venus 7208
Qui li ot dit que Carados
Les ot ja mis arriere dos,
Et qu'il s'estoit ja destornez
Si qu'il ne puet estre trovez. 7212
Et quant li rois ot la novele,
Sachiez que ne li est pas bele.
S'avant ot doel, ore a greignor.
"Por Dieu, fait il, nostre Seignor, 7216
De quel part me porrai je traire?
Tel doel a[i] que nel puis retraire.
A Nantes por coi i irai,
Puis que mon neveu n'i verrai? 7220
Ha! vallet, as me tu dit voir?

7209 V charados   7218 TV doel a, EMQ duel ai; T pot r., VEMQ puis r.; D min leit ich nüt kan vollesagen   7226 V guignier mie (−1)

D 136
　　　　Garde toi de moi decevoir."
　　　　—"Voir, sire? Oïl, par mes deus oeix.
　　　　Venez tost, si m'en querrez miex."　　　7224
　　　　A Nantes vient, si n'i voit mie
　　　　Son neveu, mais Guignier s'amie
　　　　I trova il molt dolosant
　　　　Qui la mort aloit desirrant.　　　　　　7228
　　　　Molt petitet i sejornerent,
　　　　Mais tot maintenant s'apresterent
　　　　Tot por aler Cardot querre,
　　　　Si qu'il n'a remez en la terre　　　　　7232
　　　　Chastel, cité, vile, ne bos
　　　　Ou il n'aient quis Karados.
　　　　Nis en son hermitage furent
　　　　Ou il ert, n'ainc ne l'i perchurent,　　7236
　　　　Car de lui ot tel garde pris
　　　　C'onques n'i pot estre entrepris.
　　　　Une chape avoit afublee
　　　　Qui l'ermite ert, si fu molt lee　　　　7240
　　　　Et si n'i ot giron ne mance;
　　　　Et desoz ot cotele blanche,
　　　　Et tant ert encaperonnez,
　　　　Si n'estoit mie esperonnez,　　　　　　 7244
65b　　　 Botes chaucies soz chape a.
　　　　A cele fois d'ax s'eschapa
　　　　Par engien et par decevance
　　　　Sanz nis un point de percevance.　　　　7248
　　　　Que vos feroie plus lonc conte?
　　　　Li rois ot maint prince et maint conte,
　　　　Maint chastelain, maint chevetaine,
　　　　S'ont toute chercie Bretaine　　　　　　7252
　　　　Et a lor pooirs s'ont prové,
　　　　Et si ne l'ont nuliu trové.
　　　　Artus molt grant dol en demaine.
　　　　Toute Normendie et le Maine　　　　　　 7256
　　　　Et toutes les illes de mer

7237 *V* Ca de　　　7243 *V* tant estoit chaperonnez　　　7248 *V* dapercevance　　　7250 *V* rois maint (*−1*)　　　7252 *V* Ont tote rechercie b. 7254 *TV* nului, *EM* Mais nont pas caradoc trove, *Q* Mais il nont nule rien trove; *D* und enkundent sin doch niergent finden　　　7256 *D* Normandie und alle tüsche lant

D 137

65c

L'ont quis, ne le porent trover;
De lui querre sont tot lassé.
En Engleterre sont passé　　　　　　7260
Si ont reverchié mainte terre
Et ont alé outre Engleterre;
Quant nel trovent molt sont dolent.
Li rois s'en reva dolosant,　　　　　　7264
Car sor toz les autres fait doel;
Il volsist bien morir son wel.
Et trestot cil de sa maison
Font tot grant dol por l'achoison　　　　7268
De Caradot qu'il pas ne trovent.
De Caradigan ne se muevent
Por la queste, ainz i sejornerent
Et en grant ire demorerent　　　　　　7272
Li rois et trestuit li baron,
Si que n'est se merveille non;
Car por l'amor de Caradot
Tote la cors grant pitié ot.　　　　　　7276
Molt sont de lui querre aovré,
Mais ne l'ont mie recovré.
Lor doel laissent, si se confortent
Et par lor terres se deportent　　　　　7280
Com cil qui plus n'en püent faire;
Tot sont anuié de doel faire.
Bien orent quis deus anz ou plus
Caradot, n'ainc n'en oï nus　　　　　　7284
Novele ne nel pot savoir.
Mais de Cador vos di por voir
Qu'i[l] a reverchié mainte terre
Por Caradot son ami querre.　　　　　7288
Por sa serour qui n'ert pas lie
Toute Bretaigne a reverchie,
Et sa suer mainne en Cornuaille.

7277-78 *D om.*　　　7283 *V* trois anz et p.; *D* sü hettent gesuoht zwei jor　　7285 *V* Novele non nel　　7287 *TV* Qui a r., *EMQ* Quil a cerchiee m. t.; *D* der hette ersuoht manig lant　　7290 *V* recherchie　　7293 *V* de requerre recroie　　7296 *V* henor *corrected to* error; *D* ze Kurnewalen in grozen eren　　7297 *V* illande　　7300 *V* tantes marche　　7302 *V* Tyesque t.　　7304 *V* Puile calabre et r.　　7305 *V* Sesile tosquane et rousie

Et puis vos di sanz nule faille 7292
Que qui de querre se recroie,
Cadors raquelt toz dis la voie;
Mais il a laissié sa serour
En Cornoaille a grant error. 7296
Puis s'en repaire par Irlande,
Par Gales, par Nohomberlande,
Par Escoche et par Danemarche.
Diex! tantes terres, tante marche, 7300
Hongrie et Bougrie, Alemaigne,
Tÿesche terre et Lohoraigne,
Et la terre de Lombardie,
Puile et Calabre et Romenie, 7304
Zezile, Tosquane et Roussie;
Mainte contree a reverchie.
Morïane et Gennes et Pise
A toute recerquie et quise; 7308
Puis s'en revient parmi Espaigne,
Et au daerrain en Bretaigne.
Quant il ot par trestot esté,
Si n'ot il gaires conquesté 7312
Fors solement paine et ahan.
Ja estoient passé doi an
Qu'il n'ot eü point de repos
Por son compaignon Carados. 7316
Et encore se ratyra
Et jure que il tant ira
Qu'il le trovera ou que soit.
Et savez coment il disoit 7320
As gens de par toute la terre
Ou il passoit por celui querre?
"Dites moi, fait il, bele gent,
Un home qui porte un serpent 7324
A son braç lacié et pendu,
Eüssiez le vos point veü?"
Chascuns qui l'ooit demander
Nel font for[s] a Dieu comander. 7328

D 138 (at line 7312)

7306 V Borgoigne champaigne a cerchie *placed after 7302*   7307 V genes   7309 V revint   7327 TV Quaucuns qui, EMQ Chascuns qui; D wer in do horte vrogen daz   7338 V les bos

"Ha, faisoit chascuns, Dieu merchi,
Onques ne le veïsmes chi;
En cest païs tel home n'a."
Cele vie Cadors mena 7332
Por l'amour de son compaignon
Qui ne vivoit se d'erbes non,
Car de l'ermite ou ot esté
Se departi contre l'esté 7336
Por les sains lius aler querant.
Parmi le bos aloit penant,
Sa penitance ensi faisoit.
D'erbetes et de fruit vivoit, 7340
Si estoit ja si confondus,
Si amaigriiez et fondus,
Qu'a paines le reconneüst
Cadors se veïr le peüst. 7344
Ne pooit mais longues durer,
Car il començoit a hanter
En un molt tres espés boschage
Qui estoit loins de l'ermitage, 7348
Si estoit molt biax et molt gens.
S'i hantoit molt de bones gens
Qui i faisoient le servise
Jhesucrist; s'i ot une eglise 7352
Petitete, mais molt ert bele,
Sor le dois d'une fonte[ne]le
Qui coroit par une valee.
Sovent i avoit grant alee 7356
De gent, car molt ert sains li lius;
Servis i estoit molt bien Dieus.
Et ens el plus espés du bos
Ot fait son rechet Carados. 7360
Iluec faisoit sa destinee
Tant que sa vie fust finee,
Car n'i atendoit medichine.
A la fois vivoit de rachine, 7364
De pain d'orge, avec la fontaine.

7352 V une glise   7354 TV fontele (−1), EMQ fontenele; D uf eines burnen ursprung sü lag   7358 V molt bel d.   7360 V Ont f.
7371 V lamour son c.

Et toz les jors de la semaine
A la chapele Dieu proier
Aloit par un estroit sentier, 7368
S'escoutoit le devin servise.
Et li sains hom par grant franchise,
Et por l'amor al Creatour,
Li donnoit de son bel atour, 7372
Tel com por les freres faisoient
Qui laiens od lui habitoient.
Bien lor mostroit sanz coverture
Le serpent de male nature 7376
Qui son bras molt li destraignoit.
Bien oënt coment se plaignoit
Li frans hom qui par mescheance
Traioit si longue penitance. 7380
Et lués que il digné avoit,
En son rechet se retraioit,
Car n'atendoit autre confort
Fors que Diex li donast la mort. 7384
Cadors a passé mainte terre,
Tant qu'il ne le set plus ou querre.
Par aventure einsi avint
Que il a l'ermitage en vint 7388
Ou Carados hanter soloit.
Si come il i vint, jors faloit;
Si lor requiert a hebergier.
Cil le hebergent et mengier 7392
Li firent tel bien come avoient.
Et Cadors enquiert s'il savoient,
Ne s'il onques orent veü,
Un franc home desconneü 7396
Qui porte lachié en son bras
Un serpent, felon sathanas,
Qui molt par est fel et hideus.
"Par foi, biax sire, fait l'uns d'eus, 7400
Il repaire sovent çaiens;
Et demain le verrez laiens
En no mostier la messe oïr."
Cadors se prent a resjoïr. 7404

7385 V C. trespasse m.   7386 V que ne le sot   7391 V lor demande a

"Seignor, il est molt lons et drois?"
—"Par foi, font il, ce fust bien voirs;
Il parut grans quant il fu sainz,
Mais molt en est venus al mains, 7408
Car il n'a mais se les os non.
Mais ne savons coment a non."
En Cador n'a qu'esleecier,
Molt lïement s'ala couchier; 7412
Si croi que forment li anuit
La grans espasse de la nuit.
Couchiez s'est en un molt dur lit
Ou il molt poi ot de delit; 7416
A malaise la nuit passa.
Et l'endemain ainc ne cessa
Cadors d'abeer sa besoigne,
Tant que Carados sanz aloigne 7420
Vint bien matinet al mostier.
Cadors s'ert mis por lui gaitier
En un angle tant qu'il venist,
Si qu'il garde ne s'en presist 7424
Dusques il dedens entrez fust
Et qu'il tantost saisi l'eüst.
Mais Karados ne se prent garde
Que de nului doie avoir garde; 7428
Au mostier vient seürement,
Si s'ajenoille simplement.
Cadors a paines le conoist,
Mais plus n'atent qu'a lui ne voist. 7432
Entruesque cil ses grasses rent,
Salt sus et maintenant le prent
Et dist: "Biax sire Diex, aïe!
Amis, fait il, ceste abeïe, 7436
Por Dieu, qui vous pot ensaignier?
Maintes fois me sui fais saignier
En piez, en jambes por vos querre.
Reverchie en ai mainte terre, 7440

7406 *V* ce fu b.   7407 *V* Il par ert g.; *D* er schein lang, do im nüt enwar
7408 *D* nu ist er von libe komen gar   7411 *V* c. not   7413 *V* Si criem
7427 *V* ne sen p.   7432 *V* Mais pas   7433 *V* cis ses   7434 *T*
Sals sus, *V* Saut sus, *EMQ* Et cador saut; *D* uf sprang er und gieng zuo im do
7437 *V* Fait il qui v. puet   7449 *V* ces chaperons

Tant que j'en sui trestoz lassez;
Il a plus de deus ans passez
Que ne finai, biax dols amis.
Qui vos a en tel abit mis? 7444
Par Dieu, il ne vos amoit pas
Qui vos vesti de si gros dras
Et de si tres ahuege bote
Et de si mal taillie cote 7448
Et de ce chaperon deseure."
De grant pitié Cadors en pleure
Et grant angoisse al cuer en a,
Mais d'autre part joie mena. 7452
Et bien a droit s'il en a joie,
Por che que finee est sa voie;
Car jamais nul jor ne cessast
De lui querre tant quel trovast. 7456
Que vos feroie plus lonc conte?
Carados a si tres grant honte
66a Quant voit son bon ami Cador,
Qui li donast un grant tresor 7460
Ne qui tot le mont li donast,
Un tot seul mot ne li sonast.
Son chaperon a embronchié,
Sor le pavement qui'st jonchié 7464
De la chapele se coucha.
Et Cadors adont l'aprocha,
Sus le redrece, et si le baise.
"Amis, fait il, a grant malaise 7468
Avez ci demoré grant piece
Por cest serpent qui si despiece
15260 Vostre cors et met a noient.
Mais or n'i valt celers noient, 7472
Fuïrs ne vos a mais mestier;
Tot seul somes en cest mostier.
Or weil ne me soit escondite
La veritez, ainz me soit dite. 7476
Por qu'avez esté si baïs
A eschiver vostre païs?
Et Guignier vostre bele amie,

7463 V Ses chaperons   7468 V fait a g. (−1)   7470 V qui ci d.

Por coi l'avez si deguerpie?" 7480
Carados prent a sozpirer
Lors qu'il li ot Guignier nomer.

D 142
"Par Dieu! biax dols amis, fait il,
Je doutai que ne m'eüst vil, 7484
Ou qu'ele fust vers moi plus dure
S'ele veïst ma blecheüre;
Et por che m'en sui je fuïs.
Pieç'a volsisse estre enfouis, 7488
Car n'ai d'autre chose mestier;
N'ai vertu de mon cors aidier."
Lors veïssiez fier ploreïs
Et merveilleus sozpireïs, 7492
Car durement se duelt Cadors
Por la malaise Carados.
Il l'envaïst et cil refuse,
Que plus l'aproche, plus reüse; 7496
Ne tant ne sot entor aler
Que cil se laissast acoler.
Grant dolor mainnent entr'aus deus
Tant que bien font oïr lor deus, 7500
Si sont acorut li preudome.

66b
Au daerrains fu tels la some
C'ainc por amor ne por priiere
Ne se volt en nule maniere 7504
Carados d'iluec departir,
Ne por confés ne por martyr.
Quant Cadors voit rien n'en fera
Por lui, ne qu'il ne s'en venra, 7508
Et qu'il l'i covenra laissier
Por autre chose porchacier,
De tant sanz plus forment li prie
Qu'il l'atende, et il li otrie. 7512
Et Cadors as renclus comande
Qu'il li gardent, et que vïande
Li truissent a son estovoir.

7482 V Lues quil   7495 *D rubric* Hie het Kador Karadossen funden
7495-98 *D* er bat in varn mit im ze stet. ie me er bat, ie minre ers tet, und
wolte in gerne gehelset han: dez enwolt er im nüt gestan   7495 V Il
li vint pres et   7496 TV refuse, *EMQ* reuse   7502 V Au derrain fu (−1)

Et bien lor creante por voir 7516
Que ja ne li feront un don
Dont n'aient doble guerredon.
Atant part de lor compaignie,
Si a sa voie raqueillie, 7520
Si s'en va tant chemins et santes
K'il est venus desi qu'a Nantes.

15266

A Nantes vient, le roi i trove,
Que petit avient qu'il se mueve. 7524

D 143

Puis li a dit que Carados
Estoit en l'ermitage enclos;
Li rois en a joie enterine.
Et Cadors vait a la roïne 7528
En la tour et bel la salue,
Et puis molt soutieument l'argüe:
"Dame, fait il, trop grant desroi
Faites quant ne prenez conroi 7532
De vo fil qu'ensi laissiez vivre:
N'i a si sage ne si yvre
En ceste terre qui ne die
Que c'est tot par vostre boisdie, 7536
Et tout par le vostre porchas,
Que li serpent li pent au bras;
Mains hom vos en blastenge et chose.
Si vos aprendrai une chose 7540
Par coi vos porriez recovrer
Vo bon los et lui delivrer.
Voirs est que mere maistroier
Doit son enfant et chastoier, 7544

66c

Mais quant ele un poi l'a batu,
Penser doit con l'ait resbatu.
Et doit penser de lui ratraire
Quant un poi li a fait mal traire; 7548
Car aprés le chastoiement
Le doit on mener dolcement."
Lués que la roïne ot Cador

7514 V il le g.   **7524** V sen m.; *D* wan er vil selten uz reit   **7526-27** *D* unde were bi dem einsidel do in dem walde. der künig waz fro   **7526** V ermitage al bos

Qui li disoit de Carador, 7552
Un petitet s'en fait mescointe.
"Cador, fait ele, cor m'acointe
Por coi tu m'as ce esmeü."
—"Dame, ja ne vos ert teü. 7556
Par Dieu, jel di por Carados
Que trop metez arriere dos,
Car certes la mere est trop dure
Par cui li enfes mal endure, 7560
Por qu'ele l'en puist garandir.
Ja Diex ne weille consentir
Que tel mere entre en paradis."
—"Dis tu dont que mes fix est vis?" 7564
—"Oïl, par Dieu, vis est il, dame."
—"Onques mais n'oï tel, par m'ame,
Quant il est vis, et je quidoie
Qu'il fust mors et molt m'en blasmoie. 7568
Car, par Dieu, blasmer m'en devroit,
Et tenir por crüel porroit
Cil qui de mon fil orroit dire

D 144   Qu'il soffrist por moi tel martyre, 7572
Por que l'en peüsse garir.
15291   Demain pensez de cha venir,
Si vos dirai se garira
De che mal ou il en morra." 7576
De la dame se part atant
Cadors. Jusqu'au demain atant,
Que il fu eure de raler
A la roïne por parler. 7580
Monte a la tour et si apele,
Puis vont andoi en la chapele
Que la dame ot en sa maison;
Onques n'i ala s'ax deus non. 7584
"Cador, fait el, j'ai pitié grant
De Caradot mon chier enfant;
Et por che que j'en ai pitié,
66d   Te di que tant ai esploitié 7588

7539 *D* dez straf ich üch mit eren   7555 *V* chi esmeu   7566 *V* Ainques m.
7573 *T* quen len p., *V* que len p., *E* que jou p., *MQ* quoi ge le p.; *D* und in
wol hette erlöset sider   7575 *V* sil g.   7582 *V* tornele; *D* sü sprach·
in die kapelle gon wir   7585 *V* fait ele jai (+1)

Que je sai coment garira."
—"Dame, fait il, or i parra."
—"Ha, fait ele, je ne quit pas
C'on puist trover si tres chaut pas 7592
La chose dont garir porroit.
Mais sachiez que qui troveroit
Une pucele si gentil,
Et que cele pucele et il 7596
Fuissent de si droite ingauté,
D'un eage et d'une biauté,
Et que ele amast Karados
Tot autretant come son cors. 7600
Et puis preïst on deus cuvetes
Qui ne fuissent pas molt grandetes;
L'une fust pres de l'autre mise,
Si qu'a quatre piez de devise, 7604
Et si que il fust plaine lune;
Puis fust de vin emplie l'une,
Et l'autre fust plaine de lait.
Et quant on aroit ensi fait, 7608
S'entrast Carados au cors maigre
Toz nus en la cuve al vin aigre.
Et puis sans dangier et sanz lait
S'entrast la pucele ens el lait, 7612
Et si qu'ele eüst sa mamele
Desor le bort de la cuvele,
Et la guivre einsi conjurast
Que son ami tantost laissast, 7616
D 145   Et si aersist sa mamele.
Et quant il orroit la pucele
Qui einsi le conjüerroit,
Et le vin aigre sentiroit, 7620
Si verroit la pucele tendre.
Tost saudroit la mamele prendre,
Et entrementiers qu'il solroit,
Par aventure l'ocirroit 7624
Uns hom qui espee aroit traite.

7591 V ne croi pas   7599 V quele aamast   7609 V Sentrast carados
sanz contraire; D Karados ziehent uz nakent in   7611 V et sanz plait
7612 V Entrast   7622 V solroit   7623 V qui salroit   7630 V ner jamais

Del serpent seroit la fins faite,
Por que il seüst bien ferir;
Maintenant le feroit morir. 7628
Et bien sachiez de cele guivre
Autrement n'ert jamais delivre.

66e
Mais se tel feme pués trover,
Por voir pués bien ce esprover." 7632
Einsi li a conseil doné,
Mais un tot seul mot n'a soné
De par cui cil consaus li vint.
Mais voirs est qu'a la dame vint 7636

15293
Icel[e] nuit li enchanteres
Qui estoit a Caradot peres,
Et jut od la dame en son lit
Et si i prist tot son delit. 7640
Et molt li ot requis la dame:
"Amis, grant paor ai de m'ame,
Fist ele, qu'el ne soit dampnee
Por la tres crüel destinee 7644
Que faisons traire nostre fil.
Molt l'avons fait estre en eschil
Et s'a esté par grant desroi;
Des or en weil prendre conroi. 7648
Pri vos que m'ensaigniez tele oevre
Par coi le laist cele culuevre
Qui tant l'a longuement suchié."
Et cil li ot tost ensaignié 7652
La chose ensi com vos savez.
"Dame, dist il, bien dit avez;
Car si me gart li sovrains rois,
N'avoit a aler que deus mois 7656
Que nus mais garir nel peüst,
Ains fust li termes qu'il morust."

D 146
Seignor, einsi avons apris
Ou li ensaignemens fu pris 7660
Que la roïne dist Cador.
Il ne fust si liez por tot l'or

7631 *T* puet, *V* pues, *E* Mas ce vos ce le poez t., *M* Mes ce vos ce poez t., *Q* Mais se le volez esprover Ne poez autremant t.; *D* vindet er die maget minnenclich, so mag ers wogen frölich   7638 *V* carodot   7649 *V* me saignies   7651 *V* sainie   7657 *V* nus hom g.

Qui fust dusqu'en Carfanaon.
Puis revait a son compaignon.
Quant il i vint molt le conforte
Por la novele qu'il aporte,
Puis li a dite la raison
Par coi il avroit garison.
"Compains, fait il, or remanez
Et en espoir joie menez,
Et je irai querre et savoir
Se je porroie aïde avoir
A Guignier vostre bele amie.
Bien quit qu'ele ne laira mie
Que por vos n'i mete son cors."
Atant se part de lui Cadors.
O les hermites l'a laissié
En l'ermitage ens el plaissié,
Si lor prie quel gardent bien.
Et lor prie sor tote rien
Que nule chose ne li faille,
Por qu'il la weille, qui li vaille.
"Molt par tans, fait il, revenrai
Et guerredon vos en rendrai."
Lors s'en parti li bons compains;
A la mer vint, s'est ens empains,
Vers Cornoaille molt tost passe.
Sa suer torva dolante et lasse,
Car molt demenoit tristre vie.
Quant voit Cador s'a grant envie
De savoir tost la verité
Se il avoit riens conquesté.
Et lués qu'il li dist la novele
Trop grant joie en a fait la bele;
Molt en a son cuer eslevé.
"Bele suer, fait il, j'ai trové
La rien, je croi, que plus amez."
—"Ha, biax frere, ne me gabez."
—"Non faz je, par Dieu, dolce suer;

7662-63 *D* er enwere umbe allez golt nüt gesin so fro, als er wart durch daz
7682 *TV* weille que il naille, *EM* Que il voille ne qui li vaille, *Q* Que il ne
lait commant quil aille; *D* und lont in keinen bresten han, daz sü in ouch
nüt liessent dannan   7688 *V* trova   7702 *V* b. chiers f.

Ne vos mentiroie a nul fuer. 7700
Sachiez, j'ai trové Carados."
—"Ou, biax dols frere?"—"Ens en un bos,
D 147   Si se vit d'erbe et de rachine;
Se ne puet trover medicine, 7704
Bele suer, se par vos ne l'a."
15370   —"Par moi, coment?" Cil dit li a
Le conseil tout a descovert,
Et coment del serpent quivert 7708
Le porroit ele delivrer
S'ele voloit son cors livrer.
"Frere, volentiers liverrai
Mon cors, et lui deliverrai; 7712
Car encor me sovient il bien
Qu'il livra son cors por le mien."
N'ont mie fait trop lonc sejor
Cadors et sa bele seror. 7716
67a   L'endemain andui s'apresterent
Et droit vers la mer s'en alerent.
En mer entrent et mer trespassent,
Et puis tote Bretaigne passent 7720
Tant qu'il ont trové la forest
Qui les en maine sanz arest.
Bien doit on amer tels amis,
Qui por lor ami se sont mis 7724
En tel paine et en tel travail,
Et l'amie qui fait le bail
Por son ami et de son cors.
Peu seroit Diex misericors 7728
S'il bien ne lor reguerredone.
Et celi qui tant s'abandone
Por son ami a grant torment
Met soi molt perilleusement. 7732
A molt de femes seroit fort
Que por son ami soffrist mort,
Mais en cesti n'a nule rien
De feme, ainz est toute de bien, 7736
Plus assez que ne vos puis dire.

7719 V Es nez e.; D sü schiffetent über röschlich   7743 D keinen dienst
sü vergebene gert

CARADOS (III, 14)

	Molt par doivent estre plain d'ire
	Li fals amant et avoir honte
	Qui ne sevent qu'a amour monte, 7740
	Car qui amours bien serviroit
	A loiauté pas n'i falroit,
	Car nus ne le sert en pardon,
	Ainz en a chascuns guerredon. 7744
	Mais savez que font fol amant?
	D'amor mostrent molt bel samblant,
	Mais qui lor cuers volroit prover
D 148	Lors i porroit noient trover. 7748
	Molt bien se vait apercevant
	Amors de la gent decevant,
	Mais cil qui pas ne le deçoivent
	As grans guerredons s'en perchoivent. 7752
	Cist n'ont mie amour decheüe
	Qui tante paine en ont eüe.
	Por amor et por compaignie
	Vienent tot droit a l'abeïe, 7756
	Et quant on les ot percheü
	Si sont gentement recheü,
	Car d'aus molt honorer se painent
67b	Li hermite. Puis si les mainent 7760
	Tot maintenant en lor mostier.
	Et quant Carados voit Guignier
	Qui tant avoit clere la face,
	Tel joie en a ne set qu'il face. 7764
	De pitié comence a plorer
	Et puis grant joie a demener.
	De honte se voloit repondre,
	Mais amors le venoit semondre 7768
	Qu'il ne se repost, ne ne fine
	De joie faire a la meschine.
	Et il a cest conseil s'acorde,
	Si fine toute sa descorde, 7772
	Car por honte laissier ne velt.
	Car al plus tost qu'il onques peut,

7768 V le prent a s.   7773 V Ca por   7784-85 D zwene kugelhuete lang hette er erkorn uf sin houbet noch convers sitten   7788 V Enfosse et la char oissue; D sin antlitz beineht darnoch

Con cil qui molt estoit grevez,
S'est encontre li sus levez. 7776
Et quant il fu en son estant,
De son estre vos di je tant
Qu'il ert molt maigres et molt pales,
Et s'avoit coteles molt sales 7780
Qu'il ot enprunté as hermites.
Si ot botes non pas petites;
Desuer n'avoit pas esperons.
Et s'avoit molt les chaperons 7784
Deus affublez por la froidour,
Mautailliez et de grant laidour.
Le front ot haut et la veüe
Enfossee et la face oissue, 7788
Narrine large et maigre joe,
Chief hurepé, parole roe.
La barbe ot dusqu'a la poitrine,

D 149
Bruque le dos et maigre eschine, 7792
Les chavex lons et enmellez
Qui li pendoient sor le nez;
Et tot le cors, trestot por voir,
Si sech c'on le peüst ardoir, 7796
Li serpens l'avoit si suschié
Qu'il ot entor son bras lachié,
Et povre ot eü norreture.
Et quanques en lui ot Nature 7800
Formé, et sa grande biauté,
Ot perdu par desloiauté

67c
De sa mere, et par le barat
Son pere qui si l'ot fait mat. 7804
En tel point s'en vient a s'amie
Et si ne se ramembre mie
De povreté qu'il ait eüe,
Car ne porroit estre seüe 7808
Par moi la joie qu'il se firent;
Mais tot cil qui ainc joie virent
Mener a deus amans ne faire,

7792 V dos maigre leschine   7799 D hette in geswerzet und gefület sere   7800 T Si quanques, V Si quanquen lui ot mis n., EMQ Trestot quanquavoit mis n.; D iedoch hette er naturen mere   7801 V De se forme et de sa b.; D aber sin forme und sin schonheit   7805 V sen cort a

N'oïrent de greignor retraire. 7812
Solement tant vos en devis
C'ainc por l'oscurté de son vis,
Por sa grant barbe, por sa crigne,
Ne l'ot en vilté la meschine; 7816
Ainz le baisa molt dolcement
Et acola estroitement.
Et por coi plus vos en diroie?
La moitié dire n'en porroie 7820
De la joie et de la dolor
Qu'il orent andui por amour.
Grant joie menerent ensamble,
Et grant dolor ront, ce me samble, 7824
Por l'anui et por le contraire
Que l'uns avoit l'autre fait traire.
Carados molt se plaint et deut
Por s'amie qui ensi velt 7828
Son cors a martyre livrer
Por lui du serpent delivrer.
Fait ele: "Amis, ne doutés mie,
Venue sui por vostre aïe. 7832
Sachiez, par Saint Pierre l'apostre,
Mon cors i metrai por le vostre;
N'i a plus fors que d'atorner."

D 150   Et cil qui l'en velt destorner 7836
Li dist: "Ce ne puet avenir.
Par Dieu, miex aim sels a morir
Que vos face morir od moi."
—"Amis, par le foi que vos doi 7840
Et que je doi au roi celestre,
Ce ne puet mais longuement estre,
Ne je nel porroie soffrir
Qu'ensi vos voie mais languir, 7844
Por que je garir vos em puisse.

67*d*   Miex aim que je od vos moruisse,
Car trop ert mes cuers angoissous
Se je i remaing aprés vous. 7848

7810 *V* qui mais j.   7820 *V* ne p.   7824 *V* dolor ont   7828 *V* que ensi   7829 *V* liver   7847 *V* mes cors a.; *D* min herze were beswert zuo vil   7852 *V* charadot

Mais se vos morez, je morrai,
Que sanz vos vivre n'i volrai."
Et d'autre part Cadors parole
A Caradot et molt l'acole. 7852
"Compains, fait il, ele est ma suer;
Si ne volroie je a nul fuer
Ne que ele morust ne vos.
Mais or faites itant por nos, 7856
Et por vos meïsme garir,
Que vos vous veilliez consentir
Que des deus cuveles entrez
En l'une; et en l'autre de grez 7860
La vostre amie [i] enterra
Et le serpent conjüerra.
Vers li tost en ira la beste
Et au salt li tolrai la teste, 7864
Einsi vos en deliverrai
Par aventure."—"Et non ferai!"
Et Guigniers ausi li dist lors:
"Faites ce que vos dist Cadors." 7868
—"Je non," fait il.—"Vos si ferez."
—"Mix aim morir vos i morez."
—"Si m'aït Diex li glorious,
Jamais ne ferai rien por vos 7872
Se vos ne le faites por moi."
—"Amie, dont prenez conroi
De querre l'appareillement;
Mais bien sachiez certainement, 7876
Se vos morez por moi garir,

D 151
Que por vos m'estovra morir,
Car trop harroie voir ma vie
Quant je aroie mort m'amie." 7880
Et quant Cadors ot et entent
Que Carados a ce se prent,
Les cuves querre et emplir fait,
L'une d'aisil, l'autre de lait. 7884

7865-66 D sus lidige ich üch von gottes stüre mit solicher oventüre
7866 T et vos ferai, V et non f., E Et delivre vos an verrai   7867 D
rubric Hie erlöset Gyngenier ir liep Karados von dem slangen, der sich umbe
sinen arm gewunden het   7870 V Jaim mix morir que vos morez; D
stürbent ir, lieber stürb ich   7880 V jen aroie   7882 V ce sen tent

Carados (III, 14)

	El lait fait entrer sa seror	
	Toute nue sans nul sejor,	
	Si que sor le bort la pucele	
15380	De la cuve mist sa mamele.	7888
67e	Et l'autre cuve estoit assise	
	Pres qu'a quatre piez de devise,	
	Qui de vin aigre fu emplie	
	Tot cler, si c'onques n'i ot lie.	7892
	En celi entra Carados	
	Et dusqu'al col i mist son cors,	
	Si qu'en la cuve par dedens	
	Estoit toz plongiez li serpens	7896
	Qui li vins aigres frit et art;	
	Et la pucele est d'autre part.	
	Ore orrez coment le conjure:	
	"O serpens de pute nature,	7900
	Car esgarde ore mes mameles	
	Qui tant par sont blanches et beles.	
	Esgarde ma bele poitrine	
	Plus tres plaisant que flor d'espine.	7904
	Dont ne vois tu que cis vins aigres	
	Te quist et come cil est maigres?	
	Bien vois qu'en lui n'as mais que prendre;	
	Tu ne t'as mais a lui ou prendre.	7908
	Lais le, si feras molt grant sen.	
	De son bras des or te descen	
	Et a mes mameles te prens.	
	Je te conjur, di va, serpens,	7912
	De par le roi omnipotent,	
	Que du bras mon ami descent.	
	A mes mameles te vien prendre,	
	Car durement sui blanche et tendre.	7916
	Bien te porras en moi deduire,	
	Car cil aisius te fait tot quire."	
	Et d'autre part tot li hermite	
	Ont chanté de Saint Esperite	7920
	La messe par devotion,	

7893 *T* En seli, *V* En celi   7897 *V* Cui li   7898 *V* ert   7899 *V* oiez
7904 *V* tres blance que; *D* die so wis ist und so hel   7907-08 *D* du sihest wol, dunen vindest nüt do ze nagende me, nag anderswo   7908 *V* Tu ne pues plus en lui rien prendre   7910 *V* te despen

     Et sivirent porcession
     Et sont tot entour la pucele.
     Chascuns d'ax Jhesucrist apele,   7924
     Et font molt devolte oroison
D 152   Que Diex sanz grant demoroison
     Le felon serpent si destruisse
     Que a l'un n'a l'autre ne nuise.   7928
     Li serpens voit de l'autre part
     Que li aisiex le quist et art,
     Si sorvoit el lait la pucele
67f   Qui si le conjure et apele,   7932
     Si voit qu'il n'a mais que suchier
     En Caradot. A deslachier
15391   Se prent du bras, et fait un salt
     Et par la mamelete assalt   7936
     La pucele qui el lait ere.
     Molt pres de li estoit ses frere
     Qui le brant nu tin[t] en la main.
     Lors en fiert le serpent de plain   7940
     Si que la teste li colpa.
     Et sa seror a cel cop a
     Le bout de la tete colpee,
     Que li serpens ot engoulee.   7944
     Atout la teste serpentine
     Trencha le bout de la tetine,
     Mais la guivre a terre chaï
15401   Et Cadors molt bien l'envaï,   7948
     Si l'a par pieces detrenchié;
     Ensi a Caradot vengié.
     Et si sachiez que Carados
     Est lors de la cuve issus hors,   7952
     Molt angoisseus de la pucele
     Qui blechie ert en sa mamele,
     Mais joieus ert molt por le wivre
     Dont il se sent sain et delivre.   7956
     Cadors le prent et si l'embrache
     Et tel joie a ne set qu'il face,
     Et cil ausi de l'autre part;

7922-23 *D* und truogent die crüce in al maht umbe die juncfrowen here
7952 *V* Est lues de 7966 *V* Karadeu

Carados (III, 14)

	Chascuns molt de baisiers depart.	7960
	Carados cort a Guignier seure,	
	Molt bel l'acole et ele pleure.	
	Et Cadors la trait toute nue	
	De la cuve et puis l'a vestue	7964
	De ses dras molt riches et buens.	
	Carados ra vestu molt buens,	
	Mais que ce ne furent pas cil	
	Qui trop estoient povre et vil	7968
	Que li ermite li presterent,	
	Mais uns autres li apresterent	
	Qui molt par furent buen et bel.	
D 153	Li hermite et li damoisel	7972
	Prenent conroi de la pucele,	
	Si li ont liié la mamele.	
68a	Un preudome laiens avoit	
	Qui de medicine savoit	7976
	Qui tel emplastre li lïa	
	Par coi tost garie li a.	
	Et del bras le bon Carados	
	Ra tout jecté le venin hors	7980
	Que la wivre i ot espandu,	
	Car molt i a bien entendu.	
	Et puis Caradot et Guignier	
	Firent atyrer et baignier,	7984
	Et molt a aise se demaine	
	Chascuns d'ax toute une quinsaine.	
	Molt firent Guignier de solas,	
	Et tint son ami entre bras	7988
	Par amor et par drüerie	
	Molt sovent, tot sanz vilonie.	
	Caradot ont fait rooignier,	
	Laver et rere et bien pignier.	7992
	Et bien vos di de verité	
	Que tost recovra sa sancté,	
	Si qu'en mains d'un mois se recuevre	

7983 *V* caradeu   7984 *V* F. atorner por b.   7991 *V* Caradeu
7994 *V* sa biaute; *D* schöne wart er wider und gemeit   7995 *TV* mois
le r., *MQ* mois se r.; *D* in einem monode waz im abe gangen   7996 *T*
Le mal, *VMQ* Du mal; *D* al sin smerze von dem slangen   8000 *V* Biens

Du mal qu'il ot de la culuevre. 7996
Mais tant d'ensaigne en lui remist
Que la endroit ou il le prist,
Vos di je bien que il ot l'os
Bien deus tans que aillors mains gros. 8000
Et por la menreté du bras
Ot a non Carados Briebras,
Car li lius del serpent i pert,
Mais por ce pas plus febles n'ert. 8004
Cadors aloit vitaille querre
Par les viles de cele terre.
Luec se deduirent tant ensi
Que novele d'ax en issi, 8008
Si s'est par la terre espandue
Tant que li rois l'a entendue
A Nantes, qui molt s'en merveille.
Par cel bois vait tant et oreille 8012
Qu'aventure issi li avient
Que il a l'ermitage vient
Ou Carados Briesbras sejorne,
Qui por lui pas ne se destorne, 8016
Mais ausi tost com l'aperchoit,
Cuert contre lui, si le rechoit
Entre ses bras molt lieement,
Si l'acola estroitement. 8020
Et chascuns qui est od le roi
En fait joie tot endroit soi.
Et de Guignier et de Cador,
Tot por l'amistié Carador, 8024
A li rois si grant joie faite
Qui ne porroit estre retraite,
Ne je n'i weil plus arester.
Li rois comande a aprester 8028

8002 V karados briesbras; D hies er Karados Briebras. Briebras Kleinarm genenet ist, wand man ez wol kos alle vrist   8006 V les vilois de; D durch die dörfer in daz lant   8009 V estendue   8011 V A vanes; D ze Nanteis. in wunderen began   8012 D in den walt reit er suochen dan   8021 V Et tot chil qui sont od   8022 V Chascuns en f. j. droit soi   8026 V Que ne   8029 T sont tot a. (+1), V sont a., EMQ furent a.   8038 V na gens   8040 V vers akenparcoretin; D rehte zuo Kampercurantin   8043-44 D von Tuscanlant, von Normandie, von Bettouwe, von Brittanie

CARADOS (III, 14)

L'oirre, et q[ua]nt il sont apresté
Ne sont iluec plus aresté.
Mais sachiez quant d'iluec tornerent,
L'ermitage tel atornerent 8032
Qu'ens el païs ne remest mie
A cel tans plus riche abeïe,
Car por l'amour de Carador
I laissa tant d'argent et d'or 8036
Li rois, et tenemens et fiez,
Qu'el mont n'ot gens plus aesiez.
Atant se metent au chemin
Droit vers Aquinparcorentin. 8040
Et que vos feroie lonc conte?
La s'asamblerent prince et conte
De Normendie et de Bretaigne,
D'Angau, de Poitau, et du Maine, 8044
Ou la parole orent oïe
Qui mainte gent a resjoïe;
Que nus seus n'ose remanoir
N'a borc, n'a vile, n'a manoir, 8048
N'en chastel, ne en fremeté,
S'il ne[l] laist par enfermeté,
Qui eüst joie ne repos
Dusqu'il ait veü Carados. 8052
Tel presse avoit a lui veoir,
Car nel laissoient nis seoir
Por che que lever le covint
Contre chascun baron qui vint, 8056
Si qu'il le faisoient si las
Que toz sozfrir nes pooit pas.
Mais une nuit d'iluec se part,
D 155   Si prist son chemin d'autre part, 8060
68c   Car la guivre c'ot tant portee
Li ot molt la force amortee.
Durement l'ot fait affeblir,
Poi pooit de travail soffrir. 8064
Mais si portoit tres grant honor

8050 *T* ne laist, *VEQ* nel laist, *M* Ce ce nest; *D* er mueste denne siechtage han   8067 *V* quil memes (−1)   8068 *V* A vanes; *D* sus fuort er sü zuo Nantes in   8073 *V* buffoi; *D* do sü gevangen waz in der not

A Cador et a sa seror,
Si qu'il meïsmes l'adestroit.
A Nantes sont venu tot droit, 8068
Ou li bons Carados sa mere
Ala veoir qui enclose ere
En la tour por sa mesprison,
S'ot lonc trans esté en prison 8072
El Bouffoi ou fu enserree.
Mais adonques l'en a ostee
Carados, qui molt s'umelie
Et doucement merchi li prie 8076
Por le mal que il li ot fait.
Ele l'en quite le mesfait,
Et il requiert a la parclose
Au roi qu'el ne fust puis enclose, 8080
Ains ala mont et aval
Juant a pié et a cheval.
Et bien sachiez, je ne di mie
Qu'ele fust puis autrui amie, 8084
Car ainc puis ne mesfist al roi.
De li ne dirai plus, ce croi,
Car j'ai molt a dire autre chose.
Carados Briesbras ne repose, 8088
Ains s'est hastez par grant vertu
D'aler veoir le roi Artu.
Et li rois se sire ensement
En fu en molt grant pensement, 8092
Et s'a si parfait lor pensee
Qu'il orent tost la mer passee
Et sont venu en Engleterre.
N'alerent pas loins la cort querre, 8096
Car ja li rois Artus savoit
Que Carados trovez estoit
Et qu'il estoit joians et fors,
Si le vient veoir a effors. 8100
Lués c'ot oï qu'ert respassez,
S'en ot al cuer grant joie assez

8080 *V* ne fu p. enclos   8083 *V* die m. (+1)   8098 *V* charadeus
8099 *V* estoit et sainz et f.; *D* und frölich und starc were zwor   8102 *V*
Sen avoit de la j. a.   8103 *V* que not m.

CARADOS (III, 14)

68d	Plus qu'il n'ot mais jor de sa vie,	
	S'ot de lui veoir tele envie	8104
	Qu'il dist que mais ne cesseroit	
D 156	Dusqu'il a Caradot venroit.	
	Tant vait que Caradot encontre.	
	Si sachiez bien qu'a cel encontre	8108
	Ou li rois son chier neveu trove,	
	N'i a nul d'ax qui ne remueve	
	Quanques il puet del cheval traire;	
	Si vait l'uns joie l'autre faire.	8112
	A l'assambler tel joie font	
	Que por nul home de cest mont	
	Ne vos porroit pas estre dite.	
	Chascuns de la maisnie eslite,	8116
	Qui ainz ains tot i acoroient,	
	De joie et de pitié ploroient.	
	Si vos di bien qu'il se refont	
	En joie du doel qu'eü ont,	8120
	Car tant com l'ire fu plus fors	
	En ert graindres li reconfors;	
	Car bien avient qu'aprez grant ire	
	Sort de joie molt grans matyre.	8124
	Molt durement fu liez Gavains	
	De ce que Carados fu sains,	
	Et mesire Yvains ensement.	
	Mais ne weil faire alongement	8128
	As paroles montepliier,	
	Car de Cador et de Guignier	
	Ont fait joie cil de la cort.	
	Toz li mondes adont acort,	8132
	Et Carados en fist ses noces,	
	S'i ot assez mitres et croches.	
	De la feste ne ruis conter,	
	Qu'a grant anui porroit monter;	8136

8108 V a tel e.   8110 V qui si ne mueve   8111 V Come il p. (−1)
8130 V guinier   8135 V ne puis c.; D von hovierende ich nüt me sagen wil   8140-44 D von Karados sage ich üch kürzlich: nach aventür arbeite er sich. manig wunder wart im bekant, er ersuochte manig lant und beging so grosse manheit, daz man in noch für einen helt seit. so hohen pris er do erwarp, daz sin lop noch nie erstarp. er erwarp so gros ere, daz man iemermere gedenket siner werdikeit, wo man von ritterschefte seit

　　　　　　　Mais tant vos weil dire briement
　　　　　　　Qu'il sejornerent longuement
　　　　　　　Avec le roi en Engleterre.
　　　　　　　Aventures vont sovent querre　　　　8140
　　　　　　　Li vaillant chevalier hardi.
　　　　　　　De Caradot briement vos di,
　　　　　　　Qui mainte merveille trova
　　　　　　　Ou sa force puis esprova,　　　　　 8144
15410　　　 Tant que rois Karados de Venge,
68e　　　　 Ses sires, morut en son regne,
D 157　　　 Si li laissa come a son oir.
　　　　　　　Mais ainz sa mort vos di por voir　 8148
　　　　　　　Que Carados vint devant soi,
　　　　　　　Et mena son oncle le roi
　　　　　　　Artu, qui bien la chose voit.
　　　　　　　Si l'en saisi si come il doit.　　　 8152
　　　　　　　Et Carados a pris a dire
　　　　　　　A son seignor: "Por Dieu, biax sire,
　　　　　　　Li miens cuers et mes dols amis,
　　　　　　　En' a grant piece que vos dis　　　 8156
　　　　　　　Que je mie vostre fix n'ere?
　　　　　　　Et por che que n'estes mes pere
　　　　　　　Sui molt dolanz, jel vos di bien.
　　　　　　　Et bien poëz croire une rien　　　　8160
　　　　　　　Car je n'ai soing d'autrui avoir,
　　　　　　　Autrui terre, n'autrui manoir;
　　　　　　　Qu'en ma vie terre ne quier
　　　　　　　Tenir, se je ne la conquier,　　　　8164
　　　　　　　Car a molt vilain me tenroit
　　　　　　　Cil qui tenir le me verroit."
　　　　　　　Tel sont li mot qu'il lor disoit,
　　　　　　　Molt durement s'escondisoit;　　　　8168
　　　　　　　Mais toute voie a quelque paine
　　　　　　　Rechut l'onor a bone estraine,
　　　　　　　Si l'en ravesti rois Artus.
　　　　　　　Et cil morut, qu'il n'i ot plus　　 8172

8145 *V* vanes; *D* künig Karade nu sterben wolte　　　8146 *T* ses sires sesires m.
8147 *TV* Si laissa si c., *EMQ* Li a laissie c.; *D* sin riche, als er billiche solte, Karadosse er benante　　　8151 *V* Arthu　　　8153 *V* caradeus　　　8163 *V* En ma vie tenir ne　　　8165 *V* me tenroient　　　8166 *V* me verroient　　　8171 *V* len vesti li r.　　　8174 *V* Enterent (−1)

Carados (III, 15)

	De ses jors. A molt bel atour	
	Enterrerent son cors le jor.	
	Carados ses oirs en demaine	
	Grant dol tote la quarentaine,	8176
	Car a l'entree del quaresme	
	Trespassa il, par le mien esme.	
	De lui ne vos doi plus conter;	
	A Caradot weil retorner,	8180
	Coment il espousa sa feme,	
	La suer Cador, la gentil feme,	
	Guignier s'amie, la vaillant,	
	La cortoise et la bien parlant,	8184
	La sage, la tres bien aprise,	
	Si com li contes le devise,	
	Car ce fu la plus tres loiaus	
	Qui fust contee en cors roiaus.	8188
68f	Li contes dist que Carados,	
	Qui tant avoit et pris et los,	
	Se fist a Nantes coroner,	
	Bele Guignier od lui sacrer,	8192
	Car il l'amoit sor toute rien.	
15420	Ainc puis ne pot garir si bien	
	Del bras que ne l'eüst mains gros	
	De l'autre assez, bien dire l'os.	8196
	Por che que il li fu sechiez	
	Et un petitet acorchiez,	
	Ot a non Karados Briesbras;	
	Molt fu toz jors de grant solas,	8200
	Vaillans et larges et cortois.	
	Un jor aloit en bois li rois	
	Pluisors muetes i fist mener	
	Por corre a cerf ou a sangler.	8204
	Li veneor lués descoplerent	
15430	Aprés un grant cerf qu'il troverent,	

8175-8201 *D* daz waz an einer vasenaht. dar noch am ostertage mit maht wart Karados gekronet schier und die schöne Gyngenier, Kardors swester von Kurnuwale, die er liep hette alzemale. Karados wart ein künig her, der alle kurzewile begerte ser, bederbe, milte und kurteis: gotte ze dienende er sich fleis   8175 *V* Caradeus

     Qui en plaine craisse estoit lors.
     Li rois a l'oïe des cors   8208
     Corut toz seus une viez sente,
     Mais maintenant une tormente
     Et une pluie teus leva
     Que li rois en fuies torna   8212
D 158   A un grant chaisne espés foillu
     Qui envers terre pendans fu;
     Por esconser iluec se tint.
15440   De la roïne li sovint   8216
     Qui ot perdu le boutenet
     De la mamele par somet.
     Que qu'il estoit en cel pensé,
     Si voit une molt grant clarté   8220
     Qui parmi la forest venoit
     Tot droit a lui a grant esploit,
     Et ot un chant qui ert trop biax
     De totes manieres d'oisiax   8224
     Qui od cele clarté venoient.
15451   Lonc lor nature tuit chantoient
     Li oiselet trop dolcement.
69a   Li rois molt ententievement   8228
     La clarté qui vint esgarda,
     Tant que de lui molt s'aprocha.
     Il se tint cois, s'a esgardé
     Et vit enmi cele clarté   8232
     Un grant chevalier qui venoit,
     Et une pucele amenoit
     Sor une mule tote blanche.
15460   Li oiseillon de branche en branche 8236
     Par desus lui vont voletant
     Et si tres dolcement chantant
     C'ainc nus si bel chant n'escouta.
     Par devant Caradot passa   8240
     A la longor bien d'une espee,
     Et li rois dist sanz demoree:

8179-90 V Quant carados li rois morut Li roialmes si come il dut A caredeu son fil revint En bone pais lot puis et tint Guinier samie prist a feme La suer cador la gentil dame   8189 T *large initial*   8191 V A vanes se fist c.   8192 V guinier   8204 V cerf et a   8209 V Corut aprez une; D rante eine durch einen alten phat

"Sire chevaliers, Diex vos saut
Et vos face joiant et baut, 8244
Et vostre compaignie bele,
Car molt i a gente pucele."
Cil ne li respont un sol mot,
Ainz s'en passe oltre a l'ains qu'il pot, 8248
Et la pucele isnelement.
15470 Et li rois lués molt durement
Hurte aprés lui des esperons.
En la clarté et es dols sons 8252
Vait cil avant, et cil aprés
En la pluie et el vent adés,
Por che qu'a lui se quide joindre;
Mais tant ne set hurter ne poindre 8256
D 159 Qu'en la clarté se puist embatre.
Grans trois liues ou pres de quatre
Le siut li rois a esperon
Parmi la forest a bandon, 8260
Toz jo[r]z en la pluie et el vent,
Et cil devant molt lieement
En la clarté et el dolç chant
Des oiseillons quel vont sivant, 8264
Tant qu'il vint fors de la forest,
Et li rois aprés sanz arest.
Si entrent en une valee
Qui molt estoit et longue et lee; 8268
Et si n'ert mie molt parfonde,
Mais plus bele n'ot pas el monde.
69b Ens en miliu un lac avoit;
Deus grans liues de le tenoit, 8272
Si ert toz roons a compas.
Por voir vos di, que ne ment pas,
C'une grant ferté ot assise
Laiens enmi, si qu'a devise, 8276
Por rien que nus poïst veoir,
Nel porroit il mix asseoir
En tot le mont un sol chastel.

8240 V caradeu   **8255** V ce co lui   **8257** V puisse   **8258** D grose mile viere reit er noch in   **8264** V oiseles   **8265** V sont fors; D bitz sü koment für den walt

D'un haut palis fort et novel 8280
Tout environ fermee estoit
La mote ou la fertez seoit;
Et si avoit molt grans bretesches
Bien pres a pres, hautes et fresches. 8284
Li hebergages la dedens
Par fu si riches et si gens
Que assez tost en mentiroit
Qui tot le vos deviseroit, 8288
Qu'il i avoit chambres et sales
Qui n'estoient ne viez ne pales,
Ainz erent fresches et noveles
De fust trop riches. Et chapeles 8292
I ot, et praiaus et vergiers
Plantez de divers arbres chiers.
Si n'estoit pas li chastiax wis
De vïandes ne [de] deduis, 8296
Car il n'est riens qui plaire doie
Ne bien faire dont on n'i·voie
Par la dedens a tel plenté
Que chascuns a a volente, 8300
Qui laiens est, ce que lui plest.
L'entree devers la forest
Estoit, et li pons torneïs.
Ainc ne fu veüs ne oïs 8304
Nus si biax ne si bien ovrez;
Vint et cinc piez ou plus ert lez,
Et lons pres de quatorze toises.
Deus chaïnes d'argent turcoises 8308
Ot fermees el chief del pont
Dont en le lieve contremont.
Une chauciee haute et lee,
D'ambesdeus pars molt fors muree, 8312
Parmi le lac droit s'en aloit
Del chief del pont qu'ele tenoit
Desoz la forest a la terre.
Li chevaliers qui devant erre, 8316

8274 *V* que nen m.   8280 *V* f. et isnel   8282 *D* der bühel, do die veste uffe stunt   8289-94 *D* do waz manig sal und kammer an und manig garte und wase: in dem wunnenklichen grase vil selzener boume waz

Ensi com vos oï avez,
Dedens la chaucie est entrez,
Si s'en va oltre isnelement,
Et li rois aprés durement. 8320
Mais ainc ne sot si tost aler
Ne poindre aprés lui ne hurter,
Que cil ne soit laiens venus
Et par grant loisir descendus, 8324
Qu'au chief del pont li rois venist.
15490 Encontre revient, si li dist:
"Caradeu, sire, bien veigniez."
—"Sire, bone aventure aiez, 8328
Si n'avez vos pas deservi,
Fait Karados, que je ensi
Vos deüsse vos salus rendre,
Que nis parler ne moi atendre 8332
Ne me volsistes hui por rien."
—"Biax chiers sires, or sachiez bien
Que cha vos voloie amener;
Por che ne voil a vos parler, 8336
Qu'autrement n'en venisse a chief."
15500 Et vallet salent derekief.
"Caradeu, fait cil, descendez."
—"Biax sire, se vos comandez, 8340
Vostre non me direzançois."
—"Si m'aït Diex, par tans l'orrois,
Biax sire dols, Aalardin
Del Lac m'apelent mi voisin." 8344
—"Or descendrai je volentiers,
Car vos estiez li chevaliers
Que plus desirroie a veoir."
15510 Il descent; cil le fait seoir, 8348
Et dui vallet l'ont deshousé,
Et dui autre ront aporté
Une roube de porpre fine,
D 161 Forree estoit dedens d'ermine, 8352
Si li ostent les dras de bois.

8304 V Ainz   8314 V pont que il t.   8317 D *rubric* Hie kumet
künig Karados zu Alardin in sine burg   8321 V ainz   8330 V
karadeus

Vestir le fist tot a son chois
Et bel et envoisieement
Aalardins, et puis le prent 8356
69d Par le main, es chambres l'en maine;
De lui honorer molt se paine.
Laiens ot dames et puceles
A grant plenté et de molt beles; 8360
Et si tost come il ens entra,
15520 Chascune encontre se leva
Et dist: "Caradeu, bien veigniez."
Et il respont come ensaigniez 8364
A chascune si come il doit.
Une trop gente en i avoit
Qui estoit bele a grant merveille;
Une roube hermine vermeille 8368
D'un fres samit avoit vestue.
Ele est vers Caradeu venue,
Entre ses bras molt tost le prent,
Si li dist debonerement: 8372
"Sire, vos soiez bien veignans."
15530 —"Li verais Diex, li rois puissans,
Dame, vos doinst joie et honeur."
Sor un chier pale de coleur 8376
Dalez la dame s'est assis.
Et el li dist: "Biax dols amis,
La roïne Guigniers que fait?
De sa mamele com li vait? 8380
Por vos en perdi un petit."
—"Dolce dame, voir avez dit,
Molt en fist que loiax amie.
15540 A toz les jors mais de ma vie 8384
L'en amerai sor tote rien."
—"Sire, ce sai je molt tres bien
Que vos l'amez, et devez faire,
Car molt est franche et debonaire." 8388
Ensamble ont parlé et deduit,
Tant que ce vint pres de la nuit

8338 V salent a lestrief; D menig juncherlin dar greif, unde huop im den stegereif   **8339** V fait il   **8346** V estes   **8354** T li font, VASLPU le fist; D und totent im an daz herliche gewant   **8357** V le maine

CARADOS (III, 15)   229

	Que Alardins laiens revint;	
	Un chevalier par le main tint.	8392
	"Sire, fait il, or en venés;	
15550	Vostre mengiers est aprestez."	
	Par la main le prent, si l'en mainne	
	En la grant sale qui ert plaine	8396
D 162	De chevaliers et d'autres gens.	
	Li mengiers fu et biax et gens,	
	Si mengierent a grant loisir.	
69e	On le fist hautement servir	8400
	Et bel et bien et sanz dangier.	
	Et quant ce vint aprés mengier,	
	Si s'est li rois tantost colchiez,	
15560	Qui estoit las et traveilliez,	8404
	Et s'endormi trusqu'el demain.	
	Tantost com le jor vit al main,	
	Se chauce et vest isnelement.	
	Aalardins li dist briement:	8408
	"Sire, je vos di bien por voir	
	Qu'il n'a deduit ne chier avoir	
	El mont dont çaiens n'ait plenté,	
	S'est tot a vostre volenté.	8412
	Il i a molt riches destriers	
	Et berserés et bons levriers.	
	De totes manieres d'oisiax	
15570	I a trop riches et trop biax,	8416
	S'en prenez tant com vos plaira;	
	Ja de rien ne m'en pesera."	
	Aporter li fist son escu;	
	D'or fin a une bende fu	8420
	D'azur qui aloit d'en travers;	
	La guige fu d'un pale pers.	
	"Caradeu, fait il, biax amis,	
	Il n'a ovrier en nul païs,	8424
	Qui nule tel bocle feïst	
	Por nule paine qu'il meïst;	
15581	Qu'autant come ors valt mix d'argent,	

8378 *V* b. chiers amis   8379 *V* guiners   8386 *T* Sire or sai (−1), *V* Sire ce sai, *ASP* Carados sire jel sai b., *L* Caradue jel sai m. t. b.; *D* herre, sprach sü, daz weis ich wol   8396 *V* qui est   8399 *V* m. par g.

     Valt miex li ors, mien escïent,   8428
     De la bocle de cest eschu
     Qu'autre ors, qu'il a si grant vertu :
     S'uns chevaliers avoit trenchié
     Del nez de lui l'une moitié,   8432
     De l'or i meïst autretant.
     Il s'i prendroit de maintenant,
     Ne jamais nul jor n'en charroit,
     Ne nus oster ne l'en porroit ;   8436
15590 Si l'avrez, s'il vos plaist, sanz ire."
     —"Et je le prenderai, biax sire,
D 163 Si vos en rent molt grans merchis."
     —"Caradeu, fait il, molt bien dis ; 8440
     Bien sai ou ele ara mestier."
     La bocle en fait lués errachier,
69f   Au roi bonement le dona
     Qui congié prent et s'en torna.   8444
     S'est a ses homes revenus
     Qui cremoient qu'il fust perdus,
     Et par la forest le queroient
     Et por lui grant dolor menoient. 8448
15601 Od als s'en vient a la roïne ;
     Par le pan del mantel hermine
     En une chambre la mena.
     "Dame, fait il, mostrez me cha   8452
     La mamele dont vos perdistes
     Le pomelet quant me garistes
     Del grant malage et del serpent."
     Et el li mostre lieement.   8456
     Caradeus la mamele esgarde ;
     Tot maintenant, plus n'i atarde,
     Le pomel de la bocle prist,
15610 Molt soavet isnel l'assist   8460
     Sor la plaie sans plus atendre.
     A la char qui ert blanche et tendre
     S'ajoinst li ors tot maintenant,

8426 V qui meist 8432 V nez tot sol lune 8437 V lavez 8441 V il avra 8444 V et si sen va 8446 V Quil c. 8448 V dol demenoient 8451 V len mena 8459 D zehant ein wening goldes nam er 8460 V M. soltiuement et bel lasist (*+1*); D von dem rinken und sat ez ir der vil hübeschlich, als er kunde

Et si devint d'autel samblant 8464
Come ele ançois esté avoit.
Quant li rois Caradeus le voit,
En son cuer molt grant joie en a.
"Dame, tant com nus nel sara 8468
Que vos d'or aiez la mamele,
Tant sarai je, amie bele,
Que vos ne m'arés mesfait rien.
Mais une chose vos di bien, 8472
Se nus fors nos dui le savoit,
Mes cuers a toz jors vos harroit,
Car lors avriiez trespassé
Mon comant et ma volenté." 8476
—"Chiers sire, por Dieu, dites moi,
Je vos em pri en bone foi,
En quel guise m'en garderai."
—"Dolce amie, jel vos dirai, 8480
Parmi le pis vos faisserez
D'unes bendes que vos ferez,
Que ja maistresse ne pucele
Que vos aiez, ne damoisele, 8484
Ne vos aidera a faissier
Ne au lever ne au couchier.
Je vos desfaisserai la nuit
Par grant amour et par deduit, 8488
Et refaisserai au matin
Molt doucement et de cuer fin."
La roïne merchis li rent,
Qu'il l'a conseillié bonement. 8492

Or rediromes chi aprés
Aventures sanz nul relés,
Con li rois Artus envoia
A Caradot, si li manda 8496
Qu'a cort sanz nule essoigne alast
Et la roïne od lui menast;

8463 V Se joinst   8468 V ne savra   8482 V Dune bende   8485 T affaissier   8486-88 D noch nieman abe tuon dar zuo weder spote noch fruo, danne ir, daz nement in üweren sin, und ich, als ich heime bin, so sich daz gefuegen kan, so nim ich ez üch selber dan, so wir gant slafen frölich unz an den morgen suezeklich

	Et il si fist sanz contredire.	
	Li rois Artus par son empire	8500
	Ot trestoz mandez et semons	
	Ses chevaliers et ses barons	
	Qu'a lui fuissent a Pentecoste.	
	La riche baronnie ajoste	8504
	A icel jor a Carlion.	
15650	Aprés la grant porcession	
	Et aprés la messe demaine,	
	En la grant sale qui fu plainne	8508
	De chevaliers et de puceles	
	Et de dames vaillans et beles,	
	Artus li preus et li cortois	
	S'ala seoir al maistre dois	8512
	Ensi com costume estoit lors.	
	Et Kex ist d'une chambre fors	
	Et vient al roi et si li dist:	
15660	"Sire, sire, se Diex m'aït,	8516
	Les graisles feroie soner,	
	S'il vos plaisoit, por le laver,	
D 165	Car toz est pres vostre mengiers."	
	—"Non ferez, Kes, biax amis chiers;	8520
	D'iaue doner ne parlez ja.	
	Ma costume savez piech'a:	
	Il ne m'avint enques encore,	
	Non fera il, se Dieu plaist, ore,	8524
	Que menjasse a cort que tenisse	
15670	Devant qu'avenir i veïsse	
	Merveille grant ou aventure."	
	Que qu'il dist che, grant aleüre	8528
70b	En la sale est laiens entrez,	
	Sor un grant cheval, desfublez,	
	Uns chevaliers, s'espee chainte.	
	D'une escarlate en vermeil tainte	8532
	Estoit vestus molt richement	
	Et bel et acesmeement,	

8491 *V* len rent 8492 *V* conseille; *D* daz er suz riet ir ere. sü fröwete sich so sere daz, daz er ir so holt waz 8493 *V large initial* 8496 *V* caradeu 8522 *D rubric* Diz ist die aventüre vomme horne, so man wasser drin schütte, der wart zuo guoten wine 8523 *V* onques 8526 *V* que venir i venisse 8531 *T* sespaee, *V* sespee

	Et a son col pendu un cor	
15680	D'yvoire a riches bendes d'or	*8536*
	Plaines de pierres prescïeuses	
	Molt riches et molt vertüeuses.	
	Devant le roi en est venus,	
	Si est lués a pié descendus	*8540*
	Et dist oiant toz hautement:	
	"Artu, sire, je vos present	
	Cest cor qui Boënet a non.	
	Riches est d'or et de façon,	*8544*
	Mais plus est buens por autre rien;	
15690	Car par verité vos di bien,	
	Faites le emplir de fontaine	
	Ou d'une autre eve dolce et saine.	*8548*
	Lués estera li mieldres vins	
	Et li plus buens et li plus fins	
	Qu'en troveroit en tot le mont;	
	Et trestot cil qui laiens sont	*8552*
	I porront boire pres a pres,	
	Et tuit aront de vin adés."	
	—"Par icel Seignor qui ne ment,	
15700	Fait Keus, ci a riche present."	*8556*
	Lors li redist li chevaliers:	
	"Si m'aït Diex, biax sire chiers,	
	Ja nus chevaliers n'i bevra	
	Se s'amie trichié li a.	*8560*
	Ou sa feme tot autresi,	
	Que li vins n'espande sor lui."	
D 166	—"Ostez! fait Keus li seneschax,	
15710	Si m'aït Diex, sire vassax,	*8564*
	Or valt molt mains vostre presens."	
	Li rois devant totes ses gens	
	Fist le cor de fontaine emplir.	
	Guenievre ne se pot tenir	*8568*
	Qu'oiant toute la cort ne die:	
	"Biax sire chiers, n'i bevez mie,	
	Car c'est alcuns enchantemens	
70c	Por faire honte a bones gens.	*8572*

8543 V boneec; *D* daz horn ist Bonet genant **8545** V est biax
8549 V Lors   **8550** V biax et   **8554** V del vin

Nus sages hom n'i doit ja boivre,
Car molt en i porroit dechoivre
Ou soi meïsme[s] ou autrui
Et avoir honte et grant anui." 8576
Li rois en rïant li respont:
"Dame, foi que doi tot le mont,
Je l'ensaierai toz premiers
Voiant tos ces bons chevaliers." 8580
La roïne l'ot, molt l'en poise;
Mais une parole cortoise
Li respondi tot maintenant:
15721 "Or pri a Dieu le roi poissant, 8584
S'ainc a nul jor li fis proiere
Que il amast ne tenist chiere,
Se vos a boivre i ensaiez,
Sire, que vos moilliez soiez." 8588
Et li rois prent le cor atant,
Boivre cuida, mais il espant
Le vin sor lui tot a un fais
Si quel virent par le palais. 8592
Et la roïne s'embroncha
Qui grant ire et grant dol en a.
Et Kex li dist: "Ore est noax."
Li rois ot honte et devint caus; 8596
Bel se sot covrir et celer,
Por ses gens qu'il ne volt trobler,
Sa grant ire et son mautalent.
Si li respont molt belement: 8600
15730 "Seneschal, fait il, biax amis,
De grant oiseuse m'entremis
Quant je sor le pois la roïne
I ensaiai, car sa haïne 8604
Ne volroie [je] avoir por rien.
Par verité sai or tres bien
Que Damediex ne le het mie
Qui sa proiere a si oïe 8608
Com orendroit veü avez.
Que sels n'i soie desjouglez,

8572 V as bones   8575 T meisme, VEQ meismes   8598 V velt
8600 V tout belement   8605 TV volroie avoir (−1)

Tenez, s'ensaiez aprés moi
Par l'amour et par la grant foi, 8612
Seneschal, que me pramesistes
Quant mes hom liges devenistes."
Atant le cor li baille et tent,
Et Kex trestoz iriez le prent 8616
Con cil qui ne l'ose escondire.
Toz eschaufez de honte et d'ire
Envers sa bouche le tendi,
Mais li vins sor lui espandi. 8620
Tuit s'en rïent par le palés
Et si l'en ont gabé adés.
Li rois meïsmes molt s'en rist
Et en gabant molt bel li dist: 8624
"Sire Ke, or somes nous dui."
—"Voire, biax sire, encor encui
Serons plus, se me volez croire."
—"Ou soit fantosme ou chose voire, 8628
Çaiens n'a un sol chevalier
Cui n'i coviegne a ensaier,
Par l'ame Urpandragon mon pere."
—"Sire, fait il, donques i pere; 8632
Jel baillerai cui que volrois.
Et si est il raisons et drois
Qu'aprés moi l'ensait premerains
Vostre niez, mesire Gavains." 8636
—"Dont li portez," ce dist li rois.
Et Keus vint a lui demanois,
Si li met le cor en sa main,
De vin tot sorondant et plain; 8640
Se li a dit tot en rïant:
"Or n'alez mie detrïant,
Mesire Gavains, mais bevez
Par le grant amour que devez 8644
Le roi qui ensi le vos mande."
—"Puis que me sire le comande,
Sire Ke, je ensaierai

8615 *V* li cor   **8624** *V* en riant; *D* harte schinpflich er sprach   **8631** *V* lame pandragon; *D* trüwe ich mins vatter sele sol, Uter Pandragun, ez muoz sin   **8644** *V* le foi que le roi devez; *D* so liep ir üwern öhein hant

	Volentiers se boivre i porrai."	8648
	Atant le cor met a sa bouche	
	Et issi tost come il i touche,	
	Le vin sor lui verse et espant.	
	"Sire, or bailliez le cor avant,"	8652
	Fait Keus, qui lors comence a rire.	
	Et haut et bas trestot a tyre	
	Par le palais grant joie en font;	
	Molt lié et molt joiant en sont	8656
	Li rois et Keus audui ensamble.	
70e	Mesire Gavains, ce me samble,	
D 168	Tent le cor monseignor Yvain	
	Qui sist lez lui a destre main,	8660
	Et li dist: "Sire, ore i parra	
	Comfaitement vos en charra."	
	—"Plus bel que ne vous en est pris,	
	Fait mesire Yvains qui l'a pris,	8664
	M'en avenra, ce quit por voir,	
	Se loiautez i puet valoir."	
	Atant lieve le cor en haut;	
	Boire cuida, mais il i faut,	8668
	Car li vins respant lués et verse	
	Sor une roube qu'il ot perse	
	D'un chier drap de Costentinoble.	
	Puis n'i ot chevalier tant noble	8672
	En toute la Roonde Table	
	Qui n'i ensait, si n'est pas fable	
	Que il trestot ne se moillassent,	
	Ou volsissent ou ne daignassent.	8676
	Tant ala li cors que il vint	
	A Caradeu. Et quant le tint,	
15751	Sachiez que durement douta;	
	Guignier sa feme regarda	8680
	Qui dalez la roïne sist.	
	La dame bien garde s'en prist	
	Que ses sire por li doutoit,	
	Et si tost come el l'aperchoit	8684
	Si dist: "Sire, seürement	

8645 V Qui ensi par moi le   8653 TV arrire   8654 V et baus
8669 V espant   8671 V constantinoble   8678 V charadeu

Bevez." Il boit si sainnement
Que tant ne quant n'en espandi.
"Dame, fait il, vostre merchi;
Ainc mais nule dame a seignor
Ne fist en cort plus grant honor
Que moi avez fait, dolce amie."
Atant ne remest li cors mie
C'on nel port par tot le palés,
Si s'i ensaient tot adés
De renc en renc li chevalier;
Si vos puis por voir tesmoignier
N'i ot un sol ne fust moilliez.
Molt par en est chascuns iriez
Por Caradeu qui ot beü
Que autresi moilliés n'en fu.
La roïne en est molt dolente,
Si est mainte autre dame gente;
Guignier en ont molt enhaïe,
Et si li portent grant envie
Por che qu'el dist "seürement."
Tant par le heent mortelment
Que tant ne heent rien vivant.
Li graisle sonerent atant,
Si laverent, puis sont assis.
Si vos di selonc mon avis,
Trop furent servi richement
Et par loisir et lieement.
Quant la cors ot trois jors duré,
Li rois Artus a tant doné
As chevaliers or et argent,
Chevax et pales d'orïent,
Chieres çaintures et aniaus
Et affiches et chiers joiaus,
K'a grant joie tuit s'en revont
Arriere es terres dont il sont.
Li rois remest priveement.
Si vos di bien veraiement
Que Caradeu retenu a,

8680 V Guinier   **8698** V par est c. eniriez   **8700** V Qui a. m. ni fu
8703 V Guinier   **8704** V len portent   **8717** V Riches c.

Qui sa feme envoïe en a 8724
A l'ains qu'il pot en son païs.
Si fist grant sens, ce m'est avis,
Car bien savoit que la roïne
Avoit a li molt grant haïne 8728
Por che qu'el dist "seürement."
Puis fu li rois molt longuement
En grant sejor et en grant pes.
15790 Par ses meillors forés adés 8732
Sejorna tot l'iver entier
Por deduire et por archoier.

D 170 ET quant revint au tans novel
Que dolcement chantent oisel, 8736
Si fu un jor el bos alez.
De ses compaignons plus privez
Mena od lui bien grant partie
Por solas et por compaignie; 8740
Car ainc n'ama a estre seus
15800 Si come or font li angoisseus
71a Que ja n'ameront nul deduit 8744
Por ke lor coust nis ⟨ ⟩ e alie.
Mais tels n'estoit li bons rois mie:
Quant plus donoit et despendoit,
Plus liez et plus joians estoit. 8748
Einsi com vos oï avez,
En fu li rois el bois alez
O ses compaignons archoier.
A l'avesprer sanz delaier 8752
S'en revienent isnelement;
Devant molt envoisïement

8722 V di trestot vraiement   8725 D mit eren, als ein künig sol. sü wart schon enphangen wol und geeret als ein künigin und lebete gar in eren schin   8728 V li mortel haine; D Gynover truog ir grozen haz   8729 D darumbe sü sprach: trinkent sicher. Karados deste frölicher bleip bi Artuse fürwar geselle der tavelrunder schar. er suochte menig oventüre, die vant er ungehüre, wan uf ritterschaft waz sin ger: mit fröiden alsus do lebet er   8734 D durch banichen und spacieren, durch jagen und durch birsieren   8735 D rubric Hie hat Karados buoch ein ende und wil sagen von künig Artus, wie er hern Gyflet erlösen wil, der gevangen lange uf kastel Orgelus lag   8742 D alse noch tuot der kerge schin

Chastel Orguelleus (IV, 1)

S'en vont li chevalier parlant.	
Sor un grant chaceoir ferrant	8756
Sist li rois. Desfublez estoit,	
Et une corte cote avoit	
Molt bien seant de grant maniere;	
Et vint pensant toz sueus arriere,	8760
Si que toz embronchiez estoit	
Por le pensé ou il estoit.	
15810 Et en che qu'il ensi se tarde,	
Mesire Gavains se regarde,	8764
Sel voit venir sol et penser.	
Lués maintenant fist arester	
Ses compaignons et si se tint	
Tant que li rois pres de lui vint.	8768
Les lui s'acoste et tent la main,	
Sel prent tot en rïant al frain	
Et li dist: "Sire, dites nous,	
Por amour Dieu, que pensez vos?	8772
Ne devez penser fors a bien,	
Car il n'a prinche terrïen	
En cest mont de si grant valor	
15820 Com vos, ne qui tant ait d'onor;	8776
Si en devez molt estre liez."	
Li rois respont come ensaigniez:	
"Biax niez, se je jamais liez soie,	
D 171 Por voir vos di que je pensoie	8780
Qu'i[l] n'est nus rois el mont vivans	
Qui tant ait pris services grans	
De ses homes com j'ai des miens.	
Si seroit ore et drois et biens	8784
Que lor rendisse les desertes	
Des grans paines qu'il ont soffertes	
71b Por moi, dont je sui en haut pris.	
Biax niés, or si m'estoit avis	8788
Que molt peu valroit ma richece,	
Se je laissoie par pereche	
Les biax services a merir	
Mes preudomes, qui obeïr	8792

8745 *D* die in eht kosten mag üt   8756 *V* chaceor   8760 *V* derriere
8764 *V* le regarde; *D* her Gawan der sach umbe sich   8779 *V* se jamais jor liez   8785 *V* r. lor d.

Me font par tout et honorer.
Or vos di sanz plus demorer
Qu'a Pentecoste tenir weil
15830   Molt greignor cort que je ne sueil,   8796
Et tant doner a toz et faire
Que a chascun devra bien plaire,
Et qu'il en soit liez et joians
Et a toz jors mes bien weillans."   8800
Ses niez li respont toz premiers
Devant les autres chevaliers:
"Beneois soit ichis pensez,
Biax sire, ou vos estes entrez,   8804
Car il est si biax et si buens
Qu'empereres ne rois ne quens
Ne peüst mie mix penser."
—"Niez, dites moi sanz demorer   8808
Ou vos loëz que ma cort tiegne."
—"Sire, a Carnevent, et la viegne
Ensamble la chevalerie,
15840   Qu'en vostre roialme n'a mie   8812
Plus bel lieu ne plus riches sales;
Si est en la marche de Gales
Et de la terre de Bretaigne."
Li rois od tote sa compaigne   8816
S'en est venus molt lieement.
Icele nuit demainement
A li rois Artus comandé
Que par letres soient mandé   8820
Li chevalier et li baron
15850   Par trestote sa region,
Qu'a lui soient a Pentecoste.
La grans chevalerie ajoste   8824
A Carnevent, ce m'est avis.

D 172   Ha, Diex! de tant lontaig païs
Li proisié chevalier josterent
A cele cort et assamblerent.   8828
Venu i furent cil d'Yrlande

8810 V carnavent; D öhein, ze Karnant hie bi   **8825** V carnevant; D alle ze samene ze Karnant   **8827-28** T *placed between 8824 and 8825*

71c	Et cil d'Escoce et d'Yselande,	
	Cil de Gales et de Galvoie,	
15860	Une terre ou mains hom desvoie,	8832
	De Logres et d'Escavalon,	
	Et li Norois et li Breton,	
	Li Danois et cil d'Orquenie.	
	Ainc mais si grans chevalerie	8836
	A une cort nus n'assambla	
	Com li bons rois chi ajosta.	
	Le jor de la feste honoree,	
	Qua[nt] il ot corone portee	8840
	A la haute procession,	
15870	Li chevalier et li baron	
	L'en amenerent lieement	
	En son palais, et erranment	8844
	Kex li senechax fist soner	
	Les graisles et l'eve doner.	
	Si lava toz premiers li rois,	
	Et en aprés al maistre dois	8848
	S'est alez en haut asseoir,	
	Si que tuit le porent veoir	
	Cil qui laiens sont al mengier.	
15880	Et li quatre cens chevalier,	8852
	Trois mains, a la Table Roonde	
	Si s'assistrent; a la seconde	
	Se sont assis li trente per.	
	Li renc n'estoient mie cler	8856
	Des autres chevaliers qui furent	
	Assis par tot, si come il durent,	
	Au dois et as tables par terre.	
	Et Kex li seneschax va querre	8860
	Le premier mes isnelement,	
15890	Si en servi molt lieement	
	Par tot einsi come il devoit.	
	Et en ce que li rois mengoit,	8864
	Vers la Table Roonde esgarde	
	Com cil qui de tot se prent garde.	

8829 *D* die koment von irme lant ritterlich **8838** *V* li rois artus ajosta;
D der guote künig gesament hette do **8852** *D* vierhundert rittere
sunder dri **8854** *V* Sasistrent et a la s.

Par aventure voit le lieu
D'un chevalier vaillant et preu, 8868
Qui estoit wis et sanz seigneur.
Pitié en a, et tel tenreur
Que les lermes tot maintenant
15900 Li vont del cuer as oex montant, 8872
71d Que fors les en covint issir.
D 173 Piteusement jecte un sozpir
Quant del chevalier li sovint.
Un coutel prent qu'Ionés tint, 8876
Qui niez le roi Ydier estoit
Et devant lui adés trenchoit.
Son vis embronche et si pensa,
Et tout en pensant esticha 8880
Le coutel qu'il tint en sa main
En la table parmi un pain.
Son vis de son poing apuia
Con cil qui ire et anui a, 8884
S'entr'oublie par le penser
Qu'il lait sa main aval couler
Trusqu'a l'alemele trenchant.
15910 El pomel de la main devant 8888
S'est maintenant un poi navrez.
Il voit le sanc, s'est rapensez.
Le coutel laist, si empoigna
La nape et si envolepa 8892
Sa main molt tost, que cil nel voient
Qui par la sale aval mengoient.
Puis rembroncha aval son chief
Et entre el pensé derechief, 8896
Et tot adés en son penser
15920 Li veïssiez les oex larmer.
Quant mesire Gavains le voit,
Molt s'en merveille, et si a droit, 8900
Qu'a grant folie le tornoient
Tot cil qui en la sale estoient.
Lués s'est levez de maintenant,
Parmi les rens s'en passe avant 8904

8856 *V* mie per   **8873** *V* covient   **8875** *V* sovient   **8876** *V* tient   **8879** *V* enbronche si   **8881** *V* que tint   **8895-96** *VD inv.*   **8921** *V* Dont jai

Tant que il vient devant le dois,
Et voit qu'encor pensoit li rois,
Si ne li velt un mot soner
Tant qu'il voie son chief lever. 8908
Et en ce que son vis drecha,
Mesire Gavains l'araisna
Et molt belement li a dit:
"Sire, sire, se Diex m'aït, 8912
Il n'est ne bel ne avenant
Qu'aiez ire ne mautalent
Dont vos doiés estre pensis,
Voiant tans haus barons de pris 8916
Com entor vos poëz veoir.
Molt vos devroit plaire et seoir
Lor solas et lor compaignie."
—"Gavains, vels tu que je te die 8920
Dont ai esté pensis et mus,
Et dont li pensers m'est venus?"
—"Oïl, sire, je vos em pri."
—"Biax niez, ce saches bien de fi, 8924
Jel te dirai molt volentiers,
Oiant toz les bons chevaliers.
Li pensers si estoit de toi
Et de maint autre que chi voi. 8928
Je pensoie a la felonie
Dont tu es plains, et a l'envie
Et a la traïson aperte
Qui lonc tans a esté coverte." 8932
Atant se teut que plus ne dist.
Et mesire Gavains rougist
D'ire et d'angoisse maintenant.
Par le palais sont tuit taisant; 8936
Trop se merveillent durement
Que li rois si vilainement
A monseignor Gavain clamé,
Oiant toz, traïtor prové; 8940
Molt en sont tot irié vers lui.
Et cil qui il ot dit anui

8924 V sachiez   8929 V vilonnie   8942 V dit lanui   8949 V
le te di

               Li respondi come il pot ains:
15972   "Sire, cist mos est molt vilains.   8944
               Por vostre honor vos ramembrez
               Que ce est que vos dit avez,
               Oiant toz ceus qui sont çaiens."
               —"Gavains, fait il, n'est pas noiens,   8948
               Ains le redi encor por voir.
               Et bien repuet Yvains savoir
               Que tot ausi de lui pensoie
               Orains quant si pensis estoie.   8952
               Chaiens n'ai un sol compaignon
               Que je ne ret de traïson
               Et de felonie trop grant."
               Em piez salirent ne sai quant,   8956
               Si lieve la noise el palés.
71f   "Seignor, dist Tors li fix Arés,
               Par vos sairemens vos conjur
               Que vos envers le roi Artur   8960
               Ensamble od moi vos contenez
               Einsi con vos faire devez.
               De traïson toz vos apele;
               Molt par a chi laide novele."   8964
               Autretel dist mesire Yvains.
               "Ha, Diex! fait mesire Gavains,
               A com grant joie fu jostee
               Ceste grans cors et assamblee,   8968
D 175   Et a quel dol el partira!"
               Li rois l'entent, si sozpira;
               Puis dist: "Gavains, je t'ai dit voir."
               —"Biax sire, faites nos savoir,   8972
               Por amor Dieu et por franchise,
               En quel maniere et en quel guise
               Somes felon et traïtor,
               Si nos arez jectez d'error,   8976
               Et moi et toz les compaignons
               Que vos clamez a tort felons."
16175   Li rois respont: "Quant le volez,
               Jel vos dirai. Or m'escoutez.   8980

8958 V tor   8963 V nous a.; D er giht, wir sint verretere   8979 V rois a dit

	Vos savez tuit certainement	
	Que l'autr'ier regna une gent	
	Qui firent chastiax et citez	
16180	Et fors viles et fremetez;	8984
	Et le grant Chastel Orgueillous	
	Fermerent il encontre nous.	
	Quant nos en oïmes parler,	
	Ainc ne m'i laissastes aler	8988
	Tant que vos i fustes alé,	
	Si ne fu mie par mon gre.	
	Iluec perdi tant de mes gens	
	Qu'encor en est mes cuers dolens;	8992
	Li pluisor i furent ocis,	
16190	Et si en i ot alcun pris.	
	Il prisent un mien compaignon,	
	Trois ans l'ont tenu en prison;	8996
	S'en ai al cuer molt grant dolor,	
	C'ainc ne vi chevalier meillor.	
	Trop par iert preus a desmesure,	
	Et biax de vis et de faiture,	9000
72a	Et por conseil doner molt sages.	
	Orains quant toz cis grans barnages	
	Se fu assis chi por mengier,	
	Je vi le lieu au chevalier	9004
	Qui remest wis et sanz seignor.	
	De l'angoisse et de la dolor	
16201	Oi si le cuer serré et noir,	
	Quant ne le vi el renc seoir,	9008
	Que par poi je ne fui desvez.	
	Por che, seignor, vos ai retez	
	Tous ensamble de traïson.	
	Gifflés li fix Do a a non	9012
	Li gentius hom, li chevaliers.	
	Passé a ja trois ans entiers	
	Qu'est en prison en une tour;	
16210	S'en estes trestuit traïtor	9016
D 176	De vostre compaignon laissier	
	Trois anz sans querre et sans cerchier.	
	Et je qui vos en ai blasmez	

8995 V un no c.

Sui molt plus traïtres assez, 9020
Quant onques oi corone en teste
Ne menai joie ne tieng feste
Devant que je de voir seüsse
Se jamais avoir le peüsse, 9024
Ou se il est ou mors ou vis.
Or l'ai si en mon cuer empris,
Foi que doi le seignor celestre
Qui m'a doné honor terrestre 9028
Et roialme et terre a tenir,
Por rien qui m'en doie avenir
Ne lairai que ne l'aille querre,
Ja n'ert en si lontaine terre. 9032
Car bien vos di tot en apert
Que rois qui si preudome pert
Par malvestié ne par perece
N'a droit en terre n'en hautece, 9036
Ne puis ne devroit un jor vivre
Que son preudome ne delivre,
Quant il por lui est encombrez
Et tenus et emprisonez. 9040
Oiant vos toz en faz un veu
Que je ne girrai en un leu
Que une nuit, tant que sarai
Se il est mors ou jel rarai." 9044
Tuit escrïent communement:
"Ore ait dehé qui se desfent,
Sire, de ceste traïson,
Car vos avez droit et raison. 9048
Par grant perece avons laissié
Que ne l'avons quis et cerquié,
Biax sire, au Chastel Orgueillous."
—"Seignor, bien vos di a estrous, 9052
Fait li rois, je movrai demain;
Mais foi que je doi Saint Germain,
Par grans sens aler m'i estuet,
Car force riens valoir n'i puet." 9056
—"Voirs est, fait mesire Gavains.
Biax sire, toz en sui certains

9038 V Qui son   **9045** V sescrient   **9054** V jermain

Que li pas sont molt encombrous
Entrusqu'au Chastel Orgueillous; 9060
D 177   Et s'i a bien quinse jornees,
Ainc si grans ne furent alees;
La verité vos doit en dire.
Et quant vos serez la, biax sire, 9064
S'arez a chascun jor bataille
16240   A tans quans, bien le sai sanz faille,
Un contre autre, cent contre cent
En i troverez voirement. 9068
S'aiez bon conseil a l'aler
Quels gens vos i porrois mener."
—"Seignor, or mengiez, fait li rois,
Et puis aprés lués demanois 9072
Par vos consaus esgarderai
Cui je menrai ne qui lairai
Por garder ma terre et ma gent."
Atant mengierent molt briement 9076
Par le palais grant et petit.
Et ensi tost com li rois vit
Que lieus et tans fu de parler,
Si comanda napes oster 9080
Et l'en si fait sanz demoree.
Si ont aprés l'eve donee,
Et puis aporterent le vin
En molt riches colpes d'or fin. 9084
Quant ont beü par toz les rens,
Lués erranment, si com je pens,
72c   Salent en piez sanz atargier
Plus de troi mile chevalier, 9088
Qui tuit crïent merchi au roi
Qu'en cest oirre les maint od soi,
Car molt volentiers i iront.
"Cil cui mi baron looront, 9092
Seignor, dist li rois, g'i menrai;
Et les autres comanderai
Mon roialme tenir en pes."
Rois Urïens parla aprés, 9096
Devant les autres toz premiers,

9069 V a a laler (+1)   9092 V loeront   9102 V valra   9109 V ce quit

     Car molt ert sages chevaliers:
     "Ne vos a mestier, sire rois,
     A mener loing trop grans harnois.   9100
     Menez un poi de bone gent,
16250   Si volra mix, mien escïent,
     Et si rarons ainz le prison,
     Gifflet nostre bon compaignon.   9104
     Menez de vos gens les meillors,
     Si vos sera trop grans honors
D 178   Et ses en arez ains matez.
     Sol a sol vos i combatez;   9108
     Tels i charra, je quit, des lor
     Qui vos fera quiter le jor
     Gifflet le preu et le vaillant;
16260   N'en doutez ja ne tant ne quant.   9112
     Je ne vos sai plus que loër,
     Mais comandez a atorner
     Gens qui iront ensamble od vos."
     Et dit li rois: "Qu'en dites vos,   9116
     Seignor? qu'a vos consaus m'atent."
     [Lors li respont premierement]
     Li rois Ydiers, et li dist: "Sire,
     Nus ne vos doit loër ne dire   9120
     Se le mix non que il sara.
16270   Dehez ait qui ja vos donra
     Conseil ou vos n'aiez honor.
     Je sai molt bien que li pluisor   9124
     Volroient avec vos aler,
     Et se vos les volez mener,
     Sire, vos ne ferez pas bien;
     Mais creez le roi Urïen,   9128
     Qu'il vos a bon conseil doné.
     Ce vos di bien por verité."
72d
16280   —"Certes, fait mesire Gavains,
     Cil seroit musars et vilains   9132
     Qui autre conseil li donroit."
     Chascuns dist: "Au gre le roi soit.

9113-14 *TV inv.;* D nüt bessers kan geraten ich. heissent schier bereiten sich; ASPEMQU *with* D 9115 V Cels qui 9116 V Et dist 9118 So VEMQ, *T om.;* D von erst im antwürte bot

Mener puet ces que lui plera,
Et les autres en pais lera."
—"Bien avez dit, ce dist li rois.
Alez a vos hosteus manois,
Si vos appareilliez d'errer.
Et je ferai ja aprester
Chascun un gonfanon de soie
A ces que menrai en la voie."
Com dit, si font: tot s'en tornerent
A lor hosteus, si s'atornerent.
Et li rois envoiés lor a
Lor gonfanons, si lor manda
Qu'au matynet, sanz nul arest,
Fuissent trestot monté et prest.

Que vos iroie plus contant?
L'endemain a soleil levant
Furent li chevalier armé
Si com li rois l'ot comandé.
Devant la sale, ce me samble,
Sont tuit venu monté ensamble
Cil qui orent les gonfanons.
Or vos dirai de toz les nons:
Il i fu mesire Gavains,
Li rois Ydiers, Guengasoains,
Kex, et Lucans li bouteilliers;
Tors fu li sistes chevaliers,
Saigremors, et Mabonaigrain
Qui niés estoit le roi Quirain.
Huit en ai nomez, ce sai bien,
Od le fil le roi Urïen.
Nuef sont a Lancelot qu'i fu,
Et dis a Ydier le fil Nu.
Le Lait Hardi ont por onsain,
Et au conte Doon l'Aiglain
Sont doze, qui molt sont cortois.
Et Galegantins li Galois,

9142 V De cels que   **9158** V Li r. ydiers et guengascains   **9162** V cuirain   **9166** V yder   **9171** V briesbras   **9174** V taulas

Od le preu Caradeu Briefbras
Qui molt estoit de grant solas; 9172
Vos di por voir quatorse sont.

72e Li bons Taullas de Rogemont
Refu sans faille li quinsains;
16320 Tant en i ot, ne plus ne mains. 9176
Devant la sale armé estoient,
Et en che que il atendoient
Le roi, et il s'en ist armez
D'une chambre, si est montez. 9180
Si vos di, al mien escïent,
C'ainc mais nus rois si richement
Ne fu armez, ne n'iert jamais.
Trusqu'a l'issue del palais 9184
La roïne le convoia.
Puis prent congié, si s'en torna;
Ses compaignons fait arouter,
Si comence lués a errer 9188
16330 A l'ains qu'il puet si droite voie.
Mais si grans pueples le convoie
Qu'a grant paine s'en puet partir
Ne de la vile fors issir. 9192
Et quant trois liues ot alé,
Si s'arestut enmi un pre.
Iluec est de ses gens partis,
Qui tuit dolent et a envis 9196
Vers la cité s'en retornerent.

D 180 Et li rois et li quinse errerent,
Si trespasserent le païs
De Bretaigne, ce m'est avis. 9200
Molt esploitent de chevalchier.
Un jor fu li rois sans mengier
Issus d'une molt grant forest
16340 En unes landes de genest. 9204
Li solaus fu chaus et ardans,
Et la lande trop gaste et grans.
Li chaus ot le roi si maté,
Avec che que il ot juné, 9208

9188 V a a errer (+1)   9189 V pot   9195 V sest   9199 V trespassent (−1)   9207 V Li rois ot le chaut si m.

Chastel Orguelleus (IV, 3)

        Que de repos mestier eüst
        Qui un bel lieu trover peüst.
        Par aventure si troverent
        Un grant arbre ou il s'aresterent;   9212
        Desoz avoit une fontaine.
16350   Por la chalor et por la paine
        Lor mains et lor chiés desarmerent,
        Lor vis et lor bouches laverent.   9216
72f   Et si sai bien que de mengier
        Eüssent tuit molt grant mestier,
        Mais bien vos di qu'il n'orent coi,
        Si en sont irié por le roi   9220
        Cui li juners faisoit molt mal.
        Desoz la forest loinz aval,
        Mesire Gavains esgarda
        Enmi la lande, et si mostra   9224
        Le seneschal une maison
        De glui bien fertee environ.
        "Keu, fait il, al mien escïent,
16360   En cel toitel laiens a gent."   9228
        —"Voire, fait Keus, g'i weil aler
        Savoir se porroie trover
        Vitaille, et vos m'atendez chi."
        A itant d'ax se departi   9232
        Et droit a la maison ala.
        Une vielle dedens trova,
        Mais de che que il i queroit
        N'i trova rien, qu'il n'i estoit.   9236
        Et la vielle li conte et dit:
16370   "Sire, se Damediex m'aït,
        Il n'a se landes gastes non
        Bien vint liues chi environ,   9240
        Ce sachiez bien, fors sol que tant
        Que li rois de Meliolant
        Ferma la jus, sire, soz plest,
        Une maison por la forest.   9244

9214 V Et por c. et por la p.   9220 V Molt en s.   9226 D daz waz von rore wol gemaht   9228 V bordel; D do sint lüte in dem hüselin 9233 V droit vers la   9237 V dist   9242-44 D daz der künig von Mielant ein bruochhus het, ist mir bekant   9243 T plaest, V plest   9267 V laiens soit

	Ilueques vient assez sovent	
D 181	O ses muetes priveement.	
16380	Hebergiez bien i seriiez,	
	Sire, se vos l'i troviiés.	9248
	Et de cel arbre la devant	
	Verrois la maison el pendant."	
	Li seneschax s'en va lués droit,	
	Si com la vielle li disoit.	9252
	Le rechet voit qui fu fermez	
	De vergiers, de vignes, de pres,	
	De molins, d'estans, de terriers,	
	Et de palis et de viviers;	9256
	Et enmi si ot une tour,	
16390	Ja ne demandissiez meillor.	
	Onques trusque la ne fina	
73a	Li seneschaus, et trespassa	9260
	Le grant chaucie et le postis	
	Et le maistre pont torneïs.	
	Au pié de la tor est venus,	
	Si est maintenant descendus,	9264
	Mais il n'i troeve home vivant	
	A cui les noveles demant	
	Qui laiens est ne qu'il i a.	
	En une sale s'en entra	9268
	Qui molt fu haute et longue et lee.	
16400	A une large cheminee	
	Voit un molt bel fu alumé,	
	Et si n'i a home trové	9272
	Fors un sol nain qui rostissoit	
	Un paon qui molt cras estoit.	
	Ainc mieldres ne fu esgardez,	
	Et si estoit molt bien lardez	9276
	En un gros espoi de pomier;	
16410	Li nains le seut bien tornoier.	
	Kex erranment se trait avant,	
	Et cil li fait molt lait samblant.	9280
	"Nains, fait li seneschax, di moi	
	Se çaiens a home fors toi."	

9269 V haute longue   9300 TVU pesa molt d., ASPEMQ pesa keu d., L Adonc le fiert si d.; D daz muote Kein an der stat

Ainc li gars ne volt mot soner.
Tot maintenant l'alast tüer
Kex, s'il n'i criensist honte avoir;
Mais il set bien trestout de voir
Que ce li fust trop grans viltez.
"Malvais nains, fait il, bocerez,
Je ne voi en ceste maison
Ne mais que toi et cest paon
Que j'avrai ja a mon disner;
Et cil qui en volrai doner
En aront ausi voirement."
—"Si m'aït li rois qui ne ment,
Fait li nains, ja n'en mengerez,
Ne autrui n'en departirez.
Cest hostel vos lo a widier,
Ou, ce sachiez bien sanz quidier,
Ja en serez jectez vilment."
De ce pesa Ke durement;
Avant ala por lui ferir,
Del pié le fait lués si flatir
Au piler de la cheminee
La place en fu ensanglentee.
Por la chalor del fu saina
Li nains, et durement crïa,
Car grant paor ot de morir.
Lors oï sor senestre ovrir
Li seneschaus hastivement
Un huis qui flati durement,
S'en issi fors uns chevaliers
Qui molt ert grans et fors et fiers
Et molt tres biax et avenans,
Si n'avoit pas plus de trente ans.
D'un fres samit avoit blïaut,
Forré d'ermine por le chaut.
N'ert pas lons, mais lez et panus
Estoit, si ert molt bel vestus.
Chauciez estoit molt cointement,

9301 *T* A ke avant ala p. (+ 2), *VEMQ* Si va avant p., *ASPU* Sel fiert (*S* feri) si quil le (*SU* quel) fet (*SP* fist, *U* fet si) hurter; *D* er ging dar, mit dem fuoze ers trat   9315 *V* un fier s.; *D* ein frisch semit het er an
9316 *V* dermines   9318-19 *D om.*   9319 *V* coiement

Si vos di bien veraiement 9320
Chainture ot bele a membres d'or;
Ainc n'ot si riche en nul tresor.
Tos desfublez fors s'en issi
Et sambla bien home mari. 9324
Un bel coler de soie tint
D'un levrier qui aprés lui vint.
Et quant il vit le nain sainier,
16460 Si a lués dit sanz atargier: 9328
"Vos qui cha sus estes montez
En ceste sale toz armez,
Por qu'avez mon sergant tüé?"
—"Ichis sergans ait hui dehé, 9332
De maintenant Kex li respont,
Qu'il n'a si tres felon el mont,
N'ausi mal fait, n'ausi petit."
Li chevaliers respont et dit: 9336
"Par toz sains, je vos oi medire."
16470 —"Et si vos en clamez, biax sire,
Ce li a dit li seneschaus,
J'ai veü mains cointes vassax 9340
D 183 D'autresi nobles come vos;
Vilains estes et anious.
Se jou ai feru cest garçon,
73c Qui rostissoit chi cest paon, 9344
Si en parlez si noblement."
Et il li redist franchement:
"Sire, vos ne dites pas bien,
Mais, por Dieu, vos di une rien, 9348
16480 Que vostre non me daigniez dire."
Kex li respont par molt grant ire:
"Jel vos dirai molt volentiers.
A cinc cens meillors chevaliers 9352
De vos l'ai dit, si m'aït Dex.
Sachiez por voir que j'ai non Kex."
—"Certes, sire, je doi bien croire
Que ceste chose est fine et voire, 9356
Qu'a vostre parler simplement

9327 *D rubric* Hie wart Kein geslagen mit eime gebrotenen pfowen
9350 V Il li r.

Vos puet on conoistre erranment.
Li gars vos vea le paon;
N'est pas costume en ma maison
Qu'en i doie veer vïande
A nului puis qu'il le demande.
Del paon arois vostre part
Ja molt par tans, se Diex me gart."
Atant atot l'espoi le prent,
Si le lieve en haut durement.
De grant force et de grant vertu
En a monseignor Ke feru,
Si que par poi ne le tua.
Et savez ou il l'asena?
El col, si que chaïr le fist;
Ainc n'ot si bon pié quel tenist.
Li sains del paon li coula,
Si come il parti et creva,
Parmi les mailles del hauberc,
Que puis en ot un molt lait merc
El col toz les jors de sa vie
Mesire Keus dusqu'a l'oïe.
Adont jecta li chevaliers
Le paon a ses deus levriers,
Et dist: "Sire Keus, levez sus;
C'est vostre pars, n'en arez plus.
Por Dieu, fuiez vos devant moi,
Trop sui iriez quant je vos voi."
Adont vinrent molt bien armé
Doi serjant qui l'en ont mené.
El cheval monte et s'en torna,
Le pont et la lande passa
Et si est la tot droit venus
Ou li rois estoit descendus.
Si compaignon ont demandé:
"Seneschal, avez rien trové
De ce que vos alastes querre?"
—"Seignor, je non. Trop male terre
A chi por trover a mengier;
Molt nos estuet ainz chevalchier

9355 V jel d   9373 D daz smalz im begonde gon

	Que nos puissons trover hostel	
	Ne a mengier ne un ne el,	
	Si c'on le m'a conté et dit."	
	Gavains respont lués et si rit:	9400
	"Certes, cil qui parla a vos	
	Vit de vïandes come nous;	
	Sanz vïande ne maint il mie	
16530	En ceste grant lande enhermie."	9404
	—"Par ma foi, non! ce respont Kex,	
	Mais si voirement m'aït Dex,	
	Bien le vos di tot a estrous,	
	C'est uns vassax si orgueillous	9408
	Qu'il ne nos hebergera mie	
	Por rien nule que on li die."	
	Li rois dist: "Molt est dont vilains.	
	Je lo bien qu'a lui aut Gavains.	9412
	Biax niez, fait li rois, alez i,	
16540	Et nous vos atenderons chi."	
	Et Gavains monte maintenant.	
	Que vos iroie plus contant?	9416
	Fors qu'al rechet est venus droit,	
	Et quant li chevaliers le voit	
	Merveilleuse joie li fist.	
	Son non demanda, cil li dist	9420
	Por voir que Gavains l'apeloient	
16550	Trestot cil qui le connissoient.	
	Aprés li conte son besoign,	
	Et dist: "Li rois n'est mie loing,	9424
	Ainz velt avec vos hebergier."	
	Iche plaist molt au chevalier,	
	Et si li dist: "Biax sire, alez	
73e	Por le roi, et si l'amenez."	9428
	Et il tot poignant s'en reva,	
D 185	Od lui a l'ostel l'amena;	
	Mais ains qu'il fuissent ens entré	
16560	Furent li estanc tuit crevé.	9432
	Por joie et por honor del roi	

9398 V ne vin ne; D ir vindent zessende dis noch daz **9402** V de mengier si c. **9413** V B. dols n. f. il alez i **9414** V atendrons ici **9415** V Et il i m. lues m. (+1); D Gawan der saz uf zehant **9429-30** V om.; D Gawan snelleklich wider reit und hies sinen öhein kumen gemeit

Fist li chevaliers grant conroi;
Molt le rechut a grant honor
Et le mena sus en la tour. 9436
Li levrier encor i estoient
Qui la char del paon mengoient.
Li rois en regarde Taullas
Et dist: "Par le cors Saint Thomas, 9440
Cist dui levrier sont mix digné
16570 Que nos n'avons jehui esté."
Li chevalier[s] l'ot, si s'en rist;
Kex le vit bien, mais mot ne dist. 9444
D'iluec sont en la sale entré,
Et quant il furent desarmé
Si fu li mengiers aprestez.
Toailles blanches et pastez 9448
Fist li chevaliers aporter.
Aprés disner les fist laver
Lor chiés et lor cols et lor piez
16580 Qu'il avoient molt camoissiez. 9452
Puis les colchierent sor biax lis
Covers de coltes de samis,
Si comencierent a dormir
Dusqu'al demain sanz resperir, 9456
Mais lores furent esveillié.
Lor disner ot appareillié
Li ostes a molt grant plenté
Quel fait de bone volenté. 9460
Et il s'assisent lieement
16590 Et furent servi richement
De pluisors mes. Anuis seroit
Qui toz les vos deviseroit. 9464
De l'arsure le seneschal
Rïent entr'ax molt li vassal,
Car li nains ne lor valt celer,
Ains en comencha a parler. 9468
Jamés par Ke ne fust seü

9439 *V* regarda; *D* der künig sprach zuo Hartalas   **9440** *V* thumas
9444 *V* les v.   **9450** *V* lor f.   **9451** *V* chiez et lor mains et lor p.;
D houbet, hals und fueze gar   **9453** *V* Puis vont couchier en lor b.;
D sü leitent sich an guote bette   **9454** *V* Sor riches c. de s.   **9455** *V*
Et c.   **9456** *V* Dusqual matin   **9458** *T* appareilleie

73f	S'il ne l'eüst amenteü,	
	Car il le celoit plus que nus,	
16600	Et li chevaliers encor plus.	9472
	Toute la nuit molt le gaberent	
	Si compaignon et dejouglerent,	
16610	Et tant qu'il alerent couchier.	
D 186	Au matinet sanz delaier	9476
	Leva li rois au fil del jor,	
	Et tuit li autre sanz sejor;	
	Puis se sont maintenant armé.	
	Son hoste a li rois merchïé	9480
	Del bon hostel qu'il li ot fait.	
	Que vos en feroie lonc plait?	
	Li rois li dist: "Ne me celez	
	Coment vos estes apelez."	9484
	—"Sire, j'ai non Ydiers li biax;	
16620	Sire, si est miens cist chastiax."	
	Puis prïa bonement le roi	
	Par amor qu'il le maint od soi.	9488
	Et li rois dist qu'il ne pooit	
	Mener fors ceus que il avoit	
	Esmus od lui de son païs.	
	Lors prent congié, ce m'est avis,	9492
	Del chevalier et si s'en torne,	
	Qu'en son hostel plus ne sejorne,	
	Ains s'en va od ses compaignons.	

Li romans est hui mais trop lons, 9496
Mais je le vos weil abregier.
Deus jors oirrent puis sanz mengier,
Car ainc ne porent lieu trover
16630 Ou il preïssent un disner 9500
N'ou il peüssent hebergier,
Ains lor covint a chevalchier
Trusqu'au vergier des aventures
Ou l'en les trovoit sovent dures. 9504
La mengierent od les renclus,

9461 V il sasient   9482 V f. je p.   9498 V sanz targier; D sü worent zwen tag on essen   9503-04 D bitz man der aventüre gart ersach, do manig oventür geschach   9504 V len trovoit s. de dures   9506 V il i ot bien c.   9508 V m. de c.

Dont il i avoit cent et plus.
Ne me loist or pas chi a dire
Les merveilles del chimentire, 9508
Car si sont diverses et grans
Qu'il n'est hom terrïens vivans
Qui poïst pas quidier ne croire
74a Que ce fust onques chose voire 9512
Por qu'il ert fais ne establis.
Chi n'ert mie li contes dis
Dont les sepoltures estoient,
Ne l'usage que i tenoient 9516
Li renclus; quar trop longuement
16640 I metroie, al mien escïent,
Devant que lieus et tans sera
Que l'en dire le vous devra. 9520
Mais tant vos di de verité
D 187 Que quant li rois ot sejorné
Deus jors au vergié esgarder,
Au tiers s'en vait aprés disner. 9524
Et l'endemain qu'il est meüs
S'a tant alé qu'il est venus
Et entrez en si bele terre
Qu'il n'esteüst plus bele querre, 9528
De pres, de forés, de vergiers
16650 Plantez de divers arbres chiers.
Par la forest estoit creüe
L'erbe si tres vers et si drue 9532
Que dusqu'as ventres des chevax
Lor venoit et dusqu'as poitrax.
Sor une route defoulee
S'embatirent vers la vespre[e]. 9536
L'erbe qui si grans ert creüe
Estoit contre terre abatue
Et des chevax route et trenchie.
De le duroit plus d'une archie 9540
16660 Li fouleïs de la grant route.

9513 *V* il est f.   9516 *TVEMQ* que il t., *AL* que t., *S* quil t., *P* quil trovoient; *D* und daz reht, daz sü hettent gar, daz hus und die closener   9525 *V* il fu m.   9536 *V* a la vespree   9538-39 *D* daz waz gevallen sunder dang und vertrettet, do man hin reit

> Li compaignon le roi sanz doute
> A cent ou a plus les proisoient
> Ciax qui par iluec s'en aloient. 9544
> Mesire Gavains dist al roi:
> "Biax sire, fait il, sivez moi
> Ceste grant route od vostre gent.
> G'irai avant premierement 9548
> Por enquerre et por demander
> Se porrions hostel trover
> Anuit chi pres a hebergier,
> Car nos en avons grant mestier. 9552
> Mais, biax sire, ne laissiez mie

74b
> La route que que nus vos die."
> Atant s'en est tornez poignant,
> La route siut qui va devant 9556
> Molt tost et molt hastivement.
> N'ot pas chevalchié longuement
> Quant de la forest fors issi.
> En un tertre avant lui choisi 9560
> Les gens a cheval qu'il sivoit;
> Bien pres de cent chevaliers voit
> Parmi le costal behorder.

16680
> Adont se hasta molt d'aler; 9564
> Le val avale, el pui monta,
> Onques nul home n'i trova.
> Mais par desoz voit un chastel,
> Onques n'avoit veü si bel, 9568
> Sor une grant riviere assis.

D 188
> Ne sai coment jel vos devis,
> Car anuit aconté n'aroie
> La façon, ne je ne saroie; 9572
> Mais tant vos en dirai sanz plus,

16690
> Si riche chaste[l] ne vit nus.
> Atant mesire Gavains voit
> Une fontaine qui coroit; 9576

9539 V Et de c. toute trechie   9543 V plus bien p.   9560 T Et un t., VE En un t., M A un t., Q Un t., AS Desor un t., LPU En un pui; D uf einem bühel balde sach er ritender lüte vil   9563 TPMU Parmi le chastel b., V Parmi le costal b., EL Deseur (L Enson) le tertre b., Q Par desus le mont b., AS Et les voit antrax b.; D die fuorent buhurdierende gar

Chastel Orguelleus (IV, 4)

	Iluec trova deus damoiseles
16700	En blïaus de porpre molt beles;
	Deus justes de fin or tenoient,
	De cele eve puchié avoient. 9580
	Mesire Gavains dist en haut:
	"Puceles, Damediex vos saut
	Et vos otroit bone aventure."
	Eles respondent a droiture: 9584
	"Biax sire, Diex vos beneïe."
	—"Puceles, ne me celez mie,
	Par cele foi que moi devez,
	Qu'a en ces justes que tenez." 9588
16710	Fait l'une: "Celer nel vos quier;
	Ce est aigue al bon chevalier,
	Qui ja en lavera ses mains."
	—"Par foi, fait mesire Gavains, 9592
	Cortoisement l'avez nomé,
	En sen non a molt grant biauté."
	L'autre puce[le] a lués parlé:
74c	"Sire, fait l'autre, el dist verté, 9596
	C'ainc ne vi si buen ne si bel;
	Vez ou il entre en cel chastel."
	Mesire Gavains se hasta
16720	Tant qu'a eles plus ne parla, 9600
	Ainz est oltre le pont passez
	Et laiens el chastel entrez
	Parmi la porte maintenant.
	Ainc mais nul jor en son vivant, 9604
	Puis cele eure que il nes fu,
	Ausi bel chastel n'ot veü,
	Ne ne verra jor qu'il soit vis,
	Come cil est, ce li est vis. 9608
	Toutes furent encortinees
	De riches cortines ovrees
	Les rues par ont il passa;
	Estrangement se merveilla. 9612
	Pales avoit tot environ,

9576 *T* riviere, *VASLPEMU* fontaine; *D* her Gawan einen brunnen sach schöne fliessende als eine bach   9589 *V* ne vos   9590 *V* est elve al
9594-95 *VD om.*   9605 *V* P. icele e. quil n. f.   9611 *V* par ou il

	Chascuns de diverse fachon.	
	De lonc en lonc parmi les rues	
16730	A mesire Gavains veües	9616
D 189	Riches tables a changeours.	
	Sor tapis de maintes colors	
	Voit vaissele d'argent et d'or,	
	Ainc n'ot si riche en nul tresor,	9620
	Coupes, hanas, et escüeles;	
	Onques mais n'ot veü si beles.	
	Esterlins, porpres, et besans,	
	Deniers de muce et d'aufricans,	9624
	De totes monoies i voit;	
16740	A grant merveille le tenoit.	
	Par les osteus voit vair et gris	
	Tant qu'il n'en set dire le pris,	9628
	Et voit toz les huis desfermez,	
	Mais de che est molt trespensez	
	C'ome vivant n'i a trové.	
	En soi meïsmes a pensé	9632
	Qu'il vont convoier lor seignor	
	Au petit chastel par honor,	
	Qui estoit en la vile entrez	
16750	Od la route c'oï avez.	9636
	Droit au petit chastel en va,	
74d	En une riche sale entra	
	Qui molt estoit et riche et lee;	
	Bien duroit une arbalestee.	9640
	Touailles avoit sor les dois;	
	Ainc ne menga ne quens ne rois	
	Sor dobliers ausi bien ovrez.	
	Li mengiers fu toz aprestez,	9644
	Et li pains et li vins ja mis	
	Desor le dois, ce m'est avis,	
	Mais il n'i ot home vivant.	
16760	En unes loges par devant	9648
	Vit sor graals d'argent ester	
	Plus de cent testes de sangler.	

9612 *V* sen m.   9613 *V* Palais a.   9628 *V* ne set   9634 *T* amour *corrected to* annour, *VALEQ* honor, *SPMU* amour; *D* imme ze eren uf die burg zehant   9649 *V* sor tailloirs dargent e.; *D* sach er uf telleren silberin

Chastel Orguelleus (IV, 4)

Li poivres estoit par dalez	
Toz pres et toz escüelez.	9652
Mesire Gavains l'esgarda,	
Sa main lieve, si se saigna;	
Mais il ne velt plus demorer	
Quant il ne trove a qui parler.	9656
Parmi le chastel en reva;	
16770 Au chief del pont trover quida	
Les puceles qu'il ot laissies,	
Qui les justes orent puchies	9660
Dont vos m'oïstes or conter,	
D 190 Mais noiens fust d'eles trover;	
Molt li pesa quant il nes vit.	
A soi meïsme pense et dit	9664
Qu'eles li eüssent conté	
De chief en chief la verité	
Ou li sires alez estoit	
Qu'entrer laiens veü avoit.	9668
Molt i pense, molt se repent	
Qu'il n'i parla plus longuement.	
Iluec ne fait plus lonc sejor,	
16780 Ainz se met molt tost el retor,	9672
Si est contre le roi alez;	
Ainc ne fu ses frains retirez	
Tant que il est venus a lui.	
"Biax niés, fait il, arons nos hui	9676
Ostel ou puissons hebergier?	
Molt en arions grant mestier."	
—"Biax sire, or ne vos dementez,	
74e Que a mengier arois assez,"	9680
Ce li dist mesire Gavains.	
Fait Kex: "Cis mos n'est pas vilains.	
Et j'asserrai premierement	
16790 Devant le roi molt lieement	9684
Le suen mes, et puis lués aprés	
Devant toz les autres adés."	
—"Ke, mesire Gavains respont,	

9655 *V* il ni v.   9657 *V* sen r.   9663 *V* len pesa; *T* il les v., *VASLPEM* il nes v., *U* ne les v.; *D* er vant sü nüt, das was im leit, gar zornig er dar umbe waz   9685 *V* et plus lues a.   9686 *T* autres apres, *VLEMQ* autres ades; *D* und vor den gesellen min

Ne querrïez por tout le mont 9688
Le merveille que j'ai trovee."
L'aventure lor a contee
Tout ensi come il le trova,
Et tant qu'el chastel les mena. 9692
Quant il vinrent laiens es rues,
Des richoises qu'il ont veües
Se merveilla trestoz li rois.

16800 Adont dist Keus un mot cortois: 9696
"Chastiax, qui porter vos peüst,
Ja voir laissier ne vos deüst."
Au chastelet sont tuit alé
Et ens tot a cheval entré 9700
En la grant sale maintenant;
Mais n'i trovent home vivant
A cui il peüssent parler,
Ne il n'i püent rien trover 9704
Que il doingnent a lor chevax.
Lors dïent qu'il seroit grans max
S'il les laissoient jeüner.

16810 Et li rois dist: "Aprés souper 9708
D 191 Nos en irons, se le loëz,
La fors gesir en ces biax pres."
A cest conseil se sont tenu
Et sont maintenant descendu, 9712
Et aresnerent par les frains
A branches de cers et de dains
Lor destriers, puis se desarmerent.
Lor chiés et lor mains si laverent 9716
A uns bachins de fin argent.
Li rois s'asiet premierement
Et puis se sont li autre assis.
Kex a le premerain mes mis 9720
Devant le roi sanz demorer,
74f Une grant teste de sangler
Qu'il aporta molt lieement.
Et lués aprés delivrement 9724

9690 V li a c.   **9699** V chastel en sont   **9715** D *rubric* Hie kam kunig Artus zuo Lis von ungeschiht, hern Brandelins burg   **9716** V Lor vis et lor mais si   **9723** V Si li porta m.

A chascun la soie dona,
Et dist que cil qui s'en plai[n]dra
En avra a molt grant plenté.
"Li mengiers ne m'a rien cousté,
Si en donrai molt largement.
Si vos di bien certainnement,
Se poïssent nostre destrier
Grans testes de sangler mengier,
Cis hosteus ne fust pas guerpis
Mais hui, car je voi molt biax lis
En cele chambre bien covers."
Parmi un huis qui'st entr'overs
Garde tantost, si a veü
Mesire Gavains un eschu
A une cheville pendant.
D'une fort lance roide et grant
Ot parmi l'escu un tronchon
Atout un riche confanon.
Si vos di bien par verité,
Si tost come il l'a avisé,
Toz li sans li bout et esmuet.
Sanz dire mot, a l'ains qu'il puet,
Del mengier se lieve a esploit
Et jete un coutel qu'il tenoit,
S'a son cheval estroit cenglé
Et ra molt tost son chief armé.
Sor un banc les le dois s'asist
Et dalez lui son escu mist.
Li rois molt grant merveille en a.
Li uns a l'autre en conseilla:
"Ha, Diex! qu'a mesire Gavains?"
Chascuns volsist estre certains
Por coi il s'est si tost armez.
Tuit quident ce soit vanitez,
Por che que jeüné avoit,
Que li cerviax troblez li soit
Et esmeüs por la chalor

9736 *T* huiss quist en travers, *VALEMQ* entrovers, *PSU* ouvers; *D* durch eine tür, die offen waz   9739 *T* pentant, *VEMQ* pendant; *D* an eime nagele an der want   9742 *V* Od tout   9758 *V* veritez; *D* sü wandent, daz der helt mere von vastende unsinnig were

16850	Que il ot fait trop grant le jor.	
	Molt par en sont tuit esbahi,	
75a	Car il n'ont veü ne oï	9764
	Rien por qu'il se deüst armer,	
	N'il nel savoient deviner.	
	Li rois li a dit simplement:	
	"Biax niez, nel me celez noient	9768
	Por qu'avez guerpi le mengier.	
	Molt nos faites toz merveillier	
	De ce qu'estes armez ensi.	
16860	Dites le moi, je vos en pri,	9772
	Se vos avez rien se bien non."	
	—"Certes, sire, fait il, je non;	
	Fors sol itant que vos hastez	
	De mengier, se vos point m'amez."	9776
	—"Coment? ce dist li rois, sanz vos?	
	Si avez juné come nous.	
	Mengeroie? Non ferai pas.	
	Si m'aït Diex et Saint Thumas,	9780
	Mengiers nul bien ne me feroit."	
	—"Sire, si n'avez mie droit,"	
	Mesire Gavains li respont,	
16870	"Car por rien nule de cest mont	9784
	En cest hostel ne menjeroie,	
	Ne liés ne haitiez ne seroie,	
	Tant par i has a demorer.	
	Mais je vos pri molt de haster,	9788
	Sire, por Dieu, et de mengier."	
	Et li rois sans plus atargier	
	Jure oiant toz molt durement	
	Le glorïeus roi qui ne ment,	9792
	Que il por rien ne mengera	
	Devant a che que il sara	
	De chief en chief la verité	
	Por qu'il avoit son chief armé.	9796
D 193	"Sire, fait mesire Gavains,	
16880	Molt seroie fols et vilains	
	Se por tant d'affaire conter	

9765 *T* que il (+1), *V* por coi se d.   9766 *V* ne s.   9768 *V* ne me
9776 *V* vos chier mavez   9786 *V* h. ni s.

Vos faisoie hui mais jeüner. 9800
Certes, sire, je vos dirai
Por voir, que ja n'en mentirai.

Vos savez bien c'or a dis ans
Que vostre ost ert et fiers et grans 9804
Devant Branslant tout environ.
Maint roi, maint prince, maint baron
Avoit od vos devant la vile,
Et chevaliers plus de vint mile. 9808
Dedens en ot de molt haus pris
A grant plenté li sires mis
Qui en tenoit la seignorie.
A un main orent estormie 9812
Nostre ost el point de l'ajorner;
Je n'oi loisir de moi armer
Por le cri que j'oï si grant,
Ainçois sailli de maintenant 9816
Sor un cheval toz desarmez.
Tornai au cri qui ert levez,
Ving apoignant grant aleüre,
Mais ainc de tote m'armeüre 9820
Fors sol mon escu n'en avoie,
Et une lance que tenoie;
Et ensi des tentes issi.
Assés pres devant moi choisi 9824
Cels dedens qui s'en retornoient
Od le gaaing que fait avoient.
Les porsivi, si fis folie;
A poi que ne perdi la vie. 9828
Parmi l'espaulle fui navrez
D'un glaive, que bien le savez,
Si que molt pres fui de morir.
De la plaie m'estut jesir 9832
Bien quatre mois a tot le mains,
Ainz que fuisse garis ne sains.
Et tant c'un matin me gisoie

9800 V f. anuit mais juner 9804 V fiere 9805 V branlant; D daz
vor Meilant waren 9809 V haut p. 9816 V sali tout m. 9819 V
Si ving poignant g. 9827 V Jes p. 9828 V que ni p.

En mon paveillon, si veilloie. 9836
Por veoir le tans et le jour
Oi fait lever les pans entour,
Si vi defors un mien vallet
Qui coroit sor le Gringalet. 9840
Je l'apelai, il vint a moi;
Comandai lui que sanz deloi
Une sele tost me meïst

D 194 Sor le cheval, et il si fist. 9844
Je me vesti isnelement,
Puis fis venir molt coiement
Mes armes, et si m'en armai

75c Et desus le cheval montai, 9848
Si m'en issi toz sels de l'ost.
Aprés moi venistes si tost
Que fors des tres m'aconsivistes,
Biax chiers sire, si me deïstes 9852
Que revenisse en l'ost arriere.
Tant vos dis que par ma proiere
Retornastes, biax sire chiers,
Et j'errai puis deus jors entiers 9856
C'ainc ne trovai ou hebergier
Ne qui me donast a mengier.
Au tierç jor erroie au matin,
S'oï a destre del chemin 9860
Une esquele en un hermitage,

16920 Et g'i alai par bon corage
Cele part por la messe oïr.
La me fist li sain[z] hom venir, 9864
Quant il ot la messe chantee,
Burre et sydre sanz demoree
Et pain de dravie molt noir;
S'eüst plus blanc, ce sai de voir, 9868
Plus volentiers le me donast,
Si m'aït Diex, que nel menjast.
Sire, si tost com j'oi mengié,
Si pris del saint home congié, 9872

9832 V mestuet   **9841** V cil vint   **9861** D lüte in eins einsidellen hus   **9865-66** D do er die messe gesang, zehant braht er uns apheltranc   **9867** D heberin brot er darin brach   **9870** V quil nel m.   **9871** T Siire

Si me remis lués au chemin.
Si vos di bien qu'a cel matin
Faisoit un jor issi tres cler
C'ainc puis ne ains ne vi son per. 9876
Et la forés fu verdoians
Et haute et bele et trop plaisans,
Si oïssiez par tot crïer
Les oiseillons et cler chanter. 9880
Od le matin, od le verdor,
Ot en la forest bone odor
Qui me fist au cuer joie et bien.
Par verté vos di une rien, 9884
C'ainc nus ne vit si bel boschage
Come avoit entor l'ermitage.
Por la messe que j'oi oïe
Me prist une si grans envie, 9888
Sire, de ma vie changier,
Nus ne m'en poïst estrangier,
Se li buens cuers m'eüst duré;
Mais tost fui en autre pensé. 9892
Ensi vienent li destorbier
Com vos m'orrois ja anonchier.
En cel pensé que je vos di,
Sire, fui bien dusqu'a midi; 9896
Et endroit cele eure del jor
Me feri une resplendor
Enmi la chiere de devant.
Lués me regardai a itant, 9900
Si vi sor dextre un paveillon
Qui ert de si riche fachon
Que jamais n'en ert nus trovez
Qui si richement soit ovrez. 9904
Cordes de soie et biax paissons
I ot a tenir les girons,
Et furent en terre feru
Od les pans, car la chalors fu 9908
Levee et li huis fu fermez,
Qui de fil d'or ert bien brodez.
Por la façon mix esgarder
Ving erranment sanz demorer 9912

	Au paveillon. L'uis destendi,	
	Mon chief baissai, la dedens vi	
	Trois lis appareilliez si bien	
16970	Que il n'i faloit nule rien.	9916
	Dras i avoit et coutes pointes	
	Molt envoisiees et molt cointes;	
	Sor l'un avoit un covertor,	
	Ainc nus ne vit un sol meillor;	9920
	D'une porpre ert alixandrine	
	Et toz forrez de fres hermine.	
	Desus gisoit une pucele	
	Qui tant ert avenans et bele	9924
	C'ainc nule ausi bele n'en vi.	
16980	De mon cheval lués descendi,	
	Si l'aresnai sanz demorance.	
	Mon escu mis jus et ma lance,	9928
	S'entrai el paveillon laiens.	
	Si vos di bien qu'il ert noiens	
	De la riche oevre par defors	
75e	Avers dedens, et si ert lors	9932
	De flors noveles toz jonchiez;	
	Trop par iert bel appareilliez.	
	Et je m'assis devant le lit	
	Ou cele jut, dont vos ai dit,	9936
	Que hom qui fust de mere nez	
	Ne devisast ses grans biautez,	
	Son cler vis, sa bele fachon,	
16990	Sa bele bouche, son me[n]ton;	9940
D 196	En li n'avoit rien messeant.	
	Tant le vi simple et avenant	
	Que plus que nule rien l'amai.	
	Mon chief, sire, lués desarmai	9944
	Et fui toz issus del corage,	
	Sire, que j'oi en l'ermitage.	
	Molt l'esgardoie dolcement	
	Com ele dormoit simplement,	9948
	Mais ne l'osai pas esveillier,	

9920 V Ains   9925 V ne vi   9941 TV Ensi navoit, E An lui navoit, M En li navoit, Q Et si navoit, P Not en li, U Not riens en li; D an ir enwaz vergessen niht   9946 V Que joi eu en   9950 V cremoie traveillier   9959 V Aeignor

17000	Tant le cremoie a traveillier.	
	Et esgarder tant le voloie	
	Que tot mon sens perdu avoie.	9952
	Que vos iroie plus contant?	
	Por li baisier me trais avant	
	Et si soavet le baisai,	
	Sire, que ainc ne l'esveillai,	9956
	Fors tant dist sanz les oex ovrir:	
17010	'Biax sire, laissiez moi dormir.'"	
	Seignor, a cest mot aresta,	
	Que plus ne dist ne ne conta	9960
	De son conte li preus Gavains,	
	Ains tendi vers le roi ses mains	
	Et dist: "Sire, por Dieu, mengiez;	
	Car trop seroie traveilliez,	9964
	Se tot le conte vos disoie.	
	Assez tost vos anuieroie,	
	Si m'aït Diex, biax sire rois,	
17020	Car li cos chanteroitançois	·9968
	Que je l'eüsse tout conté.	
	Et je quit bien par verité	
	Que nos arons encore encui	
	Et grant corrous et grant anui."	9972
	Li rois li dist: "De parjurer	
75f	Me devez, biax niez, bien garder.	
	Li mos n'est pas dis ne contez	
	Por coi vostre chiez fu armez,	9976
	Et j'ai juré ne mengerai	
17030	Devant que le voir en sarai;	
	Bien savez que me parjurroie	
	Se la verité n'en savoie."	9980
	Et mesire Gavains respont:	
	"Sire, par toz les sains del mont,	
	Li contes contez vos sera,	
	Mais je quit que max en verra.	9984
	Devant le lit a la pucele,	
D 197	Qui tant par iert et gente et bele,	

9961 V Son conte mesire g.   9963 T Ains dist, VPEMQU Et dist; D er sprach, öhein, sunder spot ich bit üch, essent durch got   9965 V vos contoie   9984 VPEMQU venra; D do mitte ich mich nüt wol bewar

	Fui grant piece, c'ainc ne m'en mui.	
17040	Mais de s'amour si espris fui,	9988
	Ne me poi tenir d'acoler	
	La rien que tant pooie amer,	
	Ne de li baisier dolcement.	
	Si vos di bien certainement	9992
	Que par le baisier s'esveilla.	
	Les oex ovri, si m'esgarda	
	Et dist: 'Diex! qui est ce lez moi?	
	Ce n'est pas mes freres, ce croi.'	9996
	Biax oncles chiers, et je li dis:	
17050	'Pucele, non; mais vostre amis.'	
	Molt sajement me respondi	
	C'onques n'avoit eü ami,	10000
	'Et grant vilonnie feroit	
	Qui d'amistié m'aparleroit.'	
	Aprés me dist: 'Fuiez de chi,	
	Sire, s'aiez de vos merchi;	10004
	Que ja serez tos detrenchiez	
17060	Se molt tost ne vos en fuiez,	
	Car li doi meillor chevalier	
	Que l'en doie amer ne proisier	10008
	Si sont andui por voir mi frere.	
	Et li tiers, sire, s'est mes pere,	
	Qui encore est de tel vertu	
	C'onques nus hom plus preus ne fu.	10012
	Molt ert iriez, s'ara raison,	
	S'il vos trove en son paveillon.'	
	Biax sire, ensi me congioit	
76a	La riens que mes cuers plus amoit.	10016
	Molt le proiai, molt le requis,	
	Tant qu'en la fin mon non li dis.	
	Et quant ele m'oï nomer:	
	'Sire, j'ai bien oï parler	10020
	Mes freres del neveu le roi,	
	Mais n'est pas si vilains, ce croi,	
	Que chi n'arest tant que mes pere	
	Y venist viax ou mi dui frere;	10024

9999 V Mais s.　　**10002** V mapeleroit　　**10017** V Molt li p.　　**10023** TV chi sarest, MQ Quil narest, E Que il sarest, U Quil sarrestast, P Quil sen alast; D daz er nüt fuere von hinnan

	Car s'il estoient repairié,	
	Molt seroient joiant et lié	
17080	S'il le pooient hebergier	
	Et honorer et festoier,	10028
	Car trop est pros et renomez.'	
	Sire, ne seroit hui contez	
D 198	Li contes, qui tot le diroit.	
	Lués fui por li en tel destroit	10032
	Que me covint a desarmer.	
	Les celi que tant poi amer	
	M'alai couchier, sire, en son lit	
	Com por faire tot mon delit.	10036
	Les oex li baisai et le vis,	
17090	Qui plus ert blans que flor de lis,	
	Et puis la bouche et puis la fache.	
	Se lever puis de ceste plache	10040
	Ou je me sui lez vos assis,	
	Sire, si grant oltrage fis	
	Qu'a force la despucelai,	
	Ainc por son plorer nel laissai.	10044
	Et el faisoit un doel si grant	
	Que ainc a nule rien vivant	
	Ne vi si grant doel demener.	
17100	Et je en dui vis forsener	10048
	D'ire, d'angoisse, et de dolor,	
	Quant la rien qu'amoie d'amour	
	Ensi sovent pasmer veoie,	
	Ne conforter ne le pooie	10052
	Por rien que li seüsse dire;	
	Assez avoie angoisse et ire.	
	Entre mes bras pasmee estoit,	
	Et en cel dol qu'ele faisoit	10056
	Vint uns chevaliers toz armez,	
76*b*	Ainc plus biax ne fu esgardez,	
	Et li dist lués com hom irous:	
	'Ma suer, qui est laiens od vos?	10060
	A estrange home est cis chevax.	
	Trop a fait qu'otrageus vassaus	

10025 V repaierie   **10033** V Que moi c.   **10037-41** D sü wart gehalset und gekust   **10047** V vi un tel dol   **10048-49** D om.   **10053** V peusse

De mon paveillon pechoier.
Sor vos bien me doit anuier.' 10064
Cele l'oï, lués s'escrïa:
'Biax sire Diex, qui m'ostera
Cest chevalier qui m'a honie?
17120 Frere, nel vos celerai mie; 10068
Jamais ne viverez nul jor
Que n'i aiez honte et dolor,
Qu'el mont n'a terre ne contree
Ou je soie mais honoree. 10072
Biax dols chiers frere, ore est alez
Li biens qui m'estoit destinez.
Hui partira la grant amour
De vos et de vostre serour.' 10076
Et quant li chevaliers l'oï,
17130 De nule rien ne s'esjoï.
S'espee traist, del paveillon
Trencha parmi lués un giron 10080
Et crut tant l'uis que lués entra
D 199 Tot a cheval, si m'esgarda.
Et je fui luec, sire, si pris
Que onques ne soi que je fis. 10084
Por che que jou avoie tort
Ere honteus, bien m'en recort.
Or si vos volroie proier
Que il vos pleüst a mengier, 10088
Car se plus me faites conter
17140 A molt grant mal porra monter."
Et li rois dist: "Niés, mais contez
Isnelement, n'i demorez." 10092
—"Sire, fait mesire Gavains,
Li chevaliers tint en ses mains
S'espee, et vint molt fierement
Et dist molt orgueilleusement: 10096
'Biax sire Diex, come ocirrai
Cest malvais home? Car bien sai
Que se je l'oci desarmé,

10064 V men doit **10065** V sescriai **10073-76** D über minen willen mirs geschehen ist. obe du zornig gegen mir bist, das soltu gegen mir mossen, din zürnen abe lossen **10073** T freres (+1) **10083** V lues sire **10088** V Que vos p. sire a m.

76c	Toz jors me sera reprové.'	10100
	Lors dist: 'Malvais hom enuious,	
	Quels menestereus estes vous?'	
	Sire, je li dis que j'estoie	
	Vostre niez, et que non avoie	10104
	Gavains; mais [il] ne le crut mie,	
	Ainçois dist: 'Ja jor de sa vie	
	Mesire Gavains ne fera	
	Si que vilains; nel dites ja!	10108
	De sol tant que l'avez pensé,	
17160	Aiez vos ore mal dehé.	
	Estes vos donques chevalier[s]?	
	Nenil, certes. Qui? Pautoniers!	10112
	Car qui fait oevre de garchon	
	S'est gars par droit et par raison.	
	Vos avez fait garçonerie	
	Quant si a force avez honie	10116
	Le meillor rien qui ainc fust nee,	
	La plus bele, la plus senee,	
	Et li avez tolu por voir	
17170	Le grant bien qu'el devoit avoir.	10120
	Merveille est que tant estes vis,	
	Que piech'a ne vos ai ochis.'	
	Biax sire, a cest mot s'eslaissa	
	Por moi ferir, puis s'aresta	10124
	Et dist: 'Molt tost vos lo armer;	
	Q'yre me puet tant sorporter,	
	Par les sains de crestïenté,	
D 200	C'ocirrai vos tot desarmé.'	10128
17181	Si vos di, sire, quant jel vi	
	Vers moi si durement marri,	
	Que je m'armai lués sanz plus dire.	
	Quant fui armez, si alai, sire,	10132
	Trusque devant la damoisele	
	Et li dis: 'Dolce amie bele,	
	Vostre freres ne me croit mie	
	De nule rien que je li die.	10136
	Je sui Gavains, li niez Artus;	
17190	El mont n'a home qu'il aint plus.	

10120 V quele doit   **10126** V sormonter; D e mich min zorn überwinde

Lealment vos di et otroi
Ja n'arez a seignor fors moi, 10140
Se vos le volez otroier;
Ci sui toz pres del fïancier.
Por Dieu si proiez vostre frere
Qu'il atende tant que ses pere 10144
Viegne, car je ferai lor gre
Et trestoute lor volenté.'
Sire, ele parla sajement
Et dist amesureement: 10148
'Biax dols frere, por Dieu vos pri
Que vos aiez de moi merchi
Et me laissiez changier ma vie,
Car au siecle sui je honie.' 10152
Cil dist: 'Bele suer, non ferai
Certes, ains vos marïerai
Hautement; ja ne remanra
Por cel malvais qui ja morra.' 10156
Biax sire, ensi me despisoit,
Si m'aït Diex, et voir disoit.
Des anuis dont me dist assez,
Et tant que toz en fu lassez. 10160
Sa bele suer li respondi:
'Biax sire frere, or est ensi:
Se vos volez que jamais jor
Doie avoir mari ne seignor, 10164
Monseignor Gavain vos requier.
S'il est ce, ne puet pas noier
Que je feïsse ainc a ma vie
Ne malvaistié ne vilonnie 10168
A nul home fors que a lui
Dont aie honte ne anui.
Uns autres me reproveroit
Ma mauvestié, si aroit droit; 10172
Si nel weil por autre changier,
Car tost me porroie empirier.'
Biax sire rois, si me loa

10147 *V* el parla molt s.   10151 *D* machent mich geistlich zehant
10166 *T* Sillest ce ne p., *VPMU* Sil est ce (*P* cou) nel (*M* nu) p., *E* Sil est
ce ne p., *Q* Se cest il ne p.; *D* ist ers, so weis er an dirre stet   10168 *V*
m. ne ribaudie   10175 *V* me rova; *D* herre, sus lobete mich die gnuog

D 201	Cele que mes cuers tant ama.	10176
	Et quant ses frere l'entendi,	
	Par grant ire li respondi:	
	'Pute, molt par est tost müez	
17230	Corages de feme et tornez.	10180
	Ce n'est pas mesire Gavains,	
	Il ne fu onques si vilains.	
	Cist est de felonie plains,	
76e	Je l'ocirrai ja de mes mains.'	10184
	Lors s'eslaissa, si me feri,	
	A poi que il ne m'abati,	
	Et me dist: 'Malvais gars, montez!	
	Se vostre chiés fust desarmez,	10188
	A cest cop vos eüsse ocis.'	
	Biax sire chiers, oiez que fis:	
	A mon cheval ving, si montai	
17240	Et molt dolcement li proiai	10192
	Por Dieu qu'il me laissast aler;	
	Mais ainc ne m'en volt escouter,	
	Ainçois me dist: 'Je vos desfi;	
	N'avez plus mortel anemi	10196
	De moi, se Damediex m'aït.'	
	Biax sire, lués sanz nul respit	
	Mut li uns vers l'autre al joster.	
	Si vos puis bien dire et conter	10200
	Que si durement me feri	
	Qu'a la terre jus m'abati.	
	Je feri lui si roidement	
	Qu'encore en ai le cuer dolent;	10204
	Parmi l'escu, parmi le cors,	
	Li mis del glaive une aune fors.	
17260	Molt m'en pesa quant je le vi,	
	Qu'enmi la place lués feni;	10208
	Car lués recomença li duels	
	Si pesans et si angoisseus	
	Que la damoisele faisoit	
	Por son frere qui mors gisoit,	10212
	Et fu si longuement pasmee	
	Qu'ele sambloit estre finee.	

10176 V Cele cui mes   10182-83 VD om.   10193 V laiast

	Biax oncles, mon chief desarmai	
	Et d'iaue son vis arousai,	10216
	Et puis entre mes bras le pris,	
17270	A par un poi que ne l'ocis.	
	Si m'aït Diex, ne la guerpisse	
	Por trestot l'or c'onques veïsse;	10220
	Si quidoie bien, ce sachiez,	
	Iluec estre toz detrenchiez.	
	Ne demora pas longuement,	
	Par selonc le mien escïent,	10224
	C'uns chevaliers armez revint	
76f	Qui une grosse lance tint.	
	Melïant de Lis regretoit	
D 202	Et molt ploroit fort et disoit:	10228
	'Biax dols fix, cil qui vos a mort	
	M'a doné dolereus confort;	
	Ne ja plus vivre ne querroie,	
	Fors tant que vengié vos aroie.'	10232
	Ainc sor le cors plus n'aresta,	
17290	Ains vint avant, si m'esgarda	
	Et me dist: 'Vassal, mort m'avez	
	Mon fil, ce est la veritez,	10236
	Et ma tente m'avez brisiee.	
	Ma fille qui tant est proisiee	
	De tote la gent et amee,	
	Ne sai s'avez despucelee.	10240
	Certes, n'aim pas vostre soulas;	
	Trop he qu'ele est entre vos bras.'	
	La damoisele s'esperi	
17300	Maintenant que son pere oï,	10244
	Et lués tot le voir li conta	
	De l'afaire come il ala.	
	Quant le sot, par poi ne m'ocist.	
	Mais savez que cist preudom fist?	10248
	Ains qu'il me volsist adeser,	
	Me fist mon chief, ma face armer.	
	Et je maintes fois li offri,	
	Mais ainc certes ne m'en oï,	10252

10218 V Et par   **10227** V Melian   **10235** V mort avez   **10252** V
Mais onc c.   **10266** V la vols g.

	Que Gavains vostre niez estoie	
17310	Et sa fille a feme prendroie.	
	Ainc nel volt ne ne l'otroia,	
	Biax oncles, ainz me desfia	10256
	Et me corut sus maintenant.	
	Que vos iroie plus contant?	
	Tout autant com je fis del frere,	
	Si m'aït Diex, refis del pere.	10260
	Einsi l'ocis, ce fu pechiez;	
	Toz jors en ert mes cuers iriez.	
	Lores certes n'amenda mie	
17320	Li doels de ma tres dolce amie;	10264
	Pasmee fu sanz revenir,	
	Ne onques ne la voil guerpir,	
	Car plus l'amoie de mon cuer.	
77a	Ne me puis tenir a nul fuer	10268
	De plorer quant il m'en sovient,	
	Une si grans dolors me tient	
	Endroit le cuer qui m'ocirra.	
	Sire, ne vos mentirai ja	10272
	Del conte, ainz le weil abregier.	
17330	Poignant sor un molt grant destrier	
	Vint uns chevaliers toz armez,	
D 203	Molt grans et molt desmesurez.	10276
	Si tres dolereus dol faisoit,	
	Certes, que merveilleus estoit;	
	Car il regretoit molt son frere	
	Qu'il a trové mort et son pere.	10280
	Icist dels le traioit a fin.	
	'Sire Diex, fait il, hui matin	
	Les lessai je laienz toz sains.	
17340	A que ne m'ochi de mes mains,	10284
	Quant je les ai chi mors trovez?	
	Biax sire Diex, ou est alez	
	Cil qui cest damage m'a fait?'	
	A ces paroles les cors lait	10288
	Et dist: 'Jamais joie n'avrai	
	Devant que vengiez les arai.'	

10277 V Si tres grant dol par demenoit   **10278** V merveilles   **10279** V Et il r.   **10281** V trairoit   **10284** V A poi ne

Sire, je m'estoie apuiés
Devant le lit come hom iriez, 10292
Sor mes jenols un oreillier.
17350 Celi qui tant fait a proisier
Tenoie entre mes bras pasmee
Qui sambloit estre devïee. 10296
Rois, li chevaliers vint avant
Iriez et plains de mautalant,
Et si me dist hastivement:
'Vassal, ne me celez noient 10300
Qui cest grant damage m'a fait;
Ainc nus ne rechut ausi lait.
Cele qu'est en vostre devant
17360 Rest ausi morte par samblant. 10304
Dites com les avez trovez
Et coment estes arrestez.
Se vos savez qui les a mors,
Dites le moi, si m'ert confors, 10308
Et Dix vos en sara bon gre
77b Quant le voir m'en arez conté.'
Si m'aït Diex, quant ce oï,
A poi li cuers ne me parti, 10312
Car lués i oi si grant froidor
17370 Que lués me pasmai de dolor.
Ainz plus ne fui jor de ma vie
Pasmez, nel vos celerai mie. 10316
Quant li chevaliers m'esgarda,
Estrangement se merveilla,
Et si me mist lués a raison
Que fui venus de pamoison, 10320
Et me demanda qui j'estoie
D 204 Qui si tres grant doel demenoie.
Certes, biax sire, je li dis
17380 Qu'ere li plus fors anemis 10324
Qu'il eüst en crestïenté,
Que j'avoie mort par verté,
Ice seüst il bien, son frere
Par grant pechié et puis son pere. 10328
Et il dist: 'Sire Diex! coment?

10313 V lues oi issi g.   10314 V Quiluec me   10315 V Ainc

Trop avez fait grant hardement
De chi remanoir puis lor mort;
Mis vos estes en vostre tort. 10332
Mais si m'aït Diex, nel croi mie,
17390 Que fait eüssiez grant folie;
Mais dites moi quis a ochis.'
Lors li contai, biax sire, et dis 10336
Ensi com ocis les avoie.
Sa suer que pasmee tenoie,
Quant el revint et el parla,
17400 Tot por voir ausi li conta. 10340
Sire, lors li crïai merchi
Et cent homages li offri,
Et cent moines et cent nonains;
Sire, et a franchir de vos mains 10344
Cent convers trestoz en un jor.
Aprés li dis que sa serour,
S'il voloit, a feme prendroie
Et toz ces covens li tendroie. 10348
Il me respondi sajement
17410 Et molt asseüreement:
77c 'Je sui venus chi daerrains,
Mais se je fuisse premerains 10352
Venus avant, el liu mon frere,
Encor fust il vis et mon pere;
Car je feïsse a bele chiere,
Si m'aït Diex, ceste proiere. 10356
Certes, ja ne vos fust veee
Ma suer, mais maintenant donee.
Mon pere et mon frere avez mort,
Ou soit a droit ou soit a tort. 10360
Nul acordement n'en prendroie,
17420 Car maintenant honis seroie;
Mix weil od aus certes morir
Qu'en cest siecle a honte languir.' 10364
A itant me rova armer,
Et je m'armai sanz demorer,

10335 V ques a   10344 T et a afranchir de (+1), V et a franchir de, E et franchie de, MQ S. a franchir de (−1), U S. a franchir de mes deus m.
10345 TV quivers, EMQU convers, P converses; D und hundert converse versunnen   10350 V m. tres affaitiement   10356 V proier

        Car pas refuser ne l'osai.
D 205   Puis ving au cheval, si montai   10368
        Molt tost et molt delivrement.
        Molt le redoutai durement
        Por che, sire, bien le vos di,
17430   Que sage et preudome le vi.   10372
        Enmi la lande a une part
        Se traist, et je, se Diex me gart,
        Me refui de lui eslongiez
        Molt angoisseus et molt iriez;   10376
        Si meüsmes lués au joster
        A cui que il deüst couster.
        Si durement nos encontrames
        Qu'a la terre jus nos portames,   10380
        Et aprés as trenchans espees
17440   Nos donames molt grans colees;
        Mais en la fin plus me greva
        Que je lui, n'en mentirai ja.   10384
        Si m'avoit lassé et conquis
17450   Que molt en avoie le pis,
        Quant d'un engien me porpensai.
        Biax sire, je li demandai   10388
        Que de son non me deïst voir,
        Car molt le voloie savoir.
        Et il me dist lués 'Bran de Lis.'
        Iders li preus et li hardis   10392
        Del Lis avoit a non ses pere,
77d   Et Melïans ausi ses frere.
        Puis dist: 'Se m'avïez ocis,
17460   Les trois meillors ariez conquis   10396
        Que l'en seüst en nule terre,
        Mais ne vos falt encore guerre.
        Se Diex un peu me velt aidier,
        Bien les porrai de vos vengier,   10400
        Ce sai je bien veraiement,
        Ne puet pas durer longuement
        Bataille de moi et de vos;
        L'un covient a morir de nos.'   10404

10370 *T* M. re redoutai, *VEMQ* M. le redoutai; *D* ich vorht in sere sicherlich
10392 *V* Ydiers   10411 *V* Bien seroit

Et je maintenant respondi:
17470 'Sire, nel faisons pas ensi;
Car se vos m'aviez vencu,
Ce seroit a envis creü. 10408
Fort est a croire en ceste terre
Que nus hom me poïst conquerre.
Biens seroit, al mien escïent,
D 206 Que nos fuissons devant grant gent 10412
Qui bien deïssent sanz mentir
Li quels volroit mix al partir.'
Ensi, biax sire, l'otroia
Par un covent qu'il devisa: 10416
Qu'el premie[r] liu qu'il me verroit,
Se il sans armes me trovoit,
Tos desarmés me combatroie,
17490 Ou toz armés, se je l'estoie. 10420
Ce li plevi, et il a moi.
Par le grant amour que vos doi,
Ainc puis n'oï de lui parler
En liu ou je poïsse aler. 10424
Nostre bataille departi
Par tel engien que je vos di;
17502 Ainc puis nel vi ne ne trové.
Si vos di bien par verité, 10428
Orains quant al mengier assis,
Dont levai iriez et pensis,
Certes molt volentiers menjasse,
Se je poïsse ne n'osaisse. 10432
Mais savez com m'est avenu?
Par foi, icel demaine escu
Que lores avoit Bran de Lis
77e Au jor que la bataille fis, 10436
Bien le conois, bien m'en ramembre,
Vi je laiens en cele chambre
A une chevile pendant.
Biax sire rois, se Diex m'ament, 10440
Je ne vos ai menti de rien.
Se Diex m'envoit joie ne bien,

10426 V com je 10441 V Jai naie je joie ne bien 10442 V Se je
vos ai menti de rien

Encore i voi mon gonfanon
Et de ma lance un grant tronchon. 10444
Por che, sire, si m'est avis
Que chi repaire en cest païs,
Car je voi son escu chaiens,
Si en sui iriez et dolens. 10448
17520 Por che sui del mengier levez
Que paor ai d'estre grevez.
Encor le dout plus que ne di,
C'ainc si buen chevalier ne vi. 10452
Sire, or vos ai le voir conté
Por coi je ai mon chief armé;
Si ne m'en devez plus enquerre,
Car por trestoute vostre terre 10456
Ne volroie estre desarmez
17530 En liu ou fust, bien m'en creez.
Por Dieu, biax sire, si vos pri
Que tost nos remuons de chi, 10460
D 207 Car le mengier puis comperer
S'il me covient a demorer."
Maintenant li a dit li rois:
"Biax niés, alez seïr au dois 10464
Tout asseür, ja n'avendra.
Le chevalier ne doutez ja."
Mesire Gavains respont: "Sire,
17540 Por rien que me poïssiez dire, 10468
Si m'aït Diex, ne menjeroie."
—"Por noient vos en proieroie,
Fait li rois, en nule maniere;
N'en ferez rien por ma proiere." 10472
Lors menjüent isnelement
Tout li autre comunement.

N E demora pas longuemant
Qu'il virent un brachet venant, 10476
Qui par l'uis d'une chambre issi
77f Et vint lués en la sale ensi
Que un grant liien traïnoit,

10448 V iriez ne d.   10450 V paor oi   10460 V removons   10464 V aler seoir   10470 V Por nient dont vos em p.   10472 V Ne feriens rien 10473 V mejuent

Et un coler d'orfroi avoit 10480
Ou avoit mainte bone pierre
Vermeille et vert com foille d'ierre.
Li braqués ert blans come nois
Et plus que nus hermines frois; 10484
Si vos di bien qu'il n'ert pas lais,
Ainz ert trop biax et trop bien fais,
Et molt l'a esgardé li rois.
17560 Les chevaliers abaie au dois, 10488
Nes conjoioit pas, ce vos di.
Kex li seneschax l'encovi,
Et dist: "Sire, je retenroie
Cest braquet et si l'en menroie, 10492
Se vos m'en donïez le don;
Si aroit Hudens compaignon."
Et li rois dist: "Dont le prenez,
Seneschal, et cha l'amenez." 10496
Atant li braqués s'en retorne,
17570 Et mesire Keus ne sejorne,
Ains salt aprés, sel quide prendre;
Mais li braqués nel volt atendre, 10500
Ains s'en fuit parmi une chambre
Qui celee ert tote de lambre.
Et li liie[n]z, qui molt ert lons,
Hurte sovent Keu as talons, 10504
Qui molt le volsist retenir,
Mais ne pooit a lui venir;
S'il le tenist, molt l'eüst chier.
17580 Sor le liien ne puet marchier, 10508
Car ensi l'eüst retenu,
Mais de che li est mescheü.
De chambre en chambre s'en ala,
D 208 Et tant que cinc en trespassa; 10512
Puis entre en uns molt biaus jardins

10484 V plus hermine (− 2)   **10489** V je vos   **10490** D do daz Keigin ersach   **10491** TV rentenroie, ASPEMU retanroie, Q retoudroie; D ich neme daz breckelin, woltent ir   **10494** D so würt denne üwerme breckelin ein hübesch geselle fin   **10507-10** D om.   **10508** T Ne li liien, V Ne le l., AEM Sor le l., SQU Sus le l., P Nains ne pot le loien sacier   **10509** V Kex ensi   **10513** TV en un molt bel jardin, ASLPU an uns jardins, E en un jardin, M en molt bel jardins, Q en un biau jardin; D und kam in einen garten fürbas

Toz plains d'oliviers et de pins.
Iluec avoit par verité
Plus grant gent qu'en une chité.
A pluisors jeus se deduioient;
Issi grant joie demenoient
Que qui le volroit reconter,
Anuis seroit de l'escouter.
Feste orent le jor celebree
D'un saint qui ert en la contree.
De desoz l'ombre d'un lorier
Qui seoit enmi le vergier
Se desarmoit uns chevalier[s]
Grans et fors et hardis et fiers.
Por lui servir et honorer
Estoient a lui desarmer
Li plus proisié et li meillor,
As piez et as jenous entor,
Qui erent entor le vergier.
Et li braqués sans atargier,
Que mesire Kes enchauça,
Trusqu'al chevalier ne fina;
Entre ses gambes se feri,
Celui abaie quel sivi.
Kex s'arestut quant ot les cris
Et voit les gens, s'est esbahis.
Arriere s'en voloit torner
Hastivement sanz demorer,
Quant li chevaliers esgarda
Ses gens et dist: "Entre nos a
Estrange home, qui que il soit."
Vers le cambre esgarde, si voit
Ke qui s'en torne vistement.
"Vez le la, fait il a sa gent.
Alez, fait il, si le prenez
Et chi aluec le m'amenez."
Et il si font isnelement.
Keu li amainent erranment,
Et ensi tost come il le vit

10514 V Maint lorier i ot et maint pin; D der vol oleyboume waz erent en tot le   10548 V ci iluec   10552 V dit   10531 V

17620	Molt lïement et tost li dist:	10552
	"Sire Ke, bien soiez venus	
	Come mes amis et mes drus.	
	Ou est vostre sire li rois?"	
	—"Sire, laiens est a cel dois,	10556
D 209	Od lui maint chevalier proisié,	
	Et n'ont pas encore mengié."	
	—"Est il, fait il, ses niez Gavains?	
	Molt en volroie estre certains."	10560
	Et Kex a cest mot li respont:	
78b	"Li mieldres chevaliers del mont	
	Est od le roi, se Diex me gart;	
	Sanz lui n'iroit il nule part."	10564
	Et quant cil entent la parole,	
	Tel joie en a por poi ne vole.	
	Toz si armez come il estoit	
	Est saillis erranment lués droit.	10568
	De la joie que il en a	
	Plus desarmer ne se laissa,	
	Fors tant com l'orent desarmé.	
17640	D'un chier mantel l'ont affublé,	10572
	Mais ainc au col n'en mist atache	
	Por rien que on dire li sache.	
	Tant par se haste et tant est liez	
	Que, ce sachiez, en l'un des piez	10576
	Une cauche de fer avoit	
	Qui jus a terre li pendoit,	
	Qui deslachie estoit demie,	
	Ne il oster n'en laissa mie.	10580
	Vers la sale cort a esploit,	
17650	Et toute sa gens, quant ce voit,	
	Recort aprés grant aleüre.	
	Et cil qui point ne s'amesure	10584
	En est entrez delivrement	
	En la sale, et aprés tant gent	
	Que durement s'en esbahi	

10565 *T* Atant cil, *VPU* Et quant cil, *EMQ* Quant cil antandi, *AS* Quant li sire antant; *D* do er daz horte, er beit unlanc   10566 *V* par poi   10567 *V* Ensi armes   10568 *V* Est salis errant em piez d.   10583 *V* Corent apres   10584 *V* saseure; *D* der herre gieng gar snelleclich

Li rois quant la tulmute oï. 10588
Li chevaliers ala avant
Entrusqu'al dois, et maintenant
Le roi gentement salua.
17660 Et a ses gens lués comanda 10592
Chandeilles molt tost aprester,
Car il n'i faisoit mie cler;
Et on a fait [t]ot son plaisir.
Puis refait autre mes venir, 10596
Si fu bien servis come rois
Artus li preus et li cortois.
Li chevaliers fu molt joious,
Et dist au roi: "Sire, de vos 10600
M'a Damediex fait grant honor,
17670 Quar ainc mais ne vos servi jor.
Or si sui molt joians et liez
78c Quant çaiens estes hebergiez. 10604
Salüé vos ai bonement,
Sans point de mal entendement,
D 210 Et tote vostre compaignie
Fors un. Celui n'i voi je mie." 10608
A icest mot laiens entrerent
Cil qui les cierges aporterent
Et les chandoiles par la sale
17680 Qui devant ert oscure et pale, 10612
Mais ore est devenue clere.
Et la grans gens, qui laiens ere
Venue le roi esgarder
Dont tant orent oï parler, 10616
Font tel presse por lui veoir
Que l'en n'i avoit ou seoir,
N'il n'i paroit se testes non
Par tot le palais environ. 10620
Li sires en fu molt marris;
17690 Un baston roont de larris
Cort et pesant tint en sa main.
L'ire de monseignor Gavain, 10624

10588 V tumulte   **10590** V Entrusque al dois m.   **10595** T fait ot son, VEMQU fait tout son, AS fet a son, P fait tout a son; D om.   **10596** V refont

Que il n'a pas encor veü,
Ne il ne savoit ou il fu,
L'a si durement eschaufé
Que tot en a le sens troblé. 10628
Adont comencha a ferir
Ses gens por la presse partir.
Sor les dois et les fenestraus
17700 Et les aleoirs des muraus 10632
Les fist tous a force monter;
Ainc del palais nes pot jecter.
Et quant mesire Gavains voit
Que la grant presse departoit, 10636
S'est lués montez sor son destrier
Isnelement sanz plus targier.
Adont le voit premierement
Li chevaliers, ki durement 10640
En fu iriez quant desarmé
17710 Ne l'avoit veü et trové.
De l'ire qu'il ot s'embroncha,
Et le baston qu'il tint jecta. 10644
Et quant il ot un poi pensé,
78d Si ra molt tost le chief levé;
Puis va a monseignor Gavain
Et si l'a pris tantost al frain, 10648
Et dist: "Biax sire, or m'escoutez.
Les covens que vers moi avez,
Tenrez me vos? Itant me dites.
17720 Poise moi qu'en estes si quites, 10652
Car ne vos ai mie trové,
Si com volsisse, desarmé.
D 211 Je volsisse mix estre ochis
Le jor que je le terme mis, 10656
Car lors por [voir] vous oceïsse,
Se je le respit n'en preïsse.
Mais or düerra longuement
No bataille, mien eschïent." 10660
Mesire Gavains li otroie
17730 La bataillë, et puis renvoie
Li chevaliers por plus chandoiles,

10602 V Que a.   10629 V comecha   10632 V Sor les a.

	Quar ja luisoient les estoiles.	10664
	Si en a fait assez venir	
	Et si les bailla a tenir	
	A toutes les gens a plain poing,	
	Si que l'en voit et pres et loing,	10668
	Qu'il n'i estuet ja miex veoir.	
	Li chevaliers s'en va seoir	
	Ens enmi la sale tot droit,	
	Sor un tapi qui grans estoit,	10672
	Que molt tost estendu li a	
17740	Uns vallés cui le comanda.	
	Puis fait venir quanqu'a mestier	
	A bien armer un chevalier.	10676
	Cil qui desirre la bataille	
	Plus que nule autre rien sanz faille	
	Une chauce de fer caucha,	
	Celi qui pendi relacha	10680
	Si qu'il fu a sa volenté.	
	Et si a uns gans demandé;	
	Il meïsmes les coust lués droit	
17750	Entor son bras auques estroit.	10684
	Et si tost com les ot cousus,	
	Devant le roi en est venus,	
	Et dist: "Mengiez tout lieement,	
78e	Ne vos esmaiez de noient.	10688
	Vez com je sui et fors et fiers	
	Et hardis et sains et legiers;	
	Vostre niez est de l'autre part	
	Autresi sains, se Diex me gart.	10692
	Ne sai se il vos a contee	
	Coment ceste oevre est tant montee	
	Que l'un de nos covient morir	
17760	Avant que nos puissiens partir.	10696
	Molt fust fort a croire hui matin	

10645 *V* il ra un p.   10646 *V* Si a m.   10648 *T* priss; *D* und nam in bi dem zoume sin   10659 *V* or durra trop l.; *D* nu würt verendet der strit   10660 *V* La b. al m. e.; *D* daz weis ich nu an dirre zit 10661 *D rubric* Hie veht mit einander her Gawan unde her Bran von Lis 10662 *V* et adont r.   10668 *T* quen le v., *VEQ* que len v., *M* quan les v.; *D* men sach verre und nohe wol   10669 *V* estuet nient m.   10682 *V* Uns gans a errant d.   10683 *V* les mist l.

Que l'uns fust si pres de sa fin."
Au roi en lerment tuit li oeil.
Quant cil le voit, par grant orgueil
Li dist: "Or soiez toz certains,
Sire [rois], que je vos pris mains
C'or ne faisoie la moitié;
De noient avez tel pitié.
Par toz les sains que l'en deprie,
Vos resamblez celui qui crie
Ainçois qu'il ait le cop senti.
Ainc mais de mes oex roi ne vi
Qui plorast s'il ne sot por coi.
De lasque cuer vos vient, par foi."

Atant s'en va arriere armer
Sor le tapi sanz plus parler.
Isnelement et bien s'arma,
Et quant fu armés si monta.
Une lance fist aporter
Fort et roide, s'ot fer molt cler;
Puis pent a son col son escu
Par la guige qui d'orfroi fu;
Sor le fort destrier s'aficha.
Monseignor Gavain apela,
Et li dist: "J'ai la seignorie
De çaiens par ancesserie.
Ja por che ne ferai outrage,
Ne n'en weil avoir avantage:
Anchois vos di bien et semon
Que vos prenez de la maison
De cele part que vos volrez.
Or vos gardez ou vos prendez."
Mesire Gavains escouta;
Bien est, ainc ne se remua,
Fors tant c'un petit s'eslonga
De lui et sa lance alonga;
Et cil de l'autre part ausi.
Si vos tesmoing por voir et di

10707 V Ains que il   10721 V Et dist lui jai   10723 V nen f.   10724 V Ne ni w.   10728 V prenez

Que ceste joste fu trop dure,
Car en lor greignor aleüre 10736
Qu'il porent traire des chevax,
Fiert li uns l'autre des vassax
Si durement sor son escu,
Andui sont perchié et fendu. 10740
Li fer trenchant parmi passerent,
17800 Mais li hauberc pas ne fauserent,
Qu'il erent serré et tenant.
Et il se vont si empaignant 10744
D 213 Qu'il font les lances archoier
Et tot a force pechoier.
Ainc li cheval ne s'aresturent,
Et li chevalier qui sus furent 10748
Un point ne se desconraerent.
Au passer si s'entrehurterent
Des cors et d'escus, ce me samble,
Et des pis des chevax ensamble, 10752
Que tuit quatre s'entr'abatirent;
Li bon destrier soz als chaïrent.
Et li vassal delivrement
Salent tost sor le pavement, 10756
Si ont les lances jus jectees,
Et traites les bones espees;
17810 Si se donent uns cops si grans
Desus les elmes flamboians, 10760
Que molt parfont les embarrerent.
Li rois et cil quis esgarderent
En ont angoisse et paor grant.
Et cil qui s'entreheent tant 10764
Recorent lués si au ferir
Que bien puis dire sanz mentir
C'ainc ne fu si dure mellee
De deus chevaliers esgardee. 10768
Des helmes font le fu salir,
Et les cercles rompre et partir
Com cil qui noient ne se faignent.

10765 V Recuevrent 10769 T Del helmes, VEMQ Des helmes; D sü sluogent für uz den helmen hart 10776 V laissir 10777 V furent tont sannent; D sü wurdent gar bluotig beide

79a	Par la ou les escus ataignent,	10772
	Li brans la piece en fait voler.	
	Tant velt li uns l'autre afoler	
17820	C'onques icest assaut premier	
	Ne volrent guerpir ne laissier	10776
	Tant qu'endui furent tot sanglent.	
	Li chaus ques grieve durement	
	Les fist a force desevrer;	
	Por lor alaines recovrer	10780
	Un poi se sont retrait arriere.	
	Trop a esté et laide et fiere	
	Lor assamblee a esgarder	
	A toz ciax ques doivent amer.	10784
	Ainc mais li rois n'ot a nul jor	
17830	De son neveu si grant paor.	
	Au chief del maistre dois avoit	
	Un huis qui en la cambre ovroit.	10788
	Ne demora que molt petit,	
	Ensi come li contes dit,	
D 214	C'une damoisele en ist fors.	
	Tant bele de vis et de cors	10792
	N'ot onques en crestïenté.	
	D'un chier blïaut a or brosdé	
	Ert vestue trop richement	
17840	Et bel et acesmeement;	10796
	Si pooit bien avoir vint ans,	
	Mais tant ert bele et gente et grans	
	C'ainc si bele rien ne fu nee.	
	Si tost com laiens est entree,	10800
	De sa grant biauté s'esbahirent	
	Erranment tuit cil qui la virent.	
	Sor le chief del dois s'apoia,	
	Les deus chevaliers esgarda	10804
	Qui entre ocirre se voloient.	
	Ensamble revenu estoient	
17850	Par tel orgueil et par tel ire	
	Que, par verité vos puis dire,	10808
	Ne püent pas longues durer.	

10782 V este cruels et f.   **10788** V la sale o.   **10790** D alse die oventüre giht   **10798** V bele et avenans; D so rehte schöne und so gros

Tels cops lor veïssiez doner
Sor les helmes, sor les escus,
Des brans que il tenoient nus 10812
Que grans pieces voler en font.

79b Li sans vermaus saut de parfont;
Des chiés et des cors lor saloit
Parmi les haubers et chaoit 10816
Aval desus le pavement.
N'ierent pas andui ingalment,
Car mesire Gavains ot tot

17860 Les las de son elme desrout, 10820
Si qu'en son chief point n'en avoit;
A la terre a ses piez gisoit,
Mais de l'escu molt bien se coevre
Com cil qui molt set de tele oevre. 10824
Et ses anemis le requiert,
Qui menu et sovent le fiert,
Molt fort et molt ireement.
Et il molt tres bien se desfent, 10828
Mais trop malement li aloit
De son elme que il n'avoit,
Et por che se tient tout adés

17870 Au plus que il puet de lui pres. 10832
A une fois qu'il s'esloinga,

17881 Sachiez que Brans de Lis geta
Un cop molt pesant et molt grief,
Sel fiert amont parmi le chief, 10836
Mais primes l'atainst en l'escu.
S'il l'eüst a plain conseü,

D 215 Lués fust finee la bataille;
Bien disent tuit sanz nule faille 10840
Qu'il l'eüst mort sans nul respit.

17890 Par molt grant ire li a dit:
"Tenez or cest cop por mon frere;
Un autre en avrez por mon pere 10844
Molt par tans, issi m'aït Diex.
Se je puis, il sera mortiex."
Mesire Gavains le feri,

10820 V Le lac **10824** V sot **10833** V quil leslonga; D eins moles
do verret er sich **10836** V desus le c. **10840** V dient

Mais alques le cop li toli 10848
Li sans qui les oex li covroit;
C'est la riens qui plus li nuisoit.
17900 Arriere traire se quida,
Mais Bran de Lis ne li laissa, 10852
Ains li cort sus ireement.
Et mesire Gavains li rent
Dur estor, mais tant est grevez
79c Que, weille ou non, est reüsez. 10856
Atant s'en cort la damoisele,
Que je vos di qui tant est bele,
En sa chambre molt vistement
Et ne targa pas longuement 10860
Qu'ele aporta fors un enfant;
17910 Sor le dois le met maintenant.
D'un vermeil samit ot blïaut
Forré d'ermine por le chaut, 10864
Trop bien taillié a sa mesure.
Onques si bele creature
De son grant ne fu esgardee.
La chiere avoit et longue et lee, 10868
Les oex avoit vairs et rïans;
Merveilles paroit biax et grans
De son eage, qu'il n'avoit
17920 Que cinc anz sanz plus, trestot droit. 10872
Trop estoit richement vestus,
Bien paroit qu'il ert chiers tenus;
S'iert il. Cil qui se combatoient
Si tres grans cops s'entredonoient 10876
Que tuit cil en ont doel et ire
Qui les voient, bien le puis dire.
Molt est chascuns et las et vains,
17930 Mais por voir mesire Gavains 10880
Un poi arriere reüsa,
Por che c'oster le sanc quida
Devant ses oex et de sa chiere;

10858 V dis   10861 V aporte   10862 V met en estant   10869 V Les oex vairs et clers et r.   10877-78 V om.; D daz daz lüt hette leit überal und wurdent alle gar unfro   10883 V De devant ses oex et sa c.   10899 V terre tantost le

D 216   Mais ne puet en nule maniere,   10884
        Si sovent le fiert et enpaint
        Brans de Lis, qui pas ne se faint
        De lui ocirre ou de grever.
        Adont a pris sans demorer   10888
        La damoisele son enfant
17940   Qui devant li ert en estant,
        Et si li dist molt dolcement:
        "Biax fix, alez hastivement   10892
        A cel grant chevalier dela;
        C'est vostre oncles, n'en doutez ja.
        Laiez vos chaoir a ses piez,
        Biax chiers fix, et si li baisiez,   10896
        Et por Dieu li querez la vie
79d   Vostre pere, qu'il ne l'ochie."
        A la terre tot droit le met,
        Et cil a lui tantost en vet.   10900
        A la jambe destre pris a
        Son oncle, et le pié li baisa;
        Puis dist: "Or vos mande ma mere
        Que vos n'ociez pas mon pere,   10904
        Biax dols oncles, por Dieu amor,
        Qu'ele en morroit de la dolor,
        Sire, se vos l'ociiez."
        Au roi en prent molt g[ra]ns pitiez   10908
        Quant il oï l'enfant ce dire.
17960   Tuit cil en ont angoisse et ire
        Qui l'oïrent ne qui le voient;
        Trop grant pitié de lui avoient,   10912
        Fors sol mesire Brans de Lis
        Qui li respont come hom maris:
        "Fui toi de chi, fix a putain."
        Son pié li trait fors de la main   10916
        L'enfançonet de tel aïr,
        Volsist ou non, le fist ferir
        Le front et le vis laidement
        Sor les pierres du pavement.   10920

10900 V lui tot droit en   **10901** V pris la   **10907** V Biax oncles se vos lociez, E Sire se vos lociez (−1), MQ Sire se vos lociiez (Q locieiez); D und hettent ir in ertötet hie   **10911** V et qui   **10918** V li fist

	La boche et le vis escorcha,	
17970	Et molt tres durement saina,	
	Et jut a la terre pasmés.	
	Del dois s'est maintenant levez	10924
	Li rois, et si a l'enfant pris;	
	Les oex et le front et le vis	
	Li a baisié plus de vint fois.	
	Tant par est iriez et destrois	10928
	Qu'il ne se tenist de plorer	
	Por rien c'on li seüst doner.	
D 217	Molt dolcement l'enfant baisa,	
17980	Ainc por le sanc ne le laissa,	10932
	Car molt l'amoit de grant amor.	
	Tant quidoit avoir de retor,	
	Par foi, de monseignor Gavain;	
	Nel quide jamais veoir sain.	10936
	Lors a dit: "Sire Brans de Lis,	
	Molt est biax cis enfes petis;	
	Ainc mais nul jor de vostre vie	
79e	Ne feïstes tel vilonie	10940
	Com de si bel enfant tüer.	
17990	Ja ne li deüssiez veer	
	La requeste que il vos fist,	
	Car nul outrage ne vos quist.	10944
	Ne volroie que il fust mors;	
	C'est mes solas et mes confors.	
	Des ore mais, ce sachiez bien,	
	Nel vos lairoie je por rien."	10948
	Fait Brans de Lis: "Biax sire rois,	
	Vos n'estes mie si cortois	
	Com j'ai oï conter et dire;	
	Trop menez grant dol et grant ire.	10952
	Ja por le cors d'un chevalier	
18000	Ne vos devez si esmaier;	
	De foible cuer vos muet et vient,	
	Et de grant paor qui vos tient."	10956
	Que que Brans de Lis si parla,	

10924 V vistement   10927 T baissie, V baisie   10946 V Cest mes consals et; D wan ez min trost sol sin   10948 V Ne vos; D los ich ez üch nüt, wüssent das   10949-50 VD inv.

                    Et mesire Gavains osta
                    Le sanc qu'il ot enmi le vis
                    Qui molt li nuisoit, ce m'est vis.   10960
                    En ce c'un poi se reposa,
18010   Sa plaie toute restancha.
                    Li rois qui molt sages estoit
                    Celui a parole tenoit   10964
                    Por son neveu plus rafreschir.
                    Hardement et force et aïr
                    Au buen chevalier lués dobla
                    Des que mïenuis aprocha.   10968
                    Tos tans itel costume avoit,
                    Que quant la mïenuis estoit,
                    Que sa force lués li doubloit
                    Enfresi que li jors estoit.   10972
                    Et tot ausi endroit midi
                    Li redoubloit, bien le vos di.
                    Et si tost com li fu creüe
                    Sa force qu'il n'ot pas eüe,   10976
                    Et le roi et s'amie voit,
D 218   Et le grant gent qui l'esgardoit,
                    Honte ot, ainc n'ot si grant nul jor.
18020   Adont requiert par grant iror   10980
                    Son compaignon lués et assaut;
79f   Mais cil de rien ne li refaut,
                    Ainz li dist: "Grant onor avez
                    De che que vos me requerez."   10984
                    Atant lor veïssiez ferir
                    Grans cops par force et par aïr
                    Des espees que il tenoient,
                    Si que a poi ne s'abatoient.   10988
                    Mesire Brans de Lis jecta
18030   Un cop molt grant, qu'il le quida
                    Haut parmi la teste ferir;
                    Mais cil qui bien se sot covrir   10992
                    Li tent encontre son escu.
                    Et cil i a si bien feru
                    Que parmi le detrenche et fent
                    Tresque desoz l'empoignement;   10996
                    Son cop sivi et [s']abaissa.

Chastel Orguelleus (IV, 7)

	En ce que il se releva,	
	Mesire Gavains le requiert	
	Enson le hiaume, et si le fiert	11000
18040	Que trestoz les las en trencha,	
	Si qu'enmi la sale vola	
	Li hiaumes; li chiez remest nus.	
	Ainz qu'il se soit apercheüs,	11004
	Refiert un autre cop sans faille	
	Molt grant par desus la ventaille,	
	Si qu'il saine molt durement.	
	Or resont il honïement,	11008
18050	Qu'en n'en set le meillor eslire.	
	Par grant orgueil et par grant ire	
	Corent li uns a l'autre sore,	
	Si que assez en petit d'ore	11012
	Se font trop durement sainier;	
	Trop se painent de l'empirier.	
	Estrange pitié en avoient	
	Trestuit cil qui les esgardoient,	11016
	Et volentiers les departissent,	
	Se il osaissent ne poïssent.	
	Adonques veïssiez aidier	
18060	Si bien le gentil chevalier,	11020
	Qui avoit offert maintes fois	
	Bienfais et almos[nes] et drois,	
	Que tant son anemi greva	
80a	Que tot son escu detrencha,	11024
	Que place ne li puet tenir;	
	Volsist ou non, l'estuet guerpir.	
	Parmi la sale se guenchi,	
D 219	Et il luez si le referi	11028
	Que il le fait tout canceler.	
	Lors le va durement hurter	
	A force de cors et d'escu,	
18070	Si qu'a poi ne l'a abatu;	11032
	Tresqu'a un dois le reüsa,	
	Tot chancelant sus le bouta.	

10997 *T* abaissa, *V* sabaissa, *LM* se baisa, *U* rabessa; *D* her Bran buckete dem slage noch   11003 *V* Lelmes et li c. remet n.   11009 *V* ne set   11017 *V* Molt v.   11020 *V* bien au g.   11021-22 *D* der gerne vor hette geton, wes er an in gegert hette   11025-26 *D* om.

La damoisele, quant ce voit,
A l'enfant que li rois tenoit 11036
Va, si li a des poinz tolu.
Puis cort a force et a vertu,
Si est entre les deus fichiee
Qu'a poi n'est toute detrenchie[e], 11040
Et dist: "Fix, proiez vostre pere
18080   Qu'il ait merchi de vostre mere,
Qu'il laist por Dieu que il n'ochie
Mon frere, plus l'aim que ma vie." 11044
Onques l'enfes mot ne sona;
Vers les espees regarda
Et si comença lués a rire.
Tuit cil en ont pitié et ire 11048
Qui ainz l'orent veü sanglent,
Et or rioit si durement.
Lors se trait arriere premiers
18090   Mesire Gavains volentiers, 11052
Et cil trestoz ensi grevez
Li recort sus come desvez,
Si que por poi molt nel greva,
Por che que pas ne s'en garda 11056
Cele fois mesire Gavains.
Et cele qui tint en ses mains
L'enfant, entr'ax deus le remist
A l'ains qu'el pot et si lor dist: 11060
"Si m'aït Diex, ore i parra
18100   Li quels de vos deus l'ocirra,
C'ains i sera toz detrenchiez
Que por moi soit arrier sachiez." 11064
Des espees s'entr'aesmoient,
80b   Mais autre mal ne se faisoient.
Ne puet l'uns a l'autre avenir
Por l'enfant qu'il criement ferir, 11068
Et por celi qui le tenoit.
Et il molt durement rioit
Contre la clarté des espees.
18110   Ansdeus ses mains avoit getees 11072

11055 V par poi   11056 V ne lesgarda; D wande sich nüt huote her
Gawon

D 220	Por son ombre que il veoit,	
	Si le mostre sa mere al doit.	
	Quant vers lui les veoit venir,	
	Encontre voloit lués salir;	11076
	Ja ne trenchast si li aciers	
	Qu'il nes preïst molt volentiers;	
	Maint home fist la nuit plorer.	
	Adont les oïssiez crïer	11080
	Par toute la sale a un bruit:	
18120	"Bons rois, ja t'aiderons nos tuit.	
	Va la bataille departir;	
	Nus hom ne le doit plus soffrir."	11084
	Lors saut sus li rois vistement,	
	Son escu et s'espee prent,	
	Si va la et les a partis	
	Ou volentiers ou a envis.	11088
	Lors dist li rois au chevalier	
18130	Que tant m'avez oï prisier:	
	"Biax sire, l'offre qui fu fait	
	Prenez, quar il n'est mie lait.	11092
	Et je vos di veraiement,	
	Tant i metrai d'amendement	
	Et si grant honor vos ferai,	
	Vostre hom por la pais devenrai."	11096
	Tuit crïent lués a une vois:	
	"Sire, por Dieu et por sa crois,	
	Ce ne devez pas refuser,	
18140	Que molt a dit li rois que ber.	11100
	Assez otroie qui se taist,	
	Quant il ot chose que li plaist."	
	Ensi fu la pais porparlee	
	Et la bataille desevree.	11104
	Et mesire Brans de Lis fist	
	Que sages d'une rien qu'il dist:	
	"Sire, fait il, il n'est pas drois	
80c	Que vos ja mes hom deveignois,	11108
	Ains vos ferai tot lige homage.	
	Mais vers moi erent en ostage	

11074 *TV* son pere, *ASPLEMQU* sa mere; *D* dar zöiget ez mit dem vinger sin
11075 *V* vers soi les   11091 *V* quil fu   11102 *V* qui li

	Li per de la Table Roonde	
18150	Qui sont li plus proisié del monde.	11112
	Ensi fu dit et creanté	
	Qu'il me feroient feüté.	
	Autres biensfais i ot nomez,	
	Biax sire chiers, et devisez,	11116
	D'abeïes et de nonains,	
D 221	Et franchir cent sers de vos mains."	
	Et li rois dist: "Sachiez por voir,	
	Jel ferai tot de mon avoir."	11120
	Lors fist son homage le roi	
18160	Et le baisa par bone foi.	
	Et lués ramenerent avant	
	Monseignor Gavain maintenant.	11124
	Vers lui s'est tant humeliiez	
	Qu'il s'ajenoilla a ses piez,	
	Et li prie molt dolcement	
	Qu'il li pardoinst son maltalent.	11128
	Et il l'en lieve par le main,	
	Se li a dit: "Sire Gavain,	
	Toz mautalens vos pardonrai	
18170	Et d'ore en avant vos serai	11132
	Amis de foi et de corage;	
	Ja nel lairai por nul damage	
	Que m'aiez fait ça en arriere."	
	Molt erent de foible maniere	11136
	Ambedui et sanz grant vertu.	
	Tant avoient del sanc perdu	
	Qu'a grant paine se sostenoient	
	Que il a terre ne chaoient.	11140
	Brans de Lis trestot creanta	
	Quanques li rois li devisa.	
	Homage li fist de ses mains	
18180	Ilueques mesire Gavains,	11144
	Et tuit si compaignon aprés.	
	Ensi fu faite iluec la pes,	
	Seignor, com vos avez oï,	
	Et la bataille ensi parti.	11148

11136 V febre m.   11137 V Ambedui feble et sanz v.   11141 D her Gawan gelobete sunder won   11157 V Quartre   11167 V de lis

Atant en furent lués porté
En une chambre li navré.
Onques chevaliers ne pucele
N'entra, ce quit, en ausi bele;
Et si vos di par verité,
N'ot bone herbe en crestïenté
Dont el ne fust dedens jonchie;
Trop par iert bel appareillie.
Quatre chierges i ot espris,
En si bon liu estoient mis
C'ainc mal ne lor fist la clartez.
Li mires les a regardez,
Puis dist ne soient esmaié,
Qu'il ne sont pas a mort plaié;
Dedens quinsaine a tot le mains
Les rendra ambesdeus toz sains.
Tuit sont lié de lor garison
Li rois et li autre baron.
Au Chastel del Lis sejornerent
Quinse jors, ainc ne s'en tornerent.
N'a el siecle oisel ne poisson
Ne fruit ne bone venoison
Dont li rois n'eüst a plenté
Chascun jor a sa volenté.
Devant monseignor Bran de Lis
Se partoit li rois a envis,
Car molt volentiers escoutoit
Les bons contes que il contoit
De cels del Chastel Orgueillous;
Li rois en estoit molt joious.
"Sire, fait il, g'irai od vous,
Et si menrons ensamble od nos
Vallés, escuiers, et sergans.
Mes paveillons est bons et grans,
Par foi, si le ferons porter;
Et une muete ausi mener,
La meillor que nous troveron,
Car molt a forés environ

11170 V fuit quanques il d. **11181** V Valles et e. et s. (+1) **11192** V G. de

　　　　　　　　Ou nos porrons aler chachier,
　　　　　　　　Quant nos plaira, et archoier.　　　　11188
　　　　　　　　Prendre i porrons a grant foison
　　　　　　　　Et cers et autre venoison."
　　　　　　　　A monseignor Gavain n'estoit
80e　　　　　　　Gaires de chose qu'il disoit,　　　　11192
　　　　　　　　Tant par entendoit a s'amie.
　　　　　　　　Et cele ne l'oublioit mie,
　　　　　　　　Qu'a son servise preste estoit
　　　　　　　　Toutes les heures qu'il voloit.　　　　11196
　　　　　　　　Toute joie sanz vilonnie
18230　　　　　　En avoit; si ne haoit mie
　　　　　　　　Son bel fil, qu'il baisoit sovent.
　　　　　　　　Sejorner volsist longuement.　　　　　11200
　　　　　　　　Seignor, ne vos esmerveilliez,
　　　　　　　　Car il estoit toz aesiez;
　　　　　　　　Et cil qui a quanques il velt,
　　　　　　　　Ce m'est avis qu'a tort se delt　　　　11204
　　　　　　　　Puis qu'il ne sent ne mal ne paine.

　　　　　　　　Tot droit al chief de la quinsaine
　　　　　　　　Fait li rois son oirre atorner;
　　　　　　　　N'a ma[is] cure de sejorner.　　　　　11208
　　　　　　　　Bien sai que un mardi matin
18240　　　　　　Se mistrent trestot al chemin,
D 223　　　　　　Et od aus li sires de Lis,
　　　　　　　　Li bons chevaliers Brans de Lis.　　　11212
　　　　　　　　Set grans jornees puis errerent
　　　　　　　　Et mainte forest trespasserent,
　　　　　　　　Tant que il sont as plains venu
　　　　　　　　Et devant lor oex ont veü　　　　　　 11216
　　　　　　　　Le riche Chastel Orgueillous
　　　　　　　　Dont il erent molt desirrous.
　　　　　　　　Les un brueil d'oliviers ramus,
　　　　　　　　Qui molt ert biax et bien foillus,　　11220
　　　　　　　　Orent ja tendu en un pre
　　　　　　　　Cil qui devant furent alé

11206 D *rubric* Hie kumet künig Artus für kastel Orgalus　　　11212 V Li
b. c. li eslis　　　11215 V au plain; D und koment uf einen liehten plon
11216 D do sohent sü uf eime berge ston ein vil gros herliches hus

>   Le tref le roi. Iluec descent,
>   Et tuit li autre lïement;
>   Aprés se fisent desarmer.
> 18250   Nus n'osoit en avant aler
>   Qui volsist faire au chastel guerre.
>   Bien fu seü lués par la terre,
>   Si n'orent pas molt sejorné
>   Quant ont laiens un saint soné.
>   Grans ert, ainc hom ne vit graignor;
>   Bien cinc liues aluec entor
>   En ala par trestot l'oïe;
> 80f   Toute la terre est estormie.
>   Si tost com l'oïrent soner,
>   Le roi comencha a conter
>   Cil qui toz les estres savoit,
> 18260   Del saint por coi sonez estoit.
>   Et lors dist: "Par verté provee
>   Ja sevent par ceste contree
>   Que assegiez est li chastiax.
>   Es murs, es tors, ne es querniax,
>   Escu ne lance mis n'ara
>   Tant que li sains sonez sera."
>   En ce qu'il lor aloit contant,
>   Virent sor destre maintenant
>   Plus de troi mile gonfanons
> 18270   Es murs, es tors, et es doignons.
>   Et lués ot autretant escus
>   Environ as querniax pendus.
>   Et si veïssiez chevaliers
>   Sor palefrois et sor destriers
>   Fors des forés au plain issir
>   Et a molt grans routes venir
>   Vers le chastel; ens s'en entrerent.
> D 224   Molt volentiers les esgarderent
>   Li rois et tuit si compaignon.
> 18280   Ne weil deviser la fachon
>   Del chastel, que trop i metroie

11224
11228
11232
11236
11240
11244
11248
11252
11256

11222 V erent ale   **11232** V iluec entor   **11246** V Vinrent; D sohent sü zehandenan sin   **11247** V quatre mil; D me denne drütusent venlin

	Se tote le vos devisoie;	11260
	Mais puis l'eure que Diex fu nez	
	Ne fu mix seanz esgardez,	
	Ne tant eüst riches maisons	
	Ne hautes tors ne fors donjons.	11264
	Au paveillon fu aprestez	
	Li mengiers. Adont est alez	
	Li rois souper a grant deduit.	
	Par le paveillon dïent tuit	11268
	Qu'a toz cels de cort traveillier	
18290	Sont laiens entré chevalier	
	Ensi deduisent et parlerent	
	De cels de laiens et conterent.	11272
	Si tost com li rois fu assis,	
	Lucans li bouteilliers a mis	
	En une colpe d'or le vin.	
82a	Puis dist au roi: "A le matin	11276
	La joste premiere vos quier,	
	Car c'est li drois de mon mestier."	
	—"Ja le premier don qui m'est quis,	
18300	Ce dist li rois, en cest païs	11280
	Ne sera par moi escondis."	
	—"C'est biens," dist li sires de Lis.	
	Lors dist li rois au bouteillier:	
	"Alez od mon neveu mengier."	11284
	Et il si fait molt lieement.	
	Aprés mengier isnelement,	
	Si tost come il orent lavé,	
	Tot maintenant ont comandé	11288
	Lor armes devant els venir.	
18310	Ne vos en veil de rien mentir;	
	La veïssiez por ensaier	
	Mainte cauce de fer cauchier,	11292
	Jambes estendre, piez flechir.	
	As escuiers refont vestir	
	Lor haubers por le regarder,	
	Metre coroies et oster.	11296

11263 V Nou tant just bit ich üch fruo 11266 V adonc 11276-77 D herre, der ersten
11292 V fer lacier 11285 V si font; D daz tet er do frölichen gar
11299 V hardiement 11293 V estentendre (+1) 11298 V Tant a.

Chastel Orguelleus (IV, 9)

Ne welent qu'il i faille rien,
Tot appareillent bel et bien;
N'onques hom si haitïement
Ne vit contenir nule gent. 11300
Od le roi trestot se gaboient
Et par joglois li demandoient
Qu'aseïst a chascun son jor,
Si les aroit mis fors d'esror. 11304
"Seignor, dist li rois, non ferai.
En ceste paor vos tenrai."
Et quant se sont assez deduit,
Tant que grant piece fu de nuit, 11308
Puis boivent et si vont couchier.

Et l'endemain sanz atargier
Au soleil levant tot leverent;
A une chapele en alerent 11312
Qui ert en un bois lez un pre.
Iluec estoient enterré
Tuit li bon chevalier ocis,
Li estrange et cil del païs. 11316
Et si tost com la messe ot dite
Li prestres de Sainte Esperite,
Et le service ot tout finé,
Si sont arriere retorné. 11320
Et li mengiers fu atornés
Au paveillon, si est disnez
Li rois et tuit comunement.
Quant orent mengié lïeement, 11324
Si se lievent sans atargier
Et arment lués le bouteillier
Molt bien et molt cortoisement.
D'une porpre de Bonivent, 11328
Broudee d'or, li blïaus fu
Qu'il ot sor le hauberc vestu.
Son cheval li ont amené
Et son escu ont aporté. 11332

11302 *V* li requerroient   11305 *V* fait li r.   11318 *V* del saint e.
11328 *D* in purpur von Alexandrien   11330 *V* soz le h.; *D* den er ob
dem halsperge truog   11332 *V* e. ront a.

	Il est montez joious et liés;	
	Ses gonfanons li fu bailliez.	
	Del roi et de ses compaignons	
18350	Se part et fiert des esperons.	11336
	Ainc ne fina sanz nule faille	
	Si fu el pre de la bataille	
	Ou trestot cil se combatoient	
D 226	Qu'a cels dedens joste queroient.	11340
	Seignor, es quatre cors del pre	
	Erent quatre olivier planté	
	Por mostrer del champ la devise.	
	Tuit tienent a recreandise	11344
	Celui qui trespasse premiers	
	Le bone des quatre oliviers	
	Puis qu'il i est venus armez.	
	Lucans qui dedens fu entrez	11348
	N'i a pas esté longuement	
	Quant voit issir molt fierement	
	Fors de la tour un chevalier	
	Molt grant sor un fauve destrier.	11352
	De totes armes ert armez	
	Trop cointement et acesmez;	
	El pre s'en vient grant aleüre.	
	Et lués maintenant a droiture	11356
	Baissent andui les gonfanons	
	Et hurterent des esperons,	
18360	S'est li uns vers l'autre venus,	
82c	Grans cops se donent es escus.	11360
	Li chevaliers premierement	
	Feri Lucan si durement	
	Que sa lance tote froissa.	
	Et li bouteilliers feru l'a	11364
	Si durement qu'il l'a porté	
	Fors de la sele enmi le pre.	
	Le cheval prent si s'en torna;	
	Enmi le pre celui laissa	11368
	A pié, puis s'en vient vistement	
18370	Au paveillon et lieement.	
	Lors dist mesire Brans de Lis:	

11340 V Qui cels

"Certes, cist sieges fust fenis, 11372
Bouteillier, se pris l'eüssiez.
Jamais ne vos traveillissiez,
Car tot eüssiez achievé
L'oirre qui tant vos a grevé. 11376
Ainz nuit vos fust chi amenez
Mesire Gifflés toz quitez,
18379 Que cil est si buens chevaliers
Qu'il l'en rendissent volentiers." 11380
Et quant li bouteilliers l'oï,
De nule rien ne s'esjoï.
Au paveillon plus ne sejorne,
Le cheval lait, el pre retorne; 11384
Onques por le roi nel laissa
Qui maintes fois le rapela.
Parmi la porte se mist fors
D 227 Armez, son gonfanon destors, 11388
Uns grans chevaliers maintenant;
El pre s'en vient tot apoignant.
Li bouteilliers, quant l'a veü,
Lors point, sel fiert parmi l'escu 11392
Si durement que pechoier
Covint la lance de pomier.
Et cil durement le refiert
De la lance qui molt fors iert 11396
Qu'a la terre jus le porta.
Lucans molt tost se releva
Et si quida le tros oster
18400 Qu'il ot el bras sanz arester, 11400
Mais li chevaliers fierement
82d Li cort sus; et il se desfent
Au miex qu'il puet come navrez.
Por che qu'il estoit enferrez 11404
Li estut, ou volsist ou non,
18410 Maintenant fianchier prison
Con cil qui ne puet mais avant.

11375-78 *D* so were vollendet gar unser ding, men hatte uns vor naht hern Giflet har wider braht   11376 *V* vos a gre (−1)   11378 *V* Giffles li fix do toz q.   11384 *T* es pre, *V* el pre; *D* uf die matte fuor er die riht   11390 *V* p. revient t.   11394 *V* de quartier   11398 *V* se leva (−1)

　　　　　　　S'espee rent celui atant　　　　　　　　　11408
　　　　　　　Qui el chastel od soi l'en maine;
　　　　　　　Mais ai[n]s le desferre a grant paine,
　　　　　　　Puis l'a d'une bende liié,
　　　　　　　Si que il l'a tout estanchié.　　　　　　　　11412
　　　　　　　Molt est li rois d'ire eschaufez
　　　　　　　Quant voit que il en est menez.
　　　　　　　Adont dist mesire Gavains:
18420　　　　"Se li bouteilliers estoit sains,　　　　　　11416
　　　　　　　De che qu'il est pris me seroit,
　　　　　　　Certes, molt bel, car orendroit
　　　　　　　Gifflés li preus et li vaillans,
　　　　　　　Qui laiens a esté quatre ans,　　　　　　　　11420
　　　　　　　Orra les noveles de nous,
　　　　　　　Si sera molt liez et joious.
　　　　　　　Molt par est preus li bouteilliers,
　　　　　　　Mais ç'avient bien que chevaliers　　　　　　11424
　　　　　　　Chiet a terre et qu'il est navrez;
18430　　　　Ja par moi n'ert de che blasmez."
　　　　　　　Mesire Brans de Lis redist:
　　　　　　　"Biax dols sire, se Diex m'aït,　　　　　　　11428
　　　　　　　Il ra abatu un des lor,
　　　　　　　Je ne sai gaires nul meillor;
　　　　　　　S'i a, estre les soldoiers,
　　　　　　　Plus de dis mile chevaliers."　　　　　　　　11432
　　　　　　　Ce dist mesire Brans de Lis,
　　　　　　　Mais il estoit un poi marris
D 228　　　　Del bouteillier qu'il ot blasmé
18440　　　　Por celui qu'il n'ot amené;　　　　　　　　　11436
　　　　　　　Se li est en son cuer avis
　　　　　　　Que il n'est por autre rien pris,
　　　　　　　Se por che non que il li dist.
　　　　　　　Lors vient al roi, si li requist　　　　　　　11440
　　　　　　　Par le grant amour qu'il li doit
　　　　　　　Que il la joste li otroit
　　　　　　　De l'endemain. Molt par li prie,
82e　　　　　Mais li rois ne l'otroie mie;　　　　　　　　11444

11405 *V* estuet　　　11410 *T* Mais ais le, *V* Mais anz le, *APM* Mes ainz le, *Q* Eincois lou, *U* Mais cil le; *D* man zoch im uz daz trunzel sin　　　11430 *V* ni sai　　　11437 *V* Si li　　　11439 *T* il le d., *VEMQ* il li d.; *D* daz er in sus gestrafet hat

Ains li respont que sa proiere
Ne feroit en nule maniere,
Se correchier ne l'en quidoit,
Par la grant foi que lui devoit. 11448
"Si m'aït Diex, biax dols amis,
Fait li rois, il m'est bien avis,
Se je vos avoie perdu,
18450 Trop me seroit mesavenu." 11452
—"Sire, ja nel devez quidier;
En ne doit pas mal senechier.
Ja se Dieu plaist ce n'avenra
Tant com vive, n'en doutez ja. 11456
Lïement le don m'otroiez,
Ainz que d'autres proiez soiez."
Et li rois a dit: "Vostre grez
Ert fais, quant ensi le volez." 11460
Lors vont au paveillon mengier,
18460 Mais n'i ot pas del bouteillier.

En la chambre demainement
Ou avoit esté longuement 11464
Li buens Gifflés li fix Doon,
La le menerent en prison.
Et Gifflés, quant il l'a veü,
Ne l'a mie mesconneü. 11468
Contre lui saut, si le baisa
Et puis aprés li demanda:
"Dites moi, li miens dols amis,
18470 En quel terre fustes vos pris?" 11472
Et Lucans li a lués conté
De chief en chief la verité,
Et con li rois a asegié
Le chastel, et fors sont logié. 11476
"Et dist que il ne s'en movra
D 229 Del siege tant qu'il vos avra."
Gifflés en a joie molt grant,
Puis li redist tot maintenant: 11480

11448 V que il li doit   11451 T perdi, VASLPEMQU perdu; D verlür ich üch uf dirre heide   11454 D nieman sol übel versehen sich
11456 V ne dotez   11478 V avant quil

"Sire Lucan, molt par desir
De vos noveles a oïr
Des meillors chevaliers del monde,
De cels de la Table Roonde;
Molt a lonc tans que je nes vi,
Ne que je parler n'en oï."
Et li bouteilliers li respont:
"Sire, par toz les sains del mont,
Cil est puis mors, et cil est pris,
Et cil et cist est sains et vis;
Es lieus as mors a puis venus
Bons chevaliers et esleüs."
—"Et Diex! come est amenuisie
La cors de la riche maisnie.
La moitié n'en connois je mie
De ceus qui ore sont en vie."
Et dist Lucans: "Sachiez de voir,
Molt vos desirrent a veoir;
Jamais joie en lor cuers n'aront
Jusqu'a l'eure qu'il vos aront."
A ces paroles aporterent
Le mengier cil qui l'apresterent,
Si laverent et si mengierent,
Et quant lius fu, si se colchierent.
A grant joie et a grant deduit
Passerent ensi cele nuit,
Mais molt lor ot corte duree,
Car la Pentecoste ert passee
Et fu aprés le Saint Jehan,
Qu'el sont plus cortes qu'en tot l'an.

A l'endemain fu li matins
Et li solaus si clers et fins,
Car molt par fist bel tans et cler.
Et quant il fu tans de lever,
Li rois qui fu au paveillon
Se leva et si compaignon.
La premiere chose qu'il firent,
A la chapele messe oïrent;
Puis fu li disners aprestez,

Car matin mengier est santez 11520
A cels qui ont feble cervel.
D 230 Disner orent molt riche et bel,
Si sont assis molt lieement
Et si mengierent vistement; 11524
Lardez orent de venoison
Qu'il en prenoient a foison.
Et lués que il furent disné,
83a Si ont li camberlenc armé 11528
Richement le seignor de Lis
18520 Sor un samit qui fu treslis,
Et li rois meïsmes sanz faille
Li a lachie la ventaille. 11532
Puis est montez, et l'escu prent
Et a son col molt bel le pent;
La lance ou ert ses gonfanons
A prise, et fiert des esperons 11536
Tot droit au pre que bien savoit.
De la porte del chastel voit
Grant oirre issir un chevalier.
18530 Desor un sor bauchant destrier 11540
Estoit armez trop cointement,
Et vient el pre delivrement
Ou mesire Bran de Lis fu.
Si tost come il se sont veü, 11544
Si poignent lués delivrement.
Bien le vos di veraiement,
Sor les escus si s'entrefierent
Que totes les lances froissierent, 11548
Et tant vinrent de grant vertu
Qu'el pre se sont entre abatu.
Mais n'i jurent pas longuement,
18539 Ains saillent sus molt vistement 11552
Et traient nues les espees
Dont il se donent grans colees
Amont sor les elmes luisans.
Toz li pires ert molt vaillans, 11556
Mais molt durement ert grevez
Cil del chastel qui ert navrez.

11557 V est g.

            Et Brans de Lis toz sains estoit
            Et delivres, sel requeroit;   11560
            Si durement le va hurter
            Que en nul liu nel lait ester.
            A force s'est ajenoilliez,
            Et ains qu'il se fust redreciez   11564
18549   Li a fait fianchier prison,
            Si l'en amaine au paveillon.
D 231   Le roi le done et il le prent,
            Puis l'en merchie bonement;   11568
            Puis fait lués faire une ramee
83b   De rains bele et encortinee.
            Dedens colchent le chevalier
            Qui de repos avoit mestier.   11572
            Et li rois et si compaignon
            Desarmerent el paveillon
            Le seignor de Lis lieement,
            Puis le fist vestir erranment   11576
            Et font grant joie tout le jor.
18560   Quant vint le soir a la froidor,
            Si sont alé esbanoier
            Desoz l'ombre d'un olivier.   11580
            Tout entor le roi sont assis
            Li vaillant chevalier de pris
            Por escouter chiax qui cornoient
            Molt durement et fresteloient.   11584
            N'ainc nus tel estrument ne fist
            Qui a gaite point convenist
            Qu'el chastel n'oïssiez soner
            Et molt grant joie demener.   11588
            Li rois en veilloit plus les nuis,
18570   Car molt li plaisoit li deduis
            Des bons gas que s'entredisoient
            Les gaites qui la nuit cornoient.   11592
            Lez le seignor de Lis seoit
            Kex qui les gaites escoutoit.
            Adont por rien ne se tenist,
            Por nule chose qu'avenist,   11596

11585 V nus cel e.   11586 V poinst c.   11591 V quil   11593 V
del lis   11595 V Adonc

Que il ne deïst son avis:
"Seignor, fait il, par Saint Denis,
Je quit la joste est oblïee,
Qu'encor ne fu anuit rovee. 11600
Li rois n'a compaignon ne per
Cui l'aie oï encor rover."
—"Il n'en ont ore nul besoig,
Ke, fait li rois, je la vos doing." 11604
—"Sire, fait Keus, par Saint Martin,
18580 J'amaisse mix a le matin
Une haste hochie en cras
Que je vostre joste ne faz. 11608
Ja ne vos en merchïerai,
Mais toutes voies le ferai,
D 232 Quant il vos plaist, sire, demain,
83c Foi que doi monseignor Gavain." 11612
Grant joie demainent et font
De ses dis cil qui iluec sont,
Et quant l'orent assez gabé
Au paveillon sont retorné; 11616
La nuit ont trespassee ensi.
Au matin quant fu esclarchi,
Ainçois que prime fust sonee,
18590 A li rois la messe escoutee. 11620
Et lués que il orent disné,
Si ont le seneschal armé.
Puis est montez, son escu prent
Et d'ax se part hastivement; 11624
Mais plus tost ne fu il es prez
C'uns chevaliers molt bien armés
Ist del chastel molt tost poignant
Et vient el pre tot maintenant. 11628
Sor les escus s'entreferirent
Si fort que a terre chaïrent,
Et molt vistement sus resaillent
Et as espees qui bien taillent 11632

11606-07 *D* mir möhte morne lieber sin ein brote beträifet mit speke wol
11614 *V* ci qui   11617 *T* eensi   11626 *V* Cuns grans c. toz armez;
D ein gros ritter wol bereit   11630 *V* Que andoi a t.; *D* sü beide fielent uf daz gras

Felenessement se requierent
Et parmi les hiaumes se fierent.
Li chevaliers ireement
Va Ke ferir, et il l'atent;
Et cil un grant cop l'a feru
Parmi la penne de l'escu.
Son cop estort, li brans brisa,
Et li chevaliers le hasta.
Si durement le va hurter
Que la bosne li fist passer
Que li quatre olivier tenoient
Qui au coron del pre estoient.
Lors aresta li chevaliers.
Enmi le pre ert ses destriers,
Et il vint la, si est montez.
Au cheval Ke en est alez
Et il le prist sanz contredit,
Si l'en mena, car bel le vit.
Kex est arriere repairiez;
Ne set pas que soit engigniez,
Ainz quide avoir trestot le pris,
Mais cil l'a assez mix conquis.
Au roi dïent si compaignon:
"Sire, por Dieu, et cor alon
Encontre Ke por lui gaber;
Trop le feroit bon desjogler."
Li rois l'otroie; encontre vont.
Trestoz premerains les semont.
Devant trestous en va li rois
Qui molt ert sages et cortois.
"Ke, fait il, venez vos de loing?
Avez vos dont eü besoing?"
Et Keus qui toz est aprestez
De mal dire s'est arestez,
Et dist: "Sire, laissiez me ester,
Ne me devez pas ramprosner.
J'ai un de chiaus dela vencu,
Mais il m'a mon cheval tolu.

11637 V Que molt grans cop li a f.   **11645** V Lors saresta   **11652** V quil soit ensaigniez   **11667** V laissieme ester

Li chans est miens, je l'ai conquis,
Et cil en va qui n'ot le pris." 11672
Chascuns se teut, qu'i[l] ne rist mie.
18640 "Sire, avez vos mestier d'aïe?"
Ce li dist Thors li fix Arés.
Li autre li ont dit aprés: 11676
"Seneschal, estes vos blechiez?"
—"Ce m'est avis que vos clochiez,"
Ce li dist mesire Gavains.
Adont li dist mesire Yvains: 11680
"Ke, cor me bailliez vostre escu;
Bien avez l'estor maintenu,
Merveilleus cops ferir vos vi.
18650 Bien l'avez fait, la Dieu merchi." 11684
L'escu li baille; et il le prent,
Par le guiche a son col le pent.
Chascuns le gabe a son pooir
Et il le set trestot de voir. 11688
Lors dist a monseignor Yvain:
"Sire, je vos doins a demain
Autant com j'ai hui gaaignié;
La joste et le champ vos doinz gié 11692
Por mon escu que vos portez.
18660 Bien faites quanques vos volez.
Certes je vos reservirai
83e D'autel mestier quant je porrai." 11696
Cil qui ce li oïrent dire
Ne se porent tenir de rire.
Einsi gabant l'en ont mené
Au paveillon et desarmé. 11700
D 234 Et li sires de Lis li dit:
"Biax sire Keus, se Diex m'aït,
Vos passastes trestoz premiers
18670 Les bones des quatre oliviers; 11704
Et celui qui en ist avant
Claiment, ce m'est vis, recreant."
Kex li respont: "Ce puet bien estre,
Foi que je doi au roi celestre. 11708
Sire, se vos savez l'entree

11675 V tors   11720 T dusque a

Et l'issue, autretant m'agree.
Ensi va; li un enterront
D'une part, et li autre istront." 11712

A TANT sonerent el chastel
Es mostiers par trestot isnel
Un glas si bel et si tres grant
18680 C'on n'i oïst pas Dieu tonant. 11716
Li rois enquist et demanda
Por coi li glas si grans sona,
Et li sires de Lis li dist:
"Jel vos dirai dusqu'a petit. 11720
Biax sire, il est hui semmedis;
Ja puis que passe mïedis
Ne fera nus, je vos di bien,
La dedens nule oevre por rien, 11724
Ainz i est molt bien celebree
18690 La mere Dieu et honoree
Plus qu'en toute crestïenté;
Ce sachiez bien par verité. 11728
Ja verrez aler as mostiers
Les dames et les chevaliers
Et les borgois et l'autre gent,
Appareilliez trop richement. 11732
Tot vont les vespres escouter
Por la haute dame honorer.
Et ensi tot le semedi
18700 Dusques a tierche le lundi, 11736
Que par le chastel sont sonees
83f Toutes les messes et chantees.
Adont comencent lor labour
Li menestrel tot li pluisor; 11740
Si vos di bien, sanz nule faille,
Que devant la n'arez bataille;
Se porrez demain, s'il vos plest,
Aler chacier en la forest." 11744
Li rois loe ce durement.
La nuit sejorne[nt] lieement

11738 V chantes   11746 TV sejorne, E sejornent, MQ mengierent; D die naht blibent sü mit fröiden do   11754 V chacoient

D 235	Dusqu'al matin que se leverent	
18710	Et tot ensamble al bos alerent;	11748
	Et si cornerent toute jor	
	Par le forest li veneor.	
	Mesire Gavains esgarda	
	Aprés deus chiens que sivi a,	11752
	Qui un grant cerf parti avoient	
	Des autres et si le sivoient.	
	Il a tant corut aprés li	
	Qu'en une lande l'enbati.	11756
	Iluec l'atainst, si l'acora;	
	As chiens la coree dona,	
	Mais n'en valt avec lui porter	
18720	Fors les costez et l'eschiner.	11760
	Li chien se sont mis devant lui,	
	A joie s'en vont sanz anui;	
	Et a che qu'il en va ensi,	
	A assez pres de lui oï	11764
	Un ostoir crïer durement.	
	Tout droit au cri que il entent	
	S'en est alez grant aleüre.	
	Parmi une grant sente obscure	11768
	A tant isnelement erré	
	Qu'il vint a une fermeté,	
	La plus bele c'ainc mais trovast	
	En nule terre ou il alast.	11772
	En une lande estoit assise	
	Si bel, n'a sohait n'a devise	
	Ne peüst plus bele trover	
	En liu ou il peüst aler.	11776
	Laiens avoit sale et fort tor,	
	Et se fu close tot entor	
84a	La fertés de molt bon palis,	
	S'avoit bon pont fort torneïs	11780
	Sor le fossé qui molt ert grans	
	Et toz plains d'iaue sorondans.	

11755 V apres lui   11756 V senbati   11757 V si lescorcha
11759-60 D mit im fuorte nüt me der man, wande siten und dieher dan
11769 V tant chevalcie et e.   11773 T Enmi le lande, VEMQ En une l.;
D also in welden, als ez waz   11779 V dun molt   11782 V Et
plains daigue sorondoians

Au chief del pont un pint avoit,
Et desoz le pint se seoit 11784
Sor un tapi uns chevaliers,
Mais ainc ausi grans n'ausi fiers
N'iert mais ne trovez ne veüs.
Mesire Gavains est venus 11788
Tot droit a lui a l'ains qu'il puet,
Et cil tant ne quant ne se muet,
Ains fu toz enbrons et pensa.

D 236   De sa grandor se merveilla 11792
18740   Mesire Gavains quant le vit.
Cortoisement et bel li dist:
"Sire chevaliers, Diex vos saut."
Cil ne respont ne bas ne haut; 11796
Tant par est pensius et plains d'ire
C'onques ne li valt noient dire.
Le tierche fois le salua,
18750   Et cil nul mot ne li sona. 11800
Lors se met devant lui tot droit,
Mais cil ne l'ot ne ne le voit.
"Ha, Diex! fait mesire Gavains,
Qui formas home de tes mains, 11804
Por coi fu cis formez si biaus
Quant il est et sors et muiaus?
Or est si bien fais et si grans,
Il est ausi grans c'uns gaians. 11808
Certes, se compaignie eüsse,
18760   Je l'en mennaisse se peüsse;
Et ne finaisse dusqu'al roi,
Qui m'en seüst bon gre, ce croi. 11812
A merveilles fust esgardez."
Adont s'est Gavains porpensez
Qu'ensamble od lui l'en portera
Sor son cheval, et descendra 11816
Tot maintenant que plus ne dist.
Sa venoison soz l'arbre mist,
Et avant sor l'archon se pent;

11792 V sesmerveilla 11807 V Si est 11808 V Il nest pas menres de gaians; *D* er ist wol risen genos 11811 V Ja ne f. 11814 V Adont est 11822 V Se li m.

Chastel Orguelleus (IV, 12)

	Celui par les espaulles prent,	11820
84b	Si l'a un petit sozlevé,	
18770	Si li met la main al costé.	
	Cil salt en piez molt vistement	
	Et li a dit par hardement:	11824
	"Qu'avez fait? A poi ne vos tu	
	De mon poing quant m'avez tolu	
	Le mort. Se j'eüsse m'espee,	
	Ja fust de vos ensanglentee.	11828
	De chi vos lo molt tost fuïr,	
	Vassal, si me laissiez morir."	
	Atant se rest soz l'arbre assis,	
18780	Si refu autretant pensis	11832
	Come il ert quant il le trova.	
	Sa venoison lués retroussa	
	Mesire Gavains, si s'en torne;	
D 237	Molt le laisse pensiu et morne.	11836
	N'a pas demie liue alé	
	Quant devant lui a encontré	
	A cheval une damoisele	
	Qui molt estoit cortoise et bele,	11840
	Sor un grant palefroi norois,	
18790	N'ot plus bel onques quens ne rois.	
	Son lorain ne sa coverture,	
	Son poitral ne sa vesteüre	11844
	Ne peüst nus hom achater.	
	Ne me loist pas a deviser	
	Come ele ert richement vestue;	
	Sa roube estoit a or batue.	11848
	En sa main tint une corgie	
	Qui molt fu bien appareillie.	
	Les boutons avoient fait Mor,	
	De fine soie a pendans d'or;	11852
	Le palefroi en fiert sovent.	
18800	La damoisele isnelement	
	Lez monseignor Gavain passa,	
	C'onques un mot ne li sona.	11856

11831 *TM* sor larbre, *VEQ* soz larbre, *AP* a terre; *D* er lag nider uf daz graz
11832 *V* Se refu   11836 *V* laissa pensif   11856 *V* Que onques mot
11861 *V* point   11863 *V* vaut

Li palefrois si tost aloit
Que molt grant merveille en avoit
Mesire Gavains. Et quant voit
Que ele a lui ne parleroit, 11860
Si poinst aprés et si li dist:
"Estez, damoisele, un petit."
Cele ne velt a lui parler,
Ains se haste de tost aler. 11864
Mesire Gavains s'acosta
Pres de li, si li demanda:
"Ha, damoisele, estez, estez;
Si me dites ou vos alez." 11868
Ele respont au chevalier:
"Sire, por Dieu, je vos requier
Que vos ne me delaiez pas;
Car jou ai mort, n'est mie gas, 11872
Ains le vos di par verité,
De toute le crestïenté
Et le meillor et le plus bel
Qui fust onques en nul chastel." 11876
—"Coment? fait mesire Gavains,
Avés le vos mort a vos mains?"
—"Je non, sire, se Diex m'ament,
Ainz li oi des hier en covent 11880
Qu'a lui seroie ainz mïedi;
De covenent li ai failli.
El monde n'avoit nul meillor,
Si m'atendoit a une tor 11884
Cha devant li miens dols amis."
—"Certes, damoisele, il est vis,
Por voir le vos tesmoing et di;
A por un poi ne me feri 11888
N'a encor gaires de son poing.
Or n'alés pas a tel besoing,"
Ce li dist mesire Gavains.
—"Biax sire, estes vos ent certains?" 11892
—"Oïl, mais mus ert et pensis."
—"Puet c'estre voirs? Il n'est pas vis,

11868 *V* Se me ime komen   11881 *V* seroie a m.; *D* daz ich solte vor mittage zu   11888 *V* Et por

Ce sachiez, sire chevalier.
Or n'i a point de l'atargier."   11896
Le palefroi fiert maintenant
Et il en va molt tost amblant.
Mesire Gavains l'esgarda,
18840 Mais a merveille li pesa   11900
Qu'il ne li avoit demandé
Del chevalier la verité;
Ne de li de quel terre estoit,
Ne come a non, ne dont venoit,   11904
84d N'en set comencement ne fin.
Lors se remet en son chemin
Tant qu'il revint au paveillon
18850 Ou estoient si compaignon,   11908
Qui por lui tot dolant estoient,
Mais or sont lié quant il le voient.
Et il, lués qu'il les vit, lor dit
S'aventure si com le vit,   11912
Tout ensi com trovee l'ot.
Et quant li sires de Lis l'ot,
Si dist au roi: "Cil chevaliers,
18860 Sire, est li Riches Soldoiers,   11916
Qui maintient la riche mesnie
Qui tant est preus et seignorie.
Cele damoisele tant aime
Que dame et pucele le claime,   11920
Si dïent tout que il morra
Por la pucele, s'il ne l'a."
A che qu'il aloient parlant,
D 239 Voient une porriere grant   11924
Par devers la forest lever,
18870 Et si tres grant gent trespasser
Que plus en i a de vint mile.
Il ne remest ame en la vile,   11928
Qui d'aler eüst poësté,
N'alast encontre de son gre
Vers la forest. Pres fu de nuit

11898 V il len porte t.   11907 V il vint a un p.   11910 V Molt
par sont   11911 V dist   11916 V saldoier   11919 V Qui cele
d. (+1)   11921 V Se d.   11923 V En ce

	Ainz qu'il fuissent ens entré tuit.	11932
	Et lors a li rois demandé	
	Qu'il li die la verité,	
	Quel part totes ces gens iront.	
18880	Et li sires de Lis respont:	11936
	"Sire, il vont contre lor seignor,	
	Si li feront ja grant honor,	
	Car ainc a nul jor de sa vie	
	Ne pot mais amener s'amie,	11940
	Ne n'en ot aise ne pooir.	
	Sire rois, jel vos di por voir	
	Que chascuns de ses soldoiers	
	Fera trois noviax chevaliers	11944
	Sanz nule faille encor encui	
	Por joie et por honor de lui,	
84e	Qu'ensi li plaist, et dit lor a	
18890	Que molt bon gre lor en sara."	11948
	Que vos iroie plus contant?	
	Une joie ot la nuit si grant,	
	Et tel luminaire de chire	
	Ou chastel que nel vos puis dire,	11952
	Es hautes tors et es soliers,	
	Sor murs, sor arbres es vergiers,	
	Que li chastiax qui molt fu grans	
18900	Sambloit que il fust toz ardans.	11956
	S'oïssiez chanter toute nuit	
	Laiens et demener grant bruit.	

Atant s'ala couchier li rois;
Et au matin tot demanois   11960
Mesire Yvains li desraisna
Por le don que Keus li dona,
La joste, c'ainc tort ne l'en fist
Li rois, n'ainc ne le contredist.   11964

11932 V que f.   11934 V Que li   11938 V Se li   11940 T Ne puet m., V Nen pot il m. mener, EMQ Ne pot; D wan er mochte ine mer sin liep bringen uf diese burg e   11942 V je vos   11945 V Sans faille encore encui (−2)   11947 V lor plaist   11952 V ne vos   11953 V El chastel es murs es s.; D uf turnen und uf louben man kos   11954 V Sor tors sor a.; D uf muren und uf boumen in garten schein   11956 V il toz (−1)   11961 TV qui desraisna; D und mante in umbe die gabe sin

Chastel Orguelleus (IV, 13)

	Si tost come il orent disné,	
	Si ont lor compaignon armé	
	Molt tres bel et molt cointement.	
18911	Puis est montez isnelement	11968
	Et prent son escu et sa lance;	
	Ne valt plus faire demorance.	
D 240	Uns autres revint du chastel,	
	Sor un destrier fort et isnel,	11972
	Molt bien armez. Le cheval point,	
	Vers monseignor Yvain se joint.	
	Sa lance brise, je vos di,	
18920	Et mesire Yvains le feri	11976
	Si qu'enmi le pre le porta	
	Tant com la lance li dura.	
	Puis li cort sus au brant d'acier	
	Et au pis devant du destrier.	11980
	En che que cil se valt lever,	
	Le refait a terre voler	
	Et le foule si durement	
	Que cil, ou weille ou non, se rent.	11984
	Lors il fait prison fianchier,	
18930	Et si l'an maine sanz noisier	
	Au paveillon, et si le rent	
	Au roi son seignor erranment.	11988
84f	Tels fu li gaains de cel jor.	
	Et savez quels fu cil des lors?	
	Ce fu des noviax chevaliers,	
	N'ert pas des riches soldoiers.	11992
	Et quant il l'orent desarmé,	
	Li rois, voiant tot son barné,	
	L'apele et li dist: "Biax amis,	
18940	Dont estes vos? de quel païs?"	11996
	—"Sire, fait il, d'Yslande sui,	
	Fix al conte Brangeli fui.	
	Sire, par verté le vos di,	

11963 V ne le f.   11985 V li a fait p. tenir   11986 V sanz mentir
11987 V Et vint al roi al paveillon; D zume gezelt und gap in   11988 V
Si li a rendu son prison; D sime herren kunic Artuse dar   11991-92 D
waz der nuwen ritter ein und waz dez richen Soldeners gesindes nicht
11994 V Se vint li rois a son b.   11995 V Se li a dit biax dols a.
11997 V dirlande; D von Irlant, herre, bin ich Wis

	Toz jors ai por armes servi	12000
	L'amie al Riche Soldoier.	
	Devant li me faisoit trenchier,	
	Et me sire por soie amour	
	Me fist ier chevalier el jor.	12004
	Por mon service me dona	
18950	La joste, n'en mentirai ja,	
	Mais por rien ne le m'otroiast,	
	Se ma dame ne l'en prïast,	12008
	Car maint preudome laiens a	
	Cui molt durement en pesa."	
	—"Amis, dist mesire Gavains,	
	Dites moi, se estes certains,	12012
	Li quels le doit demain avoir."	
	—"Sire, [je] le doi bien savoir.	
	Sachiez, li Riches Soldoiers	
18960	Venra demain el champ premiers,	12016
D 241	Et se vos dirai bien coment.	
	Laiens a establissement	
	Qu'al matin montent les puceles	
	Sor les murs, et les damoiseles.	12020
	Cele qui voit venir armé	
	Le chevalier parmi le pre,	
	Lors estuet son ami armer	
	Et puis sor son cheval monter.	12024
18970	Ma dame totes les manda	
	Ersoir, et puis lor devisa	
	Qu'eles le laisse[sse]nt monter	
	Laiens as murs por esgarder.	12028
	Et il porra bien estre ensi	
	De la joste que je vos di."	
85a	Atant est levez en estant	
	Mesire Gavains maintenant	12032
	Et vint al roi, si li requist	
	La joste, mais il l'escondist.	
	Et dist li rois: "Biax niex Gavain,	
	Vos ne l'arez mie demain.	12036
	Od moi qui irai daerrains	

12017 V Et si vos dirai coment (−1)   12025 V La dame; D nach in allen sante min frouwe nechtin   12032 V g. tot avant

Irez, si l'arés premerains
Aprés trestoz nos compaignons."
—"Sire, quant je m'en sui semons, 12040
Estrange honte me seroit.
Ja puis Diex joie ne m'otroit,
Quant ceste me sera veee,
Se jamais en ceste contree 12044
Fai joste, ançois m'en irai sols."
18990 Fait li rois: "Ançois l'arez vos."
Et il respont: "Vostre merchi."

La nuit reposerent ensi, 12048
Et l'endemain a l'ajornee
Parut sor l'erbe la rousee.
Lors leva mesire Gavains
Et avec lui mesire Yvains. 12052
Savez quels estoit cil matins?
Si biax et si clers et si fins
Com s'il fust fais por aoerer.
19000 A la rousee ala laver 12056
Son vis et ses piez et ses mains
Cil qui n'estoit mie vilains;
Puis en vienent al paveillon.
Un riche porpoint de colton, 12060
De porpre et de samit bendé,
Li ont devant lui aporté,
D 242 Et il maintenant le vesti.
En aprés ses mances cousi 12064
Entor ses bras molt belement
Et bien et acesmeement.
Ains que il soit toz atornez,
19010 Est li rois ses oncles levez. 12068
Au mostier vont, et quant fu dite
La messe de Saint Esperite,
Au paveillon sont retorné.
Et quant il se furent disné, 12072
85b Si fist ses armes aporter

12040 V me sui   12042 V Ja dex puis joste ne   12043 V vee
12053-55 D der tac schein durch die susze bluet   12055 V aorer
12062 TV Li a d., EMQ Li ont d., AS Et lan li a tost a.; D ein riche wameiz brachte man ime dar   12064-66 D und breiz sin arme harte schon

Tout maintenant por lui armer.
Et mesire Gavains s'asist
Sor un tapi que on li mist 12076
Sor l'erbe enmi le paveillon
19020 Qui molt est de riche façon.
Bien vos puis dire et affichier
Qu'el paveillon n'ot chevalier 12080
Ne soit en estant desfublez
Devant lui tant qu'il soit armez
De toutes armes par loisir,
Si com covient por assalir 12084
Autrui et por son cors desfendre,
Si qu'il n'i ot que entreprendre.
Ses chevax li est amenez
Et il i est molt tost montez; 12088
D'un chier pale estoit toz covers.
Sus sist, et fu ausi apers
Que de nul cors de chevalier
Plus gent jamais parler ne quier. 12092
19045 Escalibor, sa bone espee,
Li a li rois Artus donee;
Desor son cheval li a chaint
Lasquement, que point ne l'estraint. 12096
Son escu et sa lance prent,
D'aus se depart isnelement,
S'en vint el pre grant aleüre,
Ce dist et conte l'aventure. 12100
N'i ot pas esté longuement,
Qu'el chastel sona clerement
Uns cor[s] enson le maistre tor,
Si que la terre tout entor 12104
Fremist une liue environ;
19060 Si dona li cors grant reson.
Et mesire Brans de Lis dist
Au roi: "Sire, dusqu'a petit 12108

12072-86 *D* Gawin wappende sich do, manic ritter half ime yso bereiten schone und weidenlich, als ein guot ritter sol sich, der vechten umb den lip getar   **12072** *V* Et ainz quil se fuissent digne   **12075** *T* se sist, *VASLPMQU* sasist, *E* sest asis   **12082** *V* que soit   **12084** *V* c. a asalir   **12087** *V* li fu a.   **12092-96** *D* om.   **12095** *V* Desus   **12099** *V* Se vient   **12100-01** *D* inv.

Verrez le Riche Soldoier
Venir armé sor le destrier.
Ja icil cors ne sonera
Dusqu'adont que il s'armera. 12112
Je sai bien au son qui fu lons
Que il chauce ses esperons."
85c Puis a le secont mot soné,
19070 Et il lor a dit et conté: 12116
"Par ma foi, ore a il chauchies
Ses chauces de fer et lachies."
Lors fu sanz soner longuement,
Puis resone si hautement 12120
Que toz li chastiax en bondist.
Et li sire de Lis lor dist:
"Rois, ore a son hauberc vestu
Li Soldoiers, ce saches tu, 12124
D 243 Et lacié son elme luisant."
Lors resone tot maintenant.
"Biax sire rois, ore est montez,
Si n'iert hui mais li cors sonés." 12128
Einsi lor a dit et conté
Li bons chevaliers la verté.
La vile fu molt estormie.
Cil qui en ot la seignorie 12132
S'en vient contreval fierement,
19090 Et aprés lui tant de se gent
Que bien les oïrent movoir
Cil del paveillon sanz veoir. 12136
Dusqu'a la porte le convoient,
Et cil s'en ist, no gent le voient,
Covert d'un riche sciglaton
Trestot desci a l'esperon, 12140
Le riche gonfanon destors;
Si s'en ist molt fierement hors.
Lors veïssiez as murs monter
19100 Si grant puile por esgarder 12144
Le bataille des deus vassax

12113 *T* quil fu, *VASPEMQU* qui fu, *L* qui est; *D* wenne man so lange bloset daz horn   12114 *V* les e.   12133 *V* vint   12142 *V* Sen issi m.
12144 *V* Tot le puile   12146 *V* mur et les p.

> Que tot li mur dusqu'as portaus
> Estoient covert environ;
> Ce n'estoit se merveille non. 12148
> Cil vint el pre molt fierement
> Ou mesire Gavains l'atent.
> Quant il le voit, s'a l'escu pris,
> A l'encontre s'est ademis. 12152
> Lors ont les lances alongies
> Et les enarmes empoignies,
> Et traient avant les blasons
> Et puis fierent des esperons 12156
85d
> Les chevax por plus tost aler.
> Il ne falent pas al joster,
19109
> Car sor les escus se ferirent
> Si fort que por poi ne chaïrent 12160
> Des chevax, des cors, des escus,
> Qu'ambedoi caient estendus,
> Weillent ou non, enmi le pre.
> Li cheval sont sor ax versé, 12164
> Mais cil sont plain de hardement,
> Si salent sus molt vistement
> Et les espees traites ont
> Et molt fierement s'entrevont. 12168
19121
> La veïssiez dure mellee;
D 244
> De mainte gent fu esgardee.
> Par molt grant ire s'entredonent
> Si tres grans cops que tot s'estonent. 12172
> Li rois a de Gavain paor;
> Cil del chastel de lor seignor
> Refont a Dieu mainte proiere
> Que sains et saus reviegne arriere. 12176
> Et cil ne s'entr'espargnent mie;
> Chascuns a l'espee forbie
> A si li uns l'autre feru
> Qu'il perdent molt de lor vertu. 12180
> Car bien sachiez qu'a icel jor

12164 V cheval sont sont sor (+1)   12175 V Refont entreus m.; D baten umb in irn herren got   12177-79 D die zwene mit slegen sumeten sich nicht, mit den swerten ungespart slugen uf die helme hart
12178 VEMQ A lespee trenchant f.   12179 V A li uns si lautre f.
12180 V p. auques lor

Fist une si tres grant chalor
Que ainc puis cele eure en avant
Ne fist greignor ne ausi grant.
Si les agrieve la chalor
Qu'il perdent auques lor valour.
Hardemens et force doubloit
Toz jors puis que none sonoit,
Ce sachiez, monseignor Gavain;
Tot en devez estre certain.
Dusqu'a le nuit que jors faloit
Icele force li duroit.
Et de mïenuit en avant
Li redoubloit tot autretant
Et li duroit dusqu'al matin,
Et puis li tornoit a declin
Tant que venoit a mïedi.
Par verté, seignor, le vos di
Qu'il se combatirent es prez
A icel jor que vos oëz,
Et ce li ot molt bon mestier
Et nuist molt al bon Soldoier.
N'ont l'uns vers l'autre rien conquis
Dusque passa toz mïedis.
Se li uns fiert grans cops sovent,
Li autres refiert durement
Par grant ire, par grant vigour.
On n'en set choisir le meillor.
Trestot cil qui les esgardoient
Molt tres grant merveille en avoient
Qu'il n'erent mort ou recreü.
Por la chalor qui si grans fu
Est recreüs trestoz premiers,
Ce m'est avis, li Soldoiers,
Car ne peut le grant chaut soffrir.

12183 *T* Car ainc p., *V* Orains p., *E* Quainz puis celle eure ne devant, *MQ* Que puis (*Q* ainz) cele heure en (*Q* nan) avant, *AS* Que puis icel jor ne devant, *LP* Cainc (*P* Ains) puis cel terme ne avant; *D* daz ez ny heiszer wart   12186 *V* Que p.   12189 *V* Sachiez a m.   12199-12200 *D om.*   12202 *V* b. chevalier; *D* und waz dem richen Soldener ein unheil   12204 *V* p. deus m.   12208 *V* None set   12211 *V* mort ne r.   12212 *TV* que si, *MQ* qui si; *D* von der hitze wegen

	Por poi ne le covint chaïr,	12216
D 245	Car une soif si grans li prist.	
	Et mesire Gavains que fist?	
	Quant le sent las, si le hasta,	
	Et li Soldoiers chancela.	12220
	Lors li cort sus, si l'a hurté	
	C'ambedui sont cheü el pre;	
	Mais li niez al roi vistement	
19180	Sali en piez delivrement	12224
	Et dist: "Vassal, rendez vos pris	
	Ainçois que chi soiez ocis."	
	Mais cil par est si estordis	
	Qu'il ne deïst mot por Paris.	12228
	Quant ot s'alaine et il parla,	
	Si a dit: "Diex! qui m'ocirra?	
	Puis que cele est morte et fenie,	
	Si ne me chaut mais de ma vie."	12232
	Molt s'esmerveille que velt dire.	
19190	Mesire Gavains lors le tyre	
	Par le nazel, et quant il vit	
	Qu'il ne parleroit, si li dit:	12236
	"Sire chevaliers, rendez vous."	
	Cil dist: "Ele est morte a estrous,	
	Si n'avoit el siecle meillor;	
	Trop l'amoie de grant amour."	12240
85f	Quant mesire Gavains entent	
	Qu'il ne respondra autrement	
	A ce dont il l'araisona,	
	Les las del hiaume li trencha.	12244
	Et cil tot adés clos tenoit	
19200	Les oex, que toz pasmés estoit.	
	Du grant soif et de la chalor	
	Ot si perdue le coulour	12248
	Qu'il se gisoit toz espamis.	

12214 *V* li chevaliers; *D* der riche Soldener an der frist   12215 *V* ne puet; *TV* grant cop, *MQ* grant chaut, *LPE* grant calor; *D* er enmochte der slege nit liden me   12216 *V* morir; *D* daz er nach tot waz an der vart   12217 *V* uns sois si tres g.   12232 *V* Se ne   12233 *V* se merveille   12234 *V* lues le   12236 *V* dist   12238 *TVQ* dist mors estes a, *LPEU* dist ele est morte a, *M* dist mort est tot a, *AS* respont morte est a; *D* sie ist tot sprach jener die richt

Mesire Gavains est marris
Quant il nel pot faire parler
Ne por ferir ne por bouter.
Ne ocirre ne le velt mie
Ne laissier par recreandie,
Ains s'apense que s'il l'ocist
Tout a perdu sanz contredit.
Et s'il reva au paveillon
Por querre aiue a son prison
Porter, et quant arrier venra
Il set bien pas nel trovera;
Alez s'en seroit ou fuïs.
Molt durement fu esbahis.
Lors li a son chief desarmé
Et s'est assis lez lui el pre.
Escalibor en sauf a mise
Et l'espee celui a prise.
Et quant revint et veü l'a
Joste lui, si li demanda
Son non, et il lués li a dit
Tout erranment sanz contredit.
Et quant il ot que c'est Gavains,
Si a dit: "Sire, or sui certains
Que vos estes de tot le mont
Li mieldres de chiax qui i sont."
Atant se teut, que ne parla.
Mesire Gavains l'esgarda
Et li a dit: "Biax dols chiers sire,
Ja de rien que vos m'oëz dire
Ne vos devez a moi marir,
Mais se od moi volez venir
A cel paveillon dusqu'al roi,
Il vos querra bien vostre foi."
Lors li respont: "J'ai une amie
Certes que j'aim plus que ma vie;
Et s'ele est morte, je morrai
Si tost com je dire l'orrai.

12246 V qui toz   12250 V M. g. esmaris   12251 V Fu qnt (*sic*) nel pot
12253 V volt   12255 V se pense   12258 D waszer holn zu laben in
12259 V Porter quant arriere v.   12265 D sin swert stiez er in wider

Si vos requier par gentilisse,
Por Dieu, por amour, par franchise, 12288
M'amie me rendez sanz mort.
Par tel covent n'a droit n'a tort
Ne seront jamais contre vos
Nus hom del Chastel Orgueillous. 12292
Se vos volez faire, biax sire,
Por moi ce que vos m'oëz dire,
Je vos fiancerai par foi
19250 A faire tout le gre le roi, 12296
Si n'ara laiens soldoier
A cui je nel face otroier.
Mais se m'amie le savoit,
Si m'aït Diex, tantost morroit, 12300
Qu'en nule fin ne volroit croire
D 247 Qu'outré m'eüssiez, c'est la voire.
Por Dieu et por vostre franchise
Vos weil proier d'un grant servise: 12304
Que laiens en la maistre tour
19260 Venez, si me ferez honor.
Iluec vos ajenoillerez
Devant m'amie et vos rend[r]ez 12308
Ilueq endroit en sa prison;
Ceste parole li faindron.
Et li dites que vos ai pris
A force et en cest champ conquis, 12312
Si me rendrez toute ma vie
Et ma tres dolce chiere amie.
Et se nel volez faire ensi,
19270 Por Dieu, si m'ocïez ichi." 12316
Au franc chevalier ramembra
Del pensé ou il le trova
Quant la damoisele i aloit,
Com li conta que mors estoit 12320
En la forest dalez la tour.

12275 *V* teut plus ne   12287 *V* Se vos   12288 *V* por franchise
12294 *V* morrez d.   12298 *V* Que je nel face fiancier   12309 *V* Et vos metrez en   12310 *T* fraindron, *VASLEMQU* faindron; *D* sus söllent wir sü betriegen also   12312 *V* et ens el champ   12316 *V* se mociez   12319 *V* damoise i (−1)   12321 *V* f. devant la; *D* in dem walde under einre tannen er lag

Et set que de si grant amour
Aime s'amie qu'il morroit
Assez tost qui le honiroit, 12324
S'a en soi meïsme pensé
Que trop seroit grant crualté
D'un si buen chevalier ocirre.
Lors li a respondu: "Biax sire, 12328
Certes g'irai laiens od vos
Dedens le Chastel Orgueillous,
Si m'en rendrai en la prison;
Ja nel lairai por sozpechon. 12332
Vos m'i porriez trop bien honir,
Mais se g'i devoie morir,
Ne vos ne vostre amie, sire,
N'arez por ce ne doel ne ire." 12336
Li chevaliers dist franchement:
"Sire, vostres sui ligement
A trestoz les jors de ma vie."
Puis tent la main, si li affie 12340
Qu'il fera le plaisir le roi.
Quant il en a prise le foi,
Tot maintenant andoi monterent
Sor les chevax, si s'en tornerent; 12344
Laiens lués el chastel en vont.

A poi li rois d'ire ne font
Quant son neveu en voit aler,
Et dist: "Bien devroie desver 12348
Quant laiens est mes niez menez.
Ore i sera emprisonez.
Seignor, ce qu'est? Est il dont pris?"
—"Par foi, oïl; ce m'est avis. 12352
Mais estrange merveille avons
De lui, car tot por voir savons
Que il avoit celui conquis
Et tot a force soz lui mis. 12356
Ainc mais si grans mesaventure

12326 V feroit   12331 V me rendrai   12332 V Si ne lairai
12333 V porrez   12340 V sa m.   12344 V Sor lor c. puis sen t.
12351 V S. quest ce est il d.   12359 V que se   12361 V Ne le p.

N'avint a nule creature,
Car ains qu'il se fust relevez
Desimes nous qu'il ert outrez."
Ne les puet plus oïr li rois,
Ainz se couche en son lit manois.
Ore a assez a doloser,
Si com li rois quide penser.
Cil del chastel a lor seignor
Corent a joie et a baudor,
Avoir le cuidoient perdut.
A s'amie sont acorut,
Qui d'ire et de doel forsenoit,
Si li dïent que il venoit,
Et si amaine par le frain
Pris por voir monseignor Gavain.
A ces paroles sont venu
Devant la porte et descendu.
Mesire Gavains erranment
A la damoisele se rent
Et dist: "Dame, tenez m'espee,
Et sachiez de verté provee
Qu'oltré m'a d'armes et conquis
Li bons chevaliers, vos amis."
Ainc si grant joie ne veïstes,
Puis cele eure que vos nasquistes,
Come la damoisele fist.
Et li chevaliers li redist:
"A un mien chastel de Boviers
Irez, od vos cent chevaliers,
Car ilueques weil sejorner.
Faites les chambres atorner,
Je i serai demain od vos,
Si n'ara pas grant gent od nous.
Molt ai esté hui traveilliez,
Por Dieu, si ne vos merveilliez."
Ele respont: "Bien avez dit;
Li chastiax est de grant delit."

12366 V Cuerent a force et a b. 12367 V Quil le quident avoir perdu
12370 V Et li 12372 V Tot por 12385 V boniers; D uf mine burg
von Bufiers 12390 V Si nira

	Atant la pucele ont montee	
	Et si l'ont el chastel menee.	12396
	Savez por coi l'i fist mener?	
19350	Por che qu'ele n'oïst parler	
	De che qu'il estoit si menez.	
	Et quant il s'en fu delivrez,	12400
	Si fu par le chastel seü	
	Si come il li fu avenu.	
	Et il comande a desliier	
	Le fil Do et le bouteillier,	12404
	Et on si fist puis qu'il l'ot dit.	
	Quant mesire Gavains les vit,	
	Vers Gifflet tot corant en va	
19360	Et plus de cent fois le baisa.	12408
86d	Merveilleuse joie li fist,	
	Dalez lui sor le banc l'assist,	
	Iluec ont a conseil parlé.	
	Et quant il furent desarmé,	12412
	Li doi qui se sont combatu,	
	Et li autre qui sont venu,	
	Molt bones reubes ont vestues,	
	Ainc teles ne furent veües,	12416
	De riches dras imperïaus.	
	Puis fait venir quatre chevax	
	Li Soldoiers, et si monterent;	
19370	Parmi les rues en alerent.	12420
	Einsi s'en vont al paveillon,	
	Que il n'i a s'als quatre non.	
	Tout cil del paveillon les virent	
	Si tost que de la porte issirent.	12424
	"Par foi, j'en voi quatre venir,	
	Fait mesire Yvains, sans mentir;	
	Et tout quatre sont chevalier,	
	Si m'aït Diex, al mien quidier."	12428
	Kex respont: "Ausi les voi gié."	
19380	Et il se sont tant aprochié	

12398 *T* ele volsist, *VASEMQ* ele noist; *D* daz sü eht nüt würde gewar   12400 *V* Et lues que se fu d.   12401 *V* Se fu   12404 *V* bouteillier Par samblant pas ne les oi (*cf. 12440*)   12406 *V* le vit; *D* do sü her Gawan ersach   12410 *V* sor un b.   12423-24 *V inv.*   12423 *V* des paveillons   12424 *V* tost com de

Del paveillon c'on les conut.
Mesire Yvains al roi corut 12432
Et molt lieement li a dit:
"Sire, se Damediex m'aït,
Vez ichi monseignor Gavain.
Tot quatre vienent main a main, 12436
Li fix Do et li bouteilliers
Et uns autres grans chevaliers."

D 250
19390
Li rois un mot ne respondi;
Par samblant pas ne les oï 12440
N'onques du lit ne se leva,
Fors que plus belement esta
Un poi qu'il ne faisoit devant.
A ses chevaliers dist itant: 12444
"Ne vos contenez mortement,
Mais soiez al plus belement
Que vos poëz onques ester.
Cist nos vienent dire et conter, 12448
Al mien quidier, que nos alon

19400
86e
Laiens avec als en prison.
Mais de chi ne me partirai
Devant qu'essaiez me serai, 12452
Ou mes compaignons arai quites."
Chascuns respont: "Sire, bien dites."
Mais li quatre ont tant chevalchié
Que il sont descendu a pié 12456
Et devant le roi sont venu.
Tels joie mais ne fu veü
Come a Gifflet a fait li rois
Qui tant estoit devant destrois, 12460
Mais ore a en son cuer grant joie.

19410
Et por coi vos en mentiroie?
Li Saldoiers li raconta
Com mesire Gavains l'outra, 12464
Et com li a rendu la vie

12426 V yvainz   12430 V Et cil   12443 V que ne f.   12445 D gehabent üch nüt erschrökenlich   12448 V vos v.; D gine koment uns ze sagende har   12460 V devant irois; D wie trurig men in do vor het   12461-62 D om.   12463 V soldoiers al roi conta; D der riche Soldener seit im zehant   12464 V Coment g. ses niez loutra; D wie in her Gawan überwant

	A lui et a sa dolce amie.	
	Li rois l'oï molt volentiers.	
19436	Atant le weil chi d'ax laissier,	12468
	Mais tant vos di, molt doit amer	
	Et chier tenir et honorer,	
	Que par ses armes le conquist	
	Et puis si grant honor li fist	12472
	Que il s'ala rendre a s'amie	
	Por lui salver el cors la vie.	
19441	Or m'en tairai, n'en weil plus dire,	
	Fors tant c'or est li rois toz sire	12476
	Et du chastel et de la terre.	
	Et li Soldoiers li fait querre	
	Trestot quanqu'il velt et devise,	
	Tant que li rois molt l'aime et prise.	12480
	Li rois el chastel sejorna	
	Quinse jors, et puis s'en torna	
	Vers Bretaigne le droite voie,	
19450	Et li chevaliers le convoie.	12484
D 251	Et quant assez l'orent conduit,	
	Si s'en retorne[re]nt trestuit,	
	Fors que li Riches Soldoiers,	
	Lui centisme de chevaliers,	12488
	De lui departir ne se velt;	
	O les autres sa voie aquelt.	
	S'ONT tant erré par lor jornees,	
	Si come gens bien atornees,	12492
86f	Qu'il vinrent el Chastel de Lis;	
19460	Mais molt fu povres lor delis,	
	Qu'il ont oïes tels noveles	
	Qui ne furent bones ne beles.	12496
	Si com li rois fu descendus	
	Et en la grant sale venus,	
	Se li a une dame dit	
	Que son bel neweu le petit,	12500
	Qui tant estoit et biax et gens,	

12473-74 V om.; D für groze tugent man daz het   12475 D rubric Hie vert künig Artus wider hein von kastel Orgelus und het sinen willen vollendet gar   12481 T large initial, V Ou chastel laiens s.   12493 V v. au chastel   12494 V Mais or fu   12502 V Enble le mont ne sai

	"Emblé l'ont je ne sai quels gens.	
	Hors de la vile el grant chemin	
19470	Ert alez joër hier matin,	*12504*
	Et si en ont porté l'enfant.	
	Ainc ne veïstes doel si grant	
	Come on en fist par cele vile;	
	Pasmé en sont plus de dis mile.	*12508*
	Mais dusqu'a or ne se sont faint,	
	Mais ne trovent qui lor amaint."	
	A toz desplaist ceste novele.	
	Au roi desor toz renovele	*12512*
	Li duels, s'a premerains enpris	
19480	Qu'il le querra par le païs	
	Et de ses compaignons menra	
	Tant avec lui com lui plaira.	*12516*
	Mesire Brans de Lis pramet,	
	Com cil qui molt grant doel en fait,	
	Que il menra tot son pooir	
	A lui cerchier et a l'avoir.	*12520*
	Lors dist li Riches Soldoiers	
	Qu'il i menra cent chevaliers	
	Ou deus cens, ou plus, tant qu'il soit	
19490	Trovez. Si vos di qu'il faisoit	*12524*
	Grant doel et molt en ert irez	
	Por le roi qui en ert troblez.	
	"Sempres quant nos arons sopé	
	Si ert mix dit et devisé,"	*12528*
	Ce lor dist li sires de Lis.	
	Et Keus dist: "Ja n'en iert desdis."	
	Au roi dïent li chevalier:	
D 252	"Keus fait samblant c'on doit mengier."	*12532*
	Li rois s'en rist et puis se prent	
19500	Le roi Ydier molt belement,	
87a	Gifflet et monseignor Yvain.	

12505 *V* Ensi en o.; *D* alsus wart er genomen hie 12507 *V* on faisoit p. 12510 *V* quil lor 12511 *V* Ceste n. a toz d. 12512 *V* Li rois meismes ne se taist; *D* der künig sweig nüt stille also 12513 *V* Ainz a toz p. e.; *D* er sprach zuom erst zehant 12526 *T* qui ert coronez, *V* qui en est troblez, *M* quant est retornez; *D* wüssent, daz er gar zornig wart von dez küniges leit zer vart 12534 *V* Li roi idier 12535 *V* et molt seignor 12541 *V* soldoiers

Chastel Orguelleus (IV, 16)

L'amie monseigneur Gavain 12536
En vont es chambres conforter,
Que toute s'ocist de plorer.
Autres gens i ala assez
Que chi n'ai mie toz nomez; 12540
Li Riches Saldoiers i fu.
Et quant sont devant li venu,
Li rois li dist: "Ma dolce amie,
19510   Confortez vos, ne plorez mie, 12544
Que mon neveu itant querrons,
Se Dieu plaist, que nos l'averons."
La damoisele li respont:
"Sire, par toz les sains del mont, 12548
Plus avoie por vos anui
Que je n'en avoie por lui,
Quar je avoie oï bien dire
Que trop en aviiez grant ire. 12552
Estrange crualté feroit
Qui si bel enfant mal feroit;
Nus sages hom nel doit quidier.
19520   Mais del querre vos voeil proier 12556
Por Dieu, come a mon chier seignor,
S'i averez molt grant honor."
Et dist li rois: "Mix avez dit
Que nous trestuit, se Diex m'aït." 12560
En la sale s'en retornerent
Et mengierent. Puis aconterent
Que il querroient l'endemain
Le bel fil monseignor Gavain. 12564
Mais Gavains lor a fianchié
19530   Que ja n'i portera le pié;
Il ne set rien de querre enfant.
"Sire rois, a Dieu vos comant. 12568
S'en Bretaigne volez mander
Rien, se pensez du comander."
A monseignor Gavain a dit
Mesire Keus: "Se Diex m'aït, 12572

12545 V Car mon   12546 V plais que   12551 V Que jou
12555 D kein wiser sol den gelouben hon, daz man iht tete eime kinde so geton. wer daz geloubet, daz wer ein spot   12567 V set nient de
12569-76 D om.   12570 V R. si p.

	Ausi m'en iroie avec vos.	
	Vilains seroie et anuious,	
	Se j'aloie en queste d'enfant.	
19540	A ses deus oncles le comant."	12576
87b	Li rois respont: "Et je l'otroi;	
	Mais par l'amor et par la foi,	
	Biax dols niez, que vos me devez,	
	Gifflet avec vos en menez;	12580
	Car trop se duet de la prison,	
	Si n'a mestier se d'aise non.	
D 253	La roïne me salüez,	
	Et de moie part li direz	12584
	Que d'ui en un mois me verra	
	Au plus loins, mar en doutera.	
	En la Lande des Quarrefors,	
19550	As quatre pins des trois serors,	12588
	Face tendre mon paveillon.	
	Et d'ui en un mois y seron	
	Je et li Riches Soldoiers	
	Ki bien maine cent chevaliers,	12592
	Car la roïne velt veoir.	
	Bien se garnisse a son pooir	
	De tote la rien que sara	
	Qui a honor mestier ara.	12596
	Face par les forés chacier,	
	Qu'assez truissons lors a mengier.	
	Demain al matinet au jor	
	Movrons trestot sanz nul sejor,	12600
	Si estera mes niez cerchiez	
	Et par forés et par plaissiez.	
	Ja n'ert en cel païs menez	
	Qu'il ne soit quis et ramenez."	12604
19561	Icele nuit se reposerent,	
	Et l'endemain matin leverent	
	Et cerchierent par le païs	

12573 V irai   12587-89 D an dem platz, do die vier welde rich anstossent und die vier tannen glich, die man ston an vier enden siht, den man die vier geswistride giht, heissent spannen mine gezelt fin   12587 V des .iiii. fors   12588 V As .iiii. puis des .iii. s.   12595 V tout la r. (−1)   12599 T al maltinet, V al matinet; D morne fruege one biten   12604 V ni soit pris et

Si com la nuit l'orent empris.
Mesire Gavains fist sa gent
Atorner al plus richement
Qu'il püent onques atorner.
Ne valt aluec plus demorer,
Ains en va, s'en maine s'amie.
Le bon Gifflet n'oublie mie,
Et avec lui cent chevaliers
En mena. Et trestoz premier[s]
Oirre Gifflés, et tint al frain
L'amie monseignor Gavain.
Tout adés le conduist et maine,
Et de li servir molt se paine.
Tant est bele et bien atornee
C'ainc plus bele rien ne fu nee.
Ne l'apareil du palefroi
Ne vos ert acontez par moi,
Car a paines nus le querroit:
Le sambue qui sus estoit
Fu de dÿaspre, et toz li frains
Fu de fin or et li caufrains.
Par lor jornees chevalchierent
Tant que le cort molt aprochierent
Ou la roïne a sejor fu;
Par un juesdi sont la venu.
Ele ert el Chastel des Ormiax
Qui molt ert deliteus et biax.
Ne me loist pas chi arester
Ne la grant joie deviser
Que la roïne encontre fist.
Cil qui la novele l'en dist
Li conta de la damoisele
Qui tant ert avenans et bele.
Adonques veïssiez pignier
Par le chastel et atillier.
L'une demande: "Sui je bien?"
L'autre respont: "Ne vos falt rien;
Et a moi, coment en est pris?"

12611 V Que il se puerent atorner   12612 V iluec   12613 V Ains sen part   12614 V Le preu g.   12638 V n. bien dist

  —"Vos estes bien, ce m'est avis."
  La tierce dist de l'autre part:
  "Damoisele, se Diex vos gart,   12648
  Sui je ore point coloree?"
  —"Oïl, plus que riens qui soit nee."
  Seignor, toz cis ators estoit
19610 Por la pucele qui venoit.   12652
  Et en cest appareillement
  Tres devant la sale descent
  Cele qui ot lor cent biautez;
  Chevaliers ot od li assez.   12656
  La roïne et les dames vont
  Contre li et grant joie font,
  A grant honor l'ont recheüe.
  Et quant les dames l'ont veüe   12660
87d Si gente et de si grant biauté,
19620 Molt en ont entre eles parlé.
  La roïne lués l'en mena
  Es chambres et molt l'onora.   12664
  Por celui cui ele ert amie
  Laiens ot plus grant seignorie,
  Et molt fu chierie et amee
  Et chier tenue et honoree   12668
D 255 Des chevaliers et des puceles,
  Des dames et des damoiseles.
  Si vos recont por voir et di
  Qu'ensi com vos avez oï,   12672
  Vint l'amie au bon chevalier
  A cort. Ce poëz tesmoignier
  A ciax qui par faus jugement
19630 Provent qu'ele vint autrement.   12676
  Et Diex honte lor en tramete,
  Que ensi i vint Guilorete.
  Par Bretaigne fu tost conté
  Que li rois avoit achievé   12680
  L'oirre que il avoit empris

12652 V Por cele dame qui 12655 D die ir schonheit hundert hette
12664 V En sa chambre et; D und fuorte sü in ir kamer rich 12666 V
La nuit ot 12672 V Tout si com 12676 V quele i vint 12677 V
tramente 12678 V Quensi i vint guinelorete; D juncfrowe Gylorette
die clar

De Gifflet qu'il tenoient pris,
Les gens del Chastel Orgueillous,
Et que li rois l'avoit rescous 12684
Et toz haitiez s'en revenoit,
Si qu'al jor qu'il ot dit seroit
Enmi la Lande as Quarrefors.
Le suen paveillon et pluisors 12688
I fait la roïne porter.
19640 Iluec s'en va por deporter,
Et dist qu'ele ne se movra
Devant que li rois i venra. 12692
Molt i va contes et barons.
Tentes et tres et paveillons
I font assez porter et tendre.
La vont sejorner et atendre, 12696
Si com il doivent, lor seignor.
Tres de devant le Quarrefor
Estoit tendus li tres le roi.
Maint bon chevalier ot od soi 12700
La roïne qui atendoit
19650 Son seignor qui venir devoit;
87e Molt estoient en bel sejor.
Par les forés li veneor 12704
Prenoient molt bestes salvages,
Que trop en avoit es boschages.

EN cel sejor que je vos di
Fist molt bel vespre a un mardi. 12708
La roïne as tables juoit,
Car c'ert li jus que plus amoit.
Od li jue rois Urïains,
19660 S'i estoit mesire Gavains 12712
D 256 Et maint bon chevalier de pris,
Si furent environ assis
Qui welent le ju esgarder.

12680 *V* achievee   12685 *V* h. en r.   12687 *V* En la, *T* as quatre fors, *VMQU* des quatre fors, *ASL* des quarrefors, *P* au quarrefours; *D* uf den plan zwüschent die welde fier   12690 *V* Ilueques se velt d.; *D* und fuor ouch sü durch kurzewile dar   12696 *V* s. por a.   12698 *V* Tres dejoste les .iiii. for; *D* an den vier wegescheiden was das   12704 *V* la forest   12706 *V* Car trop   12710 *V* cest li

              Ja comenchoit a avesprer   12716
              Quant il virent un chevalier
              Venir armé sor un destrier,
              Et par devant als s'en passa
              C'ainc a nului mot ne sona.   12720
              La roïne en fu correchie,
19670   Si lor dist: "Petit m'a proisie
              Cil chevaliers quant ne torna
              Vers moi, n'ainc ne me salua.   12724
              Molt volentiers son non saroie,
              Et lui meïsme conoistroie."
              Lors dist a Keu le seneschal:
              "Keu, montez sor vostre cheval,   12728
              Si le m'alés cha amener."
              —"Volentiers." Lors se va armer,
              Car bien sachiez que il faisoit
              Toz jors al plus que il pooit   12732
              Les comandemens la roïne.
19680   D'un chier blïaut forré d'ermine
              S'est desvestus et puis armez
              Isnelement et tost montez,   12736
              Et vait aprés grant aleüre
              Com cil qui point ne s'aseüre.
              Tant s'est hastez qu'il l'aprocha
              Et dist: "Dant vassal, estez cha!   12740
              Folie vos fist trespasser
              Les paveillons sanz demander
19690   De la roïne et de sa gent.
              Venez arrier delivrement."   12744
87*f*   Et li chevaliers li a dit:
              "Sire, se Damediex m'aït,
              Onques por orgueil nel laissai,
              Mais nul greignor besoing que j'ai   12748
              Ne vos porroit nus hom conter,
              Si ne puis ore retorner."
              Et Keus respont: "Se Diex me salt,
              Quanques vos dites rien ne valt.   12752
19700   Se vos ne retornez, vassal,

12734-35 *D om.*   **12735** *V* et desarmez   **12738** *D* als einre dem
not ist   **12740** *V* dans vassax   **12747** *V* ne laissai

J'ocirrai ja vostre cheval."
Et li chevaliers respondi:
"Trop m'arïez avileni 12756
Et mon oirre molt acorchié,
Car je ne sai aler a pié.
Nul poior aleor de piez
De moi n'a nul liu, ce sachiez; 12760
Et tant par est grans cis besoins
Que chevalchier m'estuet molt loinz
Encore anuit, biax dols chiers sire.
A la roïne pöés dire, 12764
Por voir quant je retornerai,
Qu'a li volentiers parlerai
Et me metrai en sa merchi
De che c'or n'ai parlé a li." 12768
Mais Keus de tout iche n'a cure,
Ainz muet de molt grant aleüre
Vers le chevalier por ferir.
Et quant cil le voit si venir, 12772
Si li laisse cheval aler
Et si l'a feru al joster
Que par son l'arçon de la sele
A fait Keus la torneboële. 12776
Les jambes lieve contremont,
A poi que li cols ne li ront,
Sel porte a terre laidement.
A son cheval vient, si le prent 12780
Par le frain, atot s'en ala.
Et Keus toz honteus s'en torna,
Si s'en revient arriere a pié,
Et de lui sont joiant et lié 12784
Tel cent qui n'osent mot soner.
Et il lor comence a conter
Grant mençoigne qu'il ot trovee,
C'ainc nis n'avoit esté pensee. 12788
"Dame, fait il, cil chevaliers
Est trop orgueilleus pautoniers,
Et dist de vos si grant folie
C'ainc mais si grans ne fu oïe." 12792

12753 V ne tornez (−1)   12759 V aleoir   12778 V li cops ne

Mesire Gavains li respont:
"Sire Ke, par les sains del mont,
Ja nus preudom ne mesdira
De ma dame, nel dites ja.   12796
Laiez ester le chevalier;
19740 S'il en maine vostre destrier,
Ne dites pas por ce folie,
Que ce seroit grans vilonie."   12800
La roïne dist: "Alez i,
Biax niez, si le m'amenez chi."
D 258 —"Dame, fait il, molt volentiers."
Lors fu amenez ses destriers.   12804
Il monta sus toz desarmez,
D'un mante[l] de porpre affublez.
En sa main une vergue prent,
19750 Le chevalier siut vistement   12808
Qui de tost aler ne se faint.
Pres fu de nuit quant il l'ataint,
Si le salue franchement.
Et il s'areste bonement   12812
Quant monseignor Gavain oï,
Qui li dist: "Sire, je vos pri,
Et la roïne le vos mande
Cui tote Bretaigne et Illande   12816
Apent, que vos a li veigniez,
Si ferez bien et qu'afaitiez."
Et li chevaliers li a dit:
19760 "Sire, ne puis, se Diex m'aït;   12820
Mais dites moi, ne me celez,
Coment vos estes apelez."
—"Sire, fait il, j'ai non Gavains."
—"Ha, sire, or soiez toz certains   12824
Que se je retorner poïsse
Por nul home, por vos feïsse
Plus volentiers que por nul home,
Foi que doi Saint Pierre de Rome.   12828
88b Mais l'oirre qu'ai enpris a faire
Ne puis a nul home retraire.

12790 V palconiers   12799 V Nen d.   12816 V yrlande   12817 V a lui v.   12818 V Et f. b. que a.

	Et que vos en diroie plus?	
19770	Mais achiever ne le puet nus	12832
	Fors solement li cors de moi;	
	Neporquant si quit je et croi	
	Que vos bien l'achieveriiez,	
	Mais molt grant paine i ariiez."	12836
	—"Sire, fait mesire Gavains,	
	Franchement vos pri jointes mains	
	Qu'avec moi arriere tornez	
	Et a la roïne venez,	12840
	Car por pautonier orgueilleus,	
	Por felon et por outrageus	
19780	Vos fait li seneschax tenir	
	Que veïstes or chi venir.	12844
	Molt vos laidenge au paveillon	
	La roïne, oiant maint baron,	
	Mais li pluisor l'en ont blasmé."	
	Cil respont: "Moi que chaut de Ke	12848
	Ne de rien que il puisse dire?	
D 259	Mais por vos, li miens tres dols sire,	
	Ferai quanques il vos plaira.	
	Toz chis oirres en remanra	12852
	Se je retor, ce vos otroi,	
	Se vos ne le faites por moi."	
	Lors redist mesire Gavains	
	A celui qui n'est pas vilains	12856
	Ne orgueilleus, ne tant ne quant	
	Si come Keus aloit disant:	
	"Sire, le vostre grant merchi,	
	Loialment vos creant et di	12860
19791	Que je vos en avancerai	
	De trestot quanques je porrai.	
	S'il el monde fors moi n'avoit,	
	Par Jhesucrist qui le tout voit,	12864
	Si feroie je cest message;	
	N'i poëz avoir nul damage,	
	Se Dix me salve ma vertu."	
	Et cil li a lués respondu:	12868

12838 *V* mais   **12850** *TV* Mais de v., *ALPU* Mes por v., *MQ* Mes que por v.; *D* aber durch üch, lieber herre min

"Grant seürté et grant fïanche
Ai, biax sire, en vostre acointance.
Veez me chi tot prest d'aler
La ou vos me volrez mener."
Atant se sont el retor mis.
Le cheval Keu, ce m'est avis,
Tout estraier iluec laierent;
Ainc amener ne le daignierent,
Ains s'en vienent isnelement.

Sɪ vos di bien veraiement
 Qu'en che qu'es paveillons entrerent
Et les premerains trespasserent.
C'un molt grant plaint gete en sorsalt
Li chevaliers, et crie en haut:
"Ha, sire Gavains, je sui mors,
Par foi, si est hontes et tors
Que sui mors en vostre conduit.
Se Dieu plaist, si ferez, je quit,
Ce que m'avez en covenant.
Or si prenez tot maintenant
Mes armes, si vos en armez
Et desus mon cheval montez,
Que tot droitement vos menra
Au grant besoig, ja n'i falra,
Que je devoie achiever, sire."
Lors jecte un plaint, si prent a dire:
"Sire Diex, por coi m'ont ochis?
Car onques rien ne lor mesfis."
Mesire Gavains l'esgarda,
Estrangement se merveilla
De che qu'il se plaignoit ensi,
Car n'avoit veü ne oï
Qu'en l'eüst feru n'adesé.
Lors le vit caoir tot pasmé
Avant sor le col del destrier,

12871 *V* tost p.   **12873** *D rubric* Hie würt ein ritter erschossen in hern Gawans geleite   **12876** *V* en mener   **12884** *T* h. et sors, *V* h. et tors, *ASLMQU* pechiez et torz, *P* pities et tors; *D* daz ist ein schande und ein not   **12886** *V* ce cuit   **12889** *V* armes et si vos a.

	Et comencha fort a saignier,	12904
	Car ferus ert parmi le cors	
19830	Que d'autre part pert li fers fors	
	D'u[n] gavelot tot en lanchant.	
	Et mesire Gavains plorant	12908
	Li dist: "Sire, bien m'a honi	
	Cil qui vos a feru einsi."	
	Cil chaï mors, plus ne parla;	
	Ne nus hom ne li demanda	12912
88*d*	Son non, ne quels hom il estoit	
	Ne ou aloit ne dont venoit.	
	Molt i assambla lués grant gent,	
19840	Que tuit le pleurent durement,	12916
	Mais il ne sevent qui l'a mort.	
	Ou soit a droit ou soit a tort,	
	Sor Ke en ont le blasme mis.	
	Tuit dïent que Kex l'a ocis,	12920
	Mais il le noie molt et plaint.	
	De mautalent et d'ire taint	
	Mesire Gavains, qui le va	
	Hurter si que toz chancela.	12924
	A poi qu'il ne l'a abatu,	
	Mais li chevalier sont venu	
	Qui se sont lués mis devant lui.	
	Ja li feïst molt grant anui,	12928
	Se l'en si tost ne li tolist.	
	Par grant ire oiant toz li dist:	
	"Encore en serez vos retez	
19850	De sa mort, traïtres provez.	12932
	Toz en sui seürs et certains	
	Que vous l'avez mort a vos mains."	
	Kex se mist al plus vistement	
	Qu'il onques pot entre la gent,	12936
	Ne onques mot ne respondi	
	A ce que dire li oï.	

12896 *V* Certes o. r. ne m.; *D* zwor, ich misseret im nie   **12902** *T* le va cerquier tot pasme, *V* le va cerchier tot arme, *LMPU* le vit caoir tot pasme, *Q* le revercha tot arme; *D* er lag uffes rossez hals in unmaht   **12904** *T* fors, *VLM* fort, *U* lors, *P* forment; *D* und bluot im sere die wunde sin   **12906** *V* li fors fors   **12913** *T* is estoit, *V* il estoit; *D* wie er hiesse, wannan er wer   **12939** *V* cors monseignor g. p.

D 261 Le cors mesire Gavains prist,
Sor son escu porter l'en fist 12940
Droit al paveillon la roïne.
Tot en plorant li dist et cline:
"Dame, le chevalier veez
19860 Qui vos devoit estre amenez. 12944
A vos venoit sanz escondit
Qu'il m'eüst fait grant ne petit.
Ore est mors en vostre conduit;
Honte en avez, ce sevent tuit. 12948
Veez le cors, ce est damages,
Qui molt estoit cortois et sages.
Et je en quit estre honis,
C'ainc ne fu veüs ne oïs 12952
Hom qui recheüst deshonor
19870 Si grant com je faz hui cest jor,
88e Qu'il samble que l'aie trahi,
Par fine verté le vos di." 12956
Atant fait le cors desarmer
Et trestot le vont esgarder;
Son cors plaignent et sa façon
Li chevalier et li baron. 12960
Et dist chascuns: "Diex! dont est nez
Cist hom qui tant avoit biautez?"
Onques nus d'als ne le conut
19880 Ne ne sot de quel terre il mut. 12964
Que vos iroie plus contant?
Mesire Gavains maintenant
Prent ses armes, si est armez.
Aprés est el cheval montez 12968
Que li chevaliers chevalchoit
Qui mors el paveillon gisoit.
La roïne li demanda,
Qui d'ire et d'angoisse plora: 12972
"Qu'est che, biax niez? Que volez faire?
Nel me devez celer ne taire,
Ains le me dites, biax chiers sire."
—"Certes, dame, nel vos puis dire, 12976
19890 Que je meïsmes nel sai pas;

12940 V le fist   **12961** V ert nez   **12979** V cest o.

Mais itant vos en di sans gas
Que ceste oirre m'estuet furnir,
Se j'en devoie ore morir, 12980
Qu'au chevalier l'oi covenant.
Ne vos en sai rien dire avant,
Mais chist chevax mener me doit
D 262　　La voie et le chemin tot droit, 12984
Je ne sai ou, ne en quel terre,
Ne le besoing que je vois querre.
Dame, le mort del chevalier
Faites enquerre et encerchier, 12988
Que le sache quant revenrai.
19900　　Jamais grant joie nen avrai
Devant que je l'arai vengié."
Atant s'en part, si prent congié, 12992
N'ainc ne volt en nule maniere
Remanoir la nuit par proiere,
Si l'en prïent tuit li baron
Et li chevalier d'environ. 12996
88f　　Trestout demainent grant dolor
19910　　Por le buen neveu lor seignor;
Ne sevent dire ne penser
En quel terre il en doit aler. 13000
Lors oirre mesire Gavains,
Cil remaint mors entre lor mains.

SI com raconte l'escripture,
Cele nuis fu noire et oscure, 13004
Car il tona molt longuement
Et plut et fist un si grant vent
Que li arbre parmi fendoient.
Foldres espessement chaoient, 13008
Et si durement espartoit
Que merveille est que ne moroit
Mesire Gavains li gentieus.
Mais tant vos di que en toz lius 13012
Le salvoit sa grans loiautez
Et sa grans debonairetez.
Et cele nuit demainement

12994 V n. por p.　　13005 V durement　　13006 V Et plus et

Le gari cil Diex qui ne ment, 13016
Iche sachiez bien vraiement.
Toute la nuit entierement
Li gentius chevaliers erra
Si com li chevax le mena, 13020
Tant qu'il vint a une chapele
19920 En un quarrefor grant et bele
Qui enmi la forest estoit.
Por l'oré qui mal li faisoit, 13024
Li tonoires et li espars
Qui li vienent de totes pars,
Vient a l'uis, si le trove overt.
Et voit l'autel tot descovert, 13028
Qu'il n'i ot drap ne rien desus
D 263 Que un chandelier tot sanz plus
De fin or trop bien fait et grant,
Et un gros chierge tot ardant 13032
Qui grant clarté laiens jectoit.
Quant mesire Gavains ce voit,
Si comenche lués a penser
Qu'il s'ira laiens reposer 13036
Tant que li tans soit achoisiez
89a Et li grans vens un poi baissiez.
Lors se met ens tot a cheval,
Et esgarde amont et aval 13040
Et sus et jus, destre et senestre,
Si voit parmi une fenestre,
Qui derriere l'autel estoit,
Une main laiens entrer droit, 13044
Qui tant par iert noire et hideuse
C'ainc nus ne vit si merveilleuse;
Le chierge prist et si l'estaint.
Lors vint une vois, si se plaint 13048
Si tres durement, ce li samble,
Que la chapele tote en tramble.
Li chevax fronche et saut d'aïr,
Si que a poi ne fist chaïr 13052
Tot envers monseignor Gavain.
Il lieve sus sa destre main,

13010 V est quil ne   13028 T *repeated in ms.*   13030 V Fors un

19930	Si se saigne, puis s'en ist fors.	
	Et li mals tans s'acoisa lors	13056
	Et la grans pluie remest tote,	
	Que puis ne venta ne plut goute,	
	Ains devint la nuis clere et pure;	
	Si s'en torne grant aleüre.	13060
	Les grans merveilles qu'il trova,	
	Dont maintes fois s'espoënta,	
	Ne doit nus raconter ne dire.	
	Cil qui les dist en a grant ire,	13064
	Que c'est del secroi du Graal;	
	S'en a grant anui et grant mal	
	Cil qui s'entremet del conter,	
19940	Fors si come el doivent aler.	13068
	Por voir vos di qu'il chevalcha	
	Tote nuit puis, c'ainc ne fina,	
	En doel, en ire, et en paor,	
	Tresqu'al matin qu'il vit le jor	13072
	Qu'il esclaira. Lors regarda	
	La terre, molt se merveilla.	
	En une nuit ot si passee	
	Bretaigne et tote la contree.	13076
	En une grant forest entra,	
19950	Qui des le matin li dura	
89b	Tant que solaus dut esconser,	
D 264	Et ist au plain et voit la mer.	13080
	Cele part vait a grant esploit	
	Li buens chevax sor coi seoit.	
	Mesire Gavains ot veillié	
	La nuit et le jor traveillié,	13084
	S'ot sor lui venté et pleü,	
	Ne il n'ot mengié ne beü;	
	Si fu molt las estrangement	
	Et chevalchoit molt pesamment,	13088

13041 *V* Lues par trestote la chapele; *D* alumbe in der kapellen reine
13042 *V* voit par une fenestrele; *D* nu sach er durch ein venster kleine
13044 *T* entrer voit, *V* entrer droit; *D* eine hant langete harus bas   13064 *V*
dit; *D* swer ez seit der tuot unreht   13065 *D* ez waz dez groles
heimlicheit   13068 *V* il d.; *D* unz ez sin sol uf daz zil   13070 *D*
die ganzen naht ruowen on   13073 *V* Quil resclera   13075 *V*
Quen une   13079 *V* resconser

Car tel talent a de dormir
Qu'a paines se puet soztenir.
Li chevax sache et tire au frain,
Et il li lasche un poi la main,
Si le lait aler a son gre;
Et il l'en a ensi porté
Qu'a la mer vint a l'anuitant.
D'iluec ne pot aler avant,
S'en est molt pensius et iriez.
Et li chevax s'est adreciez
A une cauchie qu'il voit
De devant lui, et s'en aloit
Laiens molt loinz en cele mer.
Tot maintenant volt enz entrer
Que il vint la li bons destriers.
De chiprés, de pins, de lauriers,
Estoit d'ambesdeus pars plantee
La chauchie qui n'ert pas lee.
Par desus tote le covroient
Li rain des arbres qui joignoient.
Mesire Gavains s'abaissa,
Parmi tot contreval garda,
Si vit molt loinz une clarté
Ausi come un fu embrasé.
La en voloit aler tot droit
Li chevax, mais ne li lessoit
Por la mer qui se tormentoit.
A le cauchie si hurtoit
Com s'el deüst tot depechier
Et toz les arbres errachier,
Que tot adés s'entrehurtoient
Et angoisseusement braioient
Por le grant vent qui s'i hurtoit.
Tant par redoute, et si a droit,
Mesire Gavains d'ens entrer,
Et dist qu'ains laira ajorner
Que il s'i mete ja por rien.

13116 V se hurtoit   13122 D *rubric* Hie kumet her Gawan zuo dem grol zuo dem anderen mole   13124 V Quains quit quil laira a.; D er wolte beiten dez tages schin

Mais del cheval vos di je bien
Qu'il sailloit si, et si arbroit
Et tel tempeste demenoit
Que il nel puet en pais tenir;
Del poing li fist le frain salir.
Si durement le prist as dens,
19980 Volsist ou non, est salis ens.
Et li bons chevaliers que fait?
A son talent aler le lait
Et tot le frain li abandone,
Et des esperons li redone
Grans cops et menu et sovent,
Et il en va isnelement.
Trusqu'a mïenuit chevalcha
19990 C'onques la clarté ne trova.

Mais la chaucie erra et tint
Tant qu'en une grant sale vint
Qui molt ert haute, longue, et lee;
Bien duroit une arbaleste[e].
A merveilles i trova gent,
Si vos di bien veraiement
Que enmi aus est descendus;
A grant honor est recheüs.
Et li dist lués la gens menue:
20000 "Biax sire, la vostre venue
Soit beneoite et honoree;
Molt l'avons lonc tans desirree."
Atant l'ont dusqu'al fu mené,
Et quant il l'orent desarmé,
Un mantel vair li aporta
Uns vallés, et si l'affubla.
Et quant un poi ot al fu sis,
Et il l'orent veü el vis,
Si le regardent a merveille
20010 Et li uns a l'autre conseille:
"Diex, que ce est? Ce n'est il pas."

13128
13132
13136
13140
13144
13148
13152
13156
13160

13135-36 *T inv.; D* er liez im den zoum volgen no und sluog mit sporn so vaste dar an   13135 *T* li frain, *VMQU* le frain   13155 *V* apota
13161 *V* Dex ce que est   13164 *D* alse do inne were nieman

	Que vos diroie? Isnellepas	
	S'est la grans gens esvanuïe	
89d	Com se il n'en veïssent mie,	13164
	En tant come uns oex clot et ovre.	
	Molt se merveille de cele oevre	
	Mesire Gavains durement,	
	Et molt li poise de la gent	13168
	Dont un tot suel remez n'i a.	
	Grant ire et grant anui en a	
D 266	De ce qu'il est si remez seus,	
	Et d'autre part est angoisseus	13172
20015	De che qu'il les vit conseillier;	
	Si ne s'en doit nus merveillier	
	S'il ot paor ne s'il douta.	
	Aval la sale regarda	13176
	Come hom iriez et effraez,	
	Qu'il n'ert de rien asseürez,	
	Si voit tres enmi une biere	
	Qui longue estoit de grant maniere.	13180
	Et si tost con veüe l'a,	
20030	Sa main lieve si se saigna,	
	Car ce sachiez qu'il ot paor.	
	Sor le cors avoit par honor	13184
	Un grant samis vermeil grijois,	
	Et parmi une crois d'orfrois;	
	Toute la biere entor covroit.	
	Sachiez qu'as quatre cors avoit	13188
	Quatre grans chierges qui ardoient.	
20041	Sor quatre chandeliers seoient	
	Qui valoient un grant tresor;	
	El mains pesant ot cent mars d'or.	13192
	Et autresi quatre encensiers	
	De fin or et riches et chiers	
	As quatre candeliers pendoient,	
	Et tot plain d'espesces estoient	13196
	Qui flairoient molt dolcement.	
	Si vos di bien veraiement	

13174 *T* Si nen sen, *V* Si ne sen; *D* daz sol nieman wunder han   13178 *V* Qui niert; *D* der nüt sicher wesen kan   13184 *V* cort; *D* uf der lich, die er do kos   13189 *V* gros chierges

Gauvain's Grail Visit (V, 4)

	Qu'il jectoient si bone odor
	C'ainc nus hom ne senti meillor. 13200
	Sor le samit que je vos di,
	D'une espee fraite parmi
	Avoit l'une moitié sanz plus,
	Desor la meure par desus, 13204
	Et gisant tot droit sor le pis
89e	Del mort, ce conte li escris.
	Mesire Gavains s'enbroncha,
	Qui grant ire et grant paor a 13208
	Por che qu'il est laiens toz seus.
20050	Tant est iriez et angoisseus,
	Et tant a anui et contraire,
	Que il ne set que il puist faire. 13212
	De la bierre molt s'esbahist
	Et del chevalier qui ens gist.
	Et en cele ire qu'il avoit,
D 267	Lieve son vis et venir voit 13216
	Laiens trestout premierement
	Une molt riche crois d'argent,
	Plaine de pierres prescïeuses
20060	Molt riches et molt vertüeuses. 13220
	Uns grans clers la crois soztenoit,
	Qui trestoz chargiez en estoit;
	Sor une aube ot tunicle noble
	D'un chier drap de Coustantinoble. 13224
	Aprés vit grant porcession
	De canoines tot environ,
	Qui trestuit revestu estoient;
	Riches capes de paile avoient. 13228
	Entor la biere s'arestierent
	Et tot maintenant comencierent
20071	Vigile des mors hautement,
	Si la chanterent simplement. 13232
	Et tot adés que qu'il chantoient,
	La bierre environ encensoient

13194 V or molt r.   13204 T Desoz *corrected to* Desor, V Desor, A Devers la more de desus, LMQU Devers (*MQU* Endroit) la meure dune espee, P Devant la pointe de desus; D uf den boum waz ez geleit dar   13205 V gisoit   13224 V constantinoble

Quatre clerc des quatre encensiers
Qui pendoient as candeliers. 13236
Quant le service orent finé
Et trestot s'en furent torné,
Si rempli la sale de gent.
Et si vos di veraiement 13240
C'ainc nul si grant doel ne veïstes,
Puis cele eure que vos nasquistes,
Come il ot lués entor la biere.
Mesire Gavains fist proiere 13244
A Dieu qu'il le gart de pesance,
20080 Et fist molt bele contenance.
89f Adont s'assist tot en pensant,
20090 Que molt ot esté en estant, 13248
Et mist devant ses oex ses mains.
Dont roï mesire Gavains
Une grant tumulte venir.
Adont leva son chief d'aïr, 13252
Si voit en la sale la gent
Qu'il i trova premierement.
Et si voit tenir as premiers
Blanches toailles et dobliers 13256
Plus blans que flors de lis ne nois,
Si les estendent sor les dois.
20100 Lors est fors d'une chambre issus
Uns chevaliers grans et membrus 13260
Qui bien sambloit haut home et sage.
D 268 N'ert pas de molt tres grant eage,
Mais il ert un petit chenus,
Si ert molt noblement vestus. 13264
En sa main un ceptre portoit,
Et en son chief corone avoit
De fin or vermeil esmeré.
Et n'ot en la crestïenté 13268
Plus bel home ne plus cortois.
Et dïent: "L'elve velt li rois."
L'en l'aporte, puis a lavé;
Et en aprés a comandé 13272
A laver monseignor Gavain.

13240 V di tout vraiement

20110	Puis l'a pris par la destre main,	
	Molt douchement et sanz dangier	
	L'assist dalez lui al mengier;	13276
	Molt se paine de l'anorer.	
	Et en aprés sanz demorer	
	Que li rois et tuit sont assis,	
	Par toz les dois li pain sont mis.	13280
	Le riche Graal, qui servoit	
	Si que nus ne le soztenoit,	
	Molt par les sert honestement,	
	Et va et vient isnelement	13284
	Par devant toz les chevaliers.	
	Mais sachiez que li bouteilliers	
	Les sert molt richement de vin	
20120	En colpes d'argent et d'or fin.	13288
90a	Et li Graals va et revient,	
	Et si ne set qui le sostient,	
	Ce sachiez, li buens chevaliers.	
	De bien set mes trestoz pleniers	13292
	Les a servis molt richement	
	Par tos les dois et belement,	
	Si tost com li uns ert hostez	
	Et li autres ert aprestez,	13296
	En grans escüeles d'argent;	
	Trop par servoit et bel et gent.	
	Mesire Gavains l'esgarda,	
	Trop durement se merveilla	13300
20129	De ce que il servoit ensi,	
	Car ore est la, et ore est chi.	
	A trop grant merveille le tient	
	Que il va si tost et revient	13304
	Devant les chevaliers servir.	
	Quant orent mengié par loisir,	
	Si comanda li rois oster.	
	Et si vos puis por voir conter	13308
D 269	Qu'ausi tost come il ot ce dit,	
	N'i remest ne grant ne petit	
	Qui ne s'en voise maintenant,	

13270 V liaue del vin   13274 V Et la p.   13278 V Et on a.   **13287 V**

Et li sires trestot avant; 13312
Si remesent li dois tot wit.
Or ne quidiez pas qu'il n'anuit
Monseignor Gavain qui est seus;
Molt est iriez et angoisseus 13316
Que il remaint en tel maniere.
A Damedieu fait sa proiere
Que il le gart d'encombrement
Et d'anui et d'enchantement, 13320
Si come il en a la puissance.
Atant a veü une lance,
Dont li fers ert blans come nois,
Dalez le chief del maistre dois. 13324
En un molt riche orçuel d'argent
Ert enfichie droitement.
Et dui chierge devant ardoient,
Qui grant clarté laiens jectoient. 13328
De la pointe del fer issoit
Uns rais de sanc qui descendoit
Aval la lance el riche orçuel.
Tot entor dusqu'a l'arestuel 13332
Paroient les traches des goutes
Qui el vaissel chaoient toutes.
Et si n'en i set tant venir
Que li orçuels en puisse emplir. 13336
Par un tüel molt riche et grant,
D'une esmeraude verdoiant,
En un canel d'or s'en chaoit,
Qui fors de la sale coroit 13340
Par grant engien, par grant esgart,
Mais il ne vit mie quel part.
Mesire Gavains, quant ce vit,
A lui meïsme pense et dit 13344
C'ainc mais ne vit si grant merveille.
De la lance trop se merveille
Qui est de fust et si saignoit.

13303 *T* li t., *V* le t.; *D* om.   13325 *T* orueil, *V* ormel, *MQU* Qui sist sor un orcel dargent, *L* Qui sist en un colfles dargent; *D* in ein ses silberin, seht   13331 *T* oruiel, *V* ormel, *LMQU* Dedens cel vaisel a fuison; *D* daz sper zetal bitz an daz ses   13334 *L* en lorcel; *D* die in daz ses fielent gar   13336 *TV* oruiels; *D* daz daz ses vol würde iht

	Et en ce qu'il ensi pensoit,	13348
	L'uis d'une chambre oï ovrir;	
	Et si en a veü issir	
	Le seignor, et tenoit l'espee	
	Qu'il avoit laiens aportee.	13352
	Ce sachent tuit veraiement,	
	Ce fu cele demainement	
	Qui ot au chevalier esté,	
	Dont arriere vos ai parlé,	13356
D 270	Qui fu ocis au paveillon.	
20170	Et li rois a mis a raison	
	Monseignor Gavain, si le fist	
	Lever sus de la ou il sist,	13360
	Et l'amaine jusqu'a la biere,	
	Et si ploroit de grant maniere	
	Por le cors qui iluec gisoit.	
	Or orrés que li rois disoit:	13364
	"Li grans damages qui chi gist,	
	Par ont li roialmes perist,	
	Dex doinst que vos soiez vengiez,	
20180	Si que li pueples en soit liez	13368
	Et la terre en resoit pueplee	
	Qui par vos et par ceste espee	
	Est si destruite et escillie[e]."	
	Lors le trait, et ele est brisiee,	13372
90c	Si qu'il n'en tint que la moitié.	
	Tout en plorant par grant pitié	
	A monseignor Gavain le tent,	
	Et li buens chevaliers le prent.	13376
	L'autres moitiez qui en failloit	
	Desor le pis al mort gisoit.	
	Li rois le prent entre ses mains	
	Et a dit tant, ne plus ne mains:	13380
	"Biax dols chiers sire, ceste espee	
20190	Ert, se Dieu plaist, par vos soldee.	
	Metez les deus pieces ensamble.	
	Se l'uns aciers a l'autre assamble,	13384

13339 *D* in einen noch guldin gienc daz bluot   13353 *V* s. trestuit vraiement   13361 *V* le maine, *T* jusque a   13364 *V* Ore oiez
13373 *V* tient   13374 *V* Tout on p.   13377 *V* qui i falloit

> Si sachiez bien veraiement,
> Ja mar en douterez noient,
> Que li mieldres estes del monde
> Tant com il dure a la roonde." 13388
> Lors le prent li buens chevaliers,
> Si met ensamble les achiers,
> Mais tant ne les set assambler
> Que l'espee puisse solder. 13392
> Lors a li rois molt grant dolor,
> Si le remist par grant douçor
> Desus le pis au mort tot droit,
> Ausi com devant i gesoit. 13396
> Et l'autre moitié restuia,
> Mais sachiez molt li anuia
> Quant a l'autre n'est assamblee.
> En l'une main l'en a portee, 13400
> Et a l'autre prist par le main
> Son hoste monseignor Gavain,
> En une chambre l'en mena.
> Chevaliers assez i trova, 13404
> Et autres gens a grant plenté.
> Desus un chier pale röé
> Se sont assis devant un lit.
> Li rois li a dolcement dit: 13408
> "Biax dols amis, ne vos poist mie
> De nule rien que je vos die.
> Li besoinz por coi vos venez
> N'iert mie par vos achievez, 13412
> Mais se Diex vos avanchoit tant
> Vostre proëche cha avant
> Que cha vos feïst retorner,
> Lors le porrïez achiever 13416
> Et lors sauderiiez l'espee.
> Sachiez par verité provee
> Que nus ne le puet achiever
> Se l'espee ne puet solder. 13420

D 271 (at line 13401)
20200 (at line 13404)
20211 (at line 13413)
90d (at line 13415)

13378 *T* les piez, *V* les pies, *AS* Desus la croiz del samit droit, *P* As pies del mort tot au plus droit, *LMQU* Seur (*U* Sus) le pis (*M* les piez) del mort trestot droit; *D* lag ünder dez toten fuezen vast   13391 *V* ne le set   13395 *TV* les piez, *LMQU* Deseur (*QU* Desus) le cors en tel (*MQ* trestot) endroit; *D* under die fueze des toten, seht

20220	Sire, cil qui l'avoit empris	
	Est remés en vostre païs;	
	Ne sai qui l'i a retenu,	
	Mais molt li avons atendu.	13424
	Bien sai que par grant hardement	
	Venistes ichi voirement.	
	Se nul chier avoir volez querre	
	Que nos aions en ceste terre,	13428
	Certes vos l'arez volentiers,	
	Ja ne vos en ert fais dangiers.	
	Et des merveilles que veez	
20230	Tot vostre plaisir demandez,	13432
	Biax sire, et nos vos en dirons	
	Le voir, que ja n'en mentirons."	
	Mesire Gavains ot veillié	
	Le nuit devant et traveillié,	13436
	Si ot grant talent de dormir;	
	Et molt greignor avoit d'oïr	
	Des merveilles, si s'esforça	
	De veillier et si demanda	13440
D 272	De ce dont il ert en doutance:	
	"Sire, laiens vi une lance	
20240	Orains molt durement sainier.	
	Or vos pri por Dieu et requier	13444
	Que me dites la verité,	
	Dont li sanz vient a tel plenté	
	Qui par la pointe del fer ist;	
	Et del chevalier qui mors gist	13448
	En la sale dedens la biere;	
	Et de l'espee la maniere	
	Coment ele resoldera;	
	Et com li cors vengiez sera	13452
	Vos demant, que j'en weil savoir,	
	S'il ne vos grieve, tot le voir."	
	—"Et vos le sarez, biax amis,	
	Puis que vos le m'avez requis,	13456

13424 *VLP* m. lavions, *MQU* m. lavoie, *AS* Molt nos (*S* Mes vous) an est mesavenu; *D* wir hant sin lange gebeitet gar und ist die sache unverendet noch. ir hant dis swert har wider broht doch gebrochen, alse ez vor waz; daz ist uns leit, wüssent das   **13444** *V* Si vos

90e	Orendroit sans plus atargier.	
	Ainc mais n'osa nus encerchier	
	Ce que vos m'avez demandé,	
20250	Si ne vos ert mie celé.	13460
	Or vos dirai premierement	
	De la lance al comencement,	
	Le grant damage et la dolor	
	Qu'en avint et la grant honor,	13464
	Ensi com Diex l'ot establi,	
	Dont nos somes sain et gari.	
	C'est la lance demainement	
20260	Dont li fix Dieu fu voirement	13468
	El costé jusqu'al cuer ferus	
	Au jor qu'en la crois fu pendus.	
	Longis ot non qui le feri,	
	Mais puis en vint a tel merchi	13472
	Que s'ame en est salve et en pes.	
	Toz jors a puis sainié adés,	
	Et sainera durablement	
	Entrusqu'al jor del finement	13476
	El liu que vos avez veü,	
	Que ensi l'a Diex porveü,	
	Que de laiens ne se movra	
	Desi al jor que il venra	13480
	Jugier et les mors et les vis.	
	Biax sire chiers, si m'est avis	
	Que cil qui en crois le pendirent	
	Et claufichierent et batirent	13484
	Devront avoir molt grant paor.	
20270	Quant il verront nostre Seignor	
	Sainier tot ausi freschement	
D 273	Come il fist lors, el grant torment	13488
	Seront; et nos en joie irons,	
	Ses sans ert nostre raençons.	
	La grant joie ne vos puis dire,	
	Que nos gaaigna cil cops, sire.	13492
	Mais li autres nous ra tolu	

13455-56 *T repeated after 13460*   **13457-60** *D* so sage ich es üch, wie ez drumbe ste, in getorst ez nie gesagen me   **13458** *TV* anoncier, *ASLPQU* ancerchier, *M* cerchier   **13462** *V* el c.

Tant que le tout avons perdu,
Cil qui fu fais de ceste espee,
Qui mal fu faite ne tempree. 13496
C'ainc nus si mals cops ne fu fais
De cop d'espee, ne si lais;
Qu'il a mis a destruction
Maint duc, maint prince, maint baron, 13500
Mainte dame, mainte pucele,
Et mainte gentil damoisele.
Bien avez oï longuement
Parler del grant destruiement 13504
Par coi nos somes chi venu.
Li roialmes de Logres fu
Destruis, et toute la contree,
Par le cop que fist ceste espee. 13508
Et si ne vos celerai mie
Qui cil est qui perdi la vie,
Ne qui cil fu qui le feri;
Ainc nus tel merveille n'oï." 13512

Atant comencha a plorer
Et en plorant a reconter
La verité que il bien sot.
En che que il comencié l'ot, 13516
Vit monseignor Gavain dormir,
Si nel volt mie resperir,
Ains laist a itant le conter
Et si le laisse reposer. 13520
Et mesire Gavains dormi
Toute la nuit, bien le vos di,
Que il onques ne s'esveilla
Dusqu'al matin, qu'il se trova 13524
Lez la mer sor une faloise
Qui estoit haute mainte toise.
Et ses armes et son destrier
Vit dalez lui soz un rochier. 13528
Estrangement se merveilla
De che que iluec se trova,
Qu'il n'i vit chastel ne maison

13515 V Laventure que; *D* die oventür, als ez ergieng

D 274	Ne sale ne mur ne donjon.	13532
	Lors dist: "Chi fait mal sejorner."	
	Ses armes prent por soi armer,	
	Si s'est armez isnelement	
	Et puis monte delivrement.	13536
	Bien set qu'il est avilenis	
	De ce que il fu endormis,	
91a	Car perdu a par son dormir	
	Les grans merveilles a oïr;	13540
	Trop par en a son cuer dolent.	
	"Ha, Diex! fait il, si dolcement	
	Me racontoit li gentius rois,	
	Li preus, li sages, li cortois,	13544
	Des grans merveilles le secroi,	
	Si m'endormi; ce poise moi."	
	Aprés dist qu'il se penera	
20330	D'armes et tant s'en grevera,	13548
	Se jamais puet la cort trover,	
	Que lores porra demander	
	Toute la maniere et la guise	
	Com li Graals fait le servise	13552
	Que il avoit le soir veü	
	En la riche sale ou il fu.	
	Jamais, ce dist, ne tornera	
	En Bretaigne tant qu'il ara	13556
	D'armes plus fait qu'il ne soloit.	
	Atant s'en va a grant esploit	
	Et chevalche par la contree,	
20340	Mais ainc d'iex ne fu esgardee	13560
	Nule terre si bien garnie	
	De bois, d'iaue, de praerie;	
	Ce fu li roialmes destruis.	
	N'estoit pas plus que mïenuis	13564
	Le soir devant que Diex avoit	
	Rendu, issi come il veoit,	
	As iaues lor cors el païs.	
	Et tuit li bos, ce m'est avis,	13568
	En verdure furent torné	
20350	Si tost come il [ot] demandé	

13539 V Que perdu

	Por coi si durement sainnoit	
	La lance qui puepler devoit	13572
	Le regne, mais plus ne puepla	
	Por che que plus ne demanda.	
	Toutes les gens qui le veoient	
	Trespasser le beneïssoient,	13576
	Et li disoient a haus cris:	
	"Sire, mors nos as et traïs.	
D 275	Molt grant aise nos as donee,	
20360	Ce est la veritez provee,	13580
91b	Se dois estre joians et liez,	
	Et de l'autre part correchiez,	
	Certes, et molt te dois haïr	
	De che qu'il ne te lut oïr	13584
	Del Graal de coi il servoit.	
	Le grant joie qui en devoit	
	Avenir ne porroit nus dire,	
	Si en dois avoir doel et ire."	13588
	Einsi tuit cil qui le veoient	
	Par grant amour ce li disoient.	
	Et si sachiez que il erra	
	Par maint païs et se pena	13592
	D'armes, et estut longuement,	
20370	Ce sachiez bien veraiement,	
	Ainchois que il volsist aler	
	En Bretaigne ne retorner.	13596
	Les batailles qu'il achieva	
	Ne les merveilles qu'il trova	
	Ne me loist or plus aconter,	
	Ne de celui plus aparler,	13600
	Dont il ert ne de quel païs,	
	Qui fu al paveillon ocis.	
	Ne de la venue le roi	
20380	N'orrois chi plus dire par moi,	13604
	Ne de monseignor Bran de Lis	
	Qui de son neveu est marris;	

13567 V le cors   13578 V mort nos a   13581 V Sen dois
13585 TVP Le graal, ASLMQU Del g.; D waz der grol diende dar
13594 V vraiement (−1)   13597 T b. que il trova, VASLPMQU b.
quil achieva (P acievoit); D vil batellen wurdent im bekant

Et si sai bien, et est vertez,
C'onques par als ne fu trovez. 13608
Por che qu'il me covient entendre
A la grant matere comprendre,
Que je aconter ne weil chi,
Qui l'embla et qui le nourri, 13612
Ne qui cil fu qui l'adouba,
20390 Ne coment il li ensaigna
Sor tote rien a tenir chier
Et ses armes et son destrier, 13616
Ne de la pucele proisie
Qui le retint de sa maisnie
Quant sol le trova el chemin,
Ne me loist pas dire la fin 13620
Ne des nicetez qu'il disoit
D 276 Ne des bons contes qu'il contoit,
91c Mais de la premiere envaïe
Que il fist vos dirai partie. 13624

O<small>R</small> dist li contes ci aprés
20400 Qu'un jor chevalchoit par forés
Entre la damoisele et lui,
Si n'avoit avec als nului. 13628
En une lande grant et bele,
Ou il ot mainte flor novele,
Entrerent, por voir le vos di,
Tot droit entre tierce et midi; 13632
Si ont veü un chevalier
Armé sor un molt grant destrier
Parmi la lande traverser,
Molt grant aleüre passer 13636
Par devant als. Lors l'apela
Sa dame, si li comanda:

13598 *T* Les m. quil achieva, *VASLMQU* Ne (*Q* Et) les (*AS* des) m. quil trova, *P* Les m. que il veoit; *D* und vil wunder die er vant   **13604** *V* Norrois ja plus   **13617** *V* pucele pischie (?); *D* und von der megede wunnesam   **13623-26** *V om.*; *D* doch sage ich ein wening also, wie er wart funden unde wo   **13623** *T* de sa p.   **13625** *T large initial, D rubric* Hie seit er von hern Gawans sun und wie in sin vatter vant, her Gawan   **13627** *V large initial*   **13628** *V* Chevalchoient un jour andui; *D* eins tages rittent alleine   **13629** *V* Par une   **13631** *V* Et en ce quil erroient si; *D* sü rittent also durch den cle

"Biax dols amis, fait ele, alez
Au chevalier que la veez, 13640
Si me sachiez dire son non
Tot a force, ou il weille ou non,
Et dont il vient et ou il vait.
20410 Se tant faites, s'arez molt fait." 13644
Cil respont: "Et s'il se desfent?"
—"Si le ferez hardïement."
—"Coment? fait [il], mostrez le moi."
—"Volentiers, biax amis, par foi. 13648
En itel maniere poigniez,
Et tot ensi si abaissiez
La lance, et tenez vostre escu
A l'autre main par grant vertu." 13652
Par les enarmes li bailla
20420 L'escu, n'onques puis nel laissa,
Et dist: "Je le tenrai molt bien,
Dame, nel lairoie por rien." 13656
La damoisele s'en a ris
Et dist: "C'est biens, biax dols amis."
Et cil grant aleüre va,
91d Parmi la lande traversa 13660
Tot droitement au chevalier.
Que valt contes a alongier?
Que cil son non ne li volt dire,
Et il le feri par tele ire 13664
Que al joster l'a abatu
A la terre mort estendu.
Li chevaliers le referi
D 277 Parmi l'escu, bien le vos di, 13668
Que une toise oltre passa
20440 De la lance, mais el brisa.
Cil torna vers lui vistement
Et li a dit hardïement: 13672
"Or me direz vos vostre non
Tot a force, ou weilliez ou non."
Mais cil nul mot ne li sona.

13634 V sor sor un molt destrier   13637 V lors apela   13647 V C.
fait il dites le m.; D wie? daz zoeigent mir sunder zorn   13660 V lande
et t.   13663 V Mais cil   13664 V Et cil

Et quant cil vit qu'il ne parla, 13676
S'est descendus tot maintenant
Et le va entor regardant;
Ainc mais nul mort veü n'avoit.
20450 Li chevaliers ne li pooit 13680
Dire mot, ne m'en merveil mie,
Que l'ame s'en estoit partie.
Cil li dist: "Sire, sus levez
Et ensamble od moi en venez 13684
A ma dame, si li direz
Vostre non; ja mar plus ferez."
Mais cil respondre ne li pot.
Quant il voit qu'il ne dira mot, 13688
Tant par en est avilenis
Qu'il quide qu'il soit endormis.
Encontre son pis le leva
20460 Et molt docement dit li a: 13692
"Car vos esveilliez, biax amis."
Et cil qui n'estoit mie vis
Entre ses bras molt li pesoit.
La pucele s'en merveilloit 13696
De celui qui demoroit tant.
Adont se leva en estant
Et voit sa damoisele ester
En la lande sanz remüer. 13700
Lors est en son cheval montez,
91e Et dist au mort: "Or vos dormez.
Ne m'avez pas vostre non dit;
Ce poise moi, se Diex m'aït, 13704
Et a ma dame en pesera
Quant la verité n'en sara."
Atant s'en torne et celui lait
Et a sa dame s'en revait, 13708
Et ele li a dit: "Orrom."
—"Dame, je ne sai come a non,

13673 *V* direz vostre n. (*−1*)   13678 *T* encor, *V* entor; *D* und besach in alumbe hin dan   13700 *V* Ens la   13705 *TV* pensera, *AS* Et (*S* Quar) ma dame espoir man harra, *P* Ma dame men savra maugre; *D* min juncfrowe würt leidig, seht   13708 *V* a la d.; *D* und reit zuo sinre juncfrowen do   13709 *V* erron, *LMQU* or erron (*M* orron), *P* alon; *D* sü sprach: wie nu, herre gemeit?   13718 *V* fors ainc cil ne lesgarda

Si m'aït Diex, li chevaliers."
—"Ne puet caloir, biax amis chiers,
Puis que il ne le vos welt dire.
Mais traiez vos cha, biax dols sire,
S'ostons cel trous de vostre escu."
Lors tyre a force et a vertu
A li, si que le trous osta
Tout fors; et quant cil esgarda
Son escu et le voit perchié,
Si a maintenant comenchié
Tel doel que grant merveille en ot
La pucele qui veü l'ot;
Si li dist: "Estes vos navrez?
Biax dols amis, nel me celez."
—"Par foi, fait il, dame, ains sui mors;
Trop par est malvais mes confors.
Cil qui cest escu me dona
Sor tote rien me comanda,
Dame, que jel tenisse chier,
Et mes armes et mon destrier.
Ore est perchiez, ce sai de voir,
Si que parmi puis bien veoir,
Si ai gardé malvaisement,
Dame, voir, son comandement.
Si m'aït Diex, il disoit bien
Que je ne voldroie ja rien,
Se je n'amoie le mestier
Qui apartient a chevalier.
Il dist molt voir, se Diex m'aït."
La damoisele li a dit:
"Se vostre escus est perciez, sire,
N'en aiez ja corrous ne ire,
Car ausi estoit il trop viez.
Biax amis, tout cest doel laissiez
Par cele foi que me devez.
Mieldres et plus biax ert assez
Uns escus que je vos donrai."

13719 *V* Mais quant voit son escu p. 13722 *V* qui lesgardot 13724 *V* ne me; *D* verhelnt mirs nüt an dirre stunt 13731 *V* jel sai 13734 *V* Trestout le sien c.

20510	—"Par foi, ma dame, je ne sai;	13748
	Mais quant vos le m'arez doné,	
	Dont en sarai la verité."	
	La damoisele molt rioit	
	Des merveilles que il disoit,	13752
	Et l'ensaignoit qu'il devoit faire.	
	Mais ne puis mie tout retraire,	
	Que j'ai autre chose a cachier;	
	Ci ne me weil plus delaier	13756
	Ne la matiere trespasser.	
	A l'anuitant virent passer	
20520	Un chevalier a esperon	
D 279	Sor un cheval balchant gascon.	13760
	Quant la damoisele le vit,	
	A son chevalier tantost dit:	
	"Biax dols amis, fait ele, alez	
	Au chevalier que la veez,	13764
	Si l'amenez ichi a moi."	
	—"Volentiers, dame, par ma foi."	
	—"Prenez vostre escu par vigor,	
	Car molt plus bel et molt meillor	13768
	Le vos donrai, biax dols amis."	
	—"Dame, ains que vos l'eüssiez quis,	
	Seroit li miens trestoz gastez,	
	S'il n'ert en autre sen gardez,	13772
	Et j'en seroie molt maris."	
20530	Lors point, si s'est de li partis;	
	Et si porte par detriers soi	
	L'escu, c'onques ne prist conroi	13776
	Del cors, ançois ala jouster	
	A celui que m'öés conter,	
	Qui por lui ne volt pas venir	
	A sa dame. Sel va ferir	13780
	Si durement qu'il le porta	
	Mort a terre, c'ainc ne parla.	
	Et ains qu'il fust oltre passez,	

13751 V d. se rioit   13753 V que d.   13755 V Cel jor misent a chevalchier; D wan ich anders zuo endende han   13756 V Mais ne   13763 V Biax chiers a.   13767 V Ostez vostre; D nement üwern schilt frischlich   13775 T Et le p., V De son col osta sans anoi; D und warf den schilt hindersich   13780 V d. ainz lala f.

20540	Chaï a la terre pasmez,	13784
	Que li chevaliers l'ot feru	
92a	Sor le hauberc trestout a nu.	
	La damoisele qui l'ama	
	Vint a lui, si le releva	13788
	Et fist monter sor son destrier.	
	Et quant ele le vit saignier,	
	S'en est iree durement,	
	Mais dit li a molt dolcement	13792
	Qu'il ne s'esmait de nule rien	
	Por sa plaie, qu'il garra bien.	
	"Amis, fait ele, or vos gardez,	
20550	Ensi com vos chiere m'avez,	13796
	Que vos n'alez jamais joster	
	Contre nul cors de bacheler	
	Que vos ne taigniez l'escu pris.	
	Ne fuissiez pas blechiez, amis,	13800
	Se vos l'eüssiez devant vous."	
	Cil respont qui fu angoissous:	
	"Par ma foi, dame, mes escus	
D 280	Fust ore perchiez ou fendus;	13804
	Se cist eü[st] feru desus,	
20560	Ore i eüst autre pertruis.	
	Tant le porroit on pertruisier	
	Qu'il ne volroit pas un denier.	13808
	Dolce dame, je garirai,	
	Se Dieu plaist, et respasserai.	
	Mes escus ne garesist mie,	
	Si fust assez graindre folie."	13812
	La pucele li otroia,	
	Et puis aprés li creanta	
	Que ele li donra escu	
20570	Meillor c'onques li siens ne fu.	13816
	Et se or me leüst a dire	
	Trestot le conte et la matyre	
	Del riche escu d'ermine et d'or,	
	Come il fu trais fors d'un tresor	13820

13817 D inen mag ez gar nüt sagen glich   **13821** D do künig Tamberfal sinen brunlouft tet   **13825-26** D daz er könde gelegen reht den schilt zuom arme an sich glich

As noces le roi d'Amberval
Qui bien avoit cuer de vassal.
Cil l'escu gaaignier devoit
Qui tant fors et tant preus seroit, 13824
Et si a droit peüst joster
20580 Que il li poïst ajoster
L'escu au bras, le bras al cors,
92b Le riche escu avroit cil lors. 13828
Ja nus ne l'eüst autrement,
Tant fust plains de grant hardement
Cil quel gaaigna et conquist.
Et nostre chevaliers le fist, 13832
Par cele foi que je vos doi,
Qui plus plainst l'escu que le roi
Qui le bras por voir pechoia
20590 Le jor que il a lui josta. 13836
Ichi ne me loist arester
Ne ceste aventure conter
Ne les autres, dont molt i a:
Si com la sale delivra, 13840
Ne l'entassement del planchier
Ou on le dut tot detrenchier,
Quant il reüsa sor le pont
Ces qui furent monté amont; 13844
D 281 Ne le hardement des degrez
20600 Qu'il fist puis qu'il fu desarmez,
Dont li pueples se merveilla;
Et li rois qui molt le garda, 13848
Qui molt estoit cortois et sages.
En la chambre come hom sauvages
Se muchoit, et si ert trop biaus.
Iluec fu nomez Lioniaus. 13852
La damoisele l'en menna;
20610 Por voir avec lui tant erra
K'a un paveillon lez un gué,
Dont li pan furent d'or broudé, 13856
Descendirent et hostelerent.

13841-44 *D* und wie men in wolte zerhowen han uf einre louben, den jungen man, wie er sü alle uf die bruge treip, daz ir keinre bi im bleip 13844 *V* Cil qui   13848 *D* und der künig der es do sach   13852 *D* do wart er geheissen Dodinas, daz giht in tüsch törlin

Vallés et serjans i troverent
Qui les rechurent lieement.
Si vos di bien veraiement 13860
Qu'iluec fu mis al gué garder,
Mais ne vos sai pas deviser
Les grans batailles qu'il i fist
Ne les chevaliers k'il conquist. 13864

20620
U N jor li avint tout issi
K'il fu armez jusqu'a midi
Devant le gué sanz remüer,
N'ainc ne vit venir ne passer 13868
En tot le jor nul chevalier,

92c
Et ce li pot molt anuier.
Tout droit entor none sonant
En vit venir un chevalchant 13872
Tot droit al gué le grant chemin;
Pensant venoit, le chief enclin.
Ne sa[i] que plus vos alonjasse
Le conte ne plus acontasse; 13876
Mais enmi le gué, ce me samble,
Josterent ambedui ensamble,
Si qu'enmi le gué s'abatirent.
Et vistement em piez salirent 13880
Et si comenchierent sans faille
As espees si grant bataille,
Et si tres crüel et si dure,

20640
C'ainc mais a nule creature 13884
Ne vit on si grans cops doner.
La matere sanz trestorner
Vos doi dire, que c'est raisons;
Por che vos weil dire les nons. 13888

D 282
Ce estoit mesire Gavains
Et ses fix; toz en sui certains
Qu'iluec se combatirent lors

20650
Li pere et li fix cors a cors, 13892
Tant que hiaumes ne se laissierent;
As espees les detrenchierent.

13861 *TV* gue passer, *ASLMQU* gue garder, *P* tref garder; *D* er wart gesat an die furt dar

Et quant mesire Gavains voit
Celui qui si se combatoit 13896
Si tres jovene, si li a dit:
"Tenez vos, amis, un petit.
Molt vos voi joine par samblant,
Et voi que vostre cors valt tant 13900
Come nuls cors puet plus valoir,
20660 Si m'estuet vostre non savoir,
Si vos requier par cortoisie
Que le voir ne m'en celez mie." 13904
Li joines hom lués li respont:
"Foi que doi a trestot le mont,
Biax sire, vos m'apelerez
Trestot ensi con vos volrez; 13908
Car de mon non mie ne sai,
Fors tant come je vos dirai.
En la cort ou je fui norris,
92d En la riche sale de Lis, 13912
Sai de voir que tuit m'apeloient
20670 Les gens del chastel et nomoient
'Le neveu son oncle,' et li sire
Le faisoit einsi a toz dire. 13916
Maintes fois me conta ma mere
Qu'ele n'osoit nomer mon pere
El chastel por le grant damage
Qu'il avoit fait de mon lignage." 13920
Tantost, sans plus dire ne mains,
Sot de voir mesire Gavains
Que c'est ses fix demainement.
20680 Molt par est liez de[l] hardement 13924
Qu'il voit que si grant en lui a.
Maintenant s'espee estuia
Et dist que il se rendoit pris.
Et cil dist que il n'ert pas vis 13928
A l'eure que il se rendroit,
Ne ja por rien sa pais n'aroit,
S'il ne se met en la prison
Sa dame qu'est el paveillon. 13932

13902 V mestue v.   13905 V lues pont (− 2); D der ritter junc antwürt
im wol   13918 V Que len nosoit

	Einsi li jura bien et dist.	
20690	Et mesire Gavains le fist,	
D 283	Qui tant l'amoit come son cuer,	
	Ne li feïst mal a nul fuer;	13936
	Tout ce que il li dist otroie.	
20702	Atant se metent a la voie.	
	Au paveillon en vienent droit	
	La ou la damoisele estoit,	13940
	Et mesire Gavains descent.	
	Tout maintenant a li se rent,	
	Et la pucele l'esgarda.	
	Et quant assez remiré l'a,	13944
	Si li a dit isnellepas:	
	"Sire, vos ne resamblez pas	
	Estre trop las ne trop grevez.	
	Ne croi pas que soiez oltrez,	13948
	Si m'aït Diex, de la bataille."	
20710	—"Dame, voir avez dit sanz faille,	
	Mais en vostre comandement	
	Me met tot debonairement,	13952
	Tot sanz ire et sanz contredit."	
92e	Et la damoisele li dit:	
	"Biax sire chiers, en ma prison	
	Vos tieng. Dites moi vostre non,	13956
	Car molt le desir a savoir."	
	—"Dame, jel vos dirai por voir	
	Mon non, nel vos celerai plus.	
	Gavains ai non, li niez Artus."	13960
	Quant cil l'oï, si s'embroncha,	
20720	Et si a dit quant il parla:	
	"Par cele foi que doi ma mere,	
	Gavains avoit a non mes pere."	13964
	Et la damoisele respont:	
	"Biax sire, n'a en tout le mont	
	Prince ne roi n'empereor	
	Qui n'eüst en vos grant honor."	13968
	Lors les comence a desarmer	
20730	Por lor samblances esgarder.	
	Et lués que desarmés les vit,	

13936 V feis mal; D er hette im nöte we geton

           Tot maintenant lor jure et dit   13972
           C'onques mais deus homes vivans
           N'ot veüs autresi samblans.
           "Dame, fait mesire Gavains,
           Je sui de ce trestoz certains   13976
           Qu'il est mes fix par verité."
D 284   Lors li a l'afaire conté
20740   De sa mere com le trova,
           Et ensi come il l'engerra   13980
           Et com ses deus oncles ocist;
           Toute la verité l'en dist.
           Or ne porroit estre acontee
           La grans joie ne devisee   13984
           Qu'en fist la nuit au paveillon.
           Ne vos weil faire lonc sermon,
           Mais l'endemain bien par matin
           Se misent tot troi al chemin.   13988
           Ansdeus avec lui les mena
           En Bretaigne ou il en ala.
           Or vos ai dit et raconté
           Tout einsi come il ot trové   13992
           Et le vallet et la pucele
20750   Qui tant ert avenans et bele.
92f   A Carlion avoit li rois
           Artus sejorné bien deus mois.   13996
           Mesire Gavains ot esté
           En maint païs et demoré
           Ains qu'arriere volsist venir.
           Et bien puis dire sanz mentir,   14000
           Molt demenoient grant dolor
20760   A la cort por lui chascun jor;
           Bien quidoient qu'il fust perdus
           Ou mors ou en prison tenus.   14004
           Si ne puet estre devisee
           La grans joie ne racontee,
           Quant il entra en Carlion.
           Ce n'estoit se merveille non   14008

13971 V lors que   **13980** V lengenra; D und wie sü von im swanger wart   **13982** V le dist   **13988** V misent trestuit au; D rittent sü ir strose alle   **13990** V il sen a.   **13995** TV *large initial*

	Des gens qui encontre coroient;	
	A par un poi ne l'estaignoient.	
	Si grant presse font entor lui	
	Que molt en soeffre grant anui.	14012
20770	Ainc ne demanderent novele	
	De son fil ne de la pucele	
	Por la grant joie qu'il avoient	
	Del buen chevalier qu'il veoient.	14016
	Au mengier sist Artus li rois	
	Quant on li ala dire au dois	
	Que mesire Gavains venoit.	
	"Dont sai je que Diex m'ameroit,"	14020
	Fait il. Lors est saillis en piez.	
D 285	De totes pars lués veïssiez	
	Hanas, colpes, et vins verser	
	Desor les dois et mes voler,	14024
20780	Si come il salent del mengier;	
	Por la joie del chevalier	
	Nus n'i atent son compaignon.	
	Lués veïssiés par la maison	14028
	Venir dames et damoiseles	
	Et la roïne et ses puceles.	
	Si tost com li rois l'encontra,	
	De joie et de pitié plora	14032
93a	Et l'a baisié de maintenant	
	Plus de dis fois en un tenant.	
	A pié vint li buens chevaliers	
	Entre chiax qu'il avoit molt chiers,	14036
	Et ot son chief tot desarmé;	
	Mais trop durement l'ont lassé	
	Les dames quant el l'encontrerent,	
	Quel baisierent et acolerent.	14040
	Molt par en orent grant tendror	
	Tuit cil qui l'amerent le jor.	
	En la sale l'en ont mené	

14007 *V* Quant entra a carlion (−1)   14011 *V* A grant paine sueffre entor lui; *D* so gros gedranc umbe in wart   14012 *V* La presse tant li font danui; *D* dez leit er erbeit an der vart   14014 *TV* de sa p., *ASLPMQU* de la p.; *D* weder vomme sune noch von der megede rein   14024 *V* Desus le dois   14028 *V* Lors v.   14034 *V* de .xx. fois; *D* annander me denne zehen stunt

	Et tot maintenant desarmé.	14044
	Si compaignon qui molt l'amoient	
	De lui servir tant se penoient	
	Qu'il n'entendent a autre rien.	
	Une chose vos di je bien:	14048
20793	Uns hom qui n'ert pas conneüs	
	Est en la sale entr'ax venus;	
	Les armes prent et le destrier,	
	Si s'en torne sanz atargier,	14052
	Que onques nus ne l'aperchoit.	
	Mais mesire Gavains le voit	
	Qui molt grant ire au cuer en a;	
	Del bon destrier molt li pesa,	14056
	Qu'il ne l'a viaus od l'armeüre.	
	Et cil s'en va tele aleüre	
20803	C'ainc ne sot en que il devint	
	N'ou ala ne quel voie tint.	14060
	Et s'or me leüst arester	
	A la grant joie deviser,	
	Qui crut quatre tans et doubla	
	Quant li rois Artus demanda	14064
	Monseignor Gavain verité	
20810	En quel terre il avoit esté,	
	Icil chevaliers qui estoit	
D 286	Si tres biax que plus ne pooit.	14068
	Et il maintenant li conta	
	Tout si com al gué le trova.	
	Li vallés fu lors bien venus	
	A cort puis qu'il fu conneüs.	14072
	Toute la cors le conjoioit	
	Por le preudome qui l'avoit	
93b	Engenré, ce poëz savoir.	
20820	Une chose vos di por voir	14076
	Sanz mentir, al mien escïent:	
	A icel jor demainement	
	Fu esleüs de cortoisie	
	De la bone chevalerie	14080

14039 V quant els   14046 V s. tuit se p.   14050 V Ert en   14057 V ne lot viax   14059 D daz nieman wüste, war er kam   14060 V voie il t.
14061 D inen wil die rede niht lengen, seht

Mesire Yvains al plus cortois.
Por che li comanda li rois
Son neveu, que il li mostrast
Bons afaitemens et laissast 14084
Toute autre oevre por ensaignier;
20830 De ce li voloit molt proier.
Cil en fist son comandement.
Lors lor conta molt bonement 14088
Mesire Gavains et mostra
Des grans merveilles qu'il trova.
De la lance le voir lor dist,
Et assez merveillier les fist 14092
Del Graal qui par lui venoit
Si que nus ne le sostenoit,
Et de l'espee et de la biere.
20840 Puis lor a dite la maniere 14096
Come il perdi par son dormir
Les grans merveilles a oïr.
Et quant lor a tout aconté,
Si a enquis et demandé 14100
Ou Guerrehés ses freres fu,
Et li preus Ydiers, li fix Nu.
Li rois respont: "Par tote terre
Vos sont alé cerchier et querre 14104
Il et maint autre chevalier,
20850 Plus a, ce quit, d'un an enti[e]r;
Molt ont esté irié por vos.
Dex! fait il, ramenez les nos." 14108
Molt fu mesire Gavains las;
Certes, je ne m'en merveil pas.
Quant la nui[t] vint, si n'i ot el
Mais qu'il s'en ala a l'ostel 14112
D 287 Por reposer et aaisier,
20856 Et quant fu tans s'ala couchier.
Seignor, se Damediex me saut,
Li contes de l'escu chi faut, 14116
93c Si comence cil del calan
Qui ariva en Glomorgan.

14088 V li conta; D Gawan seite dem künige hoch 14101 V guerehes
14102 V ydier 14110 V ne me m.

20857	ICELE nuit que je vos di,	
	Plut et tona et esparti	14120
	De prinsome trop durement.	
	Si vos di bien veraiement	
	Li airs ert por la grant calor	
20860	Comeüs en grant tenebror,	14124
	Si ne puet pas li rois dormir.	
	Deus siens chamberlens fist venir	
	Devant son lit, puis demanda	
	Une chape; on li affubla	14128
	D'escarlate et de cysemus.	
	Ses braies vesti et nient plus.	
	Entor ses jambes fist noër	
	Ses tygeus por le traïner.	14132
	Uns estivax forrez d'ermine	
20870	Chauça desoz por la chaline.	
	Devant lui fait chierges porter,	
	En une loge sor la mer	14136
	S'en ala por veïr le tans.	
	Se vos di bien, si com je pens,	
	Que d'iluec puet on avaler	
	Et par une posterne aler	14140
	Soz les loges en la marine.	
	A une fenestre marbrine	
	Des estres li rois s'apuia.	
	Le mal tans vit qui trespassa,	14144
	Et la nuis vint et nete et pure	
	Qui molt avoit esté obscure.	
	N'ot pas iluec granment esté,	
20880	Quant a veü une clarté	14148
	Loins en la mer, qui resambloit	
	Une estoile et vers lui venoit;	

14111 *V* Quant vint au soir si   14115-16 *D* hie het daz mer ein ende gar von hern Gawans sun bitz har   14117 *D rubric* Hie vahet die oventür an vomme swan, der den toten ritter brohte uffen dem mer in eime schiffe zuo Glomorgan   14119 *V large initial; TP* A cele n., *V ASLMQU* Icele n.; *D* eines nahtes in eime regene gros   14125 *V* ne pot; *D* künig Artus möhte slofen niht   14130 *TV* Ses bras envesti, *ASLPMU* Ses braies vesti (*P* cauce, *M* revesti); *D* nüt anders do truog er uz dem huse sin 14131-32 *D* sine beininge hies er knöphelen reht, daz sü in nüt irretent eht   14133 *D* zwene botschuohe liht der werde man   14138 *V* Si vos 14141 *TV* Sor les; *D* an die porte dez meres habe

Guerrehés (VI, 1)

	Si s'esmerveilloit durement	
	Que vers lui vient si droitement.	14152
	Et quant il vit qu'ele aprocha,	
D 288	As deus camberlens demanda:	
	"Veez vos rien en cele mer?"	
	—"Sire, ne[l] vos devons celer,	14156
	Une clarté i veons grant,	
93d	Et si vient vers nos aprochant."	
	—"Voire, fait li rois, vez le la	
20890	Pres de chi. Diex! que ce sera?"	14160
	Lors va avant, si a veü	
	Li rois que che uns chalans fu	
	De riches porpres bien bendez;	
	Desor ert toz encortinez.	14164
	Mais n'i ont veü rien vivant	
	Fors un chisne qui vient devant	
	Qui le calant atraïnoit.	
	Un anel d'or el col avoit,	14168
	Ou une caïne ert fermee	
	D'argent molt soltilment ovree.	
	Li autres chiez en retenoit	
	Al chief del calant qui venoit.	14172
	Soz les loges est arrivez,	
	Molt en est li rois trespensez.	
	Adont comencha a crïer	
20900	Li chisnes fort et haut et cler.	14176
	Estrangement s'en merveilla	
	Li rois, et tantost comanda	
	As chamberlens a deffermer	
	Le posterne desus la mer.	14180
	Cil ont fait son comandement	
	Et il i va tout droitement	
	Por savoir qu'en la nef avoit.	
	Enz est entrez; adonques voit	14184
	As deus chiés deus chierges ardans,	
20910	Ainc mais n'avoit veüs si grans.	
	Sos le cortine s'abaissa	

14142 *T* fenestere (+1), *V* fenestre   14144 *T repeated in ms.*   14148 *V* veue une   14156 *TV* ne vos, *ASLPU* nel vos, *M* nu vos, *Q* nou vos; *D* herre, wir verhelnz üch niht   14170 *V* soltiuement (+1)   14176 *V* chisnes molt haut et molt cler   14180 *V* desor; *D* daz türlin wider daz mer fürwor

	Et enz enmi le nef [ala],	14188
	Et vit un chier pale röé,	
	Tout a fin or fait et ovré,	
	Estendus, qui trop biax estoit.	
	Et desor le pale gisoit	14192
	Uns chevaliers mors estendus	
	Qui parmi le cors ert ferus	
	Haut el tendrun de le poitrine.	
20920	D'un riche covertoir d'ermine	14196
	Avoit covert trestot le cors	
	Dusqu'al troz qui paroit defors.	
	Li rois le voit, s'en ot dolor.	
93e	Ainc mais n'avoit veü nul jor	14200
D 289	Nul si tres bel mort chevalier.	
	Lors va avant sanz atargier,	
	Tout le covertoir li osta	
	Et sa grant biauté remira.	14204
	Cil avoit un porpoint vestu	
20930	D'un chier samit a or batu	
	Et d'un sciglaton miparti.	
	"Diex! fait li rois, ainc mais ne vi	14208
	Si bel home en crestïenté	
	Ne si richement adoubé.	
	Trop li siet bien cil auquetons.	
	Vez come il a gens esperons,	14212
	Car de fin or sont, ce m'est vis.	
	Diex! tant mar fu quant il n'est vis,	
	Que trop par ot riches joiaus.	
20940	Vez come il est et gens et biax.	14216
	Certes si est a desmesure	
	De grant richece sa çainture."	
	Si vos di bien de s'almosniere	
	Que ele ert molt et bele et chiere.	14220
	Por le grant biauté qu'il i vit,	
	Ensi come li contes dit,	
	Vint avant li rois, si le prent;	
	Unes letres par dedens sent.	14224

14186 *V* veu si   **14188** *T* le tref (−2), *V* le nef ala; *D* mitten in daz schif er gie   **14192** *TVAP* desoz, *M* desor, *LU* desus; *D* under dem bliot do lag ein ritter tot gestrecket   **14194** *V* cors est f.   **14220** *V* Quele estoit molt b. et m. c.   **14222** *V* dist

GUERREHÉS (VI, 1)

	Tout erranment overte l'a;	
20950	Les letres prist, se[s] desploia	
	Et les porvit de chief en chief.	
	Oiez qu'il ot el premier chief:	14228
	Les letres le roi saluoient	
	Et molt franchement li prioient:	
	"Rois, cis cors fu rois qui ci gist.	
	Avant que fust mors te requist	14232
	Que tu le laissasses ester	
	Enmi te sale, et demorer	
	Le trous qu'il a parmi le cors.	
20960	Quant le fer en ara trait fors,	14236
	[Tout ausi soit icil honnis	
	Et de son cors avilenis	
	Que Guerrehés fu el vergier,	
	Qui le troz osera sachier,]	14240
	Se celui ne fiert autresi	
	Qui parmi le cors le feri,	
	Et par icel liu droitement	
	Et de cel fer meïsme[me]nt.	14244
93f	Rois, en un sarcu le metez.	
20970	Richement est enbalsemez,	
D 290	Que plus d'un an bien i sera	
	Li cors que ja flairs n'en istra.	14248
	Se li tros ne li est ostez	
	Ainçois que li ans soit passez,	
	Si le porrez faire enterrer,	
	Que ja puis n'en orrez parler.	14252
	S'il est vengiez, bien ert seü	
	En vostre cort quels hom il fu,	
	Dont il ert et de quel païs,	
20980	Et come il fu a tort ocis."	14256
	Adont ploia le brief arriere,	
	Si le remist en l'aumosniere;	

14234-44 *D* mitten in üwerme palas, seht, bitz ein ritter ziehe us dem toten man daz trunsel mit dem ysin gar. der ritter, ders uz zühet, joch muoz er mit dem selben ysin doch ginen stechen, der in stach, und durch die brust sam disem geschach, alse men in gestochen siht: anders würt er gerochen niht   14234 *V* En te s. et tant d.   14237-40 *TVD om. (see note)*   14246 *TV* R. soit e., *A* Quil est r. anbasmez, *S* Qui soit r. embasmez, *P* Si r. est enbausmes, *L* R. est enbausemes, *MQU* Si (*Q* Mont) r. et enbasmez; *D* wan er ist gebalsemet wol   14248 *V* flair ne fera

*[und hies in tragen in den sal
mit siner gezierde über al.]*
Tout autresi com le troverent
En la nef quant il i entrerent, 14260
Le fist li rois appareillier.
Desoz son chief un oreillier
Li mist, et puis le recovri
Du covertoir tout autresi 14264
20992   Com l'ot trové premierement.
Ases chamberlens molt desfent

Que ja par als ne soit seü
Rien qu'il aient iluec veü. 14268
Adont li rois se remua
Et as fenestres s'apuia
Por le chisne que il oï,
Qui crïa et braist et feri 14272
Tant fort ses eles en la mer,
21000   Si que il en a fait torner
Le chalant molt isnelement
Od le grant chaïne d'argent 14276
Qui en la nef saldee estoit,
Que il entor le col avoit.
Le roi encline par samblant,
Puis si s'en va sa nef traiant, 14280
Et crie et maine sa dolor,
Ce resamble, por son seignor.
Li rois en est trop merveilliez.
21010   Vint a son lit, si est colchiez; 14284
Toute nuit veilla, je vos di,
Dusqu'al matin qu'il s'endormi.

QUANT on sona par la cité,
94a   Si come on ot acostumé, 14288
D 291   As chapeles et as mostiers,
Mesire Gavains toz premiers

14251 V Se le   14258 TPL saumosniere, VASMQU laumosniere; D und leit in wider in ieso und hies in tragen in den sal mit siner gezierde über al. reht als ern in dem schiffe vant   14263 V puis li r.   14264 V Dun c.   14268 V aien iluec   14276 V A le g.   14281 V maine grant d.   14283 V rois sen

Se vesti molt tost et leva
Et ses compaignons apela, 14292
Toz cels qui avec lui estoient.
Del chevalier quant il le voient
Se merveillierent durement
Et cuidierent tot vraiement 14296
Del chevalier que il dormist.
"Diex! font il, qui est qui la gist?"
Lors sont si pres del dois venu
Qu'il esgardent, si ont veü 14300
Que c'est uns chevaliers ocis.

21030 Molt l'esgardent enmi le vis,
Mais nus d'ax toz ne le connut.
La novele, si come il dut, 14304
En vait molt tost par la chité.
Si vos di bien par verité
Que por la merveille esgarder
I veïssiez grant gent aler. 14308
Gavains li preus nel remua,
Ainçois trestout coi le laissa

21041 Et dist que ja n'ert remüez
Devant que li rois ert levez. 14312
Puis en va en la chambre droit.
Le grant merveille que il voit
En la sale a al roi contee;
Et li rois qui l'avoit trovee 14316
Fait samblant tot a escïent
Come s'il n'en seüst noient.
Lors s'est isnelement levez,

21050 Et quant il se fu atornez 14320
De si tres riche vestement
Come a cors de tel home apent,
Si vint en la sale manois.
Molt trove gent entor le dois, 14324
Mais la presse font departir
Cil qui le roi voient venir.

14293-94 *T repeated in ms.*   14293 V Tot cil qui od lui la estoient
14296 V Si quidierent certainement   14297 V Que li chevaliers se d.
14298 V fait il   14303 V nus dals ne le reconut   14304 V come
dut   14309 *T* p. le remua, *V* p. nel remua, *ASLPMQ* Messire g. le leissa
Tot einsi com il le trova; *D* Gawan lies in nüt rueren an

	Lors vait avant et si a pris	
94b	Le colte pointe de samis	14328
	Et le pale sor coi gisoit	
	Et le porpoint que il avoit,	
	Si riches et si nobles fu.	
	"He, Diex! fait il, tant mar i fu	14332
	Cil chevaliers quant il n'est vis."	
D 292	Lors va avant et si a pris	
	Le covertoir, sel descovri.	
21060	"Seignor, fait il, ainc mais ne vi	14336
	Si bel home de mere ne.	
	Se ne quit en crestïenté	
	En fust nus si de joie plains	
	Com cil quant il ert vis et sains,	14340
	Ne si amez come il estoit.	
	Bien pert as joiaus qu'il avoit,	
	Car onques mais nus chevaliers	
	N'en ot tant biax ne de si chiers.	14344
	Bien pert qu'il amoit hautement	
	Et qu'il ert nez de haute gent.	
	Diex! com biax oex, si beles mains;	
	Com biax dois, si lons et si plains;	14348
	Si droites gambes, si vols piez	
	N'ot ainc mais nus. Et si sachiez	
	Qu'il ert cointes a desmesure,	
	Et bele et riche sa çainture."	14352
	Lors prent maintenant l'aumosniere;	
21070	Bien savoit tout[e] la maniere	
	D'unes letres que il trova.	
	Lors les traist hors, si esgarda.	14356
	Et quant il les ot bien leües	
	Et de chief en chief porveües,	
	Mesire Gavains li a dit:	
	"Sire, qu'avez trové escrit	14360
	En ces letres? Dites le nous."	
	—"Par cele foi que je doi vos,	
	Biax niez, nel vos celerai mie;	

14323 V vient   14327 V Lors avant (−1); D er gieng fürbaz und sach die lich   14328 V Le covertoir sel descovri (cf. 14335); D und ouch daz tekelachen rich   14329 T soz coi, VALPM sor coi, SQ sus quoi; D und daz bluot (sic, for bliot) obe dem man   14350 V et se s.

En talent ai que jel vos die. 14364
    Cist cors ci a molt grant fïance,
    Ce dist li briés, de sa venjance
    En ciax de la Table Roonde;
21080 Plus s'i fie qu'en tout le monde. 14368
    Cest troz qu'il a parmi le cors,
94c Volroit, ce dist, que il fu[st] fors,
    Mais ainc nus ne l'osa oster.
    Çaiens sont li buen bacheler, 14372
    Se Dieu plaist, qui li hosteront;
    Trestoz les en prie et semont.
    Si m'a cis cors el brief requis
    Qu'enmi ceste sale soit mis 14376
    En un sarc[u]. Toz sui certains
D 293 C'un an et un jor, plus ne mains,
    I velt estre, c'est veritez,
    Avant que il soit enterrez, 14380
21090 Se ne li est ostez ançois
    Li troz del cors. Et si fu rois,
    Si com je voi es letres chi.
    S'il est vengiez, bien le vos di, 14384
    Lors sarons toute l'aventure
    De sa mort, ce dist l'escripture.
    Seignor, il est de haute gent;
    Bien pert a son atornement. 14388
    Autre chose redit aprés
    Sor coi je tent le greignor fes:
    Que tout ausi soit cil honnis
    Et de son cors avilenis 14392
    Que Guerrehés fu el vergier,
21100 Qui le troz osera sachier,
    S'il ne fiert celui autresi
    Parmi le cors qui le feri, 14396
    Et par icel liu droitement
    Et de cel fer demainement."
    Thor, li fix Arés, li respont:
    "Sire, par toz les sains del mont, 14400

14363 V ne vos; D ohein, ich verhils üch nüt, seht   **14370** V Valroit;
D daz wolt er, daz ez drus wer   **14384** T S'il nest v., V S'il est; D würt
er gerochen, es würt wol schin   **14389** V redist   **14393** V Com
guerres fu el v. (−1); D alse Gaheries in dem garten wart

	Cist cors ne set qu'il a requis.	
	Soz ciel n'a terre ne païs	
	Ou l'en le sache aler vengier.	
21110	Qui troveroit le chevalier	14404
	Qui l'a mort, dites moi verté,	
	Puis qu'il ne l'a el brief mandé?"	
	—"Ne sai, fait mesire Gavains,	
	Mais tant ente[n]t je chi al mains,	14408
	Qu'il rueve ausi celui ferir	
	Qui le feri, et sanz falir	
	Tout par icel endroit del cors	
94d	Et de cel fer quant il ert fors.	14412
	Ce ne porroit estre achievé	
21120	Par nul home de mere ne.	
	Grant piece puet çaiens ester	
	El sarcu sanz le troz oster;	14416
	Certes grant hardement fera	
	Li chevaliers qui l'ostera."	
	Einsi remest; et si fu pris	
	Li sarcus d'un chier marbre bis.	14420
	Ens enmi la sale l'asistrent,	
	Et le chevalier dedens mistrent	
	Sor le pale tot estendu.	
D 294	Si richement enbalmez fu	14424
	Que se il i gisoit toz jors	
	N'en istroit il ja male odors.	
	Li rois jure qu'il li tenra	
21130	Ce qu'il li requist et prïa;	14428
	Mais de ce que il dit avoit,	
	La verité nus n'en savoit,	
	De la grant honte del vergier,	
	Mais il le sara sanz targier.	14432

SACHIEZ que Guerrehés queroit
Son frere si come il devoit.
Un jor chevalchoit, je vos di,

14399 *V* Tor li fix arez   **14405** *T* Qui lamoit d., *VALPMQU* Qui la mort d.; *D* wer wiset uns den ritter reht, daz sagent uns, der in stach tot   **14420** *T* sarcus sor un m. b., *V* sarcus dun chier m. b., *A* s. de fin m. b., *L* Lues li s. de m. b., *PMQU* Uns biaus tombiaus de m. b.; *D* do suochte men einen sarc rein von einem gruenen marmelstein

	Aprés tierce, devant midi.	14436
	Trois jors et plus avoit esté	
21140	Que il n'avoit home trové,	
	Car il ert si enforestez	
	Que il estoit molt esgarez.	14440
	Lors vint en une praerie,	
	Ainc n'avoit veü en sa vie	
	Ausi biax pres de lor maniere.	
	Parmi avoit une riviere,	14444
	S'avoit un chastel sus assis,	
	Clos de haut mur vermeil et bis,	
	Tot fait de marbre [et] de lihois,	
	Eschequerés jausnes et blois.	14448
21151	Toreles avoit pres a pres.	
	La fachon a itant vos les,	
	Que moi ne loist a deviser;	
	Mais molt volroit laiens entrer	14452
	Guerrehés si tost com le voit.	
94e	Cele part chevalche a esploit,	
	Si est passez oltre le pont	
	Et si s'en va tout contremont.	14456
	Laiens el chastel s'en entra,	
	Ainc tel merveille n'esgarda	
	De richoise ne de biauté,	
21160	Mais n'i a nul home trové.	14460
	Au petit chastel va avant,	
	Mais n'i trova home vivant.	
	Outre s'en passe isnelement	
	Et vient en la sale et descent.	14464
	Puis est en une chambre entrez,	
D 295	Et trois biax lis i a trovez	
	D'or et d'yvoire torneïs,	
	Covers de molt riches tapis.	14468
	Son cheval aprés lui tira,	

14426 V istroit nule m.   14432 D sü befundentz ab schiere hie, waz ez waz, wie ez ergie   14433 D *rubric* Hie seit er, wie Gaheries geschendet wart in dem garten; V guerrehes   14446-49 D umbemurt von marmelstein gemenget reine rot und gro, darzuo vil türne gel und blo: nohe annander stuondent die   14447 T marbres de, VALPMQU marbre et de 14448 V Esquecheres gaunes   14453 V Guerres si (−1); D Gaheries, do ers ersach

21170	Au pecoul d'un lit l'aresna.	
	Puis est sor l'autre lit assis	
	Et son escu lez lui a mis.	14472
	Aprés a son chief desarmé,	
	Qu'il fasoit caut come en esté.	
	Puis esgarde par cele cambre	
	Qui painte ert et volse de lambre	14476
	Et trop bel et trop richement,	
	S'ert jonchiee novelement	
	D'erbe fresche qui bone odor	
	Rendoit laiens et grant froidor.	14480
	Et cil qui molt ert traveilliez	
	Se sist sor un lit appoiez,	
	Si se repose et tient en pais,	
21180	Et dist: "Cambre, s'anuit vos lais,	14484
	Et tant est qu'a mengier i oie,	
	Ja puis a nul jor Dieu ne voie."	
	Sor destre esgarde et voit un huis.	
	Et il que fait? Lués leva sus,	14488
	Entre ses mains son elme tint,	
	Tot droitement a l'uis s'en vint	
	Molt tost, et si le desferma	
	Et en une autre chambre entra	14492
	Assez et plus riche et plus grant	
21190	Que nen estoit l'autre devant.	
	Deus lis i trova et non plus,	
94f	Si avoit deus pales desus.	14496
	Il les esgarde et si a dit:	
	"Se Damediex et fois m'aït,	
	Tout est bel quanques chaiens a."	
	Parmi le tierç huis en passa	14500
	En une chambre si ovree	
	C'onques ne fu tex esgardee,	
21200	Ne si tres bele en tout le mont.	
	Par toutes les boches qui sont	14504
	Ne porroit pas estre descripte	
	La biautez qui ens est escrite;	

14461-62 V *om.*; D er reit in die burg fürbas, donen waz ouch nieman, wüssent das **14474** V faisoit **14480** V freschor **14485** V i aie **14489-90** T *inv.*; D sinen helm huop er mit der hant einsit und gieng zuo der türn wit

Si estoit de bele grandor.
Un lit, ainc hom ne vit gentor, 14508
Ot en la chambre solement.
Trop fu de riche atornement;
La colte pointe firent Mor
D'un blanc dÿaspre ovré a or. 14512
Laiens clarté ne covenoit
Fors de l'or, dont molt i avoit,
Et d'un riche escarbocle ardant
Qui rent laiens clarté si grant 14516
Que ja si obscur ne feïst
Que l'en assez cler n'i veïst.
Une grant fenestre a trovee
Guerrehés, si l'a desfermee. 14520
Atant a veü un vergier
Tot plain de fruit et riche et chier.
A la fenestre s'apuia
Et par le vergier esgarda, 14524
Si voit deus paveillons tendus
Dedens, de soie a or batus.
Desus avoit riches pumiax
De fin or reluisans et biax. 14528
En ce que il estoit issi,
Del menor paveillon issi
Uns nains molt cors et molt petis,
S'estoit vestus de deus sangins 14532
Petis trop bel et richement.
Et se tint un hanap d'argent
En sa main destre, et si ot sus
Une touaile tot sans plus. 14536
Parmi le vergier trespassa,
En l'autre paveillon entra.
Et Guerrehés, quant le nain voit,
Lors quide bien, et si a droit, 14540
Que en cel paveillon ait gent.
Parmi la fenestre descent,
Car il n'i trova autre entree,

14515 *V* riche scarbocle   **14529** *V* estoit ensi   **14530** *V* Del meillor paveillor; *D* vomme kleinen gezelt kam us har   **14532** *V* sangris; *D* von zweigen scharlachen reine

Et cele ert si grant et si lee 14544
Que parmi el vergier se lance
Armez fors d'escu et de lance.
En la canbre avoit tot laissié
Ou son ceval ot atachié. 14548
Vers le paveillon s'en va droit
Otot son elme qu'il tenoit,
S'entre ens et voit premierement
Desor un faudestuef d'argent 14552
Une molt bele damoisele

21240 Seoir; ainc nus ne vit si bele.
Devant le faudestuef avoit
Un lit, et en cel lit estoit 14556
Uns pailes vermax come sanc.

D 297 Li drap furent de soie, blanc,
Qui sor le lit estoient mis,
Plus que n'est noif ne flor de lis. 14560
Un covertor forré d'ermine
Et d'une porpre alixandrine
Desus les dras ert estendus.
Uns chevaliers grans et menbrus 14564
Gisoit el lit et fu navrés.

21250 Molt estoit par sanblant grevez,
D'une porpre bendez estoit.
Entre ses bras le sostenoit 14568
Uns vallés ens el lit seant,
Et li nains li tenoit devant
Le hanap qu'il ot aporté,
S'avoit dedens par verité 14572
Lait d'amandes et levé pain.
Le damoisele de sa main
Avoit le pain frait et ens mis.
Une cuillier d'or, ce m'est vis, 14576

21261 Tint en sa main dont le paissoit,
Et cil al mix que il pooit
Mengoit. Adont le salua

14534 V Et si t.   14539 V Et guerres (−1)   14548 T Et son,
V Ou son; D do sin ros gebunden waz   14550 V Od tout son helme
qui t.   14561 V covertoir forre   14565 V fu armez; D uffe dem
bette lag wunt ser   14567 V prorpre une jupe avoit; D einen roc an,
waz purpurin

Guerrehés qui laiens entra: 14580
"Sire, fait il, Dex beneïe
Et vos et vostre bele amie."
Cil l'esgarda, si fu mari,
A se main le hanap feri 14584
Si que tot le lait fist verser.
"Dex! fait il, qui porra oster
Cest chevalier?" Lors se torna;
De l'ire qu'il ot s'escreva 14588
Sa plaie si tres durement
Tot li drap en furent sanglent.
Et Guerrehés aprez a dit:
"Biax sire chiers, se Dex m'aït, 14592
Ce sachiés vos ce poise moi
De ce que si irié vos voi."
Et cil redist lués: "Deu, merci!
Mors sui. Ostez le moi de cil" 14596
—"Estez, fait li vallés, biax sire;
N'en aiés ja ne dol ne ire.
Li petis chevaliers verra
Orendroit qui le honira." 14600
La damoisele se seoit
Tot en pais et mot ne disoit.

ATANT vint ens li chevaliers
Qui fu petis; et ses destriers 14604
Si fu petis a desmesure.
Ce ne sanbloit c'une faiture;
N'estoit mie fais come nains.
Piés et jambes et bras et mains 14608
Et teste et ex et bouce et vis
Ot trop bien fait, ce vos plevis,
Tot ensi com li covenoit
A le grandor que il avoit. 14612
Trop ert bien fais de sa maniere,
De cors, de membres et de chiere.
Et sachiés qu'il ot sor l'archon
Demi pié de bus, et plus non. 14616

14584 V Od sa m.   14588 V ot escreva   14597 V Ostez
14599 VASLPMQU venra; D der kleine ritter kumet zehant

	Escu ot petit d'or burni	
	Et petite lance autresi	
	Et un porpoint de siglaton;	
	Et porte petit gonfanon	14620
	Et vint poignant tot abrievez	
	Et est el paveillon entrez.	
95c	A ce qu'il vint par tel aïr	
	N'i ot par sanblant que marir.	14624
21311	Quant il a veü Guerrehais,	
	Si li a dit: "Couars, malvais,	
	Por coi venistes vos ici?"	
	Lors va avant, si le feri	14628
	De se lance tot maintenant	
	Parmi le chief en galoiant,	
	Et dist: "Prez ne vos faç voler	
	Le chief. Molt tost vos lo armer."	14632
	Et li navrez li respondi:	
	"Devant que vos l'aiés honi,	
	Nel laissiés del vergier issir.	
21320	Grant orgueil fist de ça venir."	14636
	Et Guerrehés quant il l'entent	
	Si s'en ist fors isnelement	
	Et vit son escu el vergier.	
	Sa lance trove et son destrier,	14640
	C'uns vallés li ot amené.	
	Lors a molt tost son chief armé,	
	El ceval monte et l'escu prent	
	Et le lance que cil li tent,	14644
	Et dist: "Biax sire, or m'en iroie,	
21330	Se vos m'enseigniés la voie."	
	—"Certes, ains que partez de chi,	
D 299	Fait li nains, vos arai honi	14648
	Si que jamais honor n'arez	
	En nule terre ou vos alez,	
	Que a moi vos covient joster.	
	Ja ne m'en deignerai armer	14652
	Por nule rien qu'en me puist dire.	
21340	Dex! por coi se mari me sire	
	De vos qui tant estes malvais?"	

14615 V *lacuna begins*   14628-30 D und sluog im zehant eins dar

—"Certes, sire, fait Guerrehais, 14656
Molt a en vos bel chevalier
Et molt faites a resoignier,
Car molt vos voi et grant et fort;
Par parole m'avez ja mort." 14660
Lors li lait corre por ferir
Li nains de molt tres grant aïr.
Quant Guerrehés venir le voit,
A l'ains qu'il pot et al plus droit 14664
Li lait le suen cheval aler,
Mais onques nel pot assener,
Ains feri en l'archon devant,
Ce sachiés, un colp si tres grant 14668
Que tote sa lance froissa.
Et de ce molt se merveilla
Que lui ne son petit destrier
Ne pot a terre trebuchier. 14672
Et li nains si bien le feri
Que a le terre l'abati.
Puis saut a terre du cheval,
Si vient tot droit sor le vassal. 14676
Une estrange merveille fist,
Que sor le col le pié li mist
Et contre la terre l'estrainst
Si que por poi que ne l'estainst. 14680
Quant ot ce fait, a soi tira
Son pié et puis li demanda:
"Vorrez me vos plevir prison?"
Cil ne li pot rendre raison, 14684
Si durement se sent blechié.
Ariere au col li mist le pié.
Si tost come grever se sent,
A l'ains qu'il pot sa main li tent 14688
Et dist: "Sire, tenez ma foi;
Mort m'avez, si ne sai por coi."
Li nains respont: "Premierement
Vos dirai l'establissement 14692
De cest vergier sanz nule faille.

14653 *D* wie ir doch gröser sint denne ich   **14664-72** *D* gar snelleklich daz geschach, daz ginre und sin ros clein nüt beide fielent über ein

	Tot cil a cui je faç bataille,	
	Au chief de l'an que jes conquier,	
21380	Sont assis au plus vil mestier,	14696
	Certes, qui soit en tot le mont.	
	Por voir vos di, tisseran sont,	
D 300	Ne ja puis n'en seront osté	
	Por nul home de mere ne,	14700
	Ains tissent pailes et boffus	
	Et dras de soie a or batus,	
	Et font molt riches paveillons	
	Ovrez de molt riches fachons.	14704
	Molt en a grant rente me sire,	
21390	Par verité le vos puis dire,	
95e	Que cent chevaliers ai conquis	
	Qui a cest mestier sont tot mis,	14708
	Ne nus n'i est s'il nel requiert.	
	Or vos dirai coment il iert:	
	En vostre païs en irez,	
	Un an vos en conseillerez,	14712
	Puis reverrez en cest vergier	
	Au chief de l'an sans atargier;	
	Si le fiancerez par foi	
21400	C'a cel jor serez ci a moi.	14716
	De trois jus adont l'un prenez	
	Si tost come ci reverrez,	
	Mais del meillor serez honis	
	A toz jors et vilment baillis.	14720
	S'adont volez tisserans estre,	
	Nos vos en metrons a bon mestre.	
	Se cest ju parti ne volez	
	Qui vos est dis et devisez,	14724
	Si vos covient a moi combatre.	
	Et se je ne vos puis abatre	
	Del cheval et d'armes outrer,	
21410	Si vos en porrez bien raler	14728
	Toz delivres sans encombrier,	
	Si arez laissié le mestier.	

14701 *D* sü wöbent semit und bliot   14713 *ASLPMQU* revenroiz: *D* und koment wider, sint ir gewer   14718 *D* so balde ir wider koment har
14720 *T* tot jors; *D* die wile ir lebent alle üwer zil

Se de ces deus l'un ne prenez
Que je vos ai ci devisez, 14732
Si perdrez lués tot maintenant
Le chief, ja n'en irez avant.
Vassal, or avez bien oï
Com fait sont li mien ju parti, 14736
Et al terme que j'ai nomé
Le quel qui mix vos ert a gre
Porrez prendre sans contredit."
Guerrehés li respont et dit: 14740
21420 "Ensi le creante et otroi."
Adont li afie sa foi
C'al jor sanz faille reverra
Et que l'un des trois jus prendra. 14744
D 301 Lors dist li nains sanz demorer:
"Des or vos en poëz aler
Par le fenestre ou vos entrastes,
Onques autre huis n'i demandastes. 14748
95f Et vostre destrier troverez
En la sale quant i serez;
Cist vallés le vos i menra,
21430 Puis irez la ou vos plaira." 14752

Maintenant Guerrehés s'en torne
Qui el vergier plus ne sejorne.
Parmi le fenestre est alez
Ariere et en la canbre entrez; 14756
Et quant fu ens, si esgarda,
Estrangement se merveilla,
Que bien i trova largement
Puceles, quatre vins et cent, 14760
Qui font laces et aumosnieres
21440 Et joiaus de mainte[s] manieres.
Totes dïent: "Dex! dont est nez
Cil malvais recreans provez 14764
Que li petis nains a vencu?
Ainc mais si malvais hom ne fu."
Et Guerrehés quant ce entent,

14743 D daz er keme uf den tag also   **14754** T el palais, ASP el vergier:
D er gieng uz dem garten die riht

Outre s'en passe vistement, 14768
Que molt li font mal acueilloit
Totes celes que illuec voit.
Vilainement l'ont salüé
Totes ensanblë et hüé. 14772
En l'autre cambre s'en entra.
Tote plaine le retrova
De vallés et de damoiseles,
21450   Et molt en i avoit de beles. 14776
Maintes ovres iluec faisoient;
Li vallet venu i estoient
Por aus deduire et por jüer.
Quant il virent celui entrer, 14780
Si li escrïent tot adez:
"Vix recreans, sor toz malvez,
Li petis nains vos a honi.
Couars, malvais, fuiés de ci! 14784
Dehait ait li vostre biax cors."
Parmi l'uis s'en est issus fors
Cil qui onques mais a nul jor
21460   N'ot ire ne honte greignor. 14788
En la tierce canbre est entrez,
De toz quidoit estre escapez.
96a   Lors voit dames et chevaliers
D 302   Qui a[s] eschez et as tabliers 14792
En pluisor[s] lix se deduisoient.
As eschez li un d'ax juoient,
Li un as tables d'autre part.
Tot s'escrïent: "Vez le couart 14796
Que li petis nains a vencu.
21470   Dehait sa force et sa vertu!
Certes de dol devroit morir,
Puis que il s'est laiés honir 14800
A une povre creature
Qui est une fine faiture;
Et il est si biax et si grans.
Or del fuïr, vix recreans, 14804
Que jamais ne soiés veüs
En terre ou soiés coneüs
Anchois que ce vos avenist."

Ainc Guerrehés mot ne lor dist; 14808
Toz hontex outre s'en passa
Tant qu'en la maistre sale entra.
Molt le trove plaine de gent,
D'uns et d'autres comunement. 14812
Vallés i ot et escuiers,
Serjans, borjois, et chevaliers.
Et lués qu'il ont celi veü,
Si s'escrïent tot a un hu: 14816
"Vez le couart, vez le malvais,
Le plus tres vil qui fust ainc mais.
L'en le devroit com larron pendre
Quant il n'ot cuer de li deffendre. 14820
Vez le plus povre rien del mont."
A par un poi d'ire ne font
Li bons Guerrehés quant les ot.

21483   Outre s'en passe et ne dist mot, 14824
Et monte lués en son destrier
Qu'il trove luec sanz atargier.
Son escu prent com hom maris,
Si s'est de la sale partis. 14828
Le petit castel trespassa,
C'onques nul home n'i trova.
Lors quida bien estre escapez,
21490   Mais quant el borc est avalez, 14832
96b   Si voit totes plaines les rues
De borjois et de gens menues
Qui le comencent a hüer,
Et dïent tot: "Or del rüer 14836
D 303   Au malvais couart, au vencu,
Que l'en deüst avoir pendu,
Puis que n'a cuer ne tant ne quant."
Lors vint endroit les bans passant 14840
Ou on vendoit char et poison,
Oiseax et autre venison.
Li menestrel qui ce vendoient,
Quant envers aus venir le voient, 14844
21501   Si le hüent trestot ensamble
Et si le fierent, ce me samble,
De vis boiaus et de poissons.

　　　　　Et li autre rüent polmons　　　　　14848
　　　　　Et pieces d'oint o grant froissure.
　　　　　Si li font illuec grant laidure
　　　　　C'ainc nus hom ne fu si honis
　　　　　Puis que li mons fu establis　　　　　14852
　　　　　Com cil del castel le honirent
　　　　　Et hüerent et debatirent.
　　　　　Et tot a une vois disoient
　　　　　Que par tot le mont le savoient　　　14856
　　　　　Come li nains l'avoit bailli.
　　　　　De la vile fors s'en issi
　　　　　A l'ains qu'il pot et si erra
　　　　　Isnelement et eslonga　　　　　14860
　　　　　Le castel, ce vos di por voir.
21520　　Et quant ce vint contre le soir
　　　　　Si dist: "Dex! ou porrai aler?
　　　　　En cel castel oï crïer　　　　　14864
　　　　　Que toz li mondes le savoit
　　　　　Le grant honte qui m'avenoit.
　　　　　Mix vorroie estre ars ou ventez,
　　　　　Par toz sains, que ce fust vertez."　　14868
　　　　　Que porroie je plus conter?
　　　　　Il ne sot nul home encontrer.
　　　　　Quant il es chemins gens veoit,
21530　　Au traver quans lués se metoit.　　14872
　　　　　Ainc cele nuit ne herbrega
　　　　　Ne ainc ne but ne ne menga.
96c　　　Et l'endemain bien par matin
　　　　　Aloit pensant le chief enclin,　　　14876
　　　　　Et en ce qu'il ensi pensoit,
　　　　　Enmi le chemin qu'il erroit
　　　　　Trova vallés et escuiers
　　　　　Et garchons qui mainent somiers.　　14880
　　　　　Molt bonement le salüerent
　　　　　Ne onques mot ne li sonerent

14840 *D* in die gassen kam er zestet　　**14846-51** *D* und wurfent zuo ime vaste hin mit lungen ful und mit darmen. fule vische wurfent die armen, die dritten mit obse ful wurfent sü im zuo sinem mul: kein man wart nie bas geschant　　**14847** *E* Des viez boiaus de leur poisson　　**14852-54** *D om.*　　**14868** *T* verstez, *AE* vertez, *LSU* verites, *P* Que geusse estet si menes; *D* denne es in allen wer bekant

De sa honte. Outre s'en passa.
"E, Dex! fait il, ce que sera?
Se ma honte, Sire, n'estoit
Seüe, tant bel me seroit."
Segnor, les gens qu'il encontra
Ne les osteus que il trova
Ne me loist mi[e] raconter,
Fors que tant esploita d'errer
Qu'il oï dire et sot de voir,
A un ostel ou fu un soir,
C'a la cort toz haitiés et sains
Ert venus mesire Gavains.
Cele part vint et tant erra
C'a Tintaguel le roi trova.
De sa venue fu molt lie
La cors et tote la maisnie.
Li rois l'a durement joï
Et mesire Gavains ausi.

Lonc tans aprez li ont conté
Del chevalier la verité,
Qui le brief a en l'aumosniere.
Tote li dïent le maniere,
Puis comencent a encerchier
S'il fu onques en nul vergier
Ou grant honte li avenist.
"Je non, fait il, qui le vos dist?"
—"Qui? Li briés que li chevaliers
Portoit." —"Ja si est losengiers."
Ensi remest puis longement.
Li rois acostumeement
Tenoit ses cors en icel an
En la grant sale a Glormagan.
Laiens en miliu trestot droit
Ert li sarcus ou cil gisoit
Qui ot tot descovert le vis.

14872 *E* Es travers des chans se metoit, *AS* Parmi les chans se destornoit, *LMQU* Par autre voie sen aloit, *P* Aval les cans se fourvoioit; *D* so reit er übers querchvelt dar   **14905** *T* anonchier, *ASLPEMQU* encerchier; *D* darnoch frogetent sü in mer

	Si vos di bien, al mien avis,	
21570	Que nus ens entrer ne poïst	
	Qui apertement nel veïst	14920
	Et maintenant, se lui pleüst	
	Et tant de hardement eüst,	
	Li poïst fors le troz sachier.	
	Mais nus ne s'i veut ensaier	14924
	Et si m'est vis que il ont droit.	
	Sachiés que Guerrehés estoit	
	Iriés de sa grant deshonor.	
D 305	Par matin se leva un jor	14928
	Et tot li autre chevalier,	
	S'alerent le roi esveillier	
21580	Por soi vestir et atorner,	
	Car el bois devoient aler.	14932
	Et tandis com il s'esveilla	
	Et vesti et apareilla,	
	Li chevalier ariere virrent	
	Et entor le sarcu se tirent.	14936
	Celui esgardent qui ens gist,	
	Chascuns ce que li plot en dist.	
	Et Guerrehés forment haoit	
	Le cors au plus que il pooit	14940
	Por le honte qu'il ramembra	
	Par les letres qu'il aporta.	
	Si dist: "Vassal, molt puet ester	
	Cil troz en vos sanz remüer.	14944
	Ja ne quit qu'il en soit sachiés	
	Ne vos jamais soiés vengiés."	
	Un poi de sa main i toucha.	
	A un de ses dois acrocha	14948
	Une esquerde si que del cors	
	Sali li troz et li fers fors,	
	Voiant toz les bons chevaliers.	
21590	Mesire Gavains toz premiers	14952
	Li dist lués: "Guerrehés, biax frere,	
	Foi que je doi l'ame mon pere,	
	De noient vos entremetiés	

14935 *E* vindrent; *D* die ritter giengent in den sal   **14936** *E* tindrent; *D* unbe den sarc stuondentz überal

Quant vos vo main au troz metiés. 14956
N'avoit ore bon chevalier
Chaiens qui le poïst sachier?
Frere, trop vos estes hastez."
Mesire Yvains li dist: "Ostez, 14960
Sire; ce poëz bien laissier.
Il n'i a rien del castoier
Puis que l'en amender nel puet.
La chose en pais laier estuet." 14964
Le fer ont pris et esgardé,
Qui ert de si tres grant biauté
Com s'il del forbeor venist.
Ainc n'i ot nul qui ne deïst 14968
Qu'il deüst bien estre laidis
Dedens le cors et toz noircis.
Et quant assez l'orent veü,
Si l'ont au chevalier rendu, 14972
A celui qui sachié l'avoit;
Si li dïent qu'il ne savoit
Com il a empris grevex fais.
"Si m'aït Dex, fait Guerrehais, 14976
Coment qu'il soit de l'achiever
Ne que que il doie grever,
J'en ferai si tot mon pooir
Que blasme n'en devrai avoir." 14980
Com hom de grant ire escauffez,
Atot le fer s'en est alez
A son ostel tot maintenant,
Et dist qu'en li aport errant 14984
Ses lances. On li aporta.
En la plus grosse qu'il trova
Fist le fer tantost asseoir,
Sel ferma si ne pot caoir. 14988
Puis l'a molt bien rové garder
Entrusc'atant qu'il doie errer.
Aprez cel fait, ce vos recont,
Tint cort li miudres rois del mont 14992
A une Pasque a Carlion.
Au plus haut dois de le maison
Sist li rois le jor au disner.

96e

21600

21610
D 306

21620

21629	Celui que il pot tant amer Fist seoir assez prez de lui,	14996
	Mais en son cuer ot tant d'anui De ce qu'en li fist el vergier	
	Qu'il ne puet boire ne mengier.	15000
96f	A l'affaire qu'il a enpris Est tot adez ensi pensis Que il ne veut jüer ne rire	
	Por rien que on li sace dire.	15004
	Keus li senescax l'esgarda; Au roi vient, si li demanda Un don. Et il dist: "Je l'otroi,	
	Senescal; mais dites le moi."	15008
	—"Sire, je vos ai demandé Que je veil savoir le pensé Dont vostre niés que ci veez	
21640	Est si corechiés et irez	15012
	Qu'il ne rist hui ne mena joie." N'i a nul qui le parole oie Qui ne li tort a grant folie	
	De ce qu'il quiert le roi et prie,	15016
	Que molt l'en poise durement. Et li respont lués erranment: "Sire Ke, ce ne veil je mie;	
	Que ce seroit grant vilonie	15020
D 307	De faire savoir son penser A nul home sor son peser." Keus s'en rist et dist qu'il sara	
	Le don que otroié li a.	15024
	"Sire, fait il, si m'aït Dex, Otrez de roi si est itex Que sa parole estre ne doit	
21650	Se voire non por rien qui soit."	15028
	—"Vos le sarez, ce dist li rois, Se lever puisse de cest dois. Anïeus estes et vilains,	
	Et sachiés c'est li daarrains	15032
	Pensez que je dirai jamais. Dites le, fait il, Guerrehais." Que vos iroie plus contant?	

Ne puet estre por rien vivant
Que li pensers ne fust toz dis.
Molt est angoisseus et maris
Guerrehés, si a au roi dit:
"Vos le sarois, se Dex m'aït;
Mais si tost com vos ert contez,
Rois, si vos serez delivrez
De moi toz les jors de ma vie.
Samblant est que ne vos griet mie."
Lués erranment sanz demorance
Le grant anui et le viltance
Qui li avint le roi conta,
Oiant toz, que riens n'en cela.
Et quant le conte ot achievé,
Illuecques n'a plus demoré,
Ains s'en va a l'ostel armer.
Ses armes fist lués aporter,
Si s'en arma et bien et bel.
Sor un destrier fort et isnel
Isnelement et tost monta.
Au chemin se mist et erra.

Er tant que tot por voir vos di
Que au jor que il ot plevi
D'estre au castel ou li nains fu,
Garde avant li, si l'a veü
Venir armé sor son destrier,
Et sambla singe sor levrier.
Et ensi tost com il le voit,
Le conut bien, qu'il le cremoit.
Enmi le chemin s'encontrerent.
Sachiés ainc ne se salüerent,
Mais itant li a li nains dit:
"Je aloie, se Dex m'aït,
A la cort vostre oncle le roi
Apeler vos de vostre foi."
Sans plus dire el castel s'en vont,
El vergié vienent, trové ont
Le seignor qui grans plais tenoit.
Estranges anuis vos seroit

Qui tot vos vauroit deviser,
Car autant vos puet on conter 15076
A un tot seul mot com a cent.
Por ce vos veil dire briement
C'au joster ocist lués le nain
Li freres monsegnor Gavain. 15080
Et maintenant sali en piés
Li sires qui molt ert iriés
Quant a veü le nain morir.
Ses armes fist tantost venir 15084
Devant lui et si s'en arma,
Et dit que il vengier ira
Son nain que il avoit molt chier.
Lor[s] monta sor un fort destrier, 15088
Son escu et sa lance prent,
Vers celui point molt fierement
Et dist: "Vassal, je vos deffi
Et tieng a mortel anemi." 15092
Lors muevent andoi al joster,
Si se fierent a l'encontrer
C'a la terre jus s'abatirent.
Veillent ou non, andoi caïrent. 15096
Les grosses lances depecierent
Et les fors aubers desmaillierent.
Lors sali en piés vistement
Guerrehés qui nul mal ne sent. 15100
Par le vergié esgarde et voit
Tote la gent qui s'en fuioit;
En molt poi d'eure un sol n'en vit.
Lors prie a Deu qu'il li aït, 15104
Puis met le main al brant d'achier
Et vient tot droit au chevalier
Qui ferus ert parmi le cors;
Ja ert toz frois, l'ame en ert hors. 15108
Atant ez vos une pucele
Gente de cors et de vis bele,

15072 *D rubric* Hie richet Gaheries sin laster   15085 *T* Ses armes et,
E Devant lui et, *A* Et il molt bien et tost sarma, *P* On li aporte et il sarma;
D sinen harnesch den hiesch er zehant und bereite sich uf has   15086 *T*
vengier lira

    Et fu vestue richement
    D'un drap de soie a flors d'argent. 15112
21730 Au cors vint, la plaie esgarda
    Et a Guerrehés demanda:
    "Sire, dites moi verité
    Dont cest fer avez aporté. 15116
    Certes cil qui en fu ocis
    Estoit li miens tres dols amis.
    Biax dols sire, est il enterez?
    Li frans, li dols, li honerez." 15120
    Guerrehés li respont et dit:
21740 "Il non, dame, se Dex m'aït."
    Lors vint al cors, si remira
    Le plaie et puis si sozpira, 15124
    Qu'en itel liu demainement
    Estoit ferus tot droitement
97c Li cors qui ert a Carlion
    Enmi le tombe en la maison. 15128
    Le fer en voloit traire hors,
    Et la pucele li dist lors:
21751 "Biax sire chiers, en pais estez;
    Car s'il en ert trais ne ostez, 15132
    Ja seriés toz detrenchiés.
    Il ne puet pas estre vengiés
    Tant que dedens le cors l'ara."
    —"Mal ait dont qui li ostera, 15136
    Fait Guerrehés, ma douce amie."
    La pucele li dist et prie
    Qu'il li amaint un palefroi
    Qui ert el paveillon triers soi, 15140
    Le plus bel qui ainc fust veüs.
    Et il i est tantost corus,
    Si li amaine liement;
    Et puis le monte isnelement, 15144
21760 Puis rest montez et si s'en vont.
    Le cors enferé laisié ont.

15123 *T* remua, *E* remira, *P* le mira, *ASLMQU* esgarda; *D* do sach aber an die here dez herren wunde und süfzete sere 15127 *D* in dem sale ze Glomorgan

    A molt grant joie chevalcierent
    Tote jor. Puis tant esploitierent   15148
C'a l'anuitant a la mer virent,
Onques anchois regne ne tirent;
D 310 Laiens virent un fort castel
Enmi une ille, grant et bel.   15152
La pucele l'i fist passer.
21770 Que vos porroie plus conter?
Ainc si bel castel ne veïstes
Puis cele eure que vos nasquistes,   15156
N'autant eüst biax chevaliers,
Dames, serjans, ne escuiers,
Ne puceles gentes et beles,
Ne coupes d'or ne escuieles   15160
Com en la maistre sale avoit.
La pucele qui luec venoit
Tot errament por herbregier
Mena laiens le chevalier;   15164
Si ne quit pas que nus hom oie
Jor qu'il vive mais si grant joie
Come tot et totes li firent
Tot maintenant que il le virent.   15168
97d Et si tost com fu desarmez
Si fu li soupers aprestez,
Si lava et puis s'est assis
Al maistre dois, ce m'est avis.   15172
Molt le servirent hautement
Et bel et honereement.
Mais ce le fait [molt] merveillier
Que les pluisors voit conseillier   15176
Et puis sozpirer tenrement,
Et si regretent molt sovent.
Tot plorent le roi Brangemor
21780 Que il amoient de fin cor,   15180
Et disoient de l'autre part
De la roïne Brangepart,

15149 *ASP* vindrent; *D* bitze nohe an die naht. do koment sü an daz mer schon 15150 *ASPE* tindrent; *D om.* 15153 *TU* p. le f., *A* p. les f., *ELP* p. li f.; *D* die juncfrowe hies in riten dar in 15175 *T* fait merveillier (−1), *E* fait molt m., *P* faisoit moult m., *LMQU* fait molt trespenser; *D* aber nam in wunder gros

Qu'en son cuer molt grant joie avoit
De son fil qui vengiés estoit. 15184
Et quant ce vint aprez mengier
Si ot talent de someillier
Guerrehés qui ot traveillié
Et erré et petit mengié 15188
Et veillié molt tres durement,
21790 Si s'endormi enmi le gent
Desus un chier paile röé.
Et si vos di par verité 15192
C'al matin quant il s'esveilla
Desoz Carlion se trova
Gisant el plus tres riche lit,
D 311 Ensi come li contes dit, 15196
Qui onques fust ne jamais soit.
Ens enmi le calant estoit
Que li chisnes i amena
A l'autre fois et ariva. 15200
Tot autresi encortinee
L'a soz les loges arivee
21800 Com amené l'i avoit ains.
La vegile fu de Tos Sains. 15204
Maint roi, maint prince, maint baron,
Et chevaliers a grant foison
Tenoit a Carlion li rois.
La novele li vint manois 15208
C'uns chisnes avoit arivé
Un calant de porpre bendé.
97e Por la merveille regarder
I veïssiés grant gent aler. 15212
Tot maintenant li rois pensa
21810 Que ce est cil qui ariva
Le chevalier. Lors est alez

15181-84 *D* ouch seitent sü andersit zervart, daz die künigin Brangebart hette fröide in irme herzen, daz ir sun so wol gerochen waz   15182 *T* Que la r., *ASLEMQU* De la r.   15183 *T* Quen son fil m., *E* Qan son cuer m., *A* Molt sovent que grant j. a., *S* Que molt tres grant j. en a., *P* Tout disoient que joie aroit, *LMQU* Redisoient que j. avoit   15190 *T* en me le, *L* ens emi la, *ASPEQ* antre la, *M* tres entre la, *U* entre mi la; *D* er entslief under den lüten do   15194 *D* do waz er an Glomorgan reht   15207 *D* worent bi künig Artuse gemeit

Au calant, si est ens entrez. 15216
Desous la tendeüre voit
Une pucele qui seoit
Droit devant le lit simplement;
Molt fu de riche atornement. 15220
Encontre le roi se leva,
Vers lui vint, si l'araisona
Et li dist: "Biax sire, merci;
Por Deu alez vos ent de ci, 15224
21820 Par amor le vos veil proier,
Et si laiez le chevalier
Dormir, biax sire, et reposer,
Qu'el mont n'a si bon ne son per." 15228
Adont li respondi li rois
Qui molt ert gentix et cortois:
"Pucele, assez avra loisir
De reposer et de dormir 15232
Une autre fois li chevaliers."
Lors va avant au lit premiers,
Estrangement se merveilla
21830 De son neveu quant le trova. 15236
Tot maintenant l'a esveillié,
Si l'a plus de cent fois baisié.
Nus ne porroit la joie dire
Que li fait ses oncles, se sire. 15240
En la sale od li l'en mena;
Et le pucele n'i laissa,
D 312 Ains l'en a autresi menee.
Si tost com laiens est entree 15244
Et voit le tonbe ou cil gisoit,
Cele part va a grant esploit.
Adont l'oïssiés regreter
21840 Le mort et tenrement plorer, 15248
Et dist: "Biax sire, biax amis,
Grant dol a en vostre païs.
Ha! gentix cors qui ci gisez,
Tant fustes preus et honerez, 15252
97f N'onques nus plus amez ne fu.
En cest sarcu avez jeü,

Sire, tant c'or estes vengiés.
Li bons chevaliers, li proisiés, 15256
Li niés le roi a celui mort
21850 Qui vos avoit ocis a tort.
Parmi le pis celui feri
Del fer meïsme[s] autresi. 15260
Tot vostre home quemunement
Sont lié de vostre vengement."
As piés le roi s'ajenoilla,
En plorant li dist et mostra: 15264
"Biax sire, il m'en covient aler,
Car je n'i puis plus demorer.
Ci gist mors li rois Brangemors.
Ainc ne nasqui nus miudres cors 15268
Que fu li s[u]ens; rendez le nos,
S'en ferez maint home joious.
Sire, Guingemors l'engenra
21860 En une fee qu'il trova. 15272
Bien avez oï reconter
Coment il cacha le sangler,
Et com ma dame le retint;
Bien avez oï qu'il devint. 15276
C'est la roïne Brangepart;
Molt iert lie, se Dex me gart,
Se vos li envoiés le cors.
A morir le covint cha fors; 15280
Morteus estoit de par le pere,
21870 Mais [si] n'ert pas de par le mere;
Si fu mors Brangemors li rois.
21880 Ses gens l'atendent en cest mois. 15284
Sire, le roi vos ai conté,
Et tant sachiés par verité

15260 *D* mit dem selben ysin   **15261** *T* quemunenement (+1); *D* al üwer lüt gemeinlich   **15273-77** *D* üch ist geseit wol von der vart, wie Gingemors jagete daz swin, daz waz Brangebart die künigin, die in do behuop und zer e nam. üch ist geseit wol, war er kam   **15275-76** *T placed after* 15278; *ASLMQU inv.*   **15278** *TSEQU* est, *ALPM* iert; *D* so würt sü frölichen gar   **15282** *A* M. non estoit de par, *L* M. si nert pas devers la m., *P* M. non pas sire envers la m., *E* Et nom pas si de par sa m., *MQU* M. il nert (*Q* M. nestoit) pas devers le pere (*U* la mere); *D* und von der muoter nüt, sprich ich   **15285** *D* herre, ich han rehte üch geseit

	Que d'un des illes rois estoit	
	Ou nul mortel home n'avoit.	15288
D 313	Et quant de laiens partira,	
	Une merveille a cort verra,	
	Mais moi ne le loist ore dire.	
	Por Deu et por honor, biax sire,	15292
	Rendez le cors a la roïne;	
	Lors ara sa joie enterine,	
98a	Se le roi son fil voit venir.	
	Si comandez vostre plaisir."	15296
	Tot li dïent: "C'est bien a faire.	
21890	Faites le, frans rois debonaire."	
	Et il si fait sans demorer.	
	Le paile et le cors a la mer	15300
	Li rois a porter comanda;	
	Il meïsmes le convoia.	
	Tot autresi le ratornerent	
	El calant com il le troverent.	15304
	La pucele congié demande	
21900	Le roi et a Deu le comande;	
	Et il li done bonement.	
	Et li chisnes isnelement	15308
	Torne son calant, si s'en va	
	En la terre dont il vint la.	
	Li rois et trestot li baron	
	Et tote la gent d'environ	15312
	Tant com porent les esgarderent;	
	Quant nes virent, si s'en tornerent.	
	En la sale sont revenu,	
21910	Si ont del mengier plait tenu.	15316
	L'iaue donent, s'asiet li rois	
	Et tot li autre demanois,	
	Et se deduient lïement	
	Si com a cort de roi apent	15320
	Et a le feste de Toz Sains,	
	Si com je vos contai orains.	

15288 *D* do ist nieman tötlich, wüssent daz. hie usse waz ime beschert die not, do inne möht er nüt sin tot   15290 *E* vandra, *ALPMQU* Une granz m. avendra, *S* Une m. i avenra; *D* so würt men ein gros wunder han do ze hove sicherlich   15297 *T* affaire; *D* herre, tuontz, ez stot üch wol an

TEXTUAL NOTES

65 Cf. Morawski, 170: "Au besoing voit on l'ami"; also Tobler, *Proverbe au vilain*, no. 72; Frank and Miner, *Proverbes en rimes*, vs. 392.

187-188 Cf. Morawski, 1412: "Nus ne set qu'amis vaut tant com il dure."

193 Confusion of *s* and *l* is very common in MS *T*; e.g. 421, 2235, 2359, 4999, 6000, 9941, 10769, 11384, 12913, 13623, 14014, 14258. Cf. Mussafia, "Zur Kritik und Interpretation romanischer Texte, IV," *WSB* 137 (1898) 1.

293 Confusion of *sor* and *soz (desor* and *desoz)* is frequent in *T*, as in other MSS (cf. Foerster's note to *Ille et Galeron* 549); e.g. 3766, 5227, 11330, 11831, 14141, 14329. In 8591 and 13204 the scribe of *T* wrote *soz (desoz)* and then corrected to *sor (desor)*. In *T* 14187 he first wrote *Sor* and corrected to *Sos*.

541 The reading of *V*, *tor*, is preferable to the *cort* of *T*; cf. *T V* 2033 *tor*; and Chrétien's *Perceval* 5754-6213, esp. 5879-81 and 6204-09. *T* and *V* are the only MSS of the First Continuation which contain this allusion.

761 Cf. note to 2573.

1046 The *pese* of *T V* possibly represents an error in their archetype. The redaction differs in all the other MSS, except *L*, which has: "Mais jo ne sai pas son pensé." Cf. *T* 1498 *pesis (V: pensis)*, *T* 6705 *penser (V: peser)*, and *T V* 13705 the inverse *pensera* for *pesera*.

1231 One is tempted to emend the *que* of *T* 1231 and 11102 to *qui* in conformity with *V*, which has *qui* in both instances. However, in 6934 and 8301, *V* and *T* agree on *que*, and *T* has *que* again in 14938 (lacuna in *V*). Apparently *V* is making a distinction between the phrase *chose qui li plest* in 1231 and 11102, which is introduced by a noun, and the expression *ce que lui plest (lui estoit buen)* in 8301 and 6934. In the phrase *chose qui li plest* (1231, 11102) *V* treats *qui* as a relative pronoun, subject of the verb *plest*, requiring the atonic form of the dative pronoun *li*; while in *ce que lui plest (lui estoit buen)* of 8301 and 6934, *V* apparently takes *ce que* as a special case, to be followed by an impersonal verb with its subject *il* understood, and requiring the stronger form *lui* for the dative pronoun. A similar distinction is made between the two dative forms in 11448 "Par la grant foi que lui devoit (V: que il li doit)," where *T*, in the relative clause omits the subject pronoun and uses *lui*, while *V* inserts *il* and uses *li* as the dative (cf. Foulet, *Petite Syntaxe*³, §176). For an illuminating discussion of the use of *ce que* "devant un verbe impersonnel, dont le sujet véritable est un *il* ou un *ce* généralement sous-entendu," see Foulet, *Petite Syntaxe*³, §249. The scribe of MS *T*, with two cases of *chose que li plest* (1231, 11102), two cases of *ce que lui plest* (8301, 6934), and one case of *ce que li plot* (14938), apparently felt no distinction between the two dative forms in relation to an impersonal verb as distinguished from a verb with a relative pronoun as subject. For *T* the noun *chose*, in the phrase *chose que li plest*, has lost its substantival character and sunk to the level of an indefinite pronoun, equivalent to *ce*. The text of *T* has, therefore, not been emended in 1231, 11102, 14938. The *qui li* of *V* in 1231 and 11102 is supported by *E M Q*, but these MSS vary so much from *T V* in 6934 and 8301 that they offer no evidence. For *T* 14938 only MS *E* has a parallel: "Et chascuns a son avis dist." Cf. Godefroy, vi, 492c-493a; *T V* 6832 "Trestout iche que vos plera," and *T V* 9135 "Mener puet ces (*V*: cels) que lui plera."

1234 *T* and *V* are the only MSS which here and in 4118 mention the name of Chrétien. Even *D* avoids it (cf. variants). Cf. Hilka, *Perceval*, p. xxviii.

1345 The unusual form *durment* for *durement* is no doubt due to the change of *plot* (*E M Q U*: "Gauvains et duremant li plot La pucelle an sa main portot") to *plaisoit*, which must have been made by one of the predecessors of *T V* in order to avoid the rime *plot : portot*. Cf. *T V* 6588 *mot : s'acesmot*, but also *T* 13722 *ot : veü l'ot*, where *V* has *ot : l'esgardot*. *T* and *V* chose different ways of regularizing the hypermetric line which resulted: "Gavains car durement li plaisoit." *T* retained the proper name and used the short form *durment*, though it normally has *durement* (as in 1365, 4223, 8937, 13300, 14589); while *V* omitted the dissyllabic *Gavains* and introduced *molt*. The paraphrase in *D*, "die sach er an mit gerender zuht, wenne in beduhte, daz nie fruht gehürre würde noch so cluog" (*D* 4,40-42), also shows omission of the name *Gavains*. The form *durment* seems to be of relatively rare occurrence; Tobler-Lommatzsch, ii, 2102, 29-30, cite only one instance: "L'en a un poi durment repris" (*Vie de S. Franchois*, ed. Adolf Schmidt [Leipzig diss., 1905], 2813), where the MS has *durement* (+1). However, *drument* is fairly common; cf. Godefroy, ii, 777a, where several cases are erroneously classified as variants of *druement* ("d'une manière épaisse, serrée"); and also *Romania* 52 (1926) 53, vs. 22. See further *R. du Castelain de Couci* 3250-51 "Pour cou [sic] que malades drument Avoit estet et deshaitiés," on which the editor, Delbouille, remarks (p. xxv): "L'*e* muet intérieur tombe souvent au contact d'une *r*."

1571 Neither *T* nor *V* is completely satisfactory here, though the chief objection to the *Fierrent* of *V* is only that this MS usually spells the ps. ind. 6 of *ferir* with only one *r* (*fierent*). Possibly the *Fendent* of *M Q U* (*E: Fandant*) is preferable as an intransitive verb with *lor escu* 1570 as its subject (cf. Didot-*Perceval* 193 "li piere fendi desous lui"), because *ferir* would seem more natural if used as a reflexive in this context. *Se fierent*, however, would make the verse hypermetric. *D* is of no assistance here; cf. variants.

1671 Cf. note to 3486.

1753 The *T V* reading *tot le païs* probably represents an error in the archetype, which was corrected by *D*. The phrase in *E M Q* is *toz les barons*, but the word *fürsten*, which *D* uses for 1753, occurs again as the equivalent of *per* 1737, 1748, while the *baron* of *T V* 1762 is rendered *herren* by *D*. Therefore, the *E M Q* reading has not been followed in emending *T V* 1753.

1824 The scribe of *T* originally wrote *La devant qui tant est biaus;* then, noticing that his line lacked one syllable, changed the original *a* of *La* to *de* and wrote another *a* in the margin very close to the *L*, which, like every other initial letter of a verse, is separated from the rest of the line by a noticeable space. The resulting reading "La de devant qui tant est biaus" is probably not inferior to *V* "La devant qui tant par est biaus"; and has been retained, especially since the *par* of *V* receives no support from the other MSS (*E M:* Ici devant qui tant est biaux; *Q:* Qui tant est avenanz et biauz: *U:* Que je voi la si fort si bel). Cf. *de devant* 1286, 12698, 13100.

1883-88 The reading of *D*, which here reduces six lines of *T V* to two, coincides with *E M Q U:* "Si ne l'a pas mesantandue, D'ire et de mautalant tressue."

1918 The *T V* reading *teüs* would be acceptable if it were not for the syntax of vss. 1919-20, which make no sense if dependent on *taisir*, and which fit perfectly with *tenir*. *E M Q U* are unanimous in support of *tenuz*, and *D*, in its rendering of this passage, gives no suggestion that a form of *taisir* was present in its French source at this point: "für die anderen reit er ungemuot swinde one erbeizen sunder won, bitz daz er kam zuo Kavalon. umbe dehein ding er nüt enlie, für den werden künig er gie."

1947-51 Cf. Le Roux de Lincy, *Proverbes*, II, 355: "On dist que qui preudomme sert, Que son service pas ne pert," and II, 203: "Cil qui mauvais et felon sert Sa peine et son service pert"; also Morawski, 1986: "Qui mauvaiz seigneur sert mauvais loyer atent," 1987: "Qui mauvés sert son loier pert"; and *Dolopathos* 1-3: "A peines puet perdre sa peinne Qui sert preudome et qui s'en peinne Del tot fere sa volenté."

1992 Between *T* 1992 (*D* 19,19) and *T* 2048 (*D* 23,12) the correspondence between *T V* and *D* ceases. The passage in *D* from 19,19 to 22,46 coincides more closely with *E* 5278-5542 than is usual in the First Continuation, but *D* 23,1-11 is not paralleled in any French MS:

> ez möhte erhüngern ouch nieman:
> dez waz künig Artus fröiden wan.
> aber sine fürsten gobent im muot:
> 'Bruns wurt niemer so wol gemuot,
> ern werde gevangen, wüssent daz.
> künig Artus, nu fröwent üch bas,
> gegen üch sin wern hilfet niht ein ber
> die lenge uf lande und uf dem mer.
> nu lant uns riten alzehant
> verderben in und ouch sin lant'!
> gelobet wart zuo handen an

2184 Cf. *el* fem. pl. nom. 11510, 13068, 14039.

2197-98 For this type of rime, which involves the pairing of a stressed monosyllabic word in the eighth and last syllable of the line with the final unaccented syllable of a normal feminine line, see Tobler, *Versbau*[6], pp. 152-154; Långfors, ed. of *Fauvel*, pp. xlviii-liv; and Foulet, ed. of *Galeran*, pp. xxviii-xxix.

2237 Cf. note to 3486.

2573 Although both *T* and *V* have the form *eslaes* here, it has been emended to *eslés*, because in both MSS it is apparent that the scribes first wrote *eslais* (cf. *T V* 4552 *eslais*) and then changed to *eslaes* for the sake of the eye-rime with *adés* 2574. Similar changes in the interest of eye-rime occur in *T* 761, 9243 *plaest*, 3303 *palaes*, 3462 *paes*, 5621 *maes*, 6882 *faes*, in each of which cases it is clear in the MS that the scribe remade an original *-ais* to *-aes* by adding strokes to the *i*. In every one of these instances *V* has *plest, palés, pes, mes, fes*. On the other hand in 1231, where *T* has *plest*, *V* writes *plaest*. Aside from these cases, neither of the scribes ever uses *ae* as a diphthong, though they both use it for vowels in hiatus: e.g. *aesier* 3049, 3073; *raenchon* 3489; *aerdre* 6346, 6340, 7617, 6345.

Miss Wacker, *Verhältnis von Dialekt und Schriftsprache*, p. 58, n. 1, makes the sweeping statement: "Augenreime spielen in altfranzösischer Zeit keine Rolle, wie es die verschiedenen Schreibungen der Reimwörter in den alten Texten deutlich genug zeigen. Es darf ausserdem nicht vergessen werden, dass die Gedichte zum Vortrag bestimmt waren, und nicht zur Selbstlektüre." What she says in the first sentence is certainly true in general (cf. *T V* 1587-88 *siens : quens*, where the obvious change to *suens*, as in 395, 500, 4830, 4988, 12688, would eliminate the discrepancy), but there were many exceptions, as *T V* show in the cases cited above. The practice of the scribe of *T* in his spelling of the name *Guerrehés* is particularly illuminating in this regard. The name occurs within the line twenty-four times in the First Continuation and is always spelled *Guerrehés;* but in the four cases where it occurs in rime (14625, 14656, 14976, 15034) it is written *Guerrehais* to accord with *malvais, fais, jamais*. In *T* 909 the scribe first wrote *retret*, then noticing that the rime-word is *fait* (which he does not normally write *fet*), he expunctuated *retret* and added *retrait*. As to whether Old French "Gedichte" were intended for recitation or reading, it is necessary to distinguish between the epics, which were recited, and the romances, which were usually read. Cf. the remarks of Gaston Paris, *Histoire littéraire*, xxx, 17, on the reading of romances.

3075-82 These eight lines of *T* have no parallel in *V D*, nor in any of the other MSS. They were probably composed by the scribe of *T* in order to fill the space which would have been left blank at the bottom of column *f* of folio 48 when the large initial of 3083 was placed at the head of the next column (49*a*), which also happened to be the first column of the first folio of a new gathering. The choice of this much more conspicuous position for the large, ornamented capital seems only natural. Cf. note to 8179-90.

3303 Cf. note to 2573.

3355 The fall of *t* in the combination *est ce* is of course not unusual (cf. Foulet, *Romania* 46 [1920] 55), and strictly speaking it need not have been restored in 3355 and 4479. However, *V* spells *est* in 3355 and both *T V* have *est ce (che)* in 6679, 9995, and 12973.

3462 Cf. note to 2573.

3486 The form *ad* occurs three times in *T*: 1671 *ad conseil*, 2237 *ad estres*, and 3486 *ad vilains et ad cortois*. In each case *V* reads *a* or *as;* but in 668, where *T* has *as oex*, *V* has *ad oex;* and again in 2185 *V* has *ad estres* for *as estres* of *T*.

3714 The reading of MS *T* is not at all clear. The *recovriers* of the text has been taken from *E M Q U*, which here give a redaction very close to *T*. The *V* reading has no parallel in any of the other MSS, and the *D* version is hardly close enough to be of assistance.

3721-22 The rime *feme : regne* is discussed by Suchier, *Voyelles toniques*, p. 128; and by Foerster, *Cligés*, p. LV, §3.

3764 Both *T* and *V* have "Et auques tost sus resalirent," which is impossible, for in 3765-68 they both state that Cador broke his leg in the fall and lay prostrate under his horse. The MHG translators correct by saying that only one of the knights jumped up after their encounter: "der eine kam dez balde wider." *E M Q U* have a different version, but one which presents no contradiction: "Tuit an un mont s'antr'abatirent."

3957-59 Cf. Morawski, 2351: "Teus cuide venchier sa honte qui la croist"; and Tobler, *Proverbe au vilain,* no. 150: "Mal venge sa honte, qui l'acroist."

4079 Although *T* occasionally disregards a post-consonantal *r* in the rime (cf. 4711-12, 6775-76, 7189-90), the form *celestes* of *T* 4079 is an isolated instance, and is not normal for the scribe of *T;* cf. 7841-42, 11707-08 *celestre : estre,* 9027-28 *celestre : terrestre;* and in the Manessier Continuation (*T* fol. 252*f*) *estre : celestre.*

4289-90 These two lines are inverted in both *T* and *V,* but transposition marks in *T* indicate the correct order, which is also preserved in *D.* All other MSS omit this couplet. Cf. 8895-96, 13135-36, and 14489-90 for similar cases.

4297 For the emendation of *ot* to *ont,* cf., besides the other MSS cited in the variants, 4575-76: "As deus rois dont ichi vos dis, Qui le tornoi avoient pris."

4315 The *avec* of *T V* here and in 6027 is the well-known error mentioned by G. Paris, *Mélanges de litt. fr. du moyen âge,* p. 240: "on sait que les mss. changent très souvent l'archaïque *a ues* en *avuec.*" When this error occurs before most nouns, as in *T V* 6027 *Avec les dames* (for *A oés les dames*), the editors have generally corrected it, as in *Cligés*[3] 2668, 3611 (cf. Foerster's note); *Rigomer* 5076 (see note), 9163, 10889, 16718 (see note); *Perlesvaus,* II, 230, note to 624. However, when the phrase *a oés* occurs before the word *oés* itself (always preceded by a possessive), some editors have allowed the erroneous *avec* to remain; e.g. Friedwagner, *Meraugis* 5331 "De veoir la *avuec mon oés,*" *Vengeance Raguidel* 6004-05 "Et si est asés gentius hom *Aveuc son oés,* ce quidons nos"; Körting, in his edition of the *Art d'Amour* of Jacques d'Amiens, "*C'avoec son oes* le retenoit" (cited by Godefroy, VIII, 112c; and also left uncorrected in the edition of the same text by D. Talsma [Leiden diss., 1925], vs. 299, who merely observes in his note [p. 119], following Godefroy, that *avoec son oés* is synonymous with *a son oés*); and Breuer, *Hunbaut* 948-949 "Vos avés vostre cierf ataint *Oveuc mon eus* en bon endroit." In his note to *Meraugis* 5331, Friedwagner remarks "es fällt . . . die Verbindung mit *avuec* anstatt des gewöhnlichen *a* . . . auf"; and in his note to *Vengeance Raguidel* 6005, he says that *aveuc son oés* is "mit *a son oés* gleichwertig." In this note Friedwagner was probably following Godefroy, VIII, 112c, who cites three cases of *avec son oés,* giving them the same meaning as *a oés,* but all of which should be corrected to *a oés son oés*. Breuer, in his note to *Hunbaut* 949, likewise says that *oveuc mon eus* is equivalent to *a mon oés*. For the correct treatment of such cases, see Hilka, *Perceval* 3530 *a oés son oés*, 7781 *a oés vostre oés*, 7893 *a oés nostre oés*, and the variants to these lines. A variant form which occurs in *Meraugis* 2817 *a es son oés*, and in *Perlesvaus* 7145 *a es vostre ués*, 7546 *a es mon ués*, may possibly be an intensive, as Friedwagner (glossary to *Meraugis*, s.v. *es*: "bei seinem eigenen Bedürfnis") and Jenkins (*Perlesvaus*, II, 325, note to 7145: "an interesting reinforcement of the common *a mon ués*") have considered it (probably on the analogy of *en es le pas*); but it is just as likely to be merely a scribal garbling of *a oés mon oés*. For further examples and discussion, see Gunnel Löfgren, *Etude sur les prépositions françaises* od, atout, avec 'depuis les origines jusqu'au XVIe siècle (Uppsala, 1944), pp. 126-129.

4648 Although *devers* "toward, in the direction of" is common in *T* (e.g. 1840, 6837, 11925, etc.), in 4648 and 4715 the meaning is plainly "*from* the direction of" and the phrase is printed as two words. Cf. Foerster's notes to *Erec* 3133 and *Charrette* 3693.

4701 Here, and in eight other places (4712, 4729, 4739, 5087, 5110, 5130, 5148, 8391), MS *V* has *Aalardin(s)* instead of *Alardin(s)*, which makes the line hypermetric. Since *V* also uses the form *Alardin(s)* in metrically correct lines (3867, 4737, 4763, etc.), the instances in which the *Aa-* disturbs the meter are considered mere scribal accidents and are not listed in the variants.

4716 The emendation of *Li* to *As* is purely conjectural, because *E M Q U* all omit 4703-18; but it receives some support from the fact that the nom. *Li* does not agree with the obl. pl. *remanans*, and it does not conflict with the sense of *D*.

4912 This line, lacking in *T V D*, is supplied from the Second Continuation (*T* fol. 128*b*, *V* fol. 94*d*), where *T V* repeat the whole passage 4897-4922 in a slightly varying version. *E M Q U* all omit *T V* 4909-14 in their version of this section of the tournament.

4927 The *i* of *enviers* (cf. *envers* 13053) was added above the line by the scribe probably only after he had written *Ydiers* at the end of the next line, and solely for the sake of the rime; cf. note to 2573. *V* has *envers : Yders*, both written in full. Cf. *T* 10392 *Iders*, who is, however, a different character.

4999 The *T* reading *Lors li a* would indicate that Alardin sent the horse to Perceval, which conflicts both with the facts of the story (cf. 5016) and with the dative *A damoisele Guigenor* in 5001. *V* is supported in its omission of the dative in 4999 by *D*, and also by *E M Q U*: "Atant a maintenant tramis." For other examples of this confusion of *s* and *l* (*li* for *si*) in MS *T*, cf. note to 193.

5266 The couplet added by *V* (cf. variants) has no equivalent in *D*, and in its first line merely repeats *T V* 5261.

5316 The *Artus* of *T V* is the well-known error for *Arcu* (Hercules); cf. the article by Raymond Weeks in *Mélanges Emile Picot* (Paris, 1913), I, 209-213; and the similar phrase *puis le tans Artu*, Didot-Perceval 1617, 2514.

5439-40 These two lines are inverted in both *T* and *V;* and also, though in somewhat different form, in *E M Q U*. In these other MSS the passage makes good sense without transposition of the lines: "Des or a trop eü sejor Cil quil n'est ne fox ne vilains; C'est, saichiez, messires Gauvains." However, the plural *orent* in *T V* 5438 prevents construing *T V* in the same way as *E M Q U*, and the *Et* of *T V* 5439 leaves no solution except to transpose 5439-40 to the order in which they now stand in the text. Apparently the inversion was also present in the MS from which Wisse and Colin made their translation, but they have adjusted the syntax to make a good reading: "der do zageheit waz on, daz waz min her Gawon."

5621 Cf. note to 2573.

5750 The word order of *T V*, with the subject following the verb, suggests that the *Si* of 5748 must be taken as an adverb modifying *abat* 5750. However, the resultant sentence is very cumbersome: "In such a way that one could steal Cador's horse without his knowing it, does Carados knock him over: head down, feet up." It is very doubtful that this sentence could have been in the original version of the present passage, because *D*, as well as *E M Q U*, relates 5748 to 5746-47 rather than to 5750, with a result that is much smoother: "und trofent sich so herlekliche mit den spern unverholn, daz men Kador hette verstoln ane sin wüssen wol sin ros, wenne in valte Karados, daz man in sach zuo der erden streben." *E M Q U* "Et de lor lances que il tienent S'ampoignent ci a l'asambler Que Cador poïst l'an ambler, Que ja nou seüst, son cheval, Qu'il chiet la teste contreval Et les jambes vont contremont." The *T V* version could be somewhat improved by changing the word-order of 5750: "Carados l'abat contreval," with a period after 5749, and understanding the *si* of 5748 as a repetition of *si* 5746.

6027 Cf. note to 4315.

6234 The *en'* here and in 8156 is the interrogative particle *enne;* on which see Tobler-Lommatzsch, III, 464-466; Lerch, *Hist. frz. Syntax*, I, 126-127; Schulze, *Fragesatz*, pp. 42-49.

6266 This line was left blank in MS *T* and was later filled in by a different hand, possibly under the influence of the redaction in

E M Q U, which have "Li aporte (*Q* aporta) tout anchanté," for the *aporte* at least is common to *T* and the other version. The *V* reading, which has been adopted in the text, fits the context of *T V* better, both in sense and construction.

6353 At first glance the *V* reading "La dame salt come esmarie," which is supported by *D* (cf. variants) and also by *Q* ("Sa mere saut et s'en marrie"), seems preferable, because the queen imprisoned in the tower was not likely to have a retinue. However, the *maisnie* of *T* is supported by *M* ("Sa mere saut et sa mesnie"), and in the passage which describes the incarceration of the queen (*T* 3623-46) no statement is made that she was alone. In fact, *E M Q U* say that there were women, but no men, in the tower with her: "Ansamble o li n'avoit nul home Se fame (*M* fames) non, ce est la some."

6446 The same hiatus occurs in the *Roman de la Violette* 168: "Ensi commë il m'est avis"; cf. Buffum's note, and Tobler, *Versbau*[6], pp. 66-67; and compare *T V* 6729 "Et ses frere, bien viegnë il"; and *T* 10662 "La bataillë, et puis renvoie," where *V* has "La bataille, et adont renvoie." Foulet, ed. of *Galeran*, p. xxx, points out that this type of hiatus is very common in the works of Jean Renart; and Hilka, ed. of *Florimont*, p. xxxix, cites numerous cases. Cf. note to 14772.

6500 The form *verrai* (*V*: *vendrai*) of MS *T* is the future of *venir*, as are also *verra* 9984, 14599, 15290, *reverrez* 14713, 14718, and *reverra* 14743. For this future in which $nr > rr$, cf. Albert Henry, ed. of *Roman du Hem*, note to vs. 687; and Körting, *Formenlehre*, I, 260, who identifies it as a Lorrain, Picard, or Walloon trait. Note also *Fierabras* 594 and 606 *venras* (fut. of *veoir*), but 2393 *verra* (fut. of *venir*); and the prose *Joseph d'Arimathie* (MS B.M. *Add. 38117*, fol. 16*d*) "Et cil qui *verra* dira nouvieles de moi. Et quant il avera ces choses oïes et veües si trespassera et *verra* en gloire." *T* also uses the more common forms *venrai, venra*, etc., as in 6281, 8106, 8665, 12016, 12259, 13480. The passage of $nr > rr$ also occurs in the future of *maintenir*: *T* 4609 *mainterra* (*V*: *maintera*); and in the perfects *T* 13980 *engerra* (*V*: *engenra*; cf. *T* 15271 *engenra*, *T* 14075 *engenré*), *T* 14935-36 *virrent . tirent*, and *T* 15149-50 *virent : tirent*, on which see Schwan-Behrens, §186 R. The inverse spelling *venrai* for *verrai* (future of *veoir*; cf. Körting, *op. cit.*, I, 263, n. 3) is not found in *T*; but *vinrent* for *virent* occurs in both *T V* 11246, where the meaning "to see" is attested by *D* (cf. variants). However, the first *n* of *vinrent* 11246 has been expunctuated in *T*, though possibly not by the original scribe. For a similar case of later expunctuation, cf. Foerster, *Aiol*, p. 450, note to vs. 1169, and also p. LI ("Nachträge und Verbesserungen"), note to vs. 229.

6512   The scribe of *T* wrote first *ramena a droit port* and then expunctuated the word *droit*, writing *rrier* (or *trier*) above the line. The phrase *arrier port* represents possibly a prepositional use of *arrier* (cf. the phrase *arriere dos*, *T* 6006 [= *E* 9586, *P* 14961] and *T* 7558 [= *E* 11134], as well as the instances cited by Tobler-Lommatzsch, II, 2037,49; and also *arrere coer*, cited by Godefroy, I, 409a), with the meaning "away from port, off course."

6545-46   The scribe of *T* originally wrote *fait* at the end of each of these lines, and then changed the final *t* of each rime-word, to *s*, probably under the influence of the second person singular *tols* 6547. *V* retains *fait* in both cases. The change made by *T* produced a disagreement between the *fais* of 6545 and its singular object *engenrement* 6544. *Fait* is certainly preferable, because it can be understood in 6546 as an impersonal (as in *V*, and in *D*: "wie tuot mir so we"). The reading of *E M Q* for 6546, *trop m'as mesfait*, possibly represents better the original version, inasmuch as the scribe of the archetype of *T V D* could have misread the *s* of *mas* (*m'as*) as an *l* and have taken *mesfait* (possibly written *meffait*) as *me fait*. In view of the frequent confusion of *s* and *l* in many MSS (cf. note 193), it is easy to understand the transition from *m'as mesfait* to *mal me fait*.

6687   Cf. Morawski, 1835: "Qui bien aime a tart oblie."

6690   Cf. Morawski, 2283: "Tant as tant vaus, et je tant t'ain"; and Tobler, *Proverbe au vilain*, no. 86 (var.).

6775-76   The imperfect rime *estrive : vivre* (though similar ones occur, as in 7189-90 *trove : coevre* and 4711-12 *desfendre : porfende*) and also the analogical -*e* in the ps. ind. 1 (cf. note to 14741) make this couplet suspect. *E M Q* have "Qant ancontre la mort estrif Miauz m'ameroie mort que vif," which might justify an emendation of *T V* to "Car encontre ma mort *estrif* Miex volroie estre mort que vif." The *D* translation of 6776, "und wolte für leben tot sin," seems to accord with *volroie* of *T V* rather than with *m'ameroie* of *E M Q*.

6837   The verse is hypometric in T: "Qui cloit devers un vergié"; and while the *clooit* of *V* gives the necessary number of syllables, the verb is still left without an object. None of the intransitive uses of *clore* cited by Tobler-Lommatzsch, II, 501, offers a sufficiently close parallel to *T V* 6837 to justify retention of the *V* reading against the unanimous version of *E M Q*: "Qui estoit devers le (*M* un) vergier," which may well have been in the exemplar of *T V*. The *T* form with only one *o* suggests a poorly written *estoit* rather than *clooit*, and *clooit*, which does occur in *V*, may be due to the influence of *Clos* (in all MSS) in the next line. *D* gives no hint of a verb meaning "to close": "unde toten uf heimelich ein tür, die in einen boumgarten ging." The *ging* of *D* would support an emendation of *T* to "Qui *aloit* devers un vergié" (cf. *T* 10788 "Un huis qui en la cambre ovroit").

6882 Cf. note to 2573.

7081 Cf. Morawski, 2041: Qui ne rueve ne prent"; and 2116: "Qui rien ne fet rien ne prent."

7095 *Qui cuidiez dous* of *T*, though quite clear in the MS, makes no sense; and even the *V* reading, *dont*, which has been adopted in the text seems doubtful, because the phrases "Me quidiez vos dont" in 7094 and "Que vos quidiez morir sanz moi" in 7098 present too many opportunities for eye-wandering on the part of the scribe. Possibly a better solution of the problem in 7095 would be to read with *E M Q* "Que vos sens moi cuidiez foïr (*M Q* morir)"; especially since *D* has "daz ir wenent sterben one mich" for 7095; and the other MSS also agree with *T V* for 7098: "Que vos cuidiez morir sans moi" (*D* "daz ir sunder mich wenent ligen tot").

7218 Neither *T* nor *V* is entirely satisfactory, though the *V* reading might be justifiable if this line were taken not as a part of Arthur's speech, but as a parenthetical remark interpolated by the author. However, *E M Q* all have both *ai* and *puis:* "Tel duel ai que (*M* ge; *Q om.*) nou (*Q* ne le) puis retrere"; and *D* agrees with them in using the first person.

7254 The reading *nului* is quite clear in both *T* and *V*, but the sense of the passage, as well as the reading of *D (niergent)*, indicates that *nuliu* (= *nul liu*) is meant. Godefroy, v, 546c, treats *nuliu* as a separate word and cites two instances of it, both from the works of Jean Renart: *Escoufle* 6876 "Il ne s'est nuliu arestés" and *Lai de l'Ombre* 286 "Il ne sont nuliu aresté." In each of these cases, where the spelling *nuliu* had been retained by Francisque Michel (*Lais inédits*, pp. 53 and 153), the more recent editors, Paul Meyer (1894) and Bédier (1913), have inserted another *l* and read *nu[l] liu* and *nul [l]iu* respectively. Since the spelling with only one *l* is found in different MSS (*Arsenal 6565 [Escoufle]* and *B.N. f.fr. 837 [Ombre]*), it seems justifiable to retain *nuliu*, though naturally the form preferred by Bédier and Meyer is attested elsewhere (cf. *T* 11562, 12760, and especially the reading of *Ombre* 286 in *B.N. nouv. acq. fr. 1104:* "Il ne sont nul leu aresté," as printed by Bédier in the appendix to his *Tradition manuscrite du "Lai de l'Ombre"* [Paris, 1929], p. 79).[1] The change of

---

[1] The appendix (pp. 72-100), which contains the text of the *Lai de l'Ombre* according to Bédier's MS *E*, with brief "Remarques sur cette forme du texte," does not appear in *Romania* 54 (1928) 161-196, 321-356, from which the main part of this work is reprinted. MS *E* is also the basis of the new edition of the *Ombre* by John Orr (Edinburgh, 1948), who defines *nul leu* 286 as "nulle part" in his glossary (p. 76).

Escoufle 6876 to "Il n'est [en] nu[l] liu arestés," made by Paul Meyer, was criticized by Mussafia, "Zur Kritik und Interpretation romanischer Texte, II," *WSB* 135 (1897) 66, who says that Meyer's insertion of *en* was made "ohne zwingenden Grund, *nul lieu* (als absoluter Accusativ) ist gang und gäbe. Das Pronomen reflexivum kann in der Conjugatio periphrastica leicht fehlen, muss es aber nicht." Other instances of *nul lieu* as an absolute accusative (or ablative of place, NULLO LOCO, cf. Meyer-Lübke, *Gram. des langues rom.*, III, §421) occur in *Meraugis* 3397 "Dïent as mariniers, s'il truevent Terre nul lieu la entor pres, Que ja mar en iront aprés"; and in the Continental *Bueve de Hantone*, Redaction II, vss. 6665, 7067, 7149, 10884, written *nul lieu* in all cases except 6665 "Ne la porrés nul liu mieus assener," where one of the MSS *(P)* has *nului*, a form characterized by Stimming in his note to 6665 as "offenbar ein Schreibfehler." The same scribal confusion of *nuliu* with *nului* occurs in *Hunbaut* 2844 "Que sans faire nului [= nuliu, nul liu] sejor Ont tant passé de la contree," and is not recognized by Breuer, who, in his note to 2844, attempts to find in *nului* a parallel to the adjectival use of the demonstratives *celui* and *cestui*. The ease with which a scribe could fall into the error of writing *ui* for *iu* it attested by two instances of *milui* for *miliu* in MS *D* of the Anglo-Norman *Boeve de Haumtone*, vss. 968 and 1079 (cf. Stimming's comment, p. 204: "umgekehrte Schreibung"). In *Floriant et Florete* 6759 "Poi ont nului arresteü," the emendation to *nuliu* or *nu[l] liu* would make sense of a garbled line, but the editor H. F. Williams (Ann Arbor, 1947) rejects it (p. 254) without giving any reasons. However, in addition to *Meraugis* 3397, cited above, *Cligés* 639 "Se il la puet trover nul leu" is an instance of the expression used with an affirmative verb, and is correctly translated in the Foerster-Breuer *Wörterbuch*[2], p. 151, s.v. *leu*, as "irgendwo."

7296 *V* has a correction here, and it is difficult to decide whether *error* or *honor* was intended. *D* has "er liez sine swester heren ze Kurnewalen in grozen eren"; but the French MSS show hesitation: *E* has *honor*, but *M Q* have *error*. A similar confusion of *enors* and *errors* occurs in the Bern *Folie Tristan* 477 (cf. Hoepffner's note). In the Bern *Folie*, however, *errors* has a different meaning from *T* 7296, i.e. "mistake."

7434 For other cases of confusion of *s* and *t* in MS *T*, cf. 12884, 12904.

7726 The reading of *E M Q* for these two lines: "Et amie qui fait tel bail De (*M Q* Por) son ami con de son cors," seems smoother, but the absence of the definite article in *E M Q* before *amie* indicates that their redactor thought of the *tel* construcion of 7723, 7725 as continuing, and that he conceived the *amie* of 7726 as having a similarly generalized application. In *T V*, however, the redactor thinks of the individual, Guignier, who took the particular risk involved in the saving of Carados, though he does not at the same time entirely discard the associations of comparison suggested in 7723-25.

7733-34 The syntax of this couplet would be improved by an emendation of the first line, which is identical in *T* and *V*, to "A mainte feme seroit fort"; and this may well have been present in the original of *D*, which reads: "manige frowe hat nüt den sitte, daz sü den tot durch irn frünt litte." However, the other French MSS which contain the passage would not support the change: *E* "Car molt par est a faire fort De soufrir por son ami mort"; *M Q* "Car molt par est a fame (*Q* a faire) fort Por son ami a souffrir mort."

7861 The insertion of *[i]* from *V* could, of course, have been avoided by assuming a hiatus (*amië enterra*), but as *E M Q*, which are the only other MSS to preserve this passage, are of no help ("Vostre amie an l'autre anterra"), it has seemed preferable to assume that the loss of *i* is merely a paleographical accident occasioned by the occurrence of two successive *ie* groups in the phrase "am*ie i* enterra."

7866 This line was probably corrupt in the exemplar of *T V*, because *V* shows the same reading as *T* with the *vos* expunctuated and *non* inserted, in the same hand, above the line. Cf. *T V* 2823, 3322, 11305 *non ferai*, 3550 *non feras*. Of all the other French MSS only *E* has an equivalent of 7865-66: "Illuec vos an deliverrai Et delivre vos an verrai." *D* omits this part of 7866: "sus lidige ich üch von gottes stüre mit solicher oventüre."

7870 The reading of *T*, which omits the *que* (= Modern French *que que*) of comparison, seems at first sight inferior to *V* "J'aim mix morir que vos morez." However, the *T* reading is defensible, and similar cases are cited by Tobler, *V-B*, I³, 231: "Mieuz vodroie estre a chevaus traïnee . . . De vostre cors fusse jamés privee" (*Girart de Vienne*, ed. Yeandle, 1418-20); and "Et jure Deu qi en crois fu pené, Ains i metroit totes ses herités Ogier ne soit fors du castel jetés" (*Ogier le Danois* 7565-67). Tobler comments that in these cases "in direkter Weise gar nicht verglichen, sondern nur gesagt wird, im Gedanken an Verwirklichung gewisser Verhältnisse würde man gewisse unwillkommene Dinge sich lieber gefallen lassen." Lerch, *Hist. frz. Syntax*, I, 153, also cites *Raoul de Cambrai* 5761-62: "Miex vossisse estre ou arce ou desmenbree D'autre de vos fuse ja mariee." See further Foulet, *Petite Syntaxe*³, pp. 333-336. As for the other MSS, *M* has a construction similar to *V*: "Miex voil morir que vos moroiz"; while *E Q* change to a future in the second verb, and therefore imply a change of speaker within the line, with the first half of the line attributed to Carados and the second to his "amie": "Miauz voil morir.—Vos n'i morroiz (*Q* morrez)!" *D* seems closest to *T*: "stürbent ir, lieber stürb ich"; though the editor, Schorbach, attributes this line to Guignier instead of to Carados.

7908 The identical rime *prendre* of *T V* with the preceding line makes the versions provided by both of them seem doubtful: *T* "Tu ne t'as mais a lui ou prendre"; *V* "Tu ne pués plus en lui rien prendre." The *V* reading is possibly a scribal lapse, for it merely repeats in slightly different words what had been said in the preceding line. The scribe of *T*, however, may only have copied carelessly an original abbreviated *pendre* as *prendre*, under the influence of *prendre* in 7907, for in both 7907 and 7908 *T* writes *prendre* with the customary abbreviation of the *re* after the initial *p*. Certainly the reading "Tu ne t'as mais a lui ou pendre" would make more satisfactory sense in *T*. The other redaction has a different version: *M Q* "Ne te lai a celui sorprendre"; *E* "Ne te let ja selui seurpran . . ." [leaf torn in MS]; but *D*, "du sihest wol, dunen vindest nüt do ze nagende me, nag anderswo," seems to indicate that the identical rime was present in its French source.

8179-90 The reading of *V*, which has only six lines in this passage instead of the twelve in *T*, is supported by *A S L P U*. The expanded version in *T* is apparently to be attributed to the scribe, who composed it independently in order to fill up the space which remained at the bottom of column 68e. If he had retained the version of *V A S L P U*, he would have had only four lines left at the bottom of the column, which would not have been room enough for the large capital (8189) with which the next section of the story begins. The practice of the scribe of *T* in this passage is identical with what he had done in composing 3075-82 to fill in a blank at the end of folio 48f; cf. note to 3075-82. Lines 8184-90 have, of course, no parallel in any other MS.

8354 The *li font* of *T* has been emended in conformity with *V* and all the other French MSS which preserve this line. However, the plural in *D* ("und totent im an daz herliche gewant") indicates that the archetype of *T D* already had *li font*. The *T* reading could be saved by inverting 8353-54 and changing the word-order of 8356:

> Une roube de porpre fine,
> Forree estoit dedens d'ermine,
> Vestir li font tot a son chois.
> Si li ostent les dras de bois
> Et bel et envoisieement,
> Et puis Aalardins le prent

8386 The change of *or* to *ce* in conformity with *V* might be avoided by assuming a hiatus *Sirë or*, which would not be impossible in *T* (cf. note to 6446). However, the other MSS have no trace of the adverb *or* here, and the *daz weis ich* of *D* indicates that its exemplar read *ce sai je* rather than *or sai je*, which would probably have been translated *nu weis ich*. Cf. the similar phrases *T V* 9868 "ce sai de voir" (*D* 194,28 "daz weis ich für die worheit") and *T V* 10401 "Ce sai je bien veraiement" (*D* 205,36 "daz weis ich wol sicherlich"); but *T V* 6360 "Or tien je la mort trop a lente" (*D* 117,6 "nu han ich den tot für laz"), *T V* 10453 "Sire, or vos ai le voir conté" (*D* 206,40-41 "nu han ich üch die worheit alzemole ganz geseit"), and *T V* 12272 "Sire, or sui certains" (*D* 246,16 "herre, nu ist kunt mir").

8575 A hiatus, *meïsmë ou*, would not be impossible, but as *V E Q* have *meïsmes ou (E:et)*, and as *T V* 9632 have "En soi meïsmes a pensé," it seems preferable to insert the *s* from *V*. For *meïsmes*, with *s* in the oblique case, see Foerster's notes to *Cligés*³, 615, 1391; and *Violette* 2243 "Et moi meïsmë en ostoie," where the editor eliminates the hiatus by adding *s* to *meïsme* (cf. Buffum's note to *Violette* 168). A similar case occurs in *T* 15260 (see note). When no hiatus is involved, the oblique without *s* is usual in *T V*, as in 9664 "A soi meïsme pense et dit."

8605 Every one of the five MSS which contain this line has an apparently hypometric verse: *T V* "Ne volroie (*V* voldroie) avoir por rien," *E M Q* "Ne vosise avoir por rien." It is difficult to assume a hiatus *volroië avoir (vosisë avoir)* when one compares *T V* 4527 "Vostre grasse volroie avoir" (lacking in all other MSS), or *T V* 3413 "Ne volroie estre en son liu mis," where the elision is normal, and when one remembers that a haplography of *je* (= *ie* in MSS) could very easily have occurred (at least in *T V*, which have *volroie*) after a word ending in *ie*.¹ The *[je]* has therefore been added in 8605 on the strength of the almost identical line *T V* 7854 "Si ne volroie je a nul fuer" (*E M Q* "Ne je ne vorroie an [*M Q* a] nul fuer"). Both elision and non-elision of the "mute" *e* of a pronoun are found in *T V*. In some cases the elided vowel is written by the scribe, in others it is not. Cases of elision: *V* 2639 "Tot ensi respont je a mon pere" (*T* "respont je mon"); *T V* 3836 "Por Dieu vos proi soiez me aidans"; *T V* 4464 "De toz ciaus que j'onques mais vi"; *T V* 4490 "Por che que j'a l'un d'ax m'atour"; *T V* 6376 "Mais por Dieu pren le en patïence"; *T* 7113 "Lasse por coi fui j'onques nee" (*V* "fui je onques"); *T V* 7854 "Si ne volroie je a nul fuer"; *T* 11667 "Et dist sire laissiez me

¹ Albert Henry, ed. of *Roman du Hem*, note to vs. 944, admits a hiatus of the final *e* of *encore* in his line "Encore ai ge hui esté," which could have been avoided by assuming a similar haplography: "Encore ai [ge] gehui esté."

ester" (V "sire laissieme ester");[1] T V 11894 "Puet c'estre voirs? Il n'est pas vis." Cases of non-elision: T V 8470 "Tant sarai je, amie bele"; T V 8547 "Faites le emplir de fontaine"; T V 12649 "Sui je ore point coloree"; T V 12834 "Neporquant si quit je et croi." Cf. Paul Meyer's emendation of *Escoufle* 3147 "Li deüsse [je] avoir mandé," which was accepted by Mussafia, "Zur Kritik und Interpretation romanischer Texte, II, WSB **135** (1897) 33. See also Foulet, ed. of *Galeran*, p. xxix; A. J. Creighton, ed. of *Anticlaudien* (Washington, 1944), p. 31; Foulet, *Petite Syntaxe*[3], §§169, 213; Tobler, *Versbau*[6], p. 63; and Foerster's comments on vss. 507 and 1602 of Stengel's edition of *Durmart le Galois*, in *Zeitschrift für die österreichischen Gymnasien* **25** (1874), 140, 143-144. Cf. also T 6910, and notes to 7861, 8575, 14772, 15260.

8756   The spelling *chaceoir* in T is possibly a scribal error for the *chaceor* of V (cf. T V 37, 1809, 1817), but the form *chaceoir* also occurs in the Vatican MS, *Reginensis 1725*, of the *Charrette* 2033 (cf. Foerster's variant, and Godefroy, II, 29b; also Keller, *Romvart*, p. 487, line 26). A similar variation occurs in T V 12759 where V has *aleoir* for *aleor* of T M L (L: *aleeur*), which here means "coureur, voyageur, marcheur" (Godefroy, I, 217c, *aleor* 1—not recorded by Tobler-Lommatzsch), and is to be distinguished from *aleoirs* of T V 10632 (where P also has *aleoirs*, but A reads *aleors*) meaning "passage, chemin, galerie crénelée" (Godefroy, I, 217b, *aleoir*, and 217c *aleor* 2—two entries which are fused by Tobler-Lommatzsch, I, 285-286. under the single heading *aleoir, aloir, aleor*, with the definitions "Laufgang; Gang von einem Gebäude (oder Zimmer) zum andern; Weg, Pfad"). Both T and V spell the word *tailleor* as *tailleoir* in 1347 and 1402; and this form occurs three times in the Chrétien section of MS T: *Perceval* 3231 (cf. Hilka's variant), 3287, 3567 (these two cases not recorded by Hilka). In V 9649 *tailloirs* is substituted for *graals* of T and the other MSS. However, it is easier to think of a substitution of the -ATORIUM suffix in *tailleor—tailleoir* than in *chaceor —chaceoir*, though neither Meyer-Lübke, *Gram. des langues rom.*, II, §491, nor Cohn, *Suffixwandlungen*, pp. 115-121, mentions the form *tailleoir*. Meyer-Lübke, *loc. cit.*, cites only *tailleour*, under -ATOREM. No instance of *chaceoir* appears in Tobler-Lommatzsch, II, 152-153.

8827-28   In T these two lines are placed between 8824 and 8825; but the order of V, which has been adopted in the text, besides afford-

---

[1] The form *laissieme* of V also occurs in *Chev. 2 esp.* 11396 (cf. Foerster's note: "statt *laissies me* [letzteres kann in dieser Stellung Hiatus machen]"), in the *Violette* 1159 and 1251 (cf. Buffum's note to vs. 448), in the *R. du Castelain de Couci* 7958 (cf. Delbouille's note: "contraction picarde de *laissiés me*"), and in *Sone de Nansay* 8429 and 21273 (cf. Goldschmidt's note, p. 568, §46, e).

ing a better reading, is supported by *A S P M Q U*, as well as by *D:* "uf den phingestag frölichen groze ritterschaft kam zehant alle ze samene ze Karnant hin von so verren landen: vro waz manig gepriset ritter do."

8895-96 These two lines are inverted in *T V D;* but in *T* faint transposition marks in the margin indicate the correct order, which is also preserved in *A S P M Q U.* Cf. 4289-90, 13135-36, 14489-90 for similar cases.

9243 Cf. note to 2573.

9300-01 The reading of *T V* "De ce pesa molt durement" is unsatisfactory, because the reference is ambiguous. This was felt by the scribe of *T*, who added "A Ke" at the beginning of 9301, even though the addition gave the line ten syllables. The uneasiness of the *T* scribe is further revealed by his shift of the verb tense in 9301, where the "Si va avant por lui ferir" of *V* is supported by *E M Q.* The version of *E M Q* (and also *A S P*) "De ce pesa Keu durement" has, therefore, been adopted for 9300. It is possible that the scribe of *T* intended the "A Ke" which he placed at the beginning of 9301 to serve as the first two words of 9300, which would give a good reading: "A Ke pesa molt durement." However, the "De ce" was not deleted and no transposition marks are to be seen before the "A Ke." The reading of *D* also shows that a mention of the name *Keu* is needed in 9300: "daz muote Kein an der stat."

9563 The *costal* of *V* (cf. Tobler-Lommatzsch, II, 936, s.v. *costel*) is more satisfactory than *chastel* of *T*, because there has been no mention of a castle so far in this passage, and Gauvain does not see one until 9567. *T* is supported by *P M U*, but *V* by *tertre* in *E L*, and by *mont* in *Q*; and by the general sense of *D*, which also mentions no castle until 9567. When Gauvain finally reaches the spot where he had seen the knights jousting, both MSS say "Le val avale, el pui monta" (*T V* 9565), and then mention that he saw the castle at some distance.

9963 The *Ains* of *T* 9963 was written by error for the *Ains* of the preceding line, which was skipped by the scribe except for the first word. The omitted line, 9962, was placed at the bottom of the column.

10513 *T* is unsatisfactory not only because of the imperfect rime *jardin : pins*, but also because the *Toz plains* of 10514 calls for a plural antecedent. The change in 10514 made by *V* to a reading which does not coincide completely with any other MS, although it resembles *M Q* "Ou molt avoit loriers et pins" (*E* "Ou ot maint lorier de sarpin"), indicates the hesitation of the scribe. The *D* equivalent of 10514, "der vol oleyboume waz," shows that the *oliviers* of *T* was in the archetype. 10513 has therefore been emended in conformity with *A S P L,* "an uns jardins," of which *A P* also preserve *Toz plains* in 10514 *(S: Tout plain; L: De pomiers de loriers de pins).*

10834 From this point on *T* frequently writes the *s* of flexion in the nominative *Brans de Lis,* though it had consistently used only *Bran de Lis* before. *V* retains the single form *Bran de Lis* (or *Brandelis*) throughout. It has not seemed necessary to point out each instance of this deviation of *T* by recording the uniform spelling of *V* in the variants.

10907 For the form *ocüez* (four syllables) see Foerster's note to *Erec* 3363, where *ocüez* (printed *ocüez*) is called a "Misslaut." Foerster believes that the older form of the ending was maintained in *Erec* 3363 *ocieiez (ocieüez)* in order to avoid the "Misslaut." MS *Q,* it may be noted, bears out Foerster's claim that the old form survives even into the thirteenth century *(Q: ocïeiez),* but *M* apparently felt no more repugnance for the "Misslaut" *ocüez* than *T.* Cf. further Foerster's note to *Chev. 2 esp.* 11130.

10944 In *V* the last seven lines of folio 62c, all of 62 verso, and the first five lines of 63a are blank; but there is no lacuna in the text, which coincides exactly with *T* and *D.*

11101 Cf. Morawski, 140: "Assez otroie qui se taist"; and Tobler, *Proverbe au vilain,* no. 6.

11203-04 Cf. Morawski, 1818: "Qui a quancque il vieut nule rien ne li dieut."

11276 The phrase *a le matin,* which occurs again in *T V* 11606, is discussed by Foerster, *Guillaume d'Angleterre,* note to 1622-27, and by Tobler, *Versbau*[6], p. 37, n. 1. In the other MSS of the First Continuation, *a le matin* is retained by *P L E M Q U* in the passage corresponding to *T V* 11276, and by *A S P L E* in their equivalents of *T V* 11606.

11330 The scribe of *T* seems to have written originally *sos le hauberc* and then to have changed *sos* to *sor;* but he may have done just the reverse, for it is difficult to decide whether the *s* or the *r* was added later. *V* has *soz le hauberc,* but *D* (cf. variants) agrees with the *sor* of *T.* The other MSS show similar fluctuation: *A* "Ot desoz son hauberc vestu"; *L P* "Qu'il ot sor son hauberc vestu"; *E* "Qu'il ot sus son haubert vestu"; *Q* "Qu'il ot soz le hauberc vestu"; *S* omits 11327-30; while *M* and *U* change the order of the nouns involved: *M* "Qu'il ot sor son blïaut vestu"; *U* "Et sus le blïaut ot vestu." According to the definitions in Tobler-Lommatzsch, I, 1001, the *blïaut* could be worn either over or under the *hauberc.*

11454 The word *senechier* of *T V* is lacking in Godefroy, but is discussed by Antoine Thomas, *Romania* 37 (1908) 603-608, who cites other examples and justifies it as a normal derivative of SIGNIFICARE, with the meaning "annoncer, présager," which is accepted by Meyer-Lübke, *REW*², 7907; and by Raphael Levy, *Romanic Review* 35 (1944) 324. Thomas quotes *T* 11449-55 and translates 11454 as "On ne doit pas présager malheur" (p. 605, n. 2), which accords exactly with the translation of this line by Wisse and Colin: "nieman sol übel versehen sich." Of the other MSS, *A S L M Q* retain the word: *A S* "Ne mal ne devez senechier"; *L* "Ne devés pas mal senequier"; *M Q* "En ne doit pas mal seneschier (*Q* senechier)"; while *P E U* make various substitutions: *P* "Nus ne doit mal avant porter"; *E* "Lan ne doit pas mau sohaidier"; *U* "Nul ne doit le mal prononcier." Another instance of *senechier* is pointed out by Långfors in a strophic poem, *Du Mesdisant* by Perrin La Tour, in *Romania* 40 (1911) 563, vs. 69 (defined, p. 565, "imaginer"); and still another, long unnoticed, case by Jeanroy, *Romania* 63 (1937) 535, in *Floire et Blancheflor*, ed. W. Wirtz, 2645-46 "Tex est amors, et tex sa teke. Çou dont se crient, tos jors seneke," which Jeanroy translates "l'amour présage toujours les maux qu'il craint." Cf. ed. Du Méril, p. 98, vss. 2385-86 (which prints *s'en eche*, as Wirtz prints *s'en eke*); and ed. Pelan 2438-39, where the MS (B.N. *f.fr. 1447*) seems to be corrupt.

11658 It is not clear whether the *s* of *desjogler* may have been expunctuated in *T*, but *V* has plainly *desjogler*. Cf. *T V* 7152 *desjogle*, *T* 8610 *desjouglez* (*V: desjoglez*); but also *T* 9474 *dejouglerent* (*V: desjuglerent*).

11773 MS *T* is garbled. The scribe first wrote "En nule terre estoit assise"; then, noticing that the first three words are a dittography of 11772, he drew a line through the whole verse and wrote "En nule lande estoit assise." This second attempt was still unsatisfactory, and he patched it up by placing an *i*-stroke on the last member of the *nu* group in order to make it read *mi*. This made a sensible reading: *Enmi le lande*, except that the definite article is inappropriate, because the *lande* has not been mentioned before. *V E M Q* all have "En une lande estoit (*E* fu) assise."

11961 *T* and *V* are not alone in giving an unsatisfactory reading here, and the change of *qui* to *li*, which has been made in the text, is not supported by any of the French MSS, though it is by *D:* "und mante in umbe die gabe sin." *A* and *S* give a coherent reading for the passage 11960-64: "Au matinet leva li rois Et si a fet molt que cortois Qu'a monseignor Yvain livra (*S* lessa) Por le don (*S* l'escu) que Keus li dona (*S* bailla) La joste ainz ne li contredist;" which is reduced in *L* to "Au matin a fait que cortois Que la joste dona Yvain." *E* also gives an intelligible version: "Et au matin fist que cortois Monseignor Yvain otroia Por le don que cil li dona La joste qu'ainz tort ne l'an fist Ne nus hom ne li contredist." *P U* and *M Q* show similar variation; *P U* "Au matin fist moult que cortois Que mesire Yvains desraïsna (*U* aresna) Por le don que Keus li dona De (*U* Du) jouster ains nel contredist;" and *M Q* "Et au matin fist (*Q* s'est) demenois Mesire Yvains qui desresna (*Q* desirra) Por le don que Diex (*Q* Quex) li donna La joste qu'ainz (nus) tort ne l'en fist Li rois n'il ne l'en contredist (*Q* Ne li rois ne li escondist)." The *T V* reading would be improved considerably by interchanging *c'ainc* in 11963 and *n'ainc* in 11964; but the extreme complexity of the variants for this passage indicates that the scribes found it as troublesome as it remains today.

12075 *T* has *se mist* with the *m* corrected to *s*. The *se mist* was probably an anticipation of the *mist* in the following line. In making his correction the scribe of *T* forgot to change his original *se* to *sa*. *Asseoir* rather than *seoir* is clearly needed in the context.

12159-63 The corresponding passage in *E M Q* gives a more complete and coherent version of this encounter:

> Que sus les escuz si se fierent
> Jusqu'au[s] poinz les lances brisierent
> Aprés s'an vont antr'ancontrer
> Si fort quant se durent oustrer (*Q* hurter)
> Des chevaux, des cors, des escuz
> Si qu'i[l] se gietent estanduz
>   (*M* Que andui chieent estanduz)
>   (*Q* Q'andui se sont entrebatuz)
> Voillent ou non anmi le pre.

T and *V* describe the combatants as striking each other so hard upon their shields that they *almost* fell (12160), and then say that they did fall (12162). It seems likely that the scribe of the archetype of *T V* first changed *si se fierent* (*E M Q*) to *se ferirent* (*T V*) and then found himself unable to use the line "Jusqu'au[s] poinz les lances brisierent" because he had lost the rime in -*ierent* and now needed one in -*irent*. He therefore substituted the banal "Si fort que por poi ne chaïrent" because it accords perfectly with the *Des chevax* of 12161. However, he carelessly failed to notice that the accord in syntax and meaning of his substitute line did not extend to the remaining four words of 12161, *des cors des escus*, and that it contradicts 12162. The German translators retain an equivalent of "Si fort que por poi ne chaïrent," but improve the sense by explaining that the collision of the horses and riders occasioned the fall:

> durch balde lauffen taten sie daz.
> die veilten mit den stichen nicht
> und traffen uf die schilte die richt
> vil vaste, daz sie vil no

> gevallen waren zur erdin do,
> und stiszen zusamne man und ros,
> daz sie beide vilent uf daz mos.

12258 The curious reading of *D*, "waszer holn zu laben in," for this line suggests that there was probably a scribal error (*iaue* instead of the *aiue* of *T V*) in the French MS used by Wisse and Colin.

12569 The omission of 12569-76 by *D* is no doubt merely a case of haplography between *comant* in 12568 and the same word in 12576.

12979 Cf. Foerster's note to *Charrette* 3970.

13135-36 These two lines are inverted in both *T* and *V*, but transposition marks in *V* indicate the correct order, which is also preserved in *L M Q U*, as well as in *D:* "er liez im den zoum volgen no und sluog mit sporn so vaste dar an." Cf. 4289-90, 8895-96 and 14489-90 for similar cases.

13270 The form *elve (V: iaue)* is quite unusual in *T* for *eve* (9580) or *aigue* (4390), and was probably influenced by the *el* group of the following word *velt*. However, *elve* also occurs in *V* 9590, where *T* has *aigue*, and in *V* 3326, where *T* has *eve*. Cf. *T* 12599 *al maltinet* for *al matinet*.

13281 The unusual occurrence of the oblique case in *Le riche Graal*, which can be construed only as the subject of *sert* 13283 (unless the passage be emended), suggests that the sentence is incomplete and that a couplet may be missing between 13280-81. However, the other MSS do not indicate the loss of a whole couplet, but rather that the archetype of *T V D* rewrote a passage similar to the following from *L:*

> Adont a tantos comandé
> Doner a monsignor Gavain
> L'aigue puis le prist par la main
> Joste lui l'asist au soper
> *Lors vit parmi un huis entrer*
> Le rice Graal qui servoit
> Et mist le pain a grant esploit
> Par tot devant les cevaliers.

From this passage of *L*, which agrees (with only minor variations) with all the MSS except *T V D*, everything has been preserved (and some banalities, e.g. 13275 and 13278, have been added) by *T V*, except the line *Lors vit parmi un huis entrer*, which justifies the oblique case (so in all MSS) of *Le riche Graal* in 13281. The German translators apparently were not troubled by the error in case, or their exemplar may already have made a correction, for they construe *Graal* 13281 as the subject of *servoit* in the same line: "der riche grol diende umbe also." Possibly the best course here would be to follow the suggestion of the MHG text in retaining the unity of the couplet 13281-82, and emend *T V* to *Li riches Graals les* (or *i*) *servoit*, but this would involve changing not only to the nominative *Graals*, but also substituting *les* (or *i*) for *qui*, which is supported by all the French MSS.

13325 The word *orçuel*, which has been inserted in the text here as well as in 13331 and 13336, instead of the *orueil, oruiel* of *T* and the *ormel* of *V*, is well authenticated by Godefroy, v, 615-616, in the meaning "vase, cruche, bénitier," under the forms *orcel* and *orçuel*. To Godefroy's instances may be added *Prise de Cordres* 2110, *Doon de Nanteuil* 77 (*Romania* 13 [1884] 17), *Perceval* 5775 (variant of MSS *B C H*), and *Elucidation* 274. For the etymology, URCEOLUS, see Antoine Thomas, *Romania* 39 (1910) 191. The scribes of *T* and *V* seem to have been puzzled by the word, as is shown by the hesitation in spelling in *T* and the substitution of the meaningless word *ormel* in *V*. The form *orçuel* has been preferred to *orcel*, which occurs in *M Q U* in the line corresponding to *T* 13325 and in *L* in the line corresponding to *T* 13334 (where *T V M Q U* all have *vaissel*), not only because of the *u* in the garbled forms of *T*, but also because of the rime with *arestuel* 13332. *Orçuel* is also the form used in the *Elucidation* 274, in a passage which corresponds closely to this section of the First Continuation (cf. Hilka, *Perceval*, pp. 786-787, note to vss 273 ff.). The Wisse-Colin translation uses uniformly *daz ses* for the *orçuel* of 13325, 13331, 13336 and also for *vaissel* of 13334. In the MHG translation of the *Elucidation* 273-275, the passage is amplified somewhat and gives a fuller description than the Old French (cf. Schorbach, p. LXV, vss. 307-321):

>do schos ein runs von bluote nas
>us eime ses, da daz sper inne was.
>das ses waz in der wise
>gemachet wol zuo prise
>löbelich und ouch gewere
>also: waz von dem spere
>bluotes trouf, daz viel darin.
>das ses daz was silberin,
>ouch waz daran von silber clor
>ein röre gemachet fürwor.
>was bluotes von dem spere trouf,
>in daz ses das hette sinen louf
>durch die röre wolgeton,
>das men es horte hin in gon:
>in dem ses enthielt men daz sper.

The MHG *ses* is a rather general term indicating place or location, and cannot be regarded as an exact translation of the Old French *orçuel*. Professor Otto Springer informs me that, while *ses* (*sëz*) is found in OHG, it is not common in classical MHG texts, but occurs frequently in the late thirteenth and throughout the fourteenth century, in such meanings as "seat, locality,

Vertiefung, Einschnitt," etc. Possibly Wisse and Colin understood *orçuel* no better than the scribes of *T* and *V*.

13378 and 13395 The erroneous *les piez* of *T V* for *le pis* in these two lines, though supported for 13378 by *M P D* and for 13395 by *D* (cf. variants), conflicts with the first mention of the position of the broken sword in *T V* 13205 "Et gisant (*V* gisoit) tot droit sor le pis," where *pis* is guaranteed by the rime with *escris* and supported by *D:* "und lag gegen siner brust gereit dez toten, als uns die schrift seit."

13424 Only one case of *atendre* with the dative is listed by Tobler-Lommatzsch, i, 630: from Marie de France, *Deus Amanz* 239, where the MS has "Li reis e cil lur atendeient." Warnke retained *lur* in his first edition, but changed to *kis (qui les)* in the second and third, following a suggestion made by Gaston Paris, *Romania* 14 (1885) 601. Hoepffner, in his edition (1921), retains *lor atendoient;* but Ewert in 1944 (cf. his edition, p. 80, vs. 229) emends to *kis atendeient*. Possibly it is of some significance that in both *T* 13424 and *Deus Amanz* 239, *atendre* is used in the sense of "to wait in vain." The obvious solution of *l'i* for *T* 13424 seems excluded by the *l'i* of the preceding line; and the pluperfect *l'avions* of *V*, though supported by pluperfects in *L P M Q U*, is contrary to *D*, "wir hant sin lange gebeitet gar," and seems less suitable in the context.

13458 Both here and in 14905 *T* has *anoncier*, against the sense of the passage and against all the other MSS (except *V*), which have *encerchier*. The agreement of *T V* on *anoncier* in 13458 and the paraphrase in *D*, which shifts *osa* to the equivalent of *osai* ("in [= ich+ne] getorst ez nie gesagen me"), shows that the error was present in the archetype of *T V D*, and that the German translators were aware of the problem it presented. *V* is lacking for 14905, but the agreement of *D* with all the French MSS against *T* indicates rather that the *anoncier* of 14905 is an individual error of the scribe of *T*. The form *encerchier*, of course, occurs elsewhere in *T*, e.g. 1732, 12988.

13528 The reading of *T V*, *soz un rochier*, has been allowed to remain in the text even though it is contradicted by *D*, *uf eime velselin*, because in this context *soz* can mean "in the shelter of."

13678 This line is corrupt in *T*. The scribe seems to have written originally "Et le va encor maintenant" and then to have changed *maintenant* (dittography of 13677) to either *regardant* or *esgardant* (not clear in MS) by writing over the first syllables of *maintenant;* but he failed to change *encor* to *entor*. The reading of *V* is supported by *D* and has been adopted in the text. The other MSS are of no assistance: *L M Q U* "Et li a dit par mautalent (*Q* dit astivemant)," *A S* "Par le nasel le tire et prant."

13817 The reading of *D* "inen [= ich + ne] mag ez gar nüt sagen glich," suggests that its exemplar may have had such a line as "Ici ne me loist mie a dire" (cf. *T V* 13837 "Ichi ne me loist arester"), but *se or me leüst* of *T V* (cf. also 14061) is supported by all the other French MSS.

14141 *T* and *V* both read *Sor les loges,* which does not accord with the verb *avaler* in 14139, with the general sense of the passage, nor with the further description in 14173. The redaction differs in all the other French MSS at this point, and the MHG translation, while maintaining the same sense as *T V*, does not provide an exact parallel for 14141: "so han ich daz gehöret jehen, daz man gieng von der louben abe an die porte dez meres habe durch ein cleine türlin." Cf. note to 293.

14191 The error of flexion in *T V* could be corrected by reading either *Estendu qui trop* or *Estendus et trop.* The reading of *D*, "daz waz gespreit dar über rein," hardly permits a choice, but *L M Q U* have "Enmi la nef ot estendut Le plus cier paile qui ainc fust (*M U* onc fu, *Q* qui fu)." MSS *A S P* offer no help.

14192 In spite of the agreement of *T V D* with *A P* that the dead knight was under the "paile," the reading of *M L U*, which say that he lay upon the cloth, is correct. When Arthur comes forward and uncovers the body (14202-04, and again 14335-36), he lifts the "covertoir d'ermine" (14196, 14203, 14264, 14335), and nothing is said of the "paile"; but when the knight's body is put in a coffin to await the person who will withdraw from it the fragment of the lance, it is placed "Sor le pale tot estendu" (14423). Cf. note to 293; and variants of 14329, where *T* is again in error with "le pale soz coi gisoit," for "sor coi."

14237-40 These four lines, omitted by *T V D* but present in all the other MSS at this point, are taken from *T V* 14391-94, where the entire passage 14237-44 is repeated almost word for word in all the MSS. The loss of the first four lines of the eight-line passage 14237-44 was probably due to a defect in the archetype of *T V D*. The MHG version of the preceding lines, 14235-37, indicates that the translators felt the need of supplying something, but their solution of the difficulty shows that they were inventing independently, for their text agrees with none of the French MSS: "bitz ein ritter ziehe us dem toten man daz trunsel mit dem gar. der ritter, ders uz zühet, joch muoz er mit dem selben ysin doch ginen stechen, der in stach" [= 14235-42]. The text of *T* 14237 has been emended from the form in 14391, "Que tout ausi soit cil honnis," to "Tout ausi soit icil honnis," because the *Que* which introduces 14391 depends on *redit* 14389, while in 14237 the sentence cannot be construed with *que.* Possibly a better solution, since no MS has *icil* in this line, would have been to adopt the reading of *P* (which is here closer to *T V* than the other MSS) for 14237: "A si grant honte soit honis," which is repeated in *P*'s equivalent of *T V* 14391.

14258-59 The two lines from *D* inserted in the text correspond to a passage, omitted by *T* and *V*, which varies in length from four lines in *P* to ten lines in *L*, describing how the king and his two servants carried the body of the dead knight from the ship into the hall of the castle. The fact that the Middle High German translation inserts a couplet to fill the gap in sense does not necessarily mean that the lacuna may not have been present in the archetype of the *T V D* redaction, because the need for such a statement is quite obvious and the couplet could easily have been supplied by the translators, who did not hesitate to correct their exemplar when they felt it necessary (cf. preceding note). Their intervention in this passage is revealed by the fact that they mention a detail which is present in none of the French MSS; namely, the adornments *(gezierde)* of the knight, which are not said elsewhere to have been taken into the castle, though the other MSS describe more fully how the king and the servants actually transported the knight's body. Since the couplet from *D* fulfils the needs of the story, it has seemed more appropriate to insert it in the text than to borrow from one of the other redactions.

14420 The reading of *T*, "sarcus sor un marbre," might have been retained by punctuating 14419-20 differently; i.e. comma after *remest* and period after *sarcus*, beginning a new sentence with *sor un marbre*. But this interpretation departs from the sense of all the other MSS.

14489-90 These two lines are inverted in *T V*, but transposition marks in *V* indicate the correct order, which is also preserved in *A S L P M Q U*, as well as in *D:* "sinen helm huop er mit der hant einsit und gieng zuo der türn wit." Cf. 4289-90, 8895-96, and 13135-36 for similar cases.

14546-48 The contradiction between 14546, which says that Guerrehés was completely armed except for his shield and lance, and 14547, which says that he had left everything in the room where he had tied his horse, is confined to *T V*. The other MSS omit the couplet 14547-48, and also make no mention of the shield and lance; as in *A*, with which all the others agree except for unimportant variations: "Toz armez nes del branc d'acier Fors de son hiaume qu'il tenoit Au paveillon an vint lués droit [= *T* 14546-50]. As elsewhere, *D* smoothes out the contradiction in *T V*, but retains the peculiar traits of the *T V D* redaction: "er gieng durch den garten der bereit one schilt und one sper, wande in der kameren lies er daz, do sin ros gebunden waz. er gie zuome grosen gezelt rilich und huop sinen helm nohe an sich."

An emendation of *T V* 14547 to "*Que* en la canbre avoit laissié" is, of course, easy enough on the strength of "lies er *daz*" of *D*, but the flexion of *laissié* then creates a difficulty, for the double antecedent *(lance* and *escu)* of *Que* would call for *laissiés*, while the rime with *atachié* requires the singular *laissié*.

14741 The analogical *-e* of ps. ind. 1 *creante* is rare in *T*, and the present case is not of much significance because, standing before a word beginning with a vowel, the form is not attested by the meter. None of the other MSS uses *creanter* at this point. Cf. ps. ind. 1 *creant* in *T V* 2949, 12860; and note to 6775-76.

14772 *T* lacks one syllable here unless a hiatus is assumed between *ensanblë et*. However, hiatus is not uncommon in cases where a polysyllable ending in the group "mute plus liquid" stands before a monosyllable; cf. Tobler, *Versbau*[6], pp. 65-67. The only other MS which preserves this line is *E*: "Toutes ansamble l'ont hüé," which shows no hiatus, but repeats *l'ont* from 14771, which is identical in *E* and *T*. Cf. note to 6446.

14872 Godefroy, x, 802-803, cites no example of the omission of *de* after *au travers* used as a preposition, and Littré, iv, 2326, gives only one (from Buffon: "Le lynx ne voit pas au travers la muraille"). It is doubtful whether the present case can be considered a genuine example (cf. *T* 1223 "Si monte al travers d'une roche"), because the omission of the final *-s* of *travers* and the spelling *quans* for *cans, chans,* are both very unusual in *T* and may indicate that the scribe did not understand what he was copying (cf. the error in *T* 9736 *en travers* for *entr'overs*). Unfortunately *V* is lacking for this passage, and the other MSS mostly avoid the word *travers* here: *A S* "Parmi les chans se destornoit; *P* "Aval les cans se fourvoioit"; *L M Q U* "Par autre voie s'en aloit." However, *E* 19120 has "Es travers des chans se metoit," and *D* suggests the presence of *travers* in its exemplar: "so reit er übers querchvelt dar."

14905 Cf. note to 13458.

15260 For the addition of *-s* in the oblique case of *meïsme*, cf. note to 8575. Another way of avoiding the hiatus would be to change the word-order: "Del meïsme fer autresi." The other MSS all give different versions of 15260: *M Q U L* "Et de ce fer meïsmement (*L* demainement)"; *A E* "Et en (*E* par) icel leu droitemant"; *P* "Et par itel liu ensement."

15275-78 The order of these lines in the text is that of *E P D*. The reading of *T* makes poor sense, and the other MSS show so much internal variation that they give little basis for departing from *E P D*; though an inversion of 15275-76, in conformity with *A S L M Q U*, might make a smoother reading in *T*.

INDEX OF PROPER NAMES

References are given for all occurrences of all forms of names, except those preceded by an asterisk. For these items only the first occurrence of the name in each of the six major sections of the First Continuation is cited. When a name occurs in only one major section, three instances are given. The various names of God are omitted.

*Aalardin 3716, 5119, 8408; *Alardin 3775, 4997, 8391; Aalardins du Lac 4435, 8343
Adan 4060
Aguigenor 4508, 5291 (cf. Guigenor)
Alemaigne 7301
Alixandres d'Alier 4294
Amberval 13821
Angau 8044
Aquinparcorentin 8040
Arés 3046, 4673, 4948, 5282, 8958, 11675, 14399 (cf. Thor)
*Artu, *Artus 190, 3079, 3148, 8819, 13960; Artur 8960
Artus (error for Arcu) 5316
Avalon 1628, 1828

Beatris 2017
Beduiers 4672, 4966
le Bel, le Buen 4971, 4987, 5144, 5181
Biax Coars 4677, 5651
Bleheris 4683, 4983, 4992
Boënet 8543
Boffoi 6098, 6100; Bouffoi 8073
Bonivent 11328
Bougrie 7301
Boviers 12385
*Bran de Lis, *Brans de Lis 2789, 4678, 10391, 13605; *le seignor de Lis 11211, 11593, 12529
Brangeli 11998
Brangemor 15179, 15267, 15283
Brangepart 15182, 15277

Branlant 2988, 3080, 3151; Branslant 2055, 3086, 3187, 9805
Brecheliande 4300
*Bretaigne 1902, 3091, 8815, 12816; Bretaine 4863, 7252
Breton 1552, 8834
Brevelet 2511
Brun de Branlant 2045, 2399; Brun de Branslant 2341, 2389, 2403, 3057

*Cadoalant 4298, 5212, 5960; rois Cadoalans d'Yrlande 4563, 4923, 5197
*Cador 3687, 4017, 8182; Cadors de Cornuaille 3668
Cahendi 4862, 5648 (cf. Kahendines)
Calabre 7304
Caradeus (father) 3117, 3147, 3588; Karadeu de Nantes 3093; Karados de Venge 8145; rois de Nantes 6959; roi de Vegne 6967
Caradigan 3059, 7270
*Caradot, *Carados (son) 3291, 5200, 8496; *Caradeu, *Caradeus 3170, 8327, 8723; Carador 5370, 5990, 6606, 7552, 8024, 8035; *Karadot, *Karados 3859, 5254, 8330; Caradeu Briefbras 9171; Carados Briebras 8002; Carados Briesbras 8015, 8088; Karados Briesbras 8199

443

Carahés 93, 3092
Cardueil 3281, 3431, 3448, 5233; Carduel 744
Carfanaon 7663
*Carlion 3658, 13995, 14993
Carnevent 8810, 8825
Cesaire 6325
Chastel de l'Angarde 3045
Chastel del Lis 11167, 12493
Chastel des Ormiax 12633
Chastel Orgueillous 8985, 9051, 9060, 11177, 11217, 12292, 12330, 12683
Clarissent 993, 1144; Clarissans 334, 1032, 1077, 4513; Clarissanz 1055
Cligés 4947, 5281, 5384; Cligés li fix Lac 4675
Cornoaille 6170, 6636, 7296, 7687; Cornouaille 3690, 4289; Cornuaille 3668, 5046, 6159, 6526, 7291
Costentinoble 8671; Coustantinoble 13224
Crestïen 1234, 4118

Danemarche 7299
Danois 8835
Disnadarés 1619, 1634, 1717, 1728, 1786, 1847, 1999; Disnadarez 2016
Do 269, 362, 744, 3043, 5097, 5214, 12404, 12437; Doon 11465 (cf. Gifflet)
Doon l'Aiglain 9168

Elïavrés 3103, 3118; Elÿavrés 3132, 3639, 6041, 6263
*Engleterre 3283, 6108, 8139
Engrevains 4673, 4934
Epaigne 4290; Espaigne 7309
Escalibor 12093, 12265
Escavalon 1627, 1639, 1827, 1865, 1893, 1917, 1940, 1977, 1995, 8833
Escoce 8830; Escoche 4291, 7299

Franche 6437

Gaharïés 5098
Galegantins 4672; Galegantins li Galois 9170
Gales 3282, 4291, 4669, 7298, 8814, 8831
Galois 261 (cf. Galegantins, Percheval)
Galvoie 8831
*Gavain 30, 2189, 3209, 8764, 12712, 14290
Gennes 7307
*Gifflet, *Gifflés 563, 5214, 9104; Gifflet le fil Do 269, 743, 3043, 5097, 9012, 11465
Glomorgan 14118; Glormagan 14914
Graal 1375, 1405, 1418, 1422, 1451, 1464, 1650, 13065, 13289, 13552, 13585, 14093; le riche Graal 13281; le saint Graal 1363
Gringalet 2454, 9840
Guengasoains 9158
Guenievre 1143, 8568
Gué Perilleus 567
*Guerrehés 14239, 14740, 15187; Guerrehais 14625, 14656, 14976, 15034
Guigambresil 1659, 1712, 1776, 1849, 1999, 5059; Guigambresis 1724, 2010, 2035
Guigenor 4867, 5001, 5192, 5967, 6138 (cf. Aguigenor)
*Guignier 3791, 6029, 8703; Guinier 3671, 3686, 4003, 4232, 4246, 4257, 4265
Guilodïen 547, 794
Guilorete 811, 12678
Guimart 2679
Guinalot 6203
Guingemors 15271
*Guiromelant 60, 4520; Guiromelain 4512

Halape 1322

Index of Proper Names

Hongrie 5738, 7301
Hudens 10494

Iders del Lis 10392
Ionés 8876; Yvonet 803

Kahendines 4678; Kahendis 5648; Cahendi 4862
°Keu, °Keus, °Kex 159, 2279, 3309, 8845, 12727, 15005; °Ke 2492, 3322, 9300, 12794, 15019; Kes 5216, 5300, 5572, 8520, 10533

Lac 3717, 3983 (cf. Aalardin)
Lac 4675 (cf. Cligés)
Lait Hardi 4677, 5457, 5651, 9167
Lancelot 9165
Lande as Quarrefors 12687; Lande des Quarrefors 12587
Lioniaus 13852
Lis 13912 (cf. Bran de Lis, Chastel del Lis, Iders del Lis, Melïant de Lis)
Logres 8833, 13506
Lohoraigne 7302
Lombardie 7303
Longis 13471
Lore 2179, 2243; Lore de Branlant 2173, 3067
Lorigal 6208
Lot 397; Loth 1855
°Lucan 4665, 9159
Lymoge 1250

Mabonaigrain 9161
Mado 5098, 5213
Maine 7256, 8044
Melïant de Lis 10227; Melïans 10394
Meliolant 9242 (cf. Ydiers)
Mont Saint Michiel 6964
Mor 11851, 14511
Morïane 7307

°Nantes 3094, 6039, 8191 (cf. Caradeus)

Nature 3676, 6666
Nohomberlande 7298
Norcadés 285
Normendie 4288, 6516, 7256, 8043
Norois 8834
Nu 4680, 4950, 5650, 9166, 14102 (cf. Ydier)

Ormiax 3042
Orquenie 238, 398, 8835
Outregales 4670, 5086, 5111
Outreport 6518

Paris 12228
Pasque 4302, 14993
Pentecoste 3287, 3449, 3661, 8503, 8795, 8823, 11508; Pentecouste 2159
°Percheval, °Perchevaus, Perchevax 4956, 5340, 5622; li Galois Perchevaus 4896, 5391; li bons Galois Perchevaus 4945, 5099, 5127, 5711; le Galois 5461, 5618; le bon Galois 5277
Pin 3193
Pise 7307
Poitau 8044
Puile 7304

Quarrefor 12698 (cf. Lande)
Quilini 3048, 3059
Quirain 9162

°Riche Soldoier 4679, 11916; le bon Soldoier 12202; li Riches Saldoiers 12541; li Saldoiers 12463; le Soldoier 4781, 4812, 5183, 12124, 12214, 12220, 12419, 12478
°Ris 4298, 4963, 5959; Ris de Gales 4669
Rohés 3091
Rome 1954, 12828
Romenie 7304
Roussie 7305

Saigremor 4966, 4982, 9161;
   Saigremor le Desreé 4674,
   4791, 5285
Saint Denis 11598
Saint Esperite 7920, 12070;
   Sainte Esperite 11318
Saint Germain 9054
Saint Jehan 11509
Saint Ladre d'Avalon 1628
Saint Lo 3746
Sainte Marie 519
Saint Martin 11605
Saint Pierre 1954, 7833, 12828
Saint Pol 5229
Saint Thomas 9440; Saint
   Thumas 9780
Salemon 510
Sarrazine 2677
Soldoier (cf. Riche Soldoier)

Table Ronde 4652; la Table
   Roonde 8853, 8865, 11111,
   11484, 14367; la Roonde
   Table 8673
Tancree la Petite 2011
Taullas 9439; Taullas de Rogemont 9174
Thesale 4360
Thor 5282; Thors li fix Arés
   11675, 14399; Tor le fil Arés
   3046, 4948, 8958; li fix Arés
   4673
Tintaguel 14896
Tortain 6206
Tosquane 7305

Tos Sains 15204; Toz Sains 15321
Tÿesche terre 7302

Urïen 268, 741, 3242, 9096, 9128,
   9164; Urïains 12711
Urpandragon 8631; Uterpandragons 389

Vegne 6967; Venge 8145 (cf.
   Caradeus)

Ydain 4865, 5066, 5072, 5287,
   5294, 5968, 6160; Yde 5077,
   6138
Ydiers li biax 9485; li rois de
   Meliolant 9242
Ydier le fil Nu 4680, 9166, 14102;
   Ydiers fix le roi Nu 4950,
   5650; Ydiers 5710
Ydier (le roi) 4928, 8877, 9119,
   9158, 12534
Ygerne 279, 302, 390, 451, 1143
Yrlande 4291, 4299, 4563, 4923,
   5197, 8829; Illande 12816;
   Irlande 7297
Ysave 3106, 5906, 6004, 6037;
   Ysave de Carahés 93, 3092;
   Isaive 3125
Yselande 8830; Yslande 11997
Ysmaine 2180
*Yvain 268, 2190, 3243, 8950,
   14081, 14960
Yvonet 803; Ionés 8876

Zezile 7305